상상을 위한 틀
―존재의 원시적 상태들에 대한 임상적 탐구―

쥬디스 미트라니 지음

이재훈 옮김

한국심리치료연구소

A Framework for the Imaginary

-Clinical Explorations in Primitive States of Being-

Judith Mitrani

Foreword by Joyce McDougall

Copyright ⓒ 2008 by Judith L. Mitrani
Translation copyright ⓒ 2015
by Korea Psychotherapy Institute

본 저작물의 한국어판 저작권은
Cathy Miller Foreign Rights Agency, London, England 와의 독점 계약으로
한국심리치료연구소가 소유하고 있습니다.
저작권법에 의하여 보호를 받는 저작물이므로
무단전제와 무단복제를 금합니다.

상상을 위한 틀
―존재의 원시적 상태들에 대한 임상적 탐구―

발행일 • 2015년 10월 1일
쥬디스 미트라니 지음
옮긴 이 • 이재훈
펴낸 이 • 이재훈
펴낸곳 • 한국심리치료연구소
등록 • 제 22-1005호(1996년 5월 13일)
주소 • 서울시 종로구 새문안로 5가길 28 918호
Tel • 730-2537, 2538   Fax • 730-2539
www.kicp.co.kr Email: kicp21@naver.com

값 28,000원

ISBN 978-89-97465-17-0 93180

「이 도서의 국립중앙도서관 출판예정도서목록(cip)은 서지정보유통지원시스템 홈페이지(http://seoji.nl.go.kr/cip.php)와 국가자료공동목록시스템(http://www.nl.go.kr/kolisnet)에서 이용하실 수 있습니다.(CIP제어번호: 2015025825)」

상상을 위한 틀

―존재의 원시적 상태들에 대한 임상적 탐구―

Judith Mitrani

목차

서문　　　　　　　　7
서론　　　　　　　　9
제1장 비통합, 점착성 동일시, 그리고 심리적 피부:
　　　 에스더 빅의 주제와 그것의 변형들　　　　12
제2장 성인 환자들의 자폐적 책략들이 지닌 생존 기능　　44
제3장 마음의 태아적 상태에 대한 단상들　　　　72
제4장 병리적 조직의 생존 기능　　　　89
제5장 불완전한 존재로서의 인간:
　　　 병리적 조직에서 벗어나기　　　　125
제6장 정신신체적 천식의 원인과 치료에서
　　　 정신화 되지 않은 경험의 역할　　　　140
제7장 다시 보는 프로이트의 도라 사례　　　　177
제8장 점착성 유사-대상관계: 이론　　　　187
제9장 점착성 유사-대상관계: 사례 예시　　　　210
제10장 정신화되지 않은 경험에 대한 이해　　　　249
제11장 결핍과 시기심: 경청에서 해석에 이르기까지 분석가의
　　　 마음에 미치는 요인들　　　　299
참고문헌　　　　　　334
색인　　　　　　351

서문

　다양한 국제 정신분석 저널들과 미국 정신분석 저널들에 실린 쥬디스 미트라니 박사의 글에 친숙한 사람들은 그녀의 논문집인 이 책의 출간을 환영할 것이고, 또한 이 책에서 처음으로 출간되는 4편의 논문들을 만나게 되는 즐거움을 누릴 것이다. 또한 지금까지 미트라니 박사의 연구에 대해 알지 못했던 사람들은 이 책을 통해 마음의 원시적 상태에 대한 이해와 치료 안으로의 임상적 및 이론적 탐사 여행에 참여하는 기쁨을 누릴 것이다.
　클라인, 비온, 터스틴, 위니캇, 그리고 다른 영국 및 미국의 대상관계 이론가들의 작업에 영감을 받은 미트라니 박사는 개척자적인 정신을 갖고서 프로이트의 불안 등가물 개념뿐만 아니라, 원시적인 정신 상태 및 원정신적 상태 안에 있는 많은 다른 정신분석적 개념들을 확장한다.
　정신신체적 현상, 특히 호흡기 질병과 관련된 현상에 대한 그녀의 관념은 그녀가 신체화의 특정한 형태들을 "증발하는 위협"에 대한 "전역사적 생존전략"으로 바라본다는 점에서, 새로운 틀을 마련하는 사건이었다. "실제 신경증"의 병인적 요인들에 대한 프로이트의 글(내가 다른 곳에서 언급했듯이, 정신신체적 장애에 대해 쓴 가장 초기의 글인)에 근거해서, 미트라니 박사는 그러한 증상의 발달에 영향을 미치는 또 다른 원인적 요인들로서, 일차 대상에 의한 원박탈, 때 이른 환멸, 그리고 분열성 철수를 추가한다.

"정신화 되지 않은 경험"과 "점착성 유사-대상관계"와 같은 독창적인 이론적 개념들은 풍부한 임상적 자료와 함께 예시되고 있고, 그녀가 분석가로서 그녀의 피분석자들과 수립하는 전이-역전이에 대한 통찰을 제공한다. 우리는 미트라니 박사와 함께 정신분석을 경험하고 있는 "로버트," "빌," "호프," "칼라," 그리고 다른 사람들을 만나게 되는데, 그들과의 경험을 통해 미트라니 박사는 "환자 안에 있는 아기가 타자(환자와 하나됨의 상태에 있는 동시에 구별된 존재일 수 있는)의 마음속에서 상상적으로 이해받는 경험을 제공받아야만 한다"는 사실을 보여준다.

미트라니 박사의 성찰은 또한 다양한 형태의 병리적 조직들—심각한 자기애적 성격병리와 같은—이 지닌 생존 기능을 다루고 있으며, 그러한 조직들이 "발달하는 태아가 되기, 태어나기, 심지어 임신상태를 추구하는 배아가 되기" 등의 원초적 경험들과 갖는 관계를 "환자의 과거의 환상적 삶과 현재의 환상적 삶 사이에 점점 더 의미 있는 발생학적 연결을 구성하기 위한" 잠재적인 자료로서 다룬다.

정신분석 분야에 참여하고 있는 모든 사람들은 임상적 관리의 수준과 이론적 개념화의 수준 모두에서 그들의 생존 전략을 포기하는 데 포함된 엄청난 어려움과 관련해서, 그러한 피분석자들이 제시하는 도전에 대해 잘 알고 있다. 그런 독자들은 미트라니 박사가 마음의 잘 알려져 있지 않은 영역에 대한 그녀 자신의 탐사 여행을 우리와 나눌 때, 그녀가 보여주는 민감성과 깊은 공감에 감동을 받게 될 것이다.

조이스 맥두걸
1995년 6월 프랑스 파리에서

서론

꽤 여러 해 동안 나는 한 젊은 남자를 분석했다. 내가 여기에서 로버트라고 부르기로 한 그는, 내가 처음 만났을 때 너무 어둡고 뚫고 들어갈 수 없는 고통에 잠겨 있어서, 얼마 동안은 그가 살아남을 수 없을까봐 두려웠다. 우리의 연결은 깨지기 쉬운 것이었지만 강렬했고, 잔인한 격노와 사랑이 깃든 부드러움의 순간들, 그리고, 언젠가 그가 말했듯이, "그 둘 사이에 있는 모든 것들"로 가득 차 있었다. 우리의 첫 번째 주요한 치료적 돌파구는 크리스마스 휴가를 앞두고 발생했다. 우리가 헤어지기 전에 로버트는 나에게 자신이 직접 만든 책을 선물을 주었다. 그 책의 겉표지에는 「나의 상상을 위한 사진첩」이라는 제목이 씌어져 있었다.

표지들 사이에는 펜과 잉크로 조심스레 그린 단순한 직사각형이 페이지 당 하나씩 있었고, 각각의 직사각형 아래에는 표제가 붙어 있었다. 어떤 것들은 연도가, 어떤 것들은 달과 연도가, 그리고 다른 것들은 정확한 날짜가 씌어져 있었고, 또 다른 것들은 시간에 매이지 않은 상태로 남아 있었다. 서문은 서른 한 개의 "사진들"에 대한 신랄한 설명을 제공했는데, 그것들은 각각 로버트가 살았던 삶의 고통스런 한 해를 나타내고 있었다. 그리고 그것은 아마도 우연이 아니었을 것이다.

로버트로 하여금 사진에 매료되게 만든 것은 "네 개의 측면을 가진 틀"이 주는 한계였다. 그는 그 틀 너머에 무엇이 있는지, 사진사가 청중에게 보여주지 않기로 선택한 것이 무엇인지 궁금해했다. 그의 책에는 틀만 있고 그 안에 그림이 없었다. 서문에서 그는 표제와 틀은 "하나의 이미지나 감정이 아니라, 단 하나의 그림 안에서는 포착하는 것이 불가능한, 수많은 이미지들과 감정들을 되찾기 위한 것"이라고 썼다. "틀들과 표제들은 우리의 상상력의 건물을 짓기 위한 블록들로서 사용된다."

그 선물은 명절 휴가가 시작되기 전에 가졌던 마지막 상담이 끝났을 때 주어졌다. 나는 무척 감동했다. 이 긴 분리의 시간 내내 나는 로버트와 그의 책에 대해 많은 생각을 했다. 얼마 동안 분석은 그의 상상되지 않은 경험들을 위한 살아있는 틀이 되었다.

나에게는 분석에서의 네 시간이, 직사각형의 네 개의 선처럼, 분석적 주간과 그 안에 담긴 모든 것을 위한 틀을 창조하는, 상상을 위한 경계들을 제공하는 것으로 보였다. 연상들은, 틀 아래에 있는 표제들처럼, 하나가 아니라 여러 개의 이미지들과 감정들을 데려오는 데 사용된다. 틀 안에 함께 있으면서, 분석가와 피분석자는 이전에 상상되지 않은 것-상상된 것을 포착하려고 노력한다; 공동 언어의 경계 안에서, 45분이라는 경계 안에서, 분석적 주간의 경계 안에서, 분석적 관계의 경계 안에서, 그리고 두 마음의 창조적인 중복 안에서 상상력 있는 말의 사진들을 발달시키면서.

결국, 분석가와 환자 모두는 틀 바깥에 무엇이 놓여있는지, 의식적으로 또는 무의식적으로, 다른 사람이 "보도록" 각자가 선택한 한계 바깥에 무엇이 있는지 궁금해 하도록 남겨진다.

이 수필집은 나의 "상상"을 위한, 즉 로버트와의 나의 분석 경험과 다른 많은 사람들과의 15년간의 분석 경험을 위한 단순한 틀로서 봉사한다. 로버트와 다르지 않게, 나의 환자들은 누구나 다양한 순간에 전이 안에서, 마치 마음에 의해 현상될 필요가 있는 필름들처럼, 그들의 원초적인 경험들을 의사소통한다. 분석에서 이 현상과정은 분석가가 환자의 원초적인 경험들이 주는, 그리고 때로는, 사진에서의 원판과도 유사한, 역전이 안에서의 정신화 되지 않은 경험들이 주는 생생한 인상들을 수용하고 그것들에 반응하는 것으로 이루어진다. 그 다음에 이어지는 인화과정은 분석가가 치료적 렌즈를 통해 일별한 다양한 것들을 느끼고, 고통당하고, 정신적으로 변형시키고, 그리고 마침내 언어로 표현하는 것으로 이루어진다.

이 "사진첩"의 페이지들에서 이 경험들은 한 정신분석가의 상상 안에서 인화된 산만한 임상적 스냅사진들로서(그리고 그것들에 대한 이론적 변형들로서) 재현되었다. 분명히, 이 페이지들 안에 인쇄된 것은 그러한 경험들의 다양한 표현들의 샘플에 지나지 않는다. 거기에는 아직도 "보아야 할 것"이, 이 책의 틀 바깥에 있는 더 많은 것이 놓여 있다. 경계 바깥에 남겨진 것은 저자가 독자에게 보여주지 않기로 선택한 것, 분석적 커플의 각 구성원이 다른 사람들에게 보여주지 않기로 선택 한 것, 그리고 물론, 말로 설명할 수 없는 것 등이다. 모든 사진의 인화가 그렇듯이, 모든 이론은 현실에 대한 우리의 지각의 표상일 뿐이다. 그것은 경험에 근접한 것을 창조하고자 하는 미약한 시도일 뿐이다. 슬프게도, 언젠가 로버트가 나에게 상기시켰듯이, "틀의 경계를 넘어 모든 방향으로 흘러넘치는 것들이 너무나 많다."

제 1 장
비통합, 점착성 동일시, 그리고 심리적 피부[1]: 에스더 빅의 주제와 그것의 변형들

> 피부 자아의 담아주는 기능의 실패는 두 가지 형태의 불안으로 귀결된다. 심리적 지형이 물리적 고통이나 심리적 불안에서 껍질 없는 핵으로 이루어져 있을 때, 거기에는 산만하고, 항구적이며, 흩어져 있고, 위치를 알 수 없고, 확인할 수 없으며, 잠재울 수 없는 본능적 흥분이 발생한다: 그는 고통 속에서 스스로를 포장한다. 후자의 경우, 봉투가 존재하지만, 그것의 연속성은 구멍들에 의해 깨져 있다. 이러한 피부 자아는 새는 그릇이다: 사고들과 기억들은 유지되기 힘들고, 새어 나간다.
>
> [디디에 앙지외, 피부 자아]

배경

1901년 폴란드에서 태어난 에스더 빅은 비엔나에서 아동발달 분야의 박사학위를 받았다. 세계 제2차 대전 동안 그녀는 나찌의 박해를 피해 런던으로 이주했고, 그곳에서 영국 정신분석학회 소

---

1) 이 장의 초기 원고는 1994년 1월 28일에 캘리포니아 정신분석 센터의 공개강좌 분과가 후원한 "정신분석에서의 고전적 논문들"에 대한 연속 토론의 일부로서 제시되었다. 그것은 이어서 1994년 10월 31일에 로스앤젤레스 정신분석연구소와 학회의 학술모임에서 발표되었고, 이후에 1994년 12월에 출간된「멜라니 클라인과 대상관계」에 실렸다.

속의 런던 정신분석 연구소에서 분석훈련을 받았다. 그녀는 존 보울비와 함께 타비스톡(Tavistock) 클리닉에서 훈련 프로그램을 설립했다. 빅은 그곳에서 지금도 지속되고 있는 유아관찰 기법을 확립했는데(Bick 1964), 그것은 후에 영국 정신분석학회 분석훈련의 필수과목으로 채택되었고, 미국 캘리포니아의 정신분석센터 훈련 프로그램의 초석이 되었다.

좋은 관찰자가 되는 것이 좋은 정신분석가가 되는 데 도움이 된다는 것이 빅의 확신이었다. 그녀는 수년에 걸친 관찰을 통해서 각 관찰자가, 아기가 어떻게 자라나는지를 배우게 되고 아기의 발달이 지닌 복잡성에 더 많은 관심을 갖게 된다는 사실을 확인했다. 그녀는 이처럼 관심을 가진 관찰자가, 아기에 대해 어머니가 갖는 관심을 강화하고 아기를 이해하고 아기의 필요들을 돌보는 어머니 자신의 능력을 가치 있게 여기도록 격려한다는 점을 주목했다. 이와 비슷하게, 빅은 또한 분석가가 환자를 관찰하면서, 그 환자가 어떻게 삶의 현 지점에 도달하게 되었는지를 배우게 된다고 믿었다. 개인의 발달의 복잡성을 이해하고자 하는 관심을 유지할 수 있는 분석가가, 피분석자로 하여금 그의 성격의 더 건강하고 더 성숙한 측면들을 강화하고, 경험을 이해하고 자신의 욕구들을 돌보는 분석가 자신의 능력을 가치 있는 것으로 여기게 된다는 사실을 그녀는 확인했다.

비록 빅이 마이클 발린트에게서 훈련 분석을 받았지만, 그녀는 이후에 멜라니 클라인에게 분석을 받았고, 클라인의 이론과 기법의 신실한 추종자이며 존중받는 교사요, 전파자로서 많은 이들에 의해 기억되게 되었다. 그러나 그녀 자신의 작업 곧, 유아관찰, 그리고 자폐 아동들 및 심각하게 손상된 성인들에 대한 치료와 그런 치료들에 대한 슈퍼비전은 분석에서 환자들을 이해하기 위한 몇몇 새로운 모델들을 세우도록 이끌었다. 이러한 이해의 모델들은 지금 고전적 클라인학파 사고의 본질적인 확장을 위한 기초로서 간주되고 있다.

빅은 그녀의 출판된 저작에서(1964, 1968, 1986), 클라인의 "투사적 동일시"(M. Klein 1946) 이론에 포함된 것보다 발달적으로 선행하는 "자기애적 동일시"의 극도로 원시적인 유형에 대한 윤곽을 제시했다. 동일시의 이러한 매우 초기 형태에 대한 빅의 개념은 뒤이어 많은 연구자들로 하여금 이전에 거의 탐구되지 않은 대상관계의 또 다른 차원에 대해 말하도록 고취함으로써 그들의 정신분석적 사고를 수정하도록 자극했다. 그 결과, " ... 안으로 들어가는" 과정의 중심성이 대상과의 "접촉"의 우위성에, 즉 항상 피부에 해당하는 심리적 실재의 대상과 연결된 것으로 보이는 매우 원초적 과정에 종속되게 되었다(Etchegoyen 1991).

나는 빅의 연구를 검토한 후에, 그녀가 도입한 개념들이 도널드 멜처(1975)와 그의 동료 연구자들(Meltzer et al. 1975)의 저작에서 이후에 나타나고 있고, 뒤이어 프란시스 터스틴(1972, 1980, 1981, 1983, 1984b 1986, 1990)과 다른 이들에 의해 확장되고 있다는 사실과 관련해서, 그 개념들의 진화와 정교화를 다룰 것이다. 이러한 이후의 연구들을 추적하면서, 나는 점착성 유사-대상관계(J. Mitrani 1994a)라는 개념을 정교화 할 것인데, 이 용어는 멜라니 클라인과 그녀의 설명자들에 의해 정의되고 입증된 것보다 더 초보적인 대상관계의 초기 유형에 대해 말하기 위한 목적으로 내가 조합한 것이다.

에스더 빅의 연구

1968년의 논문에서 빅은—그녀의 동료들 및 학생들과 함께—그녀가 관찰한 유아들에 대한 보고에서, 반복해서 그녀의 주의를 끈 행동들에 대해 서술했다. 그러한 관찰들은 빅이 아주 어린 아기들이 처음에 아직 신체적 내용들과 차별화되거나 분화되지 않은 정신적이고 정서적인 내용물을 충분히 담아낼 수 있는 경계들의 부재를 경험할 수 있다는 가설을 세우도록 이끌었다. 그녀의 간결한 문장에서, 빅은 갓 태어난 자기가 응집력 있는 자기로 통합되어가는 길목에서, 그것의 경험들 혹은 부분들을 수동적으로 함께 묶는 역할을 하는 "심리적 피부"가 존재한다는 개념을 제안했다.

그녀는 심리적 피부를 신체적 피부의 투사물 혹은 신체적 피부에 상응하는 것으로 묘사했고, 그것이 처음에 "이러한 기능을 수행할 수 있는 것으로 경험되는, 외부 대상의 내사에 달려 있다"고 제안했다(Bick 1968, p. 484).

빅이 여기에서 말하는 외부 대상은 신체적으로 그리고 정서적으로 "안아주는" 그리고 정신적으로 "담아주는" 어머니와 감각기관으로서의 유아의 신체 표면 사이에서 발생하는 계속적인 상호작용의 경험들로 구성된 복잡한 그리고 미분화된 대상이다. 이 개념은 프로이트(1923)가 "자아는 무엇보다도 먼저 신체적 자아이다; 그것은 단지 표면적 존재가 아니라, 그것 자체가 표면의 투사물이다"(p. 26)라고 제안했을 때 그가 말한 것이기도 하다.

빅은(1968) 더 나아가, "나중에 대상의 이러한 [심리적 피부] 기능과의 동일시가 통합되지 않은 자아의 상태를 대체하며, 내적 및 외적 공간에 대한 환상(phantasy)2)을 발생시킨다"(p. 484)는 가설을 세웠다. 그녀는 이 공간에 대한 환상이 클라인이 묘사한 이상화와 분리과정들에 필수적인 요소인, 정상적인 적응적 분열과 투사를 위한 본질적 기초라는 아이디어를 제시했다. 그러나 빅은 "... 담는 기능이 내사되기 전까지는 자기 내부의 공간이라는 개념은 생겨날 수 없고 ... [내적으로 담아주는] 대상의 건설은 ... 손상될 것이다"(p. 484)라고 경고했다.

내적 공간 감각의 발달에 선행하는 이차원적으로 대상들과 관계 맺는 일차적 경향성에 대한 그녀의 서술과 함께, 빅은 최대로 의존적인 무력하고 수동적인 상태로서의 비통합(unintegration)과, 분열 또는 해체(disintegration)라는 적극적인 방어기제 및 책략들 사이를 중요하게 구별했다. 그녀는 비통합을 가장 초기의 파국적 불안들과 명백히 연관시켰고, 반면에 해체를 보다 후기의 박해적이고 우울적인 불안들과 연관시켰다. 이러한 서술들과 함께, 그녀는 다음과 같이 진술했다.

> 담아주는 대상에 대한 필요는 유아의 비통합 상태에서 대상—빛, 목소리, 냄새, 혹은 다른 감각적 대상—에 대한 절박한 추구를 산출하는 것으로 보인다. 그 대상은 주의를 붙잡을 수 있고, 그럼으로써 적어도 순간적으로는 인격의 부분들을 하나로 묶어주는 것으로 경험될 수 있다. [p. 484]

---

2) ph로 시작되는 환상(phantasy)이라는 단어는 멜라니 클라인에 의해 사용되었고, 무의식적 과정 혹은 그러한 과정의 산물을 의미하는 것으로 수잔 아이작스에 의해 정교화 되었다. 이 단어가 가리키는 과정들과 그것들의 산물들은 의식적 과정 혹은 그 과정의 산물을 가리키는 f로 시작되는 환상(fantasy)이라는 용어가 지닌 내용과는 구별된다. 무의식에서 출현하는 모든 방어들은 무의식적 환상들이다.

그녀는 계속해서 다음과 같이 설명한다.

> 최적의 대상은 구체적으로 피부로 경험되는 ... 안아주고, 이야기해주며, 친숙한 냄새를 풍기는 어머니와 함께, 입 안의 젖꼭지이다. 일차적인 피부 기능의 손상은 대상에의 의존이 유사-독립에 의해 대체되는, "이차적 피부"를 형성하는 쪽으로 이끌 수 있다. [p. 484]

이 주제에 대한 좀 더 상세한 설명에서, 빅은(1986) 이러한 "이차적 피부 장치들은 근육이나 목소리를 사용하는 방법들과 같은 모성적 돌봄의 특징들과 협력해서 발생할 수 있다"(p. 292)고 추가적으로 지적했다. 다른 방식으로 서술하자면, 이러한 심리적 피부 대체물들은 어머니 혹은 다른 일차적 양육자에게서 지각된 감각적 특징들을 따라 패턴화된다. 빅은 또한 그러한 원시적 방어들이 "이차적 피부 형성"이라는 표제 하에 속하는 것이고, 본래는 매우 어린 유아를 파국적인 불안으로부터 보호하기 위해 세워진 "비-정신적인" 현상들이라고 제안했다.

> 그 현상들은 공간-안으로-떨어지는 파국적인 불안으로부터, 그리고 완강한 보수주의를 발생시키고 외부 세계의 동일성, 안정성, 그리고 외부 세계로부터의 지원을 요구하는, 모든 변화에 대한 요구에 수반되는 죽음에 대한 공포로부터 자신을 보호하기 위한 것이다. [p. 299]

비록 빅의 출판된 논문들은 짧고 그 수가 적지만, 그 논문들에서 그녀는 자신의 아이디어들을 설명해주는 많은 임상적 사례들을 제공한다. 예컨대, 그녀는 앨리스라는 이름의 한 유아를 생생하게 묘사하는데, 이 아기는 불안정한 어머니의 욕구에 맞추어 조숙한 근육 유형의 이차적 피부를 발달시켰다. 그녀의 어머니는 처음에는 그녀의 유아에게서 생명력의 증거를 요구했고, 나중에는 그녀의 상황의 필요에 따라, 그녀의 아기를 유사독립을 향해 떠밀었다. 빅은 또한 3세의 정신분열증 환자인 메리에 대한 사례를 보고하는데, 메리는 자신을 감자포대라고 말하면서, 그녀의 포대에 생긴 구멍들 때문에 항상 감자가 쏟아질 수 있는 위험에 처해 있다고 말한다. 한 성인 환자는 그녀 자신을 쉽게 멍들고 파국에 의해 위협받는 사과포대로서 경험하는 것과, 공격적이고, 폭군적이며 완고한 "하마"로서 경험하는 것 사이를 오가는 것으로 관찰되었다. 그리고 5세 아동인 질은 그녀의 치료자가 없는 동안에 그녀의 옷을 몸에 꽉 끼게 입혀주고 그녀의 신발 끈을 단단히 매어줄 것을 요구하는 것을 통해서, 그녀가 얼마나 위태로운 안아주기를 경험했는지를 전달했다. 나는 여기에서 나 자신의 임상에서 가져온 사례를 추가할 것이다.

칼라

칼라가 아직 어린 아이였을 때, 그녀의 어머니는 응급실로 실려 가는 도중에 호흡기 실패로 아이의 무릎에서 사망했다. 그녀의 어머니의 죽음은 그녀와 네 명의 어린 형제자매들이 다른 여자와 눈이 맞은 그녀의 아버지에 의해 버림받은 직후에 발생했다. 칼라는 분석에서 그리고 세상에서 자신을 까다롭고, 건방지며, 세상 물정에 밝은 "계집애"로 제시했는데, 그녀의 강인함은 그녀가 종종 입었던 꽉 끼는 가죽 옷을 닮은 이차적 피부로서 기능했다. 표면상, 그녀의 방어 형태는 아버지의 발기된 페니스를 이상화한 이미지에서 그리고 부성적 보호 기능에서 유래된 것일 수도 있을 것이다. 그러나 그녀의 분석 2년차에, 칼라의 연약한 아기 부분이, 태어나기 위해 그리고 그녀가 때때로 경험하는 돌보는 존재로서의 어머니-분석가와 접촉하기 위해 출현하기 시작했다.

어느 한 회기에서 칼라는 울기 시작했는데, 그 울음은 전에는 들어본 적이 없는 깊이 파고드는 울음이었다. 나는 칼라의 울음의 깊이가, 마치 그것이 깊이 파묻힌 유아기 경험에서 나온 것처럼, 그것들이 유래한 층과 일치한다고 느꼈다. 내가 그녀에게 그런 이야기를 했을 때, 그녀는 "끔찍한 어떤 것이 나에게 뭔가를 원하는 것 같아요. 나는 숨을 쉴 수가 없어요. 나는 그것이 나오는 것을 원치 않아요. 나는 내가 울음을 멈추지 못할까봐 두려워요"라고 말했다. 그녀는 회기가 끝날 때면 기본적 안전감의 상실을 경험하게 되면서, 자신이 엎질러져서 사라져버릴 것 같은 그리고 자신을 추스를 수 없을 것 같은 끔찍스런 느낌을 갖는다고 말하는 것으로 보였다: 그 상실은 그녀의 아버지가 자신을 버린 것 또는 그녀의 어머니의 죽음과 같은 기억할 수 있는 사건들보다도 훨씬 더 전에 발생한 상실이었다.

수개월 후에 우리는 엎질러져서 사라져버리는 것에 대한 칼라의 공포의 가장 원시적인 기원들뿐만 아니라, 그러한 흩어짐의 위협에 대해 그녀가 가죽으로 된 보호 장치를 발달시켰다는 사실을 좀 더 이해할 수 있게 되었다. 이 불안과 그것에 대항한 방어 모두는 어머니에 대한 일차적 경험과 연관된 것으로 드러났다.

칼라의 분석 3년차에, 나는 그녀가 주말을 보내고 돌아올 때면 거의 항상 대기실 문에서 따뜻하고 열정적인 미소로 나를 만난다는 사실을 알 수 있었다. 그리고는 나의 상담실로 가는 통로를 지나기 전에 내 얼굴을 유심히 살펴보곤 했다. 나는 종종 그녀가 아마도 그녀 자신의 표정을 반영해줄 어떤 것을 내 얼굴에서 찾고 있다는 생각이 들었는데, 그 표정은 온화한 즐거움에서 순전한 기쁨 사이 어딘가에 있는 것이었다.

그러나 그녀가 카우치에 누울 때쯤이면, 분석과 나에 대한 그녀의 열정은 그녀가 또 다른 회기를 위해 돌아와야 한다는 나의 요구에 따르는 것에 대한, 노골적인 혐오가 아니라면, 가죽옷 같은 냉랭한 분위기속으로 용해되곤 했다. 내가 어느 날, 이러한 변화가 내가 대기실 문에 도달했을 때 그녀가 내 얼굴에서 보았다고 느낀 것에 의해 자극된 감정들과 환상들에 어떤 식으로든 연결된 것 같다고 제안하면서 그 변형에 주의를 기울였을 때, 그녀는 "선생님은 항상 똑같아 보여요"라고 절망스럽게 말했다.

칼라는 그 다음에 그녀가 그날 화장실을 사용할 수 있을 정도로 충분히 일찍 도착해서 행복하다고 나에게 말했다. 그러나 그녀가 화장실이 "모두 잠겨 있는 것"을 발견했을 때, 그녀는 폭발할 것처럼 느꼈다. 그 다음에 그녀는 자신의 실망감의 중요성을 부인하기라도 하듯이, "정말 괜찮아요"라고 확실하게 덧붙였다.

그 순간, 나는 잠긴 화장실 이야기 안에 그녀의 급격한 변형의 의미에 대한 실마리가 포함되어 있다고 느꼈다. 그녀는 실제로 감정이 터질 것 같은 상태였고, 그녀가 도착했을 때에는 간신히 참고 있었다. 그러나 그녀가 내 얼굴에서, 내가 그녀의 넘쳐흐르는 흥분에 대해 열려 있고 그래서 이 감정들로부터 그리고 다른 압도하는 감정들로부터 안도감을 줄 수 있을 것임을 보여주는 기쁨의 표시들을 추구했지만, 내가 정서적으로 닫혀 있다고 느꼈을 때, 그녀는 바로 실망했다.

나는 그날 그녀가 나를 보러왔을 때 가졌던 열정을 나의 얼굴에서 발견하기를 원했고, 특히 그녀가 안도감을 얻는 것이 너무 늦지 않았다고 느꼈던 순간에, 그녀의 희망이 빠르게 환멸로 변한 것 같다고 말해주었다. 그녀는 고개를 끄덕이며 내 말에 동의했고, 나는 계속해서 그녀가 그러한 환멸의 감정을 견딜 수 없었고, 그래서 폭발할 것 같은 두려움으로 인해 마음을 강하게 먹기로 결심한 어린-그녀에 대해 나에게 의사소통하고 있는 것 같다고 말해주었다.

칼라는 그녀가 나를 보고 행복한 만큼 나도 그녀를 보고 행복하기를 바랄뿐이라고 대답했다. 나는 그녀의 이 희망을 인정했고, 흘러넘치도록 기뻐하는 어린 아기-그녀가 나의 얼굴 표정에서 보이고 담겨짐으로써 그녀가 다시는 쏟아져 버리거나 사라지지 않을 거라고 느낄 필요가 있는 것 같다고 덧붙였다. 나는 또한 오늘은 이 욕구가 너무 강렬해서, 분석가인 내가 그녀의 기뻐하는 감정을 반영하지 못하고, 그녀와 감정을 주고받지 못하는 것으로 그녀에게 보였을 때, 그녀 자신을 자물쇠가 채워진, 가죽옷 같고, 강인한 엄마-분석가와 대칭을 이루는 모습으로 변형시켰는데, 이것은 우리 사이를 어떤 틈새도 없는 친밀한 것으로 만듦으로써 그녀 자신이 안전하게 담겨있다는 느낌을 만들어내기 위한 것일 수 있다고 덧붙였다.

그때 칼라는 울면서, 내가 말하는 동안 아주 어린 소녀인 칼라가 화장대 앞의 어머니를 감탄어린 눈으로 바라봤을 때 보았던 것과 같은 어머니의 얼굴 이미지가 떠올랐다고 말했다. 그리고 나서 그녀는 자신의 어머니가 아이시절에 자동차 사고로 얼굴 부상을 입었었다고 처음으로 내게 말했다. 그 후로 어머니의 얼굴은 항상 이상했고, 혐오스럽고, 쌀쌀해보였으며, 피부조직의 손상으로 인해 피부가 가죽 같았으며, 얼어붙어 있고 변하지 않는 표정을 갖게 되었다고 했다. 칼라는 그녀의 어머니가 정말로 그녀 자신을 사랑했는지에 대해서는 결코 말할 수 없다는 점을 인정했다. 어머니가 그녀의 변할 수 없는 표정으로 인해 딸의 황홀과 사랑의 기쁜 상태를 반영해주지 못하자, 아기-칼라는 어머니의 응시 안에서 안전하게 그리고 반응적으로 안김을 받는다고 느끼지 못한 것으로 보였다.

칼라의 이야기는 마음이 굳어짐으로 인해 병리적인 이차적 피부를 형성하게 된 환자에 대한 이야기이다. 이와는 대조적으로, 나는 일시적으로 심리적 피부를 상실하고 근육감각 및 시각적 감각들로 구성된 이차적 피부를 일시적으로 발달시킨 사례를 제시하고자 한다. 이 사례는 나 자신의 유아관찰 기록에서 발췌한 것이다.

매튜

어느 한 관찰 시간에, 6주 된 매튜를 목욕시키기 위해 탁자 위에 뉘어놓고 옷을 벗기고 있는 동안, 그의 어머니의 주의가 순간적으로 관찰자에게로 향하자 그는 고통의 신호들을 보이기 시작했다. 어머니의 주의에서의 이 틈새에 대한—그리고 어머니의 친밀하고 애정 어린 손길에 대한 감각과 그의 몸을 감싸주고 있는 옷에 대한 감각, 그리고 그의 신체적 피부일 뿐만 아니라 심리적 피부의 일부로 느껴졌을 모든 것들의 상실에 대한—그의 반응은 그 자신의 척추 뼈를 둥글게 만든 채, 주먹을 쥐고 발가락을 오므려 근육들을 경직되게 만들고는, 이것들을 리듬 있는 움직임으로 만드는 것을 통해서, 마치 스스로를 안아주듯이, 자신의 고통을 달래주는 행동이었다.

이러한 행동은 매튜가 어머니의 팔에 다시 안기자마자 그리고 그녀가 그를 따뜻하고 부드러운 목욕물에 담그자마자 사라졌는데, 이렇게 목욕물에 그를 담그는 것은 따뜻한 목욕물과 그리고 어머니의 주의 깊은 시선과의 접촉을 통해 그에게 계속적인 접촉의 감각을 제공해주는 것으로 보였다. 그 다음에 그를 목욕물에서 꺼내고 물기를 말려주자, 매튜는 그 편안했던 감각을 상실한 것에 대해 차츰 고통스러워하는 표시들을 드러냈다. 그의 고통의 표시들은 어머니가 관찰자와의 대화를 다시 시작하는 바람에 어머니의 온전한 주의가 철회되었을 때, 두드러지게 증가했다.

점점 더 흥분된 상태가 되면서, 매튜는 마침내 그가 누워 있는 탁자 맞은편에 있는 거울에 초점을 맞추고 시선을 고정할 수 있을 때까지, 걱정 어린 눈으로 절박하게 무언가를 찾는 모습이었다. 그는 마치 그가 이제 거울 속의 자신의 이미지 안에 안전하게 안겨 있기라도 하듯이, 차츰 조용해지기 시작했다. 그러나 그의 어머니가 그를 이 안아주는 거울-이미지에서 갑작스럽게 떼어냈을 때, 매튜는 울음을 터뜨리고, 갑자기 오줌을 싸고, 계속 트림을 하고 방귀를 꾸면서, 비명을 질러댔다. 그는 자신이 거울 속의 그 안아주는 이미지로부터 찢겨져나갔다고 느낀 것처럼 보였고, 그 찢겨지는 느낌이 안김을 받는 것에 대한 그의 빈약한 경험을 무너뜨린 것처럼 보였다. 이 환상 속의 심리적 피부의 찢겨짐은, 마치 그것이 신체의 구멍들과 동등시되기라도 한 것처럼, 그의 눈과 페니스를 통해서 그리고 그의 입과 항문 모두를 통해서 자신이 쏟아져버리거나 분산되거나 증발하는 것에 대한 불안을 촉발시키는 것으로 보였다.

위니캇의 공헌들

비록 클라인의 문헌 안에서 위니캇의 연구는 대체로 간과되어 왔지만, 위니캇은 비통합(unintegration)이라는 주제(1945) 뿐만 아니라, 초기 대상관계에서 피부가 갖는 중요성(1960a)을 언급하는 데서 실제로 빅을 앞섰다는 사실을 주목하는 것은 흥미로운 일이다. 위니캇은 안김을 받는 유아기 단계에서 발생하는 발달의 중요한 부분이 아기의 정신신체적 존재의 확립, 즉 그가 "신체 안에 정신이 거주하기"(1949)라고 부른, 일차적 통합이라고 지적했다.

이와 관련해서, 위니캇은 정상적인 발달과정에 대해 다음과 같이 주목했다(1960a).

거기에는 어느 정도(건강한 경우) 피부의 표면과도 같은 것, 그리고 유아의 "나"와 "나-아닌 것" 사이에 위치한 "제한막"(limiting membrane)이라고 불릴만한 것이 생겨나게 된다. 그럼으로써 유아는 내부와 외부를 갖게 되고, 몸-도식(body-scheme)이라는 것을 갖게 된다. 이러한 방식으로,

안으로 들이는 것과 바깥으로 내보내는 것이 의미를 갖게 된다; 뿐만 아니라 차츰 유아에게 개인적인 혹은 내적인 심리적 실체가 있다고 가정하는 것이 의미를 갖게 된다 … 이는 정신과 구별되는 것으로서의 마음이 존재하기 시작한다는 것을 말해준다. 여기에서 원시적 환상에 대한 연구가, 즉 우리가 멜라니 클라인의 가르침들을 통해 친숙하게 알고 있는 그 환상의 풍부함과 복잡성이 적용가능하고 적절한 것이 된다. [p. 45]

위니캇은 정신발달에 대한 그의 이론에서, "충분히-좋은 모성돌봄"이 부족할 경우, 유아는 "비통합"이라는 심각한 상태와 관련된 "생각할 수 없는 불안"으로 인도하는 단절에 대한 갑작스런 그리고/또는 만성적인 인식에 직면하기 쉽다고 제안했다. 위니캇(1962)이 언급한 생각할 수 없는 불안은 산산조각 나는 것, 영원히 떨어지는 것, 몸과 아무런 관련성을 느끼지 못하는 것, 그리고 전혀 방향 감각이 없는 것 등에 대한 공포로서 열거된 바 있다.

위니캇은 또한 그러한 생각할 수 없는 불안이 어머니의 자아-지원이 없는 상황에서 유아가 경험하는 비통합의 일차적 상태로부터 생겨난다고 주목했다. 그는 이러한 불안이 절대적 의존 단계에서 발생한 안아주기의 실패에 의해 특징지어지는 원박탈(privation)에서 유래하는 것이고, 따라서 해체나 파편화에 따른 불안과는 구별되어야 한다고 진술했다. 그와 같은 해체나 파편화는 박탈(deprivation)과 연관된 보다 세련되고 전능한 방어들과 관련된 혼돈에서 유래한 적극적인 산물로서, 어느 정도 자아 통합이 일어난 후에 활성화되는 것이다.

나는 편히 쉼으로서의 비통합을 경험하는 능력—위니캇이 "홀로 있을 수 있는 능력"(1958b)이라고 부른—이 아동이 "충분히-좋은 모성 돌봄"과 "대상이 현존하는 동안에 홀로 있는 경험"을 통해서, 좋은 환경에 대한 믿음을 형성하는 기회를 가진 후에야 발생한다는 사실에 주목할 필요가 있다고 본다. 이러한 경험이 없이는, 아기는 의미 없음의 공허 속으로 떨어질 것이고, 그렇지 않았더라면 정상적이었을 그의 비통합 상태는 해체의 감정이 될 것이다. 이 해체의 감정은 방어적 환상으로서의 해체와 구별되어야만 한다. 아기 자신의 존재의 연속성의 감각에서의 붕괴들은 "정신-신체"를 돌보는 일을 떠맡고 조직화하기 위해 만들어진, "정신적 기능의 과도한 활동"(Winnicott 1962, p. 61)—방어적 성질을 가진 전능 환상들의 조숙한 발달—을 가져올 수 있다; 반면에 건강한 경우, "정신-신체를 돌보는 일은 환경의 몫이다"(Winnicott 1962, p. 61).

마음(mind)에 의한 이러한 환경적 기능의 몰수는 혼란스러운 상태, 이차적-피부 적응, 그리고 사물과 같은 정신적 기능의 발달로 인도할 수 있다. 위니캇(1949)은 이런 현상을 지칭하기 위해 병리적인 마음-정신(pathological mind-psyche)라는 용어를 조합했는데, 그는 이것이 "참 자기"에 대한 적으로서 간주되고, 통제를 위한 목적으로 머릿속에 위치해 있다고 진술했다.

나는 여기에서 위니캇의 아이디어들을 소개했는데, 그 이유는 그것들이 종종 본래 클라인학파의 것이라고 간주되는 분위기 안에서 너무 오랫동안 제대로 인정받지 못했기 때문만이 아니라, 또한 그것들이 비통합과 그것의 불안에 대한 개념에 꼭 필요한 정교화를 제공해주고, 빅의 이차적 피부 개념의 정신적 구성요소를 명료화해줌으로써, 그 개념에 피와 살을 주는 데 기여할 수 있다고 믿기 때문이다. 위니캇이 말하는 병리적 마음-정신은 환경이 정신과 신체의 통합을 지원해주지 못하는 경우에 발달하는,

유사-정신적 장치라는 것이 나의 생각이다. 나는 지적 기능이 보호적 껍질로서 사용되는 이 병인적 상태가, 정신적 장치가 분해되는 것으로 관찰되는 비통합 과정에 대해 멜처가 이해하고 서술한 것과 동일한 것이라고 믿는다.

멜처와 그의 동료들은(1975), 위니캇과는 달리, 비통합을 불안에 대한 수동적인 방어로 이해하는 것으로 보인다. 멜처(1986)는 비통합과 관련해서 분해(dismantling)라는 용어를 사용했다. 그는 분해를 감각장치의 분열로, 따라서 대상의 경험이 그것의 감각적 구성요소들로 나뉘는 것으로, 그리고 그 결과 상식이 지워지는 것으로 서술했다. 그는 또한 정신적 장치, 그리고 그것에 의해 처리되거나 만들어진 사고들이 이전에 확립했던 의미를 박탈당하는 현상을 가정하면서, 그것에 대해 알파 기능의 역전이라는 용어를 사용했다. 비통합을 이런 관점에서 바라보면서, 멜처—그리고 그 후에 옥덴—는 병리적인 심인성 자폐증이 파괴적 "퇴행"의 수동적 유형과 그리고 이전에 발달된 정신적 구조의 붕괴와 관련되어 있다고 제안하는 것으로 보인다.

다시금, 멜처의 용어 사용과는 대조적으로, 위니캇, 빅, 터스틴은 비통합이란 용어를 유아기의 자연적인 존재 상태를 지칭하는 것으로서 사용했다. 그 상태는 어머니가 자신의 감정들, 사고들, 행동들에서 아기의 갓 태어난 감각 경험들을 분류해내는 그녀의 역량을 적용하고, 그럼으로써 그러한 경험들의 통합을 향한 아기의 선천적인 경향성을 지원해주기 이전의 상태이다. 이들 연구자들에게 있어서, 비통합은 어머니의 담아주기가 사용될 수 없을 때에, 그리고 안정적인 심리적 피부가 발달하기 전에, 아기에게 위험한 해체로서 경험되는 존재 상태로서 이해된다. 이러한 맥락에서 볼 때, 비통합은 필요한 환경적 지원이 없을 때에만 경험되고, 느껴지며, 두려워지는, 그리고 회피되는 정상적인 일차적 상태로서 간주될 수 있다. 여기에서 비통합은 정상적인 정신적 및 정서적 성장을 대가로 발생하는 병리적 발달이라기보다는, 하나의 감정-상태로서 개념화된다.

　이 모델에서 적절한 피부-대상 경험을 만성적으로 결여한 아기는 불가피하게 그의 일차적 감각 경험들을, 의미의 도움을 받지 못한 채, 꿰뚫을 수 없는 이차적 피부로서 조직화한다고 추론된다. 이 이차적 피부는 따라서 환상적이고 일시적인 통합의 형태를 제공하지만, 그것은 거짓된 것이다. 그 결과 거기에는 일종의 유사-정신적-성숙이 발생하는데, 이것은 위니캇이 병리적인-마음-정신이라고 묘사한 것과 다르지 않다. 이 병리적-마음-정신은 또한 비온이 베타-스크린이라고 부른 것과도 유사하다.

　이 지점에서, 감당할 수 없는 경험들을 담는 그릇으로서의 이차적 피부를 창조해내기 위해 지능을 사용하는 것을, 더 구체적으로는 환자 자신 또는 분석가가 사용하는 단어들을 사용하는 것을 보여주는 하나의 사례를 살펴보는 것이 유용할 것이다.

비키

　비키는 심각한 문제를 가진 어머니에 의해 양육되었는데, 그 어머니는, 환자가 들은 바에 의하면, 그녀의 새로 태어난 유아의 울음소리를 들었을 때 어떻게 해야 할지 몰라서 아기 방의 문을 닫았다고 한다. 간략히 말해서, 비키는 전이에서, 아기 침대에 누워있는 동안 그녀를 돌보는 일에서의 어머니의 실패가 의미하는 것을 알려고 시도했던, 초기 유아기의 순간들을 재경험하는 것처럼 보였다. 나는 그 아기가 자신이 너무 크게 울었는지 혹은 충분히 크게 울지 않았는지에 대해 계속해서 강박적으로 생각해야만 했었을 거라고 추측했다. 어쩌면 그녀의 울음소리가 너무 고음이었거나 너무 저음이었을 수도 있다. 그녀는 계속해서 울어야 했을 수도 있고, 즉시 울음을 그쳐야 했을 수도 있다. 만약 그랬다면, 얼마나 오랫동안 그래야 했을까? 비키는 어머니가 아픈지, 혹은 잠들었는지, 혹은 마침내 영원히 떠나갔는지 궁금해 했던 것처럼 보인다. 어머니가 죽었나? 아니면 죽은 사람이 그녀였을까?

나는 이 환자가 아기시절에 자신의 어머니와 하나인 상태에 있어보지 못했고, 그래서 끔찍한 죽음의 경험을 회피하는 데 사용될 뿐만 아니라, 그녀를 돌봐주는 대상을 조숙하게 염려하는 유사-마음을 발달시켜야만 했을 거라고 추측했다. 그녀는 이 회피 상태 안에서, 더 이상 그녀 자신의 신체에 대한 느낌을 가질 수 없어서 종종 공포에 질리곤 했을 것이다.

처음에 나의 개입은 예상되는 전체 범위 안에서 이루어졌다: 주말의 휴식기, 휴일, 회기의 종료와 관련된 전이 해석들, 그리고 고통스런 분리들에 의해 촉발된 불안 및 그것에 대한 방어들, 버림받는 경험들. 그러나 비록 비키의 자료가 이런 유형의 경험들을 상당히 명료하게 보여주었지만, 그녀가 반복해서 생각했던 것은 실제로 상실 경험들과 연결된 생각들이 아니라, 상실을 인식하는 것을 막기 위해 그녀의 위태로운 자기를 감싸는 감각의 고치를 제공해준 단어들의 덩어리였음이 분명히 드러났다. 그녀는 그녀의 연상들의 내용에 대한 해석들을, 그 고치를 구성하고 유지하기 위한 추가적인 재료로 사용하는 것으로 보였고, 나는 종종 우리가 앞으로 나아가지 못하고 있다고 느끼면서, 혼자 남겨지곤 했다.

실제로, 나는 얼마 동안 이 문제로 인해 혼란스러웠다. 그러나 나는 그것이 바로 우리가 그 어떤 진전도 이루지 못하게 방해하고 있는 것임을 이해할 수 있었고, 마침내 그녀의 영속적인 활동에 대한 나의 느낌을 전달할 수 있었다. 다시 말해서, 나와 나의 말들뿐만 아니라 그녀 자신의 말들을 사용해서, 사라져버리는 파국적 경험으로부터 자신을 보호할 수 있는 안전하고 꿰뚫을 수 없는 고치를 그녀가 만들고 있다고, 나는 말해줄 수 있었다. 그때 비키는 다음과 같이 자신의 연상을 나에게 말했다.

그녀는 한 가족구성원으로부터 들은 적이 있는 다음과 같은 이야기를 회상했다. 그녀가 병원에서 집으로 온 날, 그녀는 그녀 어머니의 침대 한 가운데 담요로 쌓인 채 놓여 있었고, 그녀가 울었을 때 그녀를 달래주기 위해 아무도 들어와서 그녀를 안아주도록 허용되지 않았다. 비키의 순진한 그리고 선한 의도를 가진 어머니는 이것이 그녀의 아기를 "강하게 만드는 데" 도움이 되고 돌봐주는 이들에 대한 의존을 줄일 것이라고 믿었다.

그런 환자들의 경우, 만약 우리가 그들이 소통하는 것의 텍스트에만 주목한다면, 우리는 그러한 초기 경험들(그것들을 담아내도록 돕는 데 실패하는 동안)로부터 자신을 보호하고 자신을 강하게 만들기 위한 그들의 시도들과 공모하는 위험에 처하게 될 것이다. 자기를 강하게 만드는 그런 행동은 진정한 "정서적-자기"의 출현과 발달을 위한 여지를 거의 남겨두지 않았고, 비키의 경우, 그 정서적 자기는 시간이 지나면서 점점 더 억압되고, 마침내 느낄 수 없는 것이 되었던 것 같다.

"이차적 피부"의 생존 기능에 대한 시밍턴의 강조

조안 시밍턴(1985)은 이차적 피부에 대한 빅의 개념을 더 확장하면서, 그러한 전능한 보호들이 생존 기능을 갖고 있다고 주장했다. 그녀는 특정한 내부 기관들의 부드러운 근육들을 단단하게 만들거나 옥죄는 것을 통해서, 자기가 공간 안으로 쏟아질 위험이 없는, 그래서 다시는 결코 발견되거나 안전하게 안길 필요가 없는, 계속적으로 피부에 대한 환각적 감각을 제공하는 보호적 책략에 대해 명료하게 설명했다.

유아관찰뿐만 아니라 분석 상황에서 성인 환자들과 함께 했던 그녀의 경험들에서 가져온 시밍턴의 많은 사례들은 다음과 같은 그녀의 결론에 신빙성을 더해 준다.

> 해체 상태에 대한 원시적 공포가 의존에 대한 두려움의 근저에 놓여있다; 무력함에 대한 유아기 감정을 경험하는 것은 매우 초기에 안김을 받지 못했던 위태로운 느낌의 메아리를 불러내고, 이것은 다시금 … 처음에는 절박한 생존 수단으로서 작용하지만 차츰 성격 안에 구조화됨으로써, 환자로 하여금 스스로 자신을 안아주게 만드는 동기로서 작용한다. 그리고 그 바탕 위에 다른 전능적 방어기제들이 덧씌워진다. [p. 486]

시밍턴은 이러한 파국적인 비통합과 관련된 불안들이 때때로 대다수의 사람들에게 존재할 수 있다고 강조했고, 환자들은 이러한 원시적인 방법뿐만 아니라 더 정교한 방법들을 사용해서 자신들을 지탱하는 동안, 분석적 관계에 저항하는 것으로 보이는 경향이 있다고 제안했다. 함묵증, 생각의 차단, 완고함, 완강한 격노, 기면증, 주지화, 강요된 말, 피상성, 분석가의 목소리를 측정하기, 분석가의 해석들을 전유하기, 정신분석 서적을 읽기, 한 주제에서 다른 주제로 건너뛰기, 그리고 다른 행동들은 환자가 분석가에게서 돌아서는 것으로서 그리고 분석적 과정을 의도적으로 파괴하는 것으로서 잘못 해석되기 쉽다. 그러나 시밍턴은 방어와 그것의 파괴성에 대한 해석은 파국에 대한 환자의 공포와 그가 스스로를 지탱해야만 한다는 그의 확신을 인정하지 않고서는, 그 환자를 담아주지 못하고 오히려 오해받는다고 느끼는 상태에 남겨두는 위험이 있으며, 그것은 종종 말없는 상처와 증가된 방어적 태도로 귀결된다고 경고했다.

 나 자신의 경험에서 볼 때, 이 증가된 방어적 태도는 개선된 겉모습을 연출하지만, 실은 새롭고 좀 더 교묘한 이차적인 피부—분석가의 성격과 그가 따르는 이론들에 따라 유형이 만들어지고, 그런 점에서 그에게 수용될 수 있는—의 발달을 구성할 뿐인 극도의 순응의 형태를 띤다. 일단 이차적 피부에서의 이러한 변형이 이루어지면, 그것은 분석가의 마음 안에서 암점화되기(scotomatized) 때문에 더 이상 해석을 통해 접근할 수 없는 것이 된다.

점착성 동일시에 대한 터스틴의 명료화

 프랜시스 터스틴(1986)은 "자폐적 대상들"에 대한 논의에서, 만성적으로 "통합되지 않은 아동들"(p. 127)은 담아주는 존재가 부재할 경우, 영원히 떨어지거나 쏟아져버리는 것에 대한 그들의 견딜 수 없는 공포를 자신들이 단단한 물건들의 표면에 붙어있다는 감각들을 만들어내는 것을 통해서 진정시킨다고 지적했다. 이 감각들은 아동이 그 대상의 표면과 동등시됨에 따라, 아동에게 일시적이지만 즉각적으로 신체적인 연속성과 안전감을 경험하게 해준다. 자폐증 아동은 이러한 생존 양태에 중독된다.

터스틴(1992)은 빅이 사용한 점착성 동일시(adhesive identification)라는 용어보다는 점착성 동등시(adhesive equation)라는 용어를 사용할 것을 제안했는데, 그녀는 이 후자의 용어가 자폐적 캡슐화에서 고유하게 작용하는 특정한 병리적 과정들을 더 잘 서술해준다고 보았다.

가장 최근의 연구에서, 그녀는 자폐 아동들은 그들의 어머니들에게 만성적으로 "달라붙어 있어서" 그들 사이에 어떤 공간도 있을 수 없다고, 곧 진정한 대상관계의 발달이 일어날 수 있는 공간이 그들에게는 없다는 점을 밝혀냈다. 그녀는 전문가 초기에 자신에게 영향을 끼쳤던 빅이, 자폐 아동들은 정신분열증-유형이나 공생적 정신증을 앓는 아동들과는 대조적으로, 대상과 동일시할 수 있는 능력이 없다는 것을 알고 있었고, 이 현상을 점착성 정체성(adhesive identity이라고 재명명했다는 사실을 주목했다. 터스틴은 공간에 대한 인식 없이는 관계가 있을 수 없고, 관계가 없이는 동일시 과정이 일어날 수 없다는 점을 힘주어 강조했다. 점착성 동등시 또는 점착성 정체성은 각각 자체의 정체성을 갖고 있는, 자기와 대상의 감각보다는 존재의 감각을 확립하는 데 사용된다고 말할 수 있다.

개인적 대화에서, 터스틴(1992)은 "점착성 동등시에서 '주체'는 '대상'과 같다고 느끼고, 그들 사이에 어떤 공간도 없다고 느끼지만, 점착성 동일시에서 '주체'는 '대상'과 비슷하다고 느끼고, 그들 사이에 공간이 있다고 느낀다"고 덧붙여 설명했다.
 터스틴(1986)은 이러한 현상을 개념화하는 또 다른 방식으로서, 융합적 모방이라는 가디니(1969)의 용어에 주목했고, 다음과 같이 말했다.

> 융합적 모방에서 아동의 신체는 "자폐적 대상들"과 융합된 것처럼 보인다는 점에서, 그런 대상들은 그 용어의 일반적인 의미에서의 "대상"의 지위에 도달하지 못했음을 인식하는 것이 중요하다 … 이것들은 또한 위니캇이 말하는 … 지속적인 심리적 발달을 촉진할 수 있는 "중간 대상들"과 구별할 필요가 있다. [p. 128]

 가디니(1969)는 이 융합 환상을 "융합적 모방을 통해 마술적으로 얻어낸, 대리적 정체성을 얻으려는 시도"(p. 478)로서 이해했는데, 이것은 이차적 피부를, "흉내" 행동의 산물로 본 빅의 견해와 일치한다.
 가디니보다 앞선 시기에, 헬렌 도이치(1942)는 "모방적 동일시" 상태 안에 존재하는 "마치-인양 인격"에 대해 서술했다. 그녀는 이러한 환자들이 "마치" 그들 자신들이 그들의 사랑받는 대상들 "인양" 행동한다는 점을 주목했다. 자폐 환자들과의 여러 해에 걸친 그녀의 연구에서, 터스틴은 이것을 동일시의 특별한 경우라기보다는 "융합의 망상적인 상태"로서 이해하게 되었다.
 나의 환자 로버트는 이러한 점착성 동일시의 유형뿐만 아니라, 이차적 피부가 자폐적인 고립 영역을 만들어내는 환자들에게서 전형적으로 찾아볼 수 있는 정신화 되지 않은 경험의 신체적 표현을 보여준다.

로버트

　　로버트는 그의 어머니가 자살한 후에 여러 번의 입원 치료를 거친 후에 분석을 위해 의뢰되었다. 어느 한 회기에서, 로버트는 그가 그의 생애 내내 고통 받아온 시각 장애에 대해 털어놓았다. 그것은 "게으른 눈"의 문제였는데, 그 눈 때문에 그는 세계를 단지 이차원적인 것으로 보아왔다. 어떤 한 의사는 그것의 원인을 그의 외상적 출생에서 왔을 거라고 말했다. 로버트는 그의 눈 때문에 깊이를 인식할 수 없었다. 그는 공간이나 거리에 대한 감각, 그리고 내면에 대한 감각을 갖지 못했고, 단지 평평한 외부에 대한 감각만을 갖고 있었다. 시간이 흐르면서 우리는 그의 게으른 "나"를, 빛, 온도, 혹은 결에서의 변화들을 견딜 수 없었던, 심리적으로 태어나지 않은-그의 신체적 표현으로서 이해하게 되었다. 따라서 그는 자신이 분석에 의해 "고쳐질" 수 없고, 단지 그것에 "고착될" 수만 있다고 느꼈다.

　　이 환자는 매번 회기가 끝날 때마다, 마치 내가 내 상담실이라는 자궁 속의 "태반에서" 그를 떼어내기라도 하듯이, 나에게서 찢겨져나가는 것처럼 느꼈던 것으로 보인다. 회기 안에서와 회기 바깥에서 나와 전화하는 시간 모두에서, 로버트는 필사적으로 나에게 붙어 있는 것으로 보였고, 주말과 휴일에 나에게서 떨어지는 것을, 그가 병원 침대에 "고정되는" 결과를 가져오는 행동을 일부러 해야 할 만큼 고통스런 "벗겨냄"으로 경험했다.

　　그는 우리가 함께 작업을 시작하기 전에, 병원의 보호병동에서 그가 실제로 사지를 움직이지 못하게 하는 구속복을 입어야 했던 사건들을 매우 상세하고 감정적으로, 그리고 종종 감동적으로 묘사하곤 했다. 그는 빈번히, 비록 제한은 받았지만, 그와 같은 안전한 환경으로 돌아가길 원했다. 지난번 그가 약물을 과다 복용했을 때, 그는 입원해서 신장 투석을 받아야만 했다. 따라서 그는 매우 극적인 방식으로 자궁뿐만 아니라, 탯줄과 그것의 기능들에 대한 그의 강한 욕구에 관해 알려주었다.

한 번은 로버트가 그를 삼차원 안에 있는 "나"가 되도록 강요한다고 느꼈던, "분석의 문제"에 대한 효과적인 해결책을 생각해냈다. 그는 나의 상담실 안에 삼각대를 설치하고는, 그 위에 그의 카메라를 위치시킨 다음, 그것을 30분간의 노출에 설정하는 환상을 말했는데, 그것은 그의 말로, "두 사람 사이에 공간이 없고, 관계 안에 성, 나이, 혹은 지위의 구별도 없는 하나됨의 상태 안으로 우리 두 사람을 혼합하기 위해서였다. 그리고 그것의 결과물인 사진은 그와 같은 완벽한 상태를 위한 기념품으로서가 아니라, 그것이 없이는 그가 항상 위험하다고 느끼는 부적으로서의 기능을 갖고 있었다.

그의 분석의 나중 시점에서, 로버트는 모든 것들이 복구 과정 중에 있는, 부드럽게 느슨하게 싸여있고 지지대에 의해 둘러싸인 고대 구조물들에 대한 새로운 사진들—이번에는 생동적인 색을 갖고 있고 명확히 3차원적인—을 가져오기 시작했다.

멜처의 역사적 및 기법적인 기여들

멜처(1975)는 클라인학파 사고의 발달과 관련된 전설적 이야기를 위한 역사적 맥락을 제공했다. 클라인학파 사고는 점착성 동일시의 개념화에서 절정을 이루었는데, 이는 편집-분열적 자리보다 앞서는 원시적인 자기애적 상태를 지칭한다. 많은 통찰을 주는 이 글은 그와 그의 동료-연구자들이 「자폐증의 탐구들」(Meltzer, et al. 1975)에서 보고한 발견들을 더욱 풍부하게 해주었는데, 특히 성인들과 아동들에게서 드러나는 그러한 기본적 상태들을 다루는 기법의 영역에서 그러했다. 멜처는 다음과 같이 보고한다:

> 우리는 ... 투사적 동일시의 측면에서 행하는 해석들이 어떤 상황들에서는 아무런 영향을 미치지 못한다는 사실을 주목하기 시작했다. 우리는 특정한 부류의 환자들과 어려움을 겪고 있었고, 확실하게 동일시 과정들과 연관된 것과는 다른 무엇인가가 진행되고 있는 것을 보았다; 그것은 확실히 자기애와 연결되어 있었지만, 우리가 투사적 동일시에 해당하는 것으로 알고 있는 것과는 아주 다른 현상을 보이고 있었다 ... 그것은 자신의 유아들을 어떤 이유에서든 담아줄 수 없는 어머니를 가졌던 유아들에게서 발견되는 파국적 불안의 상태들과 연관되어 있었다. 이러한 유아들이 불안해졌을 때, 그들의 어머니들도 불안해졌고, 그러면 유아는 더욱 더 불안해지는 불안의 악순환이 발생하는 경향이 있었다 ... 이것은 유아의 정신조직이 ... 해체되는 상태로 들어가면서 끝이 났다. [p. 295]

멜처는 빅이 일부 성인들 역시 유사한 상태에 처할 수 있음을 관찰하기 시작했음을 회상했다.

> 갑자기 그들은 아무것도 할 수 없다고 느꼈다. 그들은 앉

아서 떨어야만 했다. 그들은 일반적인 의미에서 불안한 것이 아니었다 … 그들은 그저 멍해지고, 마비되고, 혼란스럽다고 느꼈고, 아무것도 할 수 없었다. 그들은 그런 상태가 사라질 때까지 그저 앉아 있거나 누워 있어야만 했다. 이럴 때 분석 자료와 꿈들이 다음의 이미지들을 제시하기 시작했다: … 안겨지지 않고, 담겨지지 않은 … 이들이 모두 피부 또는 피부 경험과 관련된 장애들을 갖고 있다는 … 즉 그들이 좋은 피부에 의해 적절하게 안겨지지 않았고 … 그들의 지적인 사고와 이야기를 사용하는 … 설명을 사용하는 … 혹은 근육을 사용하는, 그들 자신들을 안아주는 다른 방식들을 가졌다는 이미지. [p. 296]

멜처는 그의 동료들과 함께 자폐 아동들에서 비슷한 현상을 관찰했다고 보고했다. 이 아동들은 어떤 단계들에서

마치 공간이 없고, 단지 표면들만, 이차원적인 세상만 있는 것처럼 기능했다. 사물들은 견고하지 않았고, 그들이 기대거나, 느끼고, 냄새 맡고, 만질 수 있는 … 그것들로부터 어떤 감각을 얻을 수 있는 표면들에 지나지 않았다 … 그들은 어떤 것을 잘 붙들지 못하는 것으로 보였다 … 말들은 그들을 곧바로 통과해버렸다. [해석에 대한] 그들의 반응들은 종종 너무 지체됨으로써, 사람들은 자신들이 들은 것이 그들이 결국 반응하게 되는, 일종의 음악적 불협화음일 뿐이라고 느꼈다. [p. 299]

임상가에게 가장 유용한 것은 멜처가 그러한 환자들의 치료과정과 관련해서 명확하게 구별한 것이다. 그는 예전에는 동기—시

기심, 피학증, 질투 그리고 무의식적 죄책감과 관련된 "부정적 치료 반응"의 문제—와 관련된 것으로 생각되었던 것이, 구조적 결함의 표시로서 간주될 수 있다는 점을 분명히 했다.

> 이러한 환자들은 때때로 산산조각 나는 모습을 보인다는 점에서, 분석가는 환자를 담아주는 능력과 관련된 특정한 역전이 문제에 대해 많은 인내심이 있어야만 한다 ... 이 능력의 주된 표현은 그 환자에 대해 걱정해주는 능력이다 ... 이들은, 비록 요란하게 요구하지는 않더라도, 누군가가 걱정해주는 것을 필요로 하는 환자들인 것처럼 보인다 ... 분석가는 그런 환자들이 빨리 변할 것을 기대해서는 안 된다 ... 그들은 자신들 안에 새는 틈새가 없는 ... 어떤 것을 정말로 안아줄 수 있는, 내적 대상을 발달시켜야 한다. 그들은 자신들 안에 새는 틈새를 갖고 있고, 어떤 것을 잘 안아줄 수 없기 때문에, 그러한 내적 대상을 발달시키는 데 오랜 시간이 걸린다 ... 우리는 단지 어떤 것이 축적되기만을 [금속이 녹이 슬거나 부식되는 것처럼] 기다려야 한다 ... 단순히 그 구멍을 틀어막을 수는 없다. [p. 306]

자기 안에 공간을 허용하기 위해서는 피부 대상이 정신발달의 매우 초기에 합입(incorporate)되어야 한다. 그래야만 불안이라는 독성을 제거하고 의미를 찾기 위해 애쓰는 어머니와 아기 사이의 일차적인 비언어적 의사소통이 방해받지 않고 기능할 수 있다. 실제로, 마우로 만시아(Mancia 1981)의 연구는 이러한 심리적 피부의 초기 형태가 자궁 안에서 발달할 수 있다는 아이디어를 지지해준다.

위에서 언급된 각각의 발견들을 고려해볼 때, 인간 대상에 대한 어느 정도의 인식과, 주체와 대상 사이의 중간적 공간을 허용해주는 개인적 존재에 대한 감각이 안전하게 확립될 때까지는, 진정한 의미에서의 관계의 발달은 있을 수 없다고 여겨진다. 오직 인간과의 관계를 통해서만 내적 공간에 대한 감각이 발달할 수 있다. 이러한 내적 공간에 대한 감각이 없이는, 대상의 안으로 들어가는 환상이 발달할 수 없고, 아마도 가장 초기의 자궁 안에서의 존재 경험의 잔여물인, 대상과의 하나됨, 동등시됨, 연속체로 유지됨 등에 대한 집요한 감각이 지배할 것이다. 그러한 과잉적이고 병리적인 "하나됨"의 상태 안에서는 심리적 출생이 있을 수 없고, 따라서 자궁 밖에서의 신체적 삶에 대한 어떤 의미 있는 경험도 있을 수 없다. 왜냐하면 그러한 신체적인 분리됨에 대한 인식이 아직 온전히 형성되지 않은 개인들을 침범할 때, 그것은 파국으로 느껴질 수밖에 없기 때문이다.

빅이 처음에 점착성 동일시라고 부른 것의 형태와 기능을 고려할 때, 그러한 원시적인 자체-감각적 생존 책략들은 정상적 혹은 자기애적 대상관계들과는 실제로 일치하지 않는다는 사실이 분명해진다. 그러나 그것이 "정상성"을, 또는 심지어 일차적인 "대상없는 상태"가 존재한다는 것을 의미하는 것이 아님을 주목하는 것이 중요하다(Mahler 1958). 대신에, 우리는 점착성 동일시가 지배하는 유사-대상관계의 양태가, 정상적/자기애적 대상관계들과 대상없는 상태 사이의 개념적 틈새를 메워준다고 가정할 수 있을 것이다.

이러한 존재 상태는 모든 공간 경험을 없애버리기 때문에, 진정한 인간 관계의 발달과, 그것과 관련된 동일시 과정들을 방해한다. 나는 여기에서 이러한 상태를 위해 점착성 유사-대상관계라는 용어를 도입한다. 이 새로운 용어는 실제적이기보다는(피분석자의 주관적인 경험 안에서) 겉으로 드러나 보이는(관찰자/분석가에게) 대상관계 양태를 논의하는 데 유용한 명칭을 제공할 것이다; 진정한 동일시보다는 점착성 동일시 또는 점착성 동등시가 지배하는 존재 양태; 주체와 대상이 철저하게 겹치고, 지속적이며, 만성적이어서 "타자성"과 "공간"의 개념이 거의 혹은 전혀 관련성을 갖지 못하는 상태. 이러한 존재 양태 안에 있는 동안, 공간과 타자성에 대한 인식은 피분석자로 하여금 파국에 대한 감당할 수 없는 두려움과, 취약한 "존재의 연속성"의 느낌이 야기하는 위협을 직면하게 만들 뿐이다.

이런 존재 상태 안에서의 공간에 대한 주관적 경험을 보여주는 한 예는 터스틴의 자폐 환자인 존이 분명히 표현한 적이 있는, "못된 가시를 갖고 있는 블랙홀"이다(Tustin 1981). 그롯슈타인(1990)이 매우 적절히 표현했듯이, 블랙홀 경험은 "무력함, 결함, 무(無), 영(零)이 지닌 공포스런 힘의 경험이며 단순히 정적인 비어있음으로서가 아니라, 공허 안으로 끌어당기는 내파적인(implosive) 경험이다"(p. 257). 따라서 공간은 인간관계가 발달하도록 허용되는 영역으로 경험되지 않으며, 어떤 대가를 치르더라도 인식으로부터 지워져야만 하는 비인간적이고 악한 부재의 현존으로서 느껴진다.

옥덴(1989 a,b)은 클라인의 편집-분열적이고 우울적인 자리들보다 더 원시적인 심리적 조직을 지칭하기 위해 자폐-접촉적 자리라는 용어를 조합해냈다. 옥덴은 그 자리가 "그것을 통해 경험의 뚜렷한 양태가 발생되는 정상적인 발달의 필수적인 부분"이라고 제안했다; 이것은 하나의 단계라기보다는, 대상-관계, 일단의 불안들, 그리고 그것들에 대한 방어들에 대한 그 자체의 형태를 갖고 있는 하나의 자리이다.

나는 옥덴의 아이디어들이 가치 있는 것이라고 생각하면서도, 몇 가지 점에서 그와는 생각이 다르다. 옥덴은 유아의 "자폐-접촉적" 대상관계의 본질을 연속성과 끝부분(edgedness) 사이, 주관적-대상에 묶여 있음과 그 대상과 하나됨 사이에 존재하는, 상징 이전의 변증법으로서 서술하는 데 비해, 나는 "점착성 유사-대상관계"(J. Mitrani 1994a)의 견고한 양태의 발달을 자궁 안에서 그리고/혹은 초기 유아기에 발생하는 극심한 원박탈에 따른 외상적 경험들에 뿌리를 둔, 정상적 발달의 몰상징적 일탈로서 간주한다. 이러한 외상적 경험들은 어머니와 유아 사이의 "안전의 리듬"(Tustin 1986)을 발달시키는 것을 방해하고, 그 리듬에 대한 신뢰를 형성하는 것을 때 이르게 가로막는다. 그리고 그 결과, 출현하는 주체의 초보적 상태와 진정한 객관성의 점진적인 발달을 치명적으로 손상시키게 된다.

나는 그와 같은 빗나간 유사-관계의 양태가, 신경증 인격 안에 있는 자폐적 고립 영역처럼, 정상적/자기애적 대상관계들과 나란히 "이중 경로"(Grotstein 1986)로서 존재할 수 있다고 믿으면서도, 지속적이고 경직된 형태에서, 점착성 유사-대상-관계는 거의 변함없이 병리적으로 방어적일 뿐만 아니라, 정상적인 대상관계의 지속적인 발달을 방해하고 병리적인 것으로 만드는 작용을 한다고 주장한다.

달리 말해서, 정상적인 전상징적 자체감각이, 터스틴이 서술했듯이, 인간 관계의 맥락 안에서 육성되고 양육될 때, 싹을 틔우고 잎을 내고 자라나는, 그래서 적절한 대상관계들로 성장해가는 씨앗인 반면, 감각적 성질의 경험들이 생각하고 느끼는 대상에 의해 처리되지 않은 채 남겨질 때, 상징적 의미는 감각적 접근성과 리듬성에 내재하는 실존적인 경험의 기초들로부터 진화해나가는 데 실패하며, 이러한 변형되지 않고 "정신화 되지 않은 경험들"(J. Mitrani 1993b, 1995b)은 신체적 및 정서적 분리됨과 관련된 공포 경험을 인식하는 것을 막기 위한, 요새화된 보호 장치로서 굳어지고 비대해진다고 나는 본다.

    나는 8장에서 점착성 유사-대상관계라는 용어를 정상적/자기애적 대상관계들과 비교하고 대조함으로써, 보다 기능적인 것으로 만들고 그것에 명료성을 더하기 위해 시도할 것이다.

제 2 장
성인 환자들의 자폐적
책략들이 지닌 생존 기능[1]

> 피부는 환경과의 상호작용에서 신호들을 보내고 받아 들이는 겉봉투이다; 그것은 환경과의 어울림 안에서 "진동한다"; 그것은 명료하게 빛을 발하면서 내면에서 생기를 얻고 살아있다. 자폐 아동은 그러한 겉봉투에 대한 어떤 생각—의심의 여지없이 발생학적으로 미리 프로그램 된—을 갖고 있지만, 그것을 존재 상태로 데려오는 구체적인 경험들이 없기 때문에, 그 봉투는 비어 있고, 어두우며, 살아있지 않고, 무딘 채로 남아있다. 따라서 자폐적 봉투들은 피부 자아의 구조와 기능들이 잘못되었다는 증거를 제공한다.
>
> [Didier Anzieu, 피부 자아]

배경

프랜시스 터스틴(1972, 1981, 1986, 1990)은 평생 동안 자폐 아동의 당혹스러운 원초적 세계에 대한 정신분석적 이해를 위해 헌신했다. 우리의 좀 더 심각한 신경증 성인 환자들의 일부가 자폐증의 고립된 영역을 구성하는 동일한 원시적 세력에 의해 고통 받는다는 그녀의 인식은 심오한 것이었다. 자폐적 책략들이 신체적 분리됨과 무(無)로의 용해에 대한 공포스런 인식을 막기 위한 보호용 껍질로서 작용한다는 생각은 보이어(Boyer 1990) 그

---
[1] 이 장의 초기 판은 1991년 5월 17일에 캘리포니아 정신분석 센터의 학술 모임에서 발표되었고, 그 후 1992년에 정신분석 국제학술지에 게재되었다.

롯슈타인(Grotstein 1983), D. 로젠펠드(Rosenfeld 1984), 그리고 H. A. 로젠펠드(Rosenfeld 1987) 등과 같은 주목할 만한 분석가들의 사고에 중요한 영향을 끼쳐왔다.

지난 10년간 몇몇 다른 학자들이 성인 환자들의 발달을 가로막고 분석적 관계 안에서 뚫고 들어갈 수 없는 저항을 구성하는, 따라서 해결할 수 없는 곤경과 끝나지 않는 치료로 이끄는, 특정한 인격 조직들에 대한 우리의 이해를 확장하기 위해 터스틴의 연구를 이어받았다.

예컨대, 시드니 클라인(Sidney Klein 1980)은 분석에서 치료적 진전이 나타남에도 불구하고, 환자를 인격의 나머지 부분과 분석가로부터 단절시키는 캡슐화하는 세력들로 인해 본질적으로 접촉되지 않는 상태로 남아 있는 환자들을 묘사했다. 그는 마음의 이러한 고립된 영역들에 갇혀 있는 것은 초기 유아기의 정신화되지 않은 분리 경험들과 관련된 "고통, 죽음, 해체 혹은 붕괴"(S. Klein 1980, p. 400)에 대한 강렬하고 견딜 수 없는 공포들이라고 가정했고, 그러한 현상들이 "소위 자폐 아동들에게서 관찰되는 것과 놀라울 정도로 유사하다"고 제안했다(p. 400).

인네스-스미스(Innes-Smith 1987)는 감각 대상들에 대한 과잉투자가 성인 정신병리를 발생시키는 병인적 요인일 수 있다는 점을 설득력 있게 논의했다. 그는 하나의 쌍을 이루고 있는 의사소통이 비언어적 수준에서 성취되는 전오이디푸스적인 마음 상태에, 그리고 분석에서 그러한 상태들이 우세해지는 순간들에 주의를 기울이는 것이 중요하다고 강조했다.

옥덴(1989a, b)은 편집-분열적 자리와 우울적 자리에 앞서는 원시적인 정신 조직이 존재한다고 제안했고, 이를 자폐-접촉적 자리라고 명명했다. 그는 앞서 언급된 두 자리들처럼, 이 후자가 자체의 방어들, 불안들, 그리고 평생 지속되는 대상관계 양태를 지닌, 존재하고 경험하는 방식이라고 제안했다. 그리고 그것이 분석 과정에서 발생하는 전이 안에서 활성화된다고 보았다.

칠레의 곰베로프(Gomberoff)와 그의 동료들(1990)은 분석적 커플 안에서 분석가와 피분석자가 겪는 두 사람됨에 대한 불안을 막기 위해, 분석가를 자폐 대상으로 변형시키려는 시도에 공모 성향을 발달시키는 전이/역전이 상호작용의 특정 측면들, 특히 언어의 특정 측면들에 초점을 맞추었다.

이 장에서, 나는 먼저 터스틴의 작업이 지닌 몇몇 주요 특징들, 특히 성인 환자들의 분석과 관련된 특징들을 강조할 것이고, 이어서 자폐적 모양들(Tustin 1984b), 자폐적 대상들(Tustin 1980), 그리고 다른 감각-지배적인 망상들이 갖는 생존 기능을 강조해 줄 몇몇 임상적 사례들을 제시할 것이다.[2] 이것들은 주체를 압도하는 불안으로 위협하는 정신화 되지 않은 경험들[3]을 담는 데 사용되는 것으로서, 그럼으로써 일차적 대상의 파국적인 상실과

---

[2] 터스틴은 자폐적 대상들을 보통의 의미에서의 (죽은 혹은 살아 있는) 대상들과 구별하는데, 전자가 대상들로서 관계되지 않고, 주체의 피부의 표면에 발생시키는 촉각의 감각들을 위해 사용된다는 점에서, 그것을 후자와 구별한다. 자폐적 모양들은 객관적인 외형들(사각형 혹은 원형과 같은)로부터 구별되는데, 그것들이 피부의 표면 위에 만들어진 혹은 신체적 물질들이나 대상들의 도움을 받아 내면에서 만들어진 감각의 고유한, 심리내적인 소용돌이라는 점에서 그러하다. 이러한 구별들은, 처음에는 자폐 아동들의 관찰에서 유래한 것이었지만, 이제는 자폐증의 고립된 섬―감각 지배적인 망상들로서 생각될 수 있는―을 갖고 있는 성인들과 아동들에서 관찰될 수 있는 많은 다른 행동들을 포함하도록 널리 확장되었다. 여기서 핵심적인 단어는 "감각"이다. 그러한 감각들은 안전, 힘, 그리고 침투할 수 없음의 환상을 제공함으로써, 불안으로부터 개인의 주의를 돌리는 데 사용되거나, 혹은 그러한 인식이 주는 공포를 차단하도록 개인을 마비시키거나 진정시키는 데 사용될 것이다.
[3] 나는 정신화 되지 않은 경험이라는 용어를 상징들(조직화되고 통합된 정신적 표상들)로 또는 신호 정동들(임박한 위험에 대한 신호로서 작용하며, 사려 깊은 행동을 요구하는 불안)로 변형되지 못한, 정신 안에 있는 구체적

그 대상에 대한 고통스런 갈망이라는 참을 수 없는 감정들로부터 환자를 보호하는 역할을 하는 것으로 이해될 수 있다. 마지막으로, 나는 비통합의 위협과 관련된 이러한 자폐적 상태들을 분석하는 것과, 편집-분열적 혹은 우울적 성질(M. Klein 1948, 1975a, b)의 불안들을 포함해서, 여전히 원시적이기는 하지만 마음의 좀 더 조직화된 상태들을 구분하는 것이 우리의 연구에서 필요한 과제라고 제안한다.

터스틴(1986, 1990)은 그녀의 가장 최근 연구에서 아동의 자폐 병리가 분석에서 드러나는 성인 신경증 환자들의 자폐적 상태와 중요하게 연결되어 있다는 것을 보여주었다. 관찰과 성찰에 대한 그녀의 능력은 우리 각자 안에 살아있고 활동하는 가장 기본적인 공포들과 불안들을 실감나게 묘사할 수 있게 했을 뿐만 아니라, 우리의 환자들이 생존을 위해 창조해내는 특별한 보호 형태들을 설명할 수 있게 했다.

터스틴은 그녀의 글 전체에서, 둘됨의 견딜 수 없는 공포를 특징짓는, 신체의 일부가 절단되는 것, 쏟아지고 떨어지는 것, 용해되고 증발되는 것 등에 대한 감각들을 묘사한다. 그녀는 자폐증의 병인적 문제가 어머니와 젖먹이 사이의 가장 초기 관계의 성질이 빗나가는 것에서 유래한다고 본다. 그녀는 자폐 장애를 가

인 대상들로서 또는 신체적 증상들이나 행동들을 통해 반응하는 상태들로서 지각되는, 내적이거나 외적인 기본적 감각 자료들을 가리키는 데 사용한다. 그러한 경험들은 사고를 위한 음식으로도 사용될 수도 없고, 마음속에 기억들로서 저장될 수도 없는, "자극들의 축적"일 뿐이다. 비온(1942)의 말을 바꿔 설명하면서, 비앙커디(Bianchedi 1991)는 이것들을 "사고되지 않은 것들," 즉 ... 아직 알파 기능을 거치지 않은 지각들과 감각늘이라고 부른다(p. 11). 나는 실제 신경증에서 발견되는 "불안 등가물"(1895b, p. 94)이라는 프로이트의 개념이 정신분석 안에서 이러한 현상을 특징짓고자 한 첫 시도였다고 믿는다.

진 아동들의 어머니들 중의 다수가, 우리의 심한 신경증 환자들의 어머니들이 그런 것처럼, 그들의 아기들이 마치 그들 자신의 신체의 일부인 것처럼 반응했던 사람들이라는 점을 지적한다. 따라서 그들은 젖가슴과 관련된 만족스럽고 믿을만한 경험을 제공하는 데 실패했고, 그 결과 그런 경험을 내재화할 수 없었다. 이것은 아마도 그들 자신의 부적절함, 외로움, 그리고 우울감 때문이었을 것이다. 대신에, 그 어머니들은 한편으로 그들 자신들의 부적절감, 공허 그리고 고독감의 블랙홀을 채우는 동시에, 다른 한편으로 그들 자신의 신체 안에서 자신들과 투사적으로 동일시된, 그들의 아기들을 태아 시절의 행복한 상태로 데려오기 위해 그들을 과잉으로 보호했던 것으로 보인다.

이와 같은 정상적인 일차적 모성적 몰두의 병인적 왜곡(Winnicott 1956)은 아기를 어머니의 신체적 현존에 매어있고 과도하게 의존된 상태에 남겨두며, 또한 어머니가 부재하는 순간에 불가피하게 경험하게 되는 공포에 던져 놓는데, 이것은 분리 경험을 담아내지 못하는 어머니 자신의 능력의 결함 때문이다. 그런 경우, 분리와 가까움은 상징적으로가 아니라, 구체적으로 성취된다. 거기에는 심리적 거리 혹은 상징적 가까움에 대한 인식이 없다. 강렬한 감정은 느낌(sentiment)보다는 신체적 감각의 측면에서 느껴진다.

정서적 접촉에서의 취약함을 보상해주는, 신체적 수준에서의 지나친 가까움은 그러한 개인들이, 그렇지 않았더라면 심리적 대상들을 창조할 수 있었을, 안전한 공간을 발달시키는 것을 방해한다. 한 환자는 그녀의 어머니에 대해 다음과 같이 말했다: "어머니는 너무 많은 것을 요구해요. 나는 내가 항상 그녀 곁에 있어야 한다고 느끼죠. 우리는 마치 엉덩이가 붙어있는 샴쌍둥이 같아요. 나는 결코 다른 사람에게 향하도록 허용된 적이 없지만,

그럼에도 그녀는 나의 존재를 정말로 인식한 적이 없기라도 하듯이, 나에게 너무 차가워요."

이러한 어머니들은 너무 가까운 동시에 너무 멀게 느껴지고, 그들의 유아들의 비언어적 의사소통을 의미 있는 것으로 만들어주지 못하며, 그 결과 안아주기 기능과 담아주기 기능 모두에서 실패하고 있다. 그때 그런 아동들은 심각한 위험에 처한다; 자신들이 경험한 것에 의미를 주는 능력을 제대로 발달시키지 못하고, 담아주기 형태로서의 심리적 행동과 사고보다는 행동을 저지르도록 내몰린다. 자신의 남편이 사업상 마을을 떠나있는 동안에 여러 차례 외도를 했던 한 여성 환자는 다음과 같이 말했다: "나는 성관계를 하고 있을 때에만 내가 존재한다고 느껴요. 나의 신체는 내가 내 안에서 남자를 느낄 때, 나의 질을 중심으로 하나로 모아지는 것 같아요."

또 다른 환자는 흡연을 하는 동안 자신이 일시적으로 재구성되는 느낌을 갖는다고 말했다. 아마도 그녀의 입 안의 담배는, 그녀가 아기였을 때 입 안에 있던 젖꼭지가 그랬던 것처럼, 그녀의 용해되는 자기감을 다시 모아주는 것으로 느껴졌을 것이다. 이 행동을 통해서 그녀가 만들어낸 담배연기의 장막은 흩어진 자기를 안아주고, 보호해주며, 가시성과 실체성을 빌려주는 데 사용된 것으로 보인다.

터스틴(1986)은 자폐증이 그녀가 감각-지배적인 망상들—둘됨을 인식하는 데 따른 참을 수 없는 고통과, 그러한 인식이 개인의 연속성과 온전성을 손상시키는 것을 막는 데 사용되는—이라고 부른 것으로 구성된, 보호용 껍질로서 작용한다는 사실을 이해하도록 우리를 도와주었다. 그녀는 망상이란 용어를, 통상적인 의미, 즉 일종의 상징적 과정과 사고를 암시하는 것으로서가 아니라, 시걸(1957)이 상징적 동등시라고 부른 수준의 매우 구체적인 의미로서 사용한다. 이러한 망상들은 표상과 혼동되어서는 안 되는, 사물-그-자체이다.

터스틴은 또한 이 보호적 장벽이 치료자와의 관계가 갖는 치유 효과를 어떻게 방해하는지를 우리에게 보여준다. 자폐적 상태에 있는 의식이라는 이 근원적 영역 안에서 행한 그녀의 선구자적인 연구는 정신분석적 심리치료사들로 하여금 그러한 환자들과의 작업이 부딪친 한계를 벗어나 더 나아갈 수 있게 해주었다. 그녀는 한때 불길하게 여겨졌고 금지되었던, 우리 환자들의 가장 초기의 경험 영역 안으로 들어갈 수 있는 열쇠를 제공해주었다.

그녀는 일부 신경증적 성인들이 자폐 아동들과 많은 공통점을 갖고 있고, 그들 모두가 인간으로서의 그들의 존재감과 관련해서 취약성의 느낌을 공유하고 있다는 사실에 주의를 기울이라고 촉구한다. 이러한 성인들의 경우, 발달은 상처를 단단한 껍질이나 캡슐로 둘러싸는 것을 통해서 근본적인 영역을 우회하는 방식으로 이루어진 것으로 보인다. 한 환자는 이렇게 설명했다: "나는 구멍—내 안 깊은 곳에 있는 텅 빈 곳—을 갖고 있어요. 나는 거기에서 아무것도 발견하지 못할까봐 두려워요." 이 환자는 그 구멍을 "나무 조각"으로 덮고 있는 것처럼 보였다.

마침내 우리는 이 "나무 조각," 혹은 단단한 껍질 같은 냉소적인 태도가 그의 아버지에 대한 느낌을 나타내는 것임을 이해하게 되었다. "아버지는 나를 보호해주었죠." 나의 환자는 어느 날 나에게 말했다. "그러나 그는 내가 공을 제대로 던질 수 없었을 때, 어떻게 해야 하는지를 알지 못했던 것 같아요. 그는 내가 계집애라고 생각했고, 나는 공을 여자아이처럼 던졌어요." 이 남자는, 그의 아버지처럼, 그의 존재의 부드럽고 연약한 부분을 단단한 "아빠 조각"으로 덮어서 보호할 수 있었지만, 그의 머리에 연약한 부분을 갖고 있고 쉽게 상처받을 수 있는 부드러운 피부를 갖고 있는 아기-그를, 그리고 그가 엄마-나에 대해 갖는 부드럽고 사랑하는 감정들을 두려워했고, 그 감정들과 아기-그를 돕고 다루는 법을 자신이 알지 못했다는 사실을 차츰 인식하게 되었음을 말해주고 있었다.

　이 환자가 보여주듯이, 우리의 피분석자들 중의 일부는 분석에서 발달의 손상이 발생한 원초적 상태들을 언어적으로 표현하기 위해 용감하게 투쟁한다. 그들의 증상들과 행동들은 종종 그들의 신체적 경험들을 표현하고 그들의 공포들을 소통하기 위한 용기 있는 시도들이며, 그 덕택에 우리는 우리의 해석적 작업을 통해 그것들에게 의미를 부여할 수 있다. 우리의 많은 환자들은 그들이 분석 시간이 끝날 때, 한 주 동안의 분석이 종료될 때, 그리고 휴가기간 동안에 분석의 틀 안에서 발생하는 수많은 분리들에 의해 촉발되는 그들의 공포 상태들을 전이 상황 안에서 재경험할 때, 그러한 상태들에 대해 우리에게 소통하려고 시도한다.

　환자들과 함께 했던 나 자신의 경험에서, 나는 터스틴의 이해 모델이 정신분석적 치료에서 내가 처음에 상상했던 것보다 훨씬 더 많은 성인들에게 적용될 수 있다는 사실을 발견했다. 다음의 임상 사례들에서 볼 수 있듯이, 자폐적 모양들, 단단한 대상들, 그리고 망상들은 일차적 대상의 파국적인 상실과 그 대상에 대한 고통스런 갈망에 대한 정신화 되지 않은 경험을 담아주는 기능을 한다.

호프

　30대 초반의 여성인 호프는 여러 해 동안의 치료를 거친 후에 분석을 받으러 왔다. 그녀는 자신이 최근까지 간호해오던 병든 아버지를 잃고 나서 가난하고 병약한 그녀의 노모와 더 가까이 지내기 위해 이 도시로 이사했다. 호프는 그녀 자신의 우울증이 그녀가 최근에 유산을 했기 때문이라고 생각했고, 그 유산된 아기의 아버지와의 관계에 대해 불평했는데, 그녀는 그를 결혼과 자녀양육의 책임에 전혀 준비되어 있지 않은 사람이라고 묘사했다.

그녀가 그녀 주변의 거의 모든 사람들을 궁핍하고 그녀에게 의존하는 사람으로 보는 경향이 있다는 점에서, 이 환자의 고통의 많은 부분이 그녀 자신의 궁핍한-아기 부분을 과도하게 견딜 수 없어하고, 그녀의 경험의 이 고통스런 부분을 과도한 분열과 투사적 동일시를 통해 다루려는 경향 때문임을 보여주는 많은 증거가 있었다. 그러나 이 문제를 다루려는 노력은 시간이 지남에 따라, 전이에서 나타났듯이, 단지 제한된 정도의 해결로 귀결되는 것으로 보였다. 즉, 호프는 그녀 자신의 매우 의존적이고, 아프며, 죽어가는 아기-부분을 자폐증의 고립된 영역 안으로 숨겼고, 이러한 감싸고 보호하는 행동은 그녀의 관계뿐만 아니라 그녀의 일도 방해하고 있음이 곧 분명해졌다.

나는 내가 여기에 제시하는 자료와 관련이 있다고 여겨지는, 호프의 개인사의 일부를 제공할 것이다. 호프의 어머니는 그녀 자신의 어머니가 죽은 후에 심각한 우울증을 앓았고, 호프가 태어난 지 6주 만에 그녀의 젖이 갑자기 말라 버렸다. 이 시기에 아버지가 아기 호프를 그의 팔에 안고 있다가 떨어뜨렸던 것 같고, 그때 그녀의 입술은 심하게 찢어졌고, 그 상처의 흔적은 지금까지도 남아있다.

분석 3년차 되는 해의 어느 한 주의 첫 회기에서, 호프는 3일간의 휴식 이후에 보는 월요일에 항상 그랬듯이, 긴 침묵으로 회기를 시작했다. 그 침묵이 5-6분 지속되는 동안, 나는 마치 내가 앉아 있는 의자가 차츰 바닥으로 가라앉고 있는 것 같은, 떨어지는 것 같은 불안을 느꼈다. 마침내 내가 침묵을 깨고 무엇을 생각하고 있느냐고 그녀에게 물었을 때, 그녀는 주말에 그녀의 남자친구가 그의 친구들과 함께 나갔는데, 새벽 3시에 깨어서 보니 자신이 여전히 침대에 혼자 있는 것을 발견했다고 말했다. 그녀는 자신의 남자친구에게서 상처를 받았고 화가 났으며, 누군가가 침입하려고 시도하는 것 같은 소리 때문에 무서워서 잠들 수가 없었다고 말했다.

그녀는 침입자들에 대한 공포에 압도된 채, 천장의 한 지점을 바라보면서 가만히 누워 있었다. 그리고 치아들 사이를 혀로 감싸면서 입안 전부를 채우고, 입술을 혀로 핥으면서 자신의 신체가 부드러운 핑크빛 구름 속으로 들어 올려진다고 느꼈다. 그녀는 이 부드러운 핑크빛 구름과 하나가 되는 느낌이 얼마나 큰 위안을 주는 것이었는지, 그래서 자신이 얼마나 쉽게 잠에 빠져들었는지를 보고했다. 사실, 그녀는 내가 그녀의 침묵을 깼을 때, 그녀가 그와 같은 행동—그런 상태로 돌아가는—을 하고 있었다고 말했다.

그녀는 그 다음에, 전날 아침에 그녀가 남자친구와 어떻게 성관계를 했고, 그것이 얼마나 즐거웠는지에 대해 말했고, 그러나 그가 일을 하러 가기 위해 그녀를 남겨둔 채 침대에서 뛰쳐나갔을 때, 그녀의 심장이 "찢어지는" 것처럼 아팠다고 계속해서 말했다. 나는 호프에게, 그녀가 지난주에 분석을 받으면서 나에 의해 깊은 접촉이 이루어지고 양육 받는다고 느꼈지만, 내가 주말 동안에 그녀를 고통스럽게 쫓아냈을 때, 마치 그녀의 핵심적인 한 부분이 찢겨져나가기라도 한 것처럼, 내가 그녀를 바닥에 떨어뜨리기라도 한 것처럼,

마치 끔찍스런 상처만을 남긴 채 그녀의 입에서 어머니의 젖꼭지가 떨어져나가기라도 한 것처럼 느낀 것 같다고 말했다.

호프가 손으로 입을 가리고 울기 시작했을 때, 나는 그녀가 위험한 약탈자-침입자로 변형된 나를 월요일에 어떻게 경험했는지에 대해 말하고 있는 것 같다고 말했다; 그녀의 신뢰에 대한 이러한 배신이 나로 하여금 떨어지고 상처받은 그녀의 감정들을 치유하도록 허용하는 그녀의 능력을 마비시킨 것 같다고 말했다. 우리 사이의 공간을 그녀의 혀가 입 안에서 만들어낸 부드러운 감각들로 채움으로써, 호프는 내가 제공하는 데 실패한 계속적인 위안을 스스로에게 제공했던 것으로 보인다. 그러나 이것은 또한 돌보는 인간 존재와의 상호작용을 통해서 발생하는 치유를 방해함으로써, 분석의 작업을 가로막았던 것으로 보인다.

호프는 아이였을 때 종종 핑크빛 구름 속에서 피난처를 찾았고, 마치 그 핑크빛이 그녀의 입 안의 혀의 부드럽고, 촉촉하며, 충만한 감각이기라도 한 것처럼, 그것의 숨 막히는 달콤함을 맛보면서, 온통 핑크빛 안에서 길을 잃곤 했다고 계속해서 말했다. 그러한 느낌은 그녀가 견딜 수 없이 실망하고 외롭다고 느낄 때 그녀의 마음을 채워주곤 했다. 터스틴은 우리가 우리의 환자들을 위해 상당 기간 동안 이러한 외롭고 환멸스런 상태들을 견딜 수 있어야만 한다고 상기시킨다. 그래야만 우리는 우리 자신의 경험의 실들을 사용해서 그들을 적절히 안아주고 따뜻하게 해줄 이해의 담요를 짜는 데 더 효율적일 수 있다. 그래야만 우리는 그들이 그토록 전적으로 의존하고 있는 스스로를-달래주는 보호 장치들을 포기하기를 기대할 수 있다.

빌

 떨어지는 것과 공허라는 견딜 수 없는 감정들로부터 자신을 보호하기 위해 부드러운 감각들을 사용한 호프와는 대조적으로, 40대의 전문직 종사자인 빌은, 터스틴이 말하는, 단단한 자폐적 대상들에 더 많이 의존하는 것으로 보였다. 빌의 어머니는 그를 출산하기 전에 임상적 우울증을 앓은 병력을 갖고 있었다. 이 환자의 특이한 점은 슬픔, 분노, 혹은 심지어 즐거운 흥분과 같은 어떤 감정들에 대해서도 언어로 표현하지 않는다는 것이었다. 이러한 정서적 상태들은 그 또는 다른 사람들의 신체의 다양한 부분들에서의 물질들, 움직임들 그리고 신체적 감각들의 측면에서 표현되었다. 그는 슬픈 감정에 말하지 않으면서, 습기로서의 그의 눈물에 대해 말했고; 불안에 대한 개념 없이, 그의 콧구멍이 씰룩거리는 것에 대해 말했으며; 성적 흥분에 대한 경험 없이, 그의 발들이 움직이는 것에 대해 말했다; 그리고 나는 1년 넘게 이러한 표현의 특이한 양식을 해독하느라고 애를 먹었다.
 그는 그의 신체적 및 지적 기능 모두에 영향을 끼치는 깊은 정서적 상처들을 구성하는, 그가 "그의 몸 안의 구멍" 혹은 "그의 머릿속의 구멍"이라고 부른 것을 통해서 그의 감정들이 쏟아져버리는 위험에 처해 있다고 항상 느끼는 것으로 보였다. 주말 동안에 나에 대한 갈망은 느껴지지 않았고, 대신에 그를 깜짝 놀라게 하고, 침대에서 방바닥으로 떨어지게 하고, 질식하게 만든 개 짖는 소리를 들었다. 그는 그가 그 개를 보기만 하면 죽여 버리겠다고 위협했고, 나는 그가 개를 혼자 짖고 울도록 남겨둔 무책임한 주인에 의해 감금된 느낌을 소통하고 있다고 상상했다. 나는 그의 살기등등한 위협을 거의 자살로 이끌 수 있는 절망의 표현으로 받아들였고, 돌보지 않는 엄마-분석가에 의해 남겨진 긴 주말 동안에 겪었던 통제할 수 없이 쏟아지고 떨어지는 느낌을 다시 겪는 것보다는 차라리 죽는 것이 더 낫다는 느낌의 표현으로 받아들였다.

그는 씰룩거리는 콧구멍들과 움직이는 발들을 리듬 있게 막는 수단으로서의 자위에 대해 종종 이야기했고, 그는 이것을 "섹스"를 제거하는 것이라고 말했다. 그런 행동에서, 그는 빠르게 그리고 그 자신의 통제 하에서, 그의 "작은 죽음"을 죽는다. 그는 쏟아지고, 공포에 질리고, 침대 밖으로 떨어지는 것을 막기 위해 귀마개들을 사용했고, 종종 회기 안에서 스며들 수 없는 적대감이나 침묵의 벽을 제시하곤 했으며, 그의 존재의 좀 더 취약한 부드러운 중심과의 접촉을 막으려는 절박한 시도에서 그의 손가락들을 무자비하게 깨물곤 했다.

분석 3년차를 시작하면서, 빌은 우리 모두를 놀라게 한 많은 것들을 드러냈다. 예컨대, 그는 대기실에서 만난 한 아동 환자에 대해 살기어린 질투심과 마비시키는 죄의식을 경험했는데, 그 일은 빌이 2살이었을 때 폐렴으로 죽은 아기 누나인 캐더린에 대한 오랫동안 묻혀 있던 기억을 되찾게 했다. 그의 삶의 역사에서 그가 강렬한 감정을 느낄 때 그런 순간들이 새어나왔던 것처럼, 그 기억들이 분출해 나왔다; 그 때, 마찬가지로 재빨리, 이것들은 그 다음 주말이나 휴일 동안에 봉인되었고, 우리는 그의 경험 안에 남겨진 많은 이상한 틈새들과 씨름해야만 했다.

종종 나는 이 놀라운 기억들이, 우리 사이의 정서적 접촉이 신뢰할 만한 것이 되었을 때, 즉 분석가인 내가 고통스럽지만 귀중한 그의 경험을 나의 의식 안에 담아줄 수 있을 거라고 그가 확신할 수 있었을 때, 마치 캡슐 내부의 깊은 곳으로부터 오는 어떤 핵심적인 물질처럼, 그에게서 새어나왔다고 확실히 느꼈다.

분석 29개월째 되던 달에, 빌은 고통스럽게 외상적이고 견딜 수 없이 강렬한 즐거운 초기 경험들이 안전한 보호를 위해 저장되는, 그리고 그의 인식과 분석적 과정이 도달할 수 없는, 깊이 숨겨진 저수지의 성질에 관해 좀 더 많은 것을 내게 말해줄 수 있었다.

어느 월요일에 빌은 말을 타고 산을 가로지르는 여행에서 막 돌아왔는데, 이 여행에서 그는 그 자신이 많은 진전을 이루었다고 느꼈다. 그는 죽음으로 굴러 떨어지는 것에 대한 공포 없이 비좁고 위태로운 길을 따라 수 마일을 오르고 내렸다고 말하면서, 그것은 그가 그의 말이 그 길을 전에도 가보았고, 그래서 그 말의 발걸음이 확실하고 확신에 찬 것이라는 믿음이 있었기 때문에 가능했다고 했다. 그는 그의 평생 지속되던 높이에 대한 공포가 극복되었다고 느꼈고, 이 성취로 인해 상당히 기뻐했고 용기를 얻었다. 그리고 그는 그 성취를 그의 분석 작업과 연결시켰다. 이것이 빌이 분석에서 도움 받았음을 처음으로 공개적이고 직접적으로 인정한 순간이었다. 그는 그의 직장 동료들에게 그가 보낸 주말에 대해 이야기하는 것이 얼마나 만족스러운 것이었는지를 말했고, 그런 느낌이 그가 자신의 개인적 삶에 대해서는 다른 사람들과 나눌 것이 없다는 일상적인 느낌에서 크게 벗어난 것임을 알아차렸다. 그의 개인적 삶은 늘 그리고 특히 나와 떨어져 있는 주말 동안에 죽은 것 같고 텅 빈 것처럼 느껴졌다.

화요일 회기에서 빌은 상당히 부루퉁하고 빈정거렸으며

대부분의 시간을 침묵했는데, 그 침묵은 뚫을 수 없는 것처럼 느껴졌다. 나는 내가 그에게 도달할 수 없고 죽은 것이나 다름없는 잃어버린 사람이라고 느끼면서, 절망 상태 안으로 떨어지는 나 자신을 발견했고, 이어서 그가 내가 부지중에 저지른 어떤 흉악한 범죄에 대해 나를 처벌하고 있다고 느꼈다. 그의 침묵에 대해 질문했을 때, 그는 단순히 "나는 텅 비어 있어요"라고 대답했다.

    수요일에 우리는, 월요일 회기가 끝났을 때 내가 그를 과도한 흥분 상태에 혼자 남겨둔 치명적이고 우울한 어머니로 변형됨에 따라, 그가 상실된 존재요 혼자라고 느꼈고, 그 다음 화요일에는 내가 그가 자랑스러워하는 모든 것을 앗아간 야비하고, 인색하며, 시기하는 어머니로 변형됨에 따라, 마찬가지로 외로운 감정을 느꼈다는 것을 이해하게 되었다. 그의 뚫고 들어갈 수 없는 침묵은 일차적으로는 환멸이 허무로 바뀌는 흐름을 막기 위한 원시적인 생존 전략으로서 사용되었고, 이차적으로는 그의 좋은 대상들을 공격으로부터 보호하는 수단으로서 사용되었던 것 같았다.

    수요일 시간에 그가 경험한 환멸을 어느 정도 완화시키고 나서, 나는 빌이 목요일에 대기실에서 양말과 신발을 벗은 채, 그가 "사랑의 의자들"이라고 부른 두 개의 벤치 사이에서 마치 해먹처럼 다리를 뻗고 있는 것을 발견했다. 내가 그를 상담실로 들어오라고 했을 때, 그는 "내가 전에는 이것을 할 수 있다고 생각하지 않았을 거예요"라고 외쳤다. 그는 자신의 새로운 자세에 대해 말하면서, "그런데 이건 내가 생각했던 것보다 더 편해요"라고 덧붙였다. 나는 그가 수요일 시간 이후에 어떻게 느꼈는지에 대해, 즉 우리 두 사람이 회기들 사이의 시간에, 어색하기는 하지만 편안한 방식으로 연결되어 있고, 오늘은 그의 부드럽고 약한 부분들을 나에게 숨길 필요가 없다고 느꼈다는 것을 말하고 있는 것 같다고 말했다.

내가 한 말에 영향을 받은, 빌은 그가 월요일에 그의 직장 상사인 사라가 그의 휴일이 어땠느냐고 물으면서 그에게 개인적으로 다가오는 것으로 보였을 때, 그녀에 대해 어떻게 느꼈는지를 생각해냈다. 그는 "나는 나의 외로움이 두려웠어요. 그 누구에게도 보이고 싶지 않았죠. 나는 그녀를 마치 나의 어머니처럼 느꼈던 것 같아요. 나는 주말에 어머니에게 전화를 걸었고, 마침내 캐더린[그가 분석에서 몇 달 전에 기억해낸 아기시절에 죽은 누나]에 대해 물어봤어요. 그러나 그녀는 너무 바쁘고, 나에게 피상적으로 대하고 있으며, 다른 사람들에 대한 관심에 몰두해 있는 것처럼 보였고, 그래서 나는 매우 실망했죠. 나는 내가 사라와 나눌 개인적인 것이 아무것도 없다고 느꼈던 것 같아요."

그가 화요일 시간에 나와 함께 텅 비어있다고 느꼈던 것처럼, 그가 사라와 함께 텅 비어있다고 느꼈고, 그가 자랑스러워했던 주말의 여행 경험에 대해서는 잊은 것처럼 보였던 것이 얼마나 기이한 것인지를 내가 관찰했을 때, 그는 갑자기 침묵했다. 그리고 마침내 그가 말했을 때, 그는 "네 개의 낡은 타이어"라는 말만을 했다.

나는 그 말이 그의 마음속에 스쳐 지나가는 다양한 그림문자들을 나와 공유하고자 하는 시도라는 것을 알게 되었다. 이 스쳐지나가는 그의 경험들은 종종 그를 깜짝 놀라게 하는 것으로 보였고, 그는 그것들에 대해 거의 언급할 수 없었다. 그러나 그는 이번에는, 마치 어떤 생각을 출산하기라도 하듯이, 구부린 자세로 몸에 힘을 주는 것처럼 보였고, "나는 그것들이 내부에 튜브를 갖고 있는지가 궁금해요"라고 덧붙였다. 나는 그것을 아는 것이 그에게는 중요한 것 같다고 응답했다. 그는 "맞아요. 내부의 튜브는 보호용이에요. 펑크가 날 때, 내적 튜브가 있으면 덜 위험하거든요"라고 설명했다.

그때 나는 이렇게 말했다. "나는 이 낡은 네 개의 타이어들이 분석을 나타낸다고 봐요. 그것은 당신이 나를, 당신과 당신의 진전에 대해 흥분하기에는 너무 지쳐빠졌다고 느꼈을 때, 또는 내가 나의 다른 아이들에게 너무 몰두해 있어서 당신의 끔찍스러운 상실, 공포, 그리고 외로움을 감당하도록 당신을 도울 수 없다고 느꼈을 때, 엄마-나에 대해 가졌던 이미지에요. 이것은 당신에게 일종의 위험한 펑크처럼, 즉 미치거나 산산조각 나는 것, 혹은 사방으로 다 새어나가는 것처럼 느껴졌을 거예요."

그는 이 말에 고개를 끄덕이며 수긍했고, 그래서 나는 계속해서 내부의 튜브는 모든 것을 잃는 느낌으로부터 그 자신을 보호하는 방법일 거라고 말해주었다. "당신은 이 모든 개인적 경험들을 안전하게 보관하기 위해 이 튜브 안에 봉인해 두었어요. 그러나 그것은 너무 단단하게 봉인되어 있어서 당신이 사라와의 관계 그리고 나와의 관계를 갖는 데 꼭 필요한 것조차 차단되고 말았어요. 그것은 잊어버리는 것과 같고, 그것 때문에 당신이 내면에서 텅 비어있다고 느끼는 거죠."

이 환자의 자료는 튜브들의 체계로서의 신체 이미지(D. Rosenfeld 1984, Tustin 1986)가, 피부에 의해 담겨 있는 신체 이미지(Bick 1968)보다 더 기본적인 것이라는 개념에 대해 말하고 있는 것일 수도 있다. 빌에게 있어서, 휴가기간에 갖지 못했던 네 번의 분석들을 나타내는 피부, 또는 펑크 난

네 개의 타이어들은 부재들과 상실을 겪는 동안 "내부의" 튜브 또는 캡슐화에 의해서 강화되어야만 했다.

　나는 이 분석 내내 환자가 자폐 캡슐화 전략을 사용했음이 제시된 자료 안에서 명백히 드러난다고 생각한다. 말없음을 통해서 자신의 경험으로부터 스스로를 봉인한 환자는 실제로 그의 과거와 현재로부터 봉인되었고, 미래의 접촉 역시 위험에 처하게 되었다. 이 상황에서 분석가가 실망에 굴복하기보다는, 상상력을 갖고 앞으로 나아가는 것이 환자가 과거에 만났던 대상들로부터 분석가를 구별해준다. 그의 과거의 대상들은 아마도 그러한 자기애적 상처들을 혹은 이러한 환자들이 우리 안에 일으키는 비참한 외로움의 감정들을 견뎌낼 수 없었을 것이다.

　자폐적 대상들과 모양들처럼, 정신신체적 표상들은 무의식적 환상들의 자리를 차지하는 것으로 보이는데, 이것들은 정신화 과정들과 혼동되어서는 안 된다. 터스틴(1987)은 이것들을 타고난 형태들이라고 부르며, 그것들을 정신적 의미를 지닌 타고난 생물학적 소인들로 본다. 정신신체적 환자들의 경우, 자폐적 환자들에게서 그런 것처럼, 이것들은 주의 깊게 생각할 수 있는 어머니와의 상호작용에 의해 변형되지 않은 채로 남아 있고, 따라서 신체적 질병으로 표현되는데, 그때 증상들은 신체적으로 담아주는 그릇 또는 이차적 피부—생존을 보장하는 반면 더 이상의 발달과 변형을 가로막는 정신화 되지 않은 경험들을 위한 저장소—로서 작용할 수 있다.

칼라

　　천식 환자였던 나의 환자 칼라는, 빗처럼, 통제할 수 없이 쏟아지는 것으로부터 자신을 보호하기 위해 단단하고 스며들 수 없는 대상에게 의존하는 것으로 보였다. 그러나 이 단단한 대상은 그녀의 기관지 안에서 단단한 점액성 마개의 형태를 취했다. 그녀는 아주 어린 나이에 그녀의 어머니를 잃었는데, 그 일은 그녀와 그녀의 네 자매들, 그리고 그녀의 어머니가 그녀의 아버지에 의해 버림받은 직후에 일어났다. 칼라는 대체로 거칠고, 건방지며, 세상 물정에 밝은 아이로 보였는데, 그 거친 모습은 그녀가 종종 입는 꽉 끼는 가죽옷처럼 이차적 피부로서 기능했고, 우리는 마침내 그것의 기원이 그녀의 아버지의 발기된 페니스 이미지와 부성적 보호 기능에서 유래한 것임을 알 수 있었다.

　　그녀의 분석 2년차에, 칼라의 연약한 아기 부분이 탄생을 위한 울음과 함께 돌봐주는 어머니의 현존과 접촉하기 위해서 출현하기 시작했다. 어느 한 회기에서, 칼라는 우리가 전에 들어보지 못했던 울음을 울기 시작했는데, 그것은 다른 어떤 울음보다도 나를 깊이 파고드는 울음이었다. 나는 그 울음이 그녀의 마음 가장 깊은 곳에서 그리고 가장 초기 유아기의 경험에서 나온 것이라고 느꼈다. 내가 그녀에게 그것을 이야기했을 때, 그녀는 "끔찍한 어떤 것이 나에게서 나오고 싶어 하는 것 같아요. 나는 숨을 쉴 수가 없어요. 나는 그것이 나오길 원하지 않아요. 나는 내가 우는 것을 멈출 수 없을까봐 두려워요"라고 말했다. 그녀는 회기가 끝나는 시점에, 그녀가 다시 한 번 아버지에게서 버림받았고 안전함의 느낌을 상실했다고 느꼈을 때, 자신을 추스를 수 없었고, 쏟아져 버리고 사라져버린 것처럼 느꼈다고 말하고 있는 것 같았다.

로버트

감당할 수 없는 고통스런 경험들의 범람을 조절하는 데 필요한 정신적 담는 그릇이 없는 칼라와 같은 많은 환자들은, 그들이 한때 어머니의 신체 깊숙한 곳에서 보호받았듯이, 그들 자신의 신체 영역 안에서 도피처를 찾는다. 그런가 하면 다른 환자들은 자신들이 분석가의 신체 안에 존재한다는 망상들로 대체하기도 하는데, 1장에서 언급된 34세 남성인 로버트가 그런 경우이다. 그는 그의 어머니가 자살로 세상을 떠난 후에 연속적인 입원치료를 거쳐 분석에 의뢰되었다. 그의 개인사와 그의 연속성의 감각의 부재는 그가 주 6회의 회기를 필요로 한다고 느낄 정도로 극단적이었다. 그렇게 자주 만났음에도 불구하고, 그는 매일 그리고 일요일의 휴지기 동안에 극도의 절망과 불안으로 고통 받았다.

치료를 시작한지 7개월이 되었을 때, 로버트는 그의 실제 출생을 둘러싼 사건들을 회상해냈다. 당시에 그의 어머니는 진통을 시작했는데, 의사의 도움을 받을 수 없었기에 분만은 그의 아버지의 도움으로 이루어졌는데, 그것은 산모와 신생아 모두에게 외상을 가져다주었다. 내가 사무실을 옮긴다는 소식에 의해 촉발된, 이 사건과 관련된 슬픔, 격노, 그리고 공포는 내 환자의 전이 안에서 재경험되었다.

그가 처음 몇 개월 동안 분석을 받았던, 그가 "윙윙거리는 곳"이라고 묘사했던 조용하고, 어두운, 갈색의 벽을 가진 방이 갑자기 밝은 색의 벽과 카펫트가 있는 "환한 환경"으로 바뀌었다. 그 대이변은 마치 소리들, 장면들, 그리고 촉감들이 완화되지 않은 형태로 그의 신체 안으로 막무가내로 고통스럽게 침범하는 것처럼, 철저하게 감각-지배적인 방식으로 느껴졌고, 따라서 신체적 고통으로 경험되었다.

그는 종종 그러한 고통스런 공격들로 인해 비명을 질렀고, 이 새 상담실안의 카우치에 누워있는 여러 달 동안 눈을 뜰 수 없었다. 그의 신체는 모든 소리에 놀라는 반응을 보였고, 나의 예전 상담실에 있던 나무로 된 벽의 느낌을 갈망했다. 그는 극도로 고통스러울 때 위안을 주는 존재로서 그 나무 벽을 종종 어루만졌는데, 그것은 그가 아동기와 초기 청소년기 내내 어머니 침대에서 어머니를 어루만졌고 어머니에 의해 어루만져졌던 경험과 동일한 것이었다. 공유되고 미분화된 우울증을 갖고 있는 그와 그의 어머니는 그런 식으로 서로를 위로했었다.

터스틴(1986, 1990)에 의해 묘사된 환자들과 다르지 않게, 나의 환자 역시 그의 어머니와 과도하게 친밀한 관계를 유지했는데, 이는 그의 몸이 항상-존재하는 불멸의 존재와 하나가 될 수 있고, 따라서 결코 죽지 않을 것이라는 거짓된 희망을 키웠다. 로버트의 어머니가 죽었을 때, 그는 그의 신체적인 분리됨을 인식하도록 강요받았다. 그의 어머니는 10층 창문에서 죽음을 향해 뛰어내렸지만, 그는 영원히 떨어지는 상태에 남게 되었다—창문 밖으로, 공간들과 부재들로부터.

그러한 공포들에 대처할 수 없었던 로버트는 내가 이 불멸의 어머니의 재화신이기를 고집했고, 이 신념에 믿음을 주는 방식으로 나를 조종하려고 시도했다. 왜냐하면 그는 그의 삶이 나와의 신체적인 연속성에 달려있다고 확신했기 때문이었다. 그가 자궁-어머니로서의 나의 이전 상담실을 상실한 것은 어머니의 몸에서 인정사정없이 떼어져야 했던 가장 초기의 경험들과 그 후에 있었던 많은 비슷한 사건들을 그에게 다시 환기시켰는데, 그것들은 그가 "카드들로 만든 집"이라고 부른 것을 무너뜨린 최후의 일격으로서의 어머니의 자살에서 절정을 이루었다. 내가 상담실을 이전한 시점과 봄 휴가를 떠나는 시점 중간에 발생한 다음 회기에서, 로버트는 나와 신체적으로 연결되어 있다는 구체적인 망상을 재현하는 것을 통해서 일종의 안전감을 되찾으려고 시도했던 많은 방법들 중의 하나를 보여주었다. 이 회기에서 로버트는 방금 자연유산을 한 어떤 여성에 대해 말하면서, 그녀가 상처받은 동물처럼 보였고, 그래서 그가 얼마나 큰 슬픔을 느꼈는지에 대해 말했다. 그는 구체적인 형태로 나의 주목을 이끌어내기 위해 그가 얼마나 절박하게 그날 본 다양한 장면들을 사진 찍어야 한다고 느꼈는지에 대해 이야기했다. 나는 그가 회기들 사이에 나와 떨어져 있는 시간동안 그 자신이 분리되어 있는 것에 대해 말할 수 없는 좌절을 느끼고 있다는 것을, 그리고 그가 경험한 것을 나에게 알려주고 싶은 욕망을 갖고 있다는 것을 그에게 말해주었고, 또한 그가 이 경험들에 대해 나에게 말했지만 그것은 우리가 분리되어 있다는 잔인한 사실을 증명해줄 뿐이었고, 그의 좌절과 슬픔은 더 커졌다는 것을 그에게 말해주었다.

다소 힘들게 말을 꺼냈지만, 로버트는 그때 가게 앞에 많은 커다란 조각상들을 진열해놓은 가게를 우연히 발견한 것에 대해 이야기했다. 그는 그날의 분위기를 우울한 회색빛으로 묘사했는데, 이는 그 조각상들의 재료인 석고와 동일한 색깔이었다. 그는 비록 그 조각상들이 다양한 스타일, 모양,

그리고 크기를 갖고 있고, 어떤 것들은 고대 예술품의 복제품이고, 다른 것들은 현대 예술품의 복제품이며, 어떤 것들은 앞쪽에 진열되어 있고 다른 것들은 뒤쪽에 진열되어 있지만, 그는 자신의 마음의 눈으로 배경과 전경, 옛 것과 새 것, 큰 것과 작은 것 사이의 모든 차이들이 사라지는 하나의 사진을 상상할 수 있다고 말했다. 거기에는 태양이 없기 때문에, 어떤 그림자도 없다; 모든 것이 하나로 보인다. 이 다양한 물건들 사이의 모든 구별들이 사라지듯이, 시간은 압축되고, 공간들은 지워진다.

　나는 그가 사진기 셔터를 누름으로써 시간 속에 냉동 보존할 수 있는 하나됨의 상태, 즉 최고로 행복한 상태에 대한 구체적인 증거를 제시하고 있는 것 같다고 말했다. 나는 우리 사이의 분리가 그에게 견딜 수 없는 것이 되었던 밤 시간과 일요일에 그가 느꼈던 긴급성에 그의 주의를 환기시켰다. 그는 자신은 "나"라는 대명사를 이 세상에서 가장 증오한다는 말로 반응했다. 그는 그가 처음으로 집에서 멀리 떨어진 곳으로 보내졌을 때인, 그의 10대 때에 그의 외투를 집기 위해 내뻗은 손을 바라보았을 때, 그 "끔찍스런" 진실을 최초로 인식했던 순간을 기억했다. 그때 그는 처음으로 자신이 혼자라는 사실을 피부로 느꼈다. 그는 "그것이 나를 인식했던 첫 순간이었어요. 그것은 '나는 생각한다, 고로 나는 존재한다'의 느낌, 즉 존재에 대한 느낌이 아니라, 단지 '나는 외롭다'였어요."라고 말했다.

　1장에서 보고했듯이, "그를 '나'가 되게 만든 이 분석의 문제"를 해결하기 위해 로버트가 마침내 도달한 방안은 나의 상담실 안에 삼각대를 설치한 다음, 그 위에 그의 카메라를 걸어놓고 그것의 노출시간을 30분으로 설정해서 사진을

찍음으로써, 우리 사이에 아무런 공간이 없고 관계 안에서 성, 나이, 혹은 지위 등의 구별이 없는 하나됨의 상태로 우리 두 사람을 혼합하는 것이었고, 그렇게 해서 얻은 사진은 "기념품," 즉 완벽한 상태에 대한 구체적인 기억일 뿐만 아니라, 그의 존재에 대한 보증서였다—그것 없이는 그가 늘 위험에 처해있다고 느끼는.

그와 같은 자폐적 망상들은 이 젊은 남성의 분석에 스며들어 있었고, 그는 종종 그가 치료를 시작하기 전에 여러 차례 경험한 바 있는, 병원에 입원해서 구속복을 입고 있는 것이 주는 안전함을 갈망하고 있다. 아마도 로버트를 용해시킬 것이라고 위협하는, 생각할 수 없고 통제할 수 없는 정서의 범람은 우리가 광증이라고 부르는 것이고, 그가 갈망하는 구속복 혹은 사지를 고정시키는 옷은, 마치 자폐 껍질처럼, 이 광증을 막기 위한 방어일 것이다. 그러나 정신 병원 병동의 잠긴 문처럼, 그러한 망상들은 치료자와의 따뜻한 연결의 확립—터스틴(1986)이 말하는 "부드러운 구속복"—을 허용하지 않는다.

문학작품에 대한 재고

나는 터스틴이 그녀의 통찰을 통해 우리의 환자들의 의사소통을 바라보는 새로운 관점에 우리 자신들을 개방하도록 도왔을 뿐만 아니라, 또한 환자들 대부분이 두려워하고 있고 그들 중 일부는 이미 마주쳤을 수도 있는, 붕괴의 경험에 대한 더 큰 이해를 발전시키는 데 시인들과 예술가들이 도움을 줄 수 있다는 사실에 주목하도록 격려했다고 생각한다. 예컨대, 앤 타일러(Anne Tyler 1974)는 「천상의 항해들」이란 그녀의 소설에서, 자신의 어머니가 원래 디자인 한 것을 변형시켜 만든, 취약하지만 스며들 수 없는 세계에서 살고 있는 한 인물을 묘사한다. 타일러는 그녀의 주인공이 그가 스스로-만든 요새로부터 나오려고 할 때마다 그를 압도할 것처럼 위협하는 끊임없는 공포를 묘사한다. 나는 그녀가 "블랙홀"에 대한 제레미의 경험을 가장 민감한 방식으로 서술했다고 본다:

> 다음의 것들이 제레미 폴링이 두려워한 것이다: 전화를 사용하기, 현관 벨에 응답하기, 우편물을 열어보기, 그의 집을 떠나기, 물건들을 구매하기. 또한 새 옷을 입기, 열린 공간에 서 있기, 낯선 사람의 눈과 마주치기, 다른 사람들이 있는 곳에서 먹기, 전기 기구들의 전원을 켜기. 어느 날, 그는 잠에서 깨어 날씨가 화창하고 그의 건강도 좋은 상태임을 발견했고, 그가 하는 일은 잘 진행되고 있었다; 그러나 그의 마음 깊은 곳에는 불편함의 성가신 구멍이, 그의 행복감의 중심에 있는 일종의 결함이 있었고, 그것은 그의 마음 한 구석을 꾸준히 부식시키고 영역을 넓혀서 마침내 그는 그의 베개에서 그의 머리를 들어 올릴 수조차 없게 되었다. 그때 그는 모든 가능성을 점검해야만 한다. 그것은 그가 해야만 했던 것인가? 그가 가야만 했던 곳인가? 그가 만나야만 했던 사람인가? 답을 찾을 때까지 그는 생각해야만 한다: 맞다! 오늘 그는 오븐 문제로 가스 회사에 전화를 했어야 했다. 2분이면 되는 사소한 일이고, 전혀 걱정할 일이 아니다. 그는 그것을 알고 있다. 그는 알고 있다. 그럼에

도 그는 압도되고 패배했다고 느끼면서 침대에 누워 있고, 그에게 삶이란 끝이 전혀 보이지 않는, 수십 년 동안 그가 걸려 넘어져온 장애물들의 연속으로 보인다.

7월 4일에, 미국의 유명 인사들에 관한 잡지에서, 그는 사람은 자신이 싫어하는 한 가지를 매일 실천함으로써 인격을 발달시킬 수 있다는 기사를 읽었다. 그 말의 의미는 이 모든 장애물들이 어떤 가치를 가질 수도 있다는 것인가? 제레미는 그 인용구를 색인 카드에 복사해서 그의 침대 옆에 있는 창문턱에 붙여놓았다. 그는 그 카드가 마치 어머니가 아이에게 해주는 "이게 너에게 좋은 거란다. 나를 믿으렴"이라는 말처럼, 모든 고통에는 목적이 있다는 사실을 지적함으로써, 그 고통의 절반을 제거해줄 것이라는 희망을 갖고 있었다. 그러나 실제로 그것이 한 것이라곤 그를 우울하게 만든 것뿐이었다. 왜냐하면 그것이 그가 매일 무언가를 위해 스스로를 강하게 해야 하는 순간들이 얼마나 많은지를 인식하게 했기 때문이었다. 어째서 그의 삶의 9할은 그가 싫어하는 일들로 구성되어 있단 말인가! 심지어, 아침에 일어나는 것조차! 심지어 옷을 입기 전에 이미 두려움을 극복해야 한단 말인가! 그 인용구가 옳다면, 그는 상상할 수 있는 최강의 인격을 가져야만 하지 않겠나? 그러나 그는 그렇지 않았다. 그는 최근에 다른 사람들이 단단한 내부의 핵을 갖고 있고, 그들은 그것을 당연한 것으로 여긴다는 사실을 알게 되었다. 그들은 그것이 거기에 있는지조차도 잘 모르는 것 같았다; 그들은 자연적으로 그것을 얻었다. 그러나 제레미는 그것 없이 태어났다. [pp. 76-77]

타일러는 또한 제레미의 생존 전략의 본질의 일부를 우리에게 말해준다. 다시 말해서, 보호 껍질 안에서 사는 것이 어떤 느낌인지를, 즉 그가 보호를 위해 치르는 대가가 어떤 것인지를 말해준다.

제레미 폴링은 짧은 순간 동안 몸의 움직임을 공중에서 정지시킬 수 있는 일련의 섬광들(flashes), 깜짝 놀라게 하는 순간들 안에서 그의 삶을 바라보았다. 마치 사진들처럼, 그것들은 그를 예상 밖의 시간들에게 넘겨주었고, 중립적인 목소리로 그에게 다가왔다: "이곳이 지금 네가 있는 곳이다. 바라보라. 섬광들 사이에서, 그는 어둠 속으로 가라앉았다. 그는 그가 본 것을 생각해보면서, 멍한 상태로 떠내려갔다. 그가 그것을 보았었는지를 궁금해 하면서. 그는 자신이 궁금해 하고 있던 것이 무엇인지를 마침내 잊은 채, 다시금 무감각 속으로 떠내려갔다." [p. 37]

결론

제레미 폴링처럼, 이 장에서 논의된 환자들은 자폐적 보호 책략을 사용하는 데 따른 무감각을 빈번히 경험하고, 종종 그 경험을 서술하려고 시도한다. 그들이 그들 자신들의 내적 경험들과 대상들로부터의 고립에 대해서뿐만 아니라, 분석가와의 접촉이 지닌 잠재적인 치유 효과들로부터의 고립에 대해서 호소할 때, 거기에는 특정한 성질의 통렬함이 전달된다. 나는 이것이 우울적 불안으로부터의 조적 도피에 따른 승리감에 찬 쾌락과는 구별되어야 한다고 본다. 나는 이 동일한 환자들이, 다른 경로에 머무르는 동안, 조적인 책략을 사용해서 우울적 자리의 수치심과 죄책감을, 또는 편집-분열적 자리와 연관된 박해적 감정들을 회피한다는 사실을 관찰한다.

제레미 폴링처럼, 빌은 종종 섬광 안에서 그의 삶을 경험한다; 칼라는 이것을 자신에 대한 "점검"(checking out)이라고 부른다; 호프는 이러한 상태들을 그녀 자신을 "상실하기"라고 말한다; 로버트는 이것을 "창문 밖으로 떨어지기"라고 묘사한다. 나는 우리가 분석가로서 환자들의 말을 주의 깊게 들을 때, 그들을 가두고 있는 이 무감각에서, 즉 자폐적 무덤에서 벗어날 수 있는 길을 찾기 위해 우리의 도움을 요청하는 그들의 절박한 호소들을 발견할 수 있을 거라고 믿는다. 분석가가 비통합과 해체, 편집-분열적인 것과 우울적인 것, 내적인 것과 외적인 것, "연결에 대한 공격들"과 아직 형성되어야 하는 연결들(또는 기껏해야 일시적인 성질의), 적극적인 것과 수동적인 것, 의사소통으로서의 말들과 방어적 행동으로서의 말들, 정신적 경험의 다양한 차원들과 그것의 지리해부학적(geoanatomical) 위치들 사이를 구별해야 하는 것과 마찬가지로, 우리는 분석 관계 안에서 우리의 환자들에게 최대한으로 반응적이 되기 위해 마음의 이러한 다양한 원시적 상태들 사이를 섬세하게 구별해야만 한다.

제 3 장
마음의 태아적 상태에 대한 단상들[1]

> 시각적인 것이든 청각적인 것이든, "태아의 삶에 대한" 직관의 신호들을 여전히 보여주는 인간 마음의 부분이 존재하는가?
> [W. R. Bion, 임상적 세미나들과 네 개의 논문들]

도입

지난 수년 동안, 미국과 전 세계의 정신분석가들 중의 일부는 출생 이전과 이후의 정신적 상태들에 대한 우리의 이해의 범위를 확장시키는 일에 점증하는 관심을 보여왔다(Hansen 1994, Mancia 1981, Osterweil 1990, Paul 1983, 1989, 1990 Piontelli 1985, 1987, 1988, Share 1994). 윌프레드 비온은 그의 후기 저작들에서 이러한 정신 상태들에 대해 여러 번 언급했음에도 불구하고, 때때로 그 주제에 대한 그의 사고들을 "과학 소설"이라고 불렀는데, 이것은 그가 그것들을 가볍게 취급해서가 아니라, 그것들을 관찰이 가능한 사실에 대한 "과학적 진술들"로서 제시할 수 없었기 때문이었다. 한 논문(1976)에서 그는 다음과 같이 쓰고 있다:

매우 초기 단계에서부터 생식세포질(germplasm)과 그것의

---

[1] 이 장의 원고는 1005년 9월 18일에 남 캘리포니아 정신분석 학회의 학술 모임에서 발표되었다.

환경 사이에는 어떤 관계가 작용하는 것으로 보인다. 나는 그것이 심지어 "출생이라는 인상적인 분기점(caesura)" 이후에도 일종의 흔적을 남긴다고 생각한다. 요컨대, 만약 해부학자들이 꼬리의 흔적을 발견할 수 있다면, 만약 외과의사들이 기관지의 틈새에서 일종의 종양들을 발견할 수 있다면, 우리가 정신적 흔적들 혹은 원초적 요소들이라 부를 수 있는 것이 있어서는 안 될 이유가 없다. 이것들은 우리를 놀라게 하고 혼란시키는 방식으로 작용하는데, 그것은 그것들이 우리가 보통 합리적인 정상적 행동이라고 생각하는 아름답고 고요한 표면을 뚫고 나오기 때문이다. [p. 236]

나는 비온이 그의 전문가로서의 생애 동안에 그러한 "정신적 흔적들" 또는 "원초적 요소들"의 작용을 관찰했다고 믿는데, 이것들은 당시의 보다 "합리적인" 이론들에서 일반적인 것으로 간주되던 것에 도전함으로써, 그와 그의 환자들을 혼란스럽게 했다. 그러나 "상상적인 추론"에 대한 비온의 비범한 능력은 기존의 과학적 데이터의 부재에도 불구하고, 그로 하여금 당시의 합리적 이론들을 초월하도록 허용했던 것으로 보인다.

이 전통 안에서 작업해온 앞서 언급된 분석가들과 보조를 맞추어, 나는 그러한 정신적 흔적들과 원초적 요소들의 작용에 대한 나 자신의 임상적 관찰들을 서술해왔는데, 그러한 요소들은 특정 환자들의 분석에서 탐구된 많은 단면들 중의 하나를 구성한다(Mitrani 1992, 1994b, 1995a,b). 나는 여기에서 한 특정한 피분석자와 함께 했던 경험에서 가져온 약간의 부가적 자료를 첨가할 것이다.

로버트

로버트는 일련의 강제입원들을 겪은 후에 분석을 위해 나에게 의뢰되었다. 이 강제입원들은 그의 어머니가 높은 건물에서 뛰어내려 삶과 고통을 끝낸 자살 사건 이후에, 목을 매는 등의 극단적인 방법들을 사용해서 그의 삶을 끝내려는 시도에 의해 촉발되었다. 로버트가 끊임없이 떨어지는 근원적 공포를 갖고 있었다는 것은, 그가 유난히 가깝게 지냈던 그의 우울한 어머니와의 병리적 동일시와 뗄 수 없이 연결되어 있는 것으로 보였다는 점에서, 놀랄 일이 아니었다. 로버트의 자살 시도들은 통제할 수 없이 떨어지는 것 같은 압도하는 공포들로부터 도망치려는 그의 주기적인 욕구와 관련된 것으로 보였다.

분석 초기의 몇 개월 동안 나는 주 6회씩 로버트를 만났는데, 이러한 빈도는 그의 떨어지는 공포를 견딜 만한 것으로 줄여주는 데 어느 정도 기여했다. 이 공포는 해석적 연결을 발달시킴으로써 어느 정도 그리고 매우 점진적으로 완화되었다. 그러나 치료 2년차에, 로버트는 그를 평생 괴롭혀온 시각적 장애에 대해 말했는데, 그것은 그의 "게으른 눈"과 관련된 것이었다. 그는 그 눈을 통해 이차원적인 세계만을 보아왔었다. 이러한 비정상을 발견한 내과의사는 로버트에게 그의 출생 경험에 대해 물었다. 태아가 예정보다 한 달이나 이른 시기에 상당히 지체된 분만이 이루어지는 동안 탯줄이 그의 목둘레를 감은 채로 태어났고, 그의 아버지의 손에 의해 어머니의 자궁에서 억지로 떼어내졌다는 이야기를 듣고 나서, 그 의사는 그의 시각적인 문제가 이 외상적 출생의 결과임이 거의 확실하다고 그에게 말해주었다.

로버트는 깊이에 대한 인식, 공간이나 거리에 대한 감각, 그리고 내부에 대한 감각을 갖고 있지 않았다. 그는 단지 편편한 외부에 대한 감각만을 갖고 있는 것으로 보였다. 시간이 지나면서 우리는 그의 게으른 눈을 심리적으로 태어나지 않은 그 자신에 대한 신체적인 표현으로 이해하게 되었다; 그 "나"에게는 어떤 분리도 완전한 고통이었고, 견딜 수 없는 공포를 불러일으켰다. 그는 또한 빛, 온도, 그리고 촉감의 변화들도 견딜 수 없었다. 그는 자신이 분석에 의해 "고쳐질" 수 없고, 분석에 "고착될" 뿐이라고 느꼈다.

이 환자는 종종, 상담 시간이 끝날 때마다 내가 그를 나의 상담실이라는 "자궁" 안에 있는, 카우치 옆의 벽이라는 "태반"으로부터 피부가 벗겨진 채 찢겨져나간다는 느낌을 받는다고 호소했다. 회기 안에서의 대화와 회기들 사이에 이루어지는 전화상의 대화 모두에서, 로버트는 살기 위해 나에게 달라붙어 있는 것으로 보였고, 주말 휴가들과 휴일들을 고통스런 찢겨져나감으로 경험했으며, 그런 기간 동안에 그는 의도적으로 병원에 감금되기 위해 필요한 행동들을 하곤 했다. 그는 종종 매우 자세하게 그리고 풍부한 감정과 함께, 우리가 함께 작업하기 전에 병원에서 있었던 일들을 묘사하곤 했다. 그는 실제로 보호실에서 팔다리의 움직임을 제한하는 구속복을 입어야 했는데, 그는 빈번히 비록 행동의 자유는 제한되었지만, 정신과 병동이라는 안전한 환경으로 돌아가고 싶어 했다.

그의 분석 2년차 첫 번째 주를 끝내면서, 나의 휴가 날짜가 가까워짐에 따라, 로버트의 자료는 내가 그를 유산시키려 한다는 강한 느낌을 담고 있었다. 이 느낌은, 적어도 부분적으로는, 이번에는 예전의 주말, 휴일, 그리고 휴가들과는 달리, 내가 그 지역을 벗어나 먼 곳으로 간다는, 그러므로 나의 환자들이 불러도 곧바로 올 수 없다는 사실과 연결되어 있는 것으로 보였다. 로버트는 응급상황에서 나와 전화상으로 연결을 유지할 수 없다면, 자신은 그 휴가로 인한 단절을 견딜 수 없을 거라고 계속해서 주장했다.

이 점을 강조하기라도 하듯이, 내가 휴가를 떠나기 몇 주 전에, 로버트는 여러 가지 약물들을 과잉 복용했고, 그 결과 주말 동안에 입원해서 신장투석을 받아야만 했다. 이러한 매우 극적인 방식으로, 로버트는 자궁뿐만 아니라, 탯줄과 그것의 해독 기능들에 대한 강한 욕구를 갖고 있다는 사실을 나에게 소통했다.

로버트 외에도 다른 피분석자들과 함께 했던 작업은, 나로 하여금 우리가 환자들에게 말할 때 애착이라는 단어를 사용하도록 자극하는 것이 무엇이고 연결이라는 단어를 사용하도록 자극하는 것이 무엇인지를 궁금해 하게 만들었다. 우리가 우리의 환자들에 대해 갖는 느낌을 끈적거리는 혹은 달라붙는 혹은 매달리는 것으로, 또는 심지어 침범하는 것으로 묘사하도록 자극하는 것은 무엇인가? 정신분석 문헌에서 우리 분석가들은 "투사적 동일시"(Klein 1946)와 "접착적 동일시"(Bick 1968, 1986; Meltzer 1975; Meltzer et al. 1975)의 상태들을 따로 서술하고 구별해왔다. 우리는 우리의 피부 아래로 혹은 우리의 마음속으로 파고드는 환자들과, 우리의 마음과 접촉하는 혹은 우리가 정서적으로 접촉할 수 있는 환자들을 구별해온 것으로 보인다.

상식과 언어학은 이러한 구별들에 의미론의 문제 그 이상의 것이 분명히 존재한다고 말해준다. 아마도 그것들은 존재의 어떤 원시적 상태들 사이에 또는 그 안에 다양성이 존재한다는 사실을 보여줄 것이다; 임신에서 시작해서 "출산 행위라는 인상적인 분기점"(Freud 1926, p. 138)에 이르는, 인간 경험의 보다 깊은 진화적 층들을 채색하는 미묘한 음영들과 다양한 차이들이 존재한다.

로버트가 주로 "내부의" 혹은 "출생 이전의" 경험을 살고 있는 것으로 보이는 반면에, 내가 재롯이라고 부르는 다른 환자는 그의 "출생" 경험을 재현하고 있는 것으로 보인다. 이 환자가 보고하는 가장 당혹스러운 관계는 그의 출생 경험 또는 그의 출생 직후의 존재와 관련된, 한때-살았고 현재-살아있으며 작용하는 마음의 상태들에 대한 의사소통으로 가장 잘 이해될 수 있는 것 같다.

재롯

분석 처음부터 재롯은 자신이 일란성 쌍둥이 형제 중의 (몇 시간 차이로) "형"이라는 사실을 강조했다. 분석 초기의 어느 한 회기에서, 그는 자신이 느끼기에 그의 아내가 에너지, 의욕, 그리고 열정이 부족하다고 불평했다. 그녀는 종종 환자의 발목을 잡는다고 느껴졌다. 재롯의 아내는 그와 함께 어디를 갈 때면 거의 예외 없이 집밖으로 "끌려 나와야 하는 것"처럼 보였다. 그가 여행을 가자고 먼저 제안하고, 짐 싸는 것을 포함해서 두 사람을 위해 모든 준비들을 하지 않는다면, 그들이 다른 부부들과 어울리는 일이 있을 수 없고, 집을 떠나 휴가를 간 적이 거의 없다는 사실로 인해, 그는 극도로 화가 나 있었다.

그는 그들이 집밖으로 나갈 때마다 그녀를 거의 강제로 끌어내야만 하는 사실이 지겨웠고, 그들의 제한된 사회적 삶에 점점 더 좌절을 느끼고 있었다. 그들이 음악회, 연극, 혹은 파티에 참석할 때마다, 그녀는 항상 늦었고 그를 기다리게 만들었는데, 그로 인해 그는 종종 불안하고 화가 났다. 나는 재롯이 가끔 그의 예정된 시간보다 15분 일찍 대기실에 들어온다는 사실을 알고 있었고, 나중에 상담 시간에 내가 그 문으로 들어오는 것을 너무 오랫동안 기다려야 했다고 말하곤 했다는 것을 알고 있었다. 마침내, 재롯은 그의 분석에서 처음으로 다음의 꿈을 가져왔다:

환자는 길고 튼튼한 밧줄로 그의 동생 제이콥에게 묶여 있는 채로 어둡고 좁은 동굴 속에서 이동하고 있었다. 재롯이 밝은 곳으로 나왔을 때, 그는 밧줄을 힘껏 당겼지만 제이콥은 보이지 않았다. 재롯은 제이콥에게 서두르라고 말하면서, 계속해서 당기고 또 당겼다.

재롯은 개인적으로나 전문가적으로 그 자신보다 덜 "진취적이고" 덜 "외향적인" 사람들에 의해 늘 발목이 잡혀있다고 느꼈던 관계들의 역사를 갖고 있는 것처럼 보였다. 그는 빈번히 책임을 지는 사람이 되어야만 했고, 다른 사람들을 위한 모범이 되어야 했으며, 그 모범이 지켜지지 않을 때에는 항상 좌절감을 느꼈다.

그는 자신이 "모든 것을 떠나보내고" "단순히 이완할 수 없다는 사실"로 인해 슬퍼했다. 대신에, 그는 다른 사람들―그의 아내와 같은―을 그와 함께 하도록 만들기 위해서는 그들의 "이빨을 강제로 뽑아야 한다"고 느꼈다. 그는 단순히 "분리"하고 각자 "자신의 일을 하는" 것이 불가능하지는 않더라도, 고통스러운 것이라고 느꼈다. 위에서 보고한 꿈에 대해 논의하기 전에, 나는 재롯이 쌍둥이로 태어난 그의 가장 초기의 경험을, 출생 사건 또는 심지어 그 이전에 기원을 두고 있는 이 매우 초기의 핵심적인 정체성이라는 주제의 일관된 표현으로 보이는 것과 연결시키려는 어떤 시도도 하지 않았다는 점이 놀라웠다.

그러한 근원적 정체성에 관한 주제들이 유아기 전이를 형태 짓는 데 중요한 역할을 하고, 피분석자의 의사소통 양태에 심오한 영향을 끼칠 수 있는 것으로 보인다. 아마도 그 경험이 더 초기의 것일수록, 이 주제들이 환자의 내적 및 외적 삶에 미치는 영향은 더 클 것이다.

다음의 자료는 나의 동료가 나와 함께 검토하기 위해 가져온 사례의 일부이다. 그것은 위에서 제시한 견해들을 뒷받침하는 데, 그리고 "생식세포질과 그것의 환경 사이의 가장 초기의 관계"에서 유래한 흔적들이 출생이라는 인상적인 분기점 이후 수십 년이 지났어도 여전히 작용할 수 있음을 보여주는 데 사용될 수 있을 것이다.

코라

코라가 주 2회 치료를 시작했을 때, 그녀는 인공 수정을 포함한 집중적인 불임 치료를 받고 있었다. 몇 달 안에, 환자가 절실하게 생명을 주고 싶어 하는 아기-그녀를 "임신하기 위해 더 잦은 치료들이 필요하다는 사실"이 분석에 참여한 두 사람에게 분명해졌고, 그에 따라 치료회기를 주 4회로 늘렸다.

그 다음에 이어진 수개월 동안, 분석가와 환자가 서로에게 점점 더 개방적이 되면서, 분석가는 환자를 더 잘 이해할 수 있게 되었고, 환자의 가장 원시적 공포에 대해 약간의 초보적 이해를 공식화하고 시기적절한 방식으로 전달하기 시작할 수 있었다. 그럼에도 불구하고 주말 휴지기에 대한 코라의 두려움은 분석가에 의해 이해받는 그녀의 경험과 직접적으로 비례하여 증가하는 것으로 보였다.

한 주간의 마지막 분석 회기인 어느 목요일 회기에, 환자는 상담실로 들어오자마자 수요일 회기를 끝냈을 때 자신이 안도감을 느꼈었다고 말했다. 그때 그녀의 목소리는 전날의 개선에 대해 보고할 때처럼 단조로웠다. 거기에는 긴 침묵이 흘렀고, 마침내 코라는 아침 내내 그녀의 상담 시간을 기다리면서 "고요함"을 느꼈다고 말했다. 그러고 나서 그녀는 전 시간에 분석가가 눈물을 글썽였다는 그녀의 지각이 정확한 것이었는지 궁금하다고 덧붙였다.

코라는 이 눈물이 코라가 겪고 있던 어떤 것을 그녀의 분석가가 느낄 수 있었음을 의미한다고 생각했기에, 그 눈물을 보면서 좋은 느낌을 받았다고 기억했다. 그러나 그 좋은 느낌에 이어, 그 눈물이 단지 분석가의 기법의 일부였다는 생각이 들면서, 그녀는 다시금 혼란스러웠다.

코라는 설령 그 눈물이 기법의 한 측면이었다고 해도 자신이 분석가를 떠나는 것은 상상할 수 없었고, 그럼에도 불구하고 그것이 기법의 한 측면이었는지를 알 필요가 있다고 느꼈다고 설명했다. 그녀는 단지 그녀 자신의 최초의 지각이 정확한 것이었는지를 알고 싶을 뿐이라고 말했다. 코라는 설령 분석가가 그 눈물의 진정성을 확인해준다고 해도, 자신은 어쨌든 분석가를 믿지 않을 것임을 알고 있다고 덧붙였다.

분석가가 이 말에 즉각적으로 대답하지 않았을 때, 코라는 계속해서 그녀가 그 주간의 불임 치료 작업에 대해 마음이 편치 않았다고 말했다. 그녀는 그 주에 세 번의 인공수정을 시행했고, 비록 그녀가 이번에는 자신이 임신했을 거라고 생각에 보통 때보다 더 희망적이었지만, 늘 그랬듯이 수정된 난자-태아가 자궁 안에 착상하지 못할 것이고, 그녀가 월경을 시작하면서 작은 태아는 벗겨져 나가고 허무하게 쓸려내려 갈지도 모른다고 두려워했다. 즉, "그렇게 많은 돈과 고통과 수고가 변기의 물과 함께 헛되게 흘러가 버리는 것"에 대한 두려움이 있었다.

분석가는 이 모든 것을 환자가 그녀 자신을 "고요하게" 만드는 방식, 즉 주말의 휴지기에 대한 그녀 자신의 감정들을 무감각하게 만드는 방식일 뿐만 아니라, 분석가의 개입들을 중요하지 않은 것으로 만드는 방식으로 받아들였는데, 그것은 마치 그녀가 그 개입들을 허물처럼 벗어버리거나 폐기물처럼 화장실 변기 속으로 흘려버리는 것과 같은 것이었다.

환자는 이러한 해석의 흐름에 상당히 강렬한 분노로 반응했다. 그녀는 주말 동안에 그녀가 느꼈던 것을 정말로 묘사할 수 없었고, 분석가가 월요일에 그녀를 위해 그곳에 있을 것이라는 생각을 점점 더 믿을 수 없게 되었다는 것밖에는 할 말이 없다고 했다. 그녀는 실제로 월요일에 그녀 자신이 그곳에 있을지에 대해서조차도 확신할 수 없었다.

그때 코라는 좌절한 상태로 눈물을 글썽이면서, 그녀의 원래 질문에 대답해줄 것을 요구했다. 분석가는 그 질문 밑바닥에 있을 수 있는 것들에 대해 물어보았는데, 그것은 환자에게 더 많은 좌절을 자극하는 것으로 보였다. 환자는 만약 그녀 자신이 그 대답을 알아야 되는 이유에 대해 또는 그 질문에 대해 무엇을 생각했고 느꼈는지에 대해 더 말해야 한다면, 그녀는 분석가가 그 눈물에 대해 말해주는 것을 진실된 것이라고 확신할 수 없을 거라고 말했다; 즉 그녀는 분석가의 눈물이 진심이었는지 아니면 단지 기법이었는지를 결코 알 수 없을 것이라고 생각했다. 분석가는 이 지점에서 회기를 종료했고, 환자는 상담실 문을 쾅 닫고 그곳을 떠났다.

그 다음 사례지도 시간에 분석가는 그 회기를 마친 후에 매우 불안하고 화가 났었다고 보고했다. 그녀는 단순히 "그녀의 환자를 [그녀의] 마음 밖으로 쫓아낼 수 없었다." 그녀는 코라가 "분석가가 월요일에 그곳에 있을 것이라는 것조차 확신할 수 없었다"고 말했을 때, 환자가 실제로 치료를 깨고 싶다는 말을 하고 있는 것일까 봐 두려웠다고 말했다. 분석가는 자신의 환자를 잃어버릴 수 있다는 위협을 느꼈을 뿐만 아니라, 자신이 버림받았고 무엇이 잘못되었는지를 이해할 수 없는 상태가 되는 것에 대해 두려움을 느꼈다.

분석가는 금요일에 있었던 그녀 자신의 분석에서, 그녀가 느꼈던 버림받은 감정들에 대해 숙고했고, 그것들이 주말 휴지기와 관련되어 있을 뿐만 아니라, 그녀 자신의 분석가의 다가오는 휴가에 대한 느낌들과도 공명하는 것임을 발견했다고 덧붙였다. 그러나 그녀는 자신의 불안에서 거의 벗어나지 못했다고 보고했고, 코라와 관련해서 그녀가 놓쳤을 수 있는 것을 이해하도록 내가 도울 수 있기를 바란다고 말했다.

회기를 시작하면서, 우리는 코라가 수요일 회기(그 주의 세 번째인) 이후에, 그녀가 세 차례의 인공수정을 한 것에 대해 희망적이었던 것처럼, 그들이 환자와 그녀의 어려움들을 "임신"(conceive)할 수 있었음을 말하고 있다는 것을 함께 작업해낼 수 있었다. 코라는 또한 목요일 아침에 그들의 접촉이 단절되는, 다가오는 주말에 대해 불안해하고 있다는 것을 소통하려고 시도하고 있는 것으로 보였다; 그녀는 분석가에게서 분리되는 것을 두려워하고 있었을 뿐만 아니라, 그녀 자신을 이미 "사산한" 아기로 느끼고 있었다. 코라는 그때 분석 작업의 가치에 대한 그녀의 전능적 부인과 훼손에 대해 분석가가 해석한 것을 "잘못된-임신"에 대한 그녀의 두려움을 확인해주는 증거로 간주하는 것처럼 보였다.

나는 코라가 그녀의 현재의 그리고 마음의 가장 힘든 수준의 상태에 관한 어떤 것을 소통하려고 시도하고 있다고 보았다. 그녀는 그녀의 목요일 시간을 기다리는 동안 이미 "껍질이 벗겨지는" 것처럼 느꼈고, 그 목요일 시간은 주말 동안에 겪게 될 접촉 부재에 대한 느낌을 불러일으켰다. 그녀는 분석가의 현존에 대한 경험을 때 이르게 상실하고 있는 것처럼 느꼈고, 그 경험이, 자신이 그토록 원했던 아기를 임신하는 데 지금까지 실패한 인공수정 기술처럼, 단지 기법에 지나지 않는 것일까 봐 두려웠다.

코라는 분석가―그녀를 마음속에 담고 있는―의 경험을 상실하는 것이 두려웠을 뿐만 아니라, 세 차례의 인공수정들/분석 회기들 동안에 방금 임신된 태아가-될-그녀(she-to-be embryo)를 상실하는 것이 두려웠던 것으로 보인다. 어머니/분석가의 정신적 자궁 안에서 그녀 자신에 대한 경험을 일관되고 지속적으로 그리고 공고하게 확립하기 위해서, 그녀는 그녀의 마음속에 담아주는 내적 대상을 안전하게 착상시켜야만 했다. 그녀의 딜레마에 대한 분석가의 명백한 오해는 막 시작된 이 내재화 과정을 "유산시킬 수" 있었고, 그 결과 코라는 심지어 주말이 오기도 전에 그녀 자신이 흘러내리는 것을 느끼고 있었다.

코라가 분석가의 수용 능력의 부족을 경험했을 때, 성공적인 자궁 내 착상에 대한 환자의 시도는 점점 더 과격해졌다. 그녀의 분석가와의 접촉을 다시 확립하고 분석가의 마음속에 뿌리를 내리고자 하는 열정적인 시도로서 상담실 문을 쾅 닫았듯이, 그녀는 분노에 가득 차서 분석가의 마음속으로 자신을 거세게 밀어붙였다. 이런 방식으로 그녀는 적어도 일시적으로는 그녀 자신을 위한 자리를 만드는 데 성공했다. 사실, 이 분석가는 주말 내내 "자신의 마음속에서 환자를 쫓아낼 수 없었다."

코라가 주말의 휴지기를 보낸 다음 회기에 돌아왔을 때, 그녀는 일요일에 짧은 기간을 제외하고는 주말 내내 분석가에게 화가 나 있었다고 보고했다. 그 일요일의 시간 동안에 그녀는 분석가가 "분석가로서의 위치를 지켰다"는 생각에 순간적으로 감사함을 느꼈다. 나는 이것이 환자가 그녀의 분석가와 정서적 접촉을 유지할 수 있었고, 짧은 순간이었지만 분석적 연결—그녀에게 안도감을 준—안에서 일종의 항상성을 경험했음을 보여주는 희망적인 신호라고 생각했다.

"임신"에 대한 이러한 코라의 욕구, 그리고 분석가의 마음속에서 임신되기를 바라는 욕구와는 대조적으로, 반대편 쪽의 욕구가 있었다. 즉 어떤 임신도 피하고 싶어 하는 또 다른 코라의 욕구가 있었다. 임신—즉 분석가에 의해 이해받는 것—에 대한 이러한 반대는 환자의 시기심의 표현으로 해석될 수도 있었다. 그러나 나는 또 다른 수준에서 그것이 생존을 위한 원시적 본능의 기능으로서 이해될 수 있다고 믿는다. 그것은 분석에서의 첫 번째 주요한 중단 몇 주 전에 가진 회기에서 있었던 다음의 자료에서 드러날 것이다.

"또 다른" 코라

내가 여기에서 보고하는 이 회기에서, 환자는 상당히 혼란스럽다고 느낀 한 꿈에 대해 보고했다. 그녀는 분석가가 그녀를 미쳤다고 생각할까봐 그것에 대해 이야기하는 것을 주저했다.

환자는 너무 오래 방치하는 바람에 그녀에게 말과 움직임 모두의 상실을 가져온 진단되지 않은 종양을 갖고 있었다. 목소리, 다리, 또는 팔이 없이 그녀는 전적으로 무기력하고 의존된 상태로 그녀의 침대에 누워있을 수밖에 없었고 분석가는, 비록 사려 깊고 친절한 사람이었지만, 그녀를 돕기 위해 아무것도 할 수 없었다.

비록 코라가 그 꿈에 대해 어떤 "중요한" 연상들도 생각해내지 못했지만, 그녀는 그녀의 다가오는 도보여행과 분석가와의 분리에 대한 그녀의 느낌들과 관련된 자료를 제시했다. 그녀는 시골 산길들을 따라 짧은 도보여행을 하면서 휴가를 보낼 생각이었고, 만약의 사태를 위해 방어 목적의 사냥용 칼을 준비했다. 그녀는 휴가를 떠나기 전에 인공수정을 위한 또 다른 시도를 해야 할지와 관련해서 그녀가 경험하고 있는 갈등에 대해서도 이야기했다. 코라는, 한편으로는, 한 번 더 시도하기를 원하면서도, 그 시도가 그녀의 몸을 너무 허약하게 만드는 것은 아닌지 두렵다고 말했다; 또 한 번의 그러한 시도가 "그녀를 쓸어버리고," 그녀를 여행에 부적절한 매우 "나쁜 상태"로 만들까봐 두렵다는 것이었다.

여기에서 코라는 휴가를 갖기에 앞서서 다시 한 번 분석가의 마음속에 임신, 잉태를 시도하는 것에 대한 그녀의 두려움을 표현하고 있다고 보인다. 그녀는 그녀의 경험에 의미 있는 목소리를 주기 위해 그리고 살아가고 성장하기 위해 필요한 음식, 정서적 지지뿐만 아니라, 위험한 약탈자들로부터 보호를 받기 위해 분석가-어머니-자궁에 전적으로 의존하는, 방어능력이 전혀 없는 태아가 되는 느낌이 두렵다고 말하고 있는 것으로 보인다.

　이러한 종류의 퇴행 상태에서, 코라는 어머니-분석가의 마음이라는 자궁 밖에서 그녀 자신으로 존재할 수 있는 "모양"이 아무것도 없을까봐 두려워했다. 허약해지는 것—"쉬운 먹잇감"이 되는 것—에 대한 두려움은 광증에 대한 두려움에 대한 환자의 표현으로 보인다; 정신증적 퇴행 경험에 대한 그녀의 환상. 코라가 분석가에게 의존되어 있는 것에 대한 어떤 인식도 견딜 수 없었다는 것은 놀랄 일이 아니다. 그것은 그녀가 그녀의 분석가 없이 "미지의 영역"으로 여행하는 동안 내내 그녀를 이러한 가장 취약한 태아의 상태에 남겨둘 것이기 때문이다.

논의

　이 장에서 나는 분석 과정에서 특정한 순간에 그리고 특정한 환자들에게서 드러날 수 있는, 존재의 원초적 상태들의 다양한 모습을 보여주고자 시도했다. 이러한 상태들이 분석에서 실제로 전면에 등장할 때, 그것들이 분석가 안에서 불러일으키는 감정들과 환상들은(만약 우리가 수용적이라면) 본질상 기이할 정도로 혼란스럽고 원시적인 것임이 분명하다. 그러한 가장 원시적인 상태들 중의 하나는 "생식세포질과 그것의 환경 사이의 관계"와 어떤 식으로든 연결되어 있고, 그 관계는 "태아 상태에 대한 직관을 보여준다"고 나는 감히 말한다.

이런 환자들 중의 일부는 그렇지 않았더라면 기억될 수 없는 것을, 그리고 그러므로 결코 망각되지 않았을 것을 분석가에게 소통하기 위한(Winnicott이 했던 말을 바꿔 말하자면) 매개물을 발견하기 위해 오랜 기간 동안 수고한다—그리고 많은 고통을 겪는다—는 것이 나에게는 항상 놀라운 일이었다. 전이에서의 관계 그리고 분석과정 동안의 다른 관계들에서의 그러한 재연들(re-enactments)은 종종 이 "정신화 되지 않은 경험들"(Mitrani 1995b)을 "제거"하거나 "비워내야 할" 필요에 의해서뿐만 아니라, "알려지고" "알고자 하는" 어떤 타고난 인간의 분투—궁극적으로 자신의 마음속에서 "태어날 수 있기"(born) 위해 그리고 "견딜 수 있기"(borne) 위해 "타자"의 마음속에 상상적으로 "임신되어야 할" 개인의 필요—에 의해서도 발생하는 것으로 보인다.

우리의 환자들의 의사소통들에서 이러한 원초적 경험들—출생하는 것, 발달하는 태아가 되는 것, 그리고 물론 심지어 임신되기 위해 애쓰는 배아가 되는 것—의 출현을 감지하는 것의 중요성은 의사소통을 위해 환기된 은유를 명료화하는 데 도움을 준다는 사실에 있을 뿐만 아니라, 그것들이 환자의 과거와 현재의 환상 속의 삶 사이에 점점 더 의미 있는 발생학적 연결을 구성하기 위한 자료로서의 잠재력을 갖는다는 사실에도 있을 수 있다. 만약 그 자료들이 없었더라면, 그 연결은 상실된 것으로 남을 것이다.

그러한 해석들이 지닌 은유적인 측면과 발생학적인 측면 모두는 특정한 뿌리내린 일관성 또는 "존재의 연속성"(Winnicott 1949)을 제공할 것이고, 따라서 우리의 환자들의 담아주고, 마음 속에 간직하고, 더 깊이 생각할 수 있는 역량을 점차 강화시킬 수 있을 것이며, 그들의 삶에 부정적인 영향을 미치는 가장 희미한 경험들을 수정하고 완화시킬 수 있을 것이다.

제 4 장
병리적 조직의 생존 기능[1]

> 모델들은 일시적인 것이며 이 점에서 이론들과는 다르다; 나는 모델이 나의 목적을 이루자마자 또는 이루는 데 실패하자마자 아무런 거리낌 없이 그것을 버린다. 만약 하나의 모델이 여러 다른 경우들에 유용한 것으로 입증된다면, 그 모델을 이론으로 변형시키는 것을 고려할 때가 온 것이다.
>
> [W. R. 비온, 경험에서 배우기]

도입

병리적 조직(pathological organizations)은 조안 리비에르(Joan Riviere)가 1936년이라는 이른 시기에 부정적인 치료적 반응에 대한 독창적인 논문을 출간한 이래 클라인학파의 문헌 안에서 널리 이론화되고 임상적으로 예시되어왔다. 1964년에 로젠펠드(H. A. Rosenfeld)는 이러한 성격구조들을 편집-분열적인 불안과 우울적인 불안들, 즉 자기와 사랑받는 대상에게 가해진 해악에 대한 불안들을 막기 위해 사용되는 조직화된 유형의 조적 방어들로서 묘사했다. 로젠펠드는 전능성, 과대주의, 부인, 분열, 그리고 투사적 동일시뿐만 아니라, 비하된 대상에 대한 승리감과 도움을 필요로 하는 무력하고 의존적인 아기-자기에 대한 지배와 같은 방어들이 수정되지 않은 상태로 아동기 내내 유지될 경우, 그것

---

[1] 이 장의 원고는 1995년 2월 21일에 캘리포니아 정신분석 센터의 학술모임에서 발표되었다.

들은 잘 조직화되고, 경직된, 그리고 안정된 인격의 측면이 될 수 있다는 사실을 관찰했다.

 그 결과로 나타나는 내적 대상들의 집합체들은, 이상화될 경우, 갓 태어난 자기의 성장과 발달을 계속해서 촉진하면서 그 자기를 보호하고 지원해주었을 것으로 간주되는 좋은 내재화된 대상들을 대체한다. 이 전능한 구조들은 "공포, 박해 그리고 불안"(Meltzer 1968) 혹은 "정신병의 위협"(Money-Kyrle 1969)을 통해서 통제 하에 두게 된 기능에, 즉 미성숙한 자기를 보호하고, 지원하며, 안심시켜주고, 위로해주는 기능에 과도하게 의존한다.

 로젠펠드(1971)는 자기애 개념, 즉 부정적 자기애 개념과 그것이 부정적 치료 반응과 갖는 관계와 관련해서 그의 아이디어들을 좀 더 발전시켰다. 그는 이 공격적인 종류의 자기애를 리비도적으로 추동된 자기애와 구별했고, 후자가 대상의 좋은 측면들과 동일시한 상태에서 전능적으로 좋은 자기의 측면들에 대한 이상화를 포함하는 반면, 전자는 항상 리비도적 대상관계를 공격하는 전능적으로 나쁜 대상의 측면들과 연합하는 전능적으로 파괴적인 자기의 측면들—사랑하는 그리고 아마도 사랑받는 아기-자기를 함정에 빠뜨리고, 노예로 만들고, 위협하며, 아기의 사랑받는 경험, 좋은 모성적 대상에 의존하고 싶은 욕망뿐만 아니라 아기 자신의 욕구에 대한 경험을 공격하는—에 대한 이상화를 포함하고 있다는 사실을 관찰했다.

 로젠펠드와 멜처 모두는 이 성격 구조를 마음 내부의 폭력배 혹은 마피아로서 개념화했다. 즉, 절대 복종, 충성심, 그리고 끊임없는 찬사를 바치는 대가로 광증, 심리적 고통, 그리고 불안으로부터의 믿을만한 보호를 (유아적 자기를 위해) 제공하는 위계 조직 안에 있는 비밀스럽고 공모적인 악의적인 대상들의 연결망과 같다는 것이다. 간략히 말해서, 정상적으로 의존적인 아기-자기는 사회병질적인 내적 대상들의 가족 내부에서 엄격하게 통제된다.

분석에서 환자가 분석가에게 의존하거나, 분석가에게 애정 혹은 감사의 감정을 갖는 것을 견딜 수 없어하고 두려워하는 모습이 드러날 때, 우리는 이러한 구조들의 존재를 탐지할 수 있다. 사실, 이러한 환자들은—일종의 내면의 신에 의해 사로잡힌 것처럼 보이는—분석가와의 관계가 깊어지기 시작하고 생산적인 작업이 순간적으로 진전되는 바로 그 시점에, 종종 부정적 치료 반응을 드러낸다.

때때로, 명백한 성과들이 분석적 커플에 의해 성취되고 환자가 그의 심리적 고통과 불안으로부터 어느 정도 안도감을 느낄 때, "갱의 두목"은 시기나 질투에 찬 격노와 함께 추한 모습을 드러내면서 그 모든 성취를 의심, 신체적 증상, 죄책감, 그리고 죽음과 파괴의 위협들을 사용해서 무너뜨린다. 이러한 에피소드가 발생할 때, 우리는 종종 우리의 환자들이 분석이 무가치하다거나 혹은 더 나쁘게는 해롭다고 불평하는 모습을 발견한다. 그러나 분석가의 작업과 가치를 훼손하려는 시도로 보이는 것은 분석가와 피분석자 사이의 이러한 유익한 동맹의 발달을 견딜 수 없는 내적인 세력을 달래기 위한 행동일 수 있다. 왜냐하면 그러한 새로운 동맹은 옛 체계를 쓸모없는 것으로 만들면서, 삶을 살아가고 대처하고 관계 맺기 위한 대안적 수단을 제공할 것이고, 그것은 기존 체계에 대한 위협이 될 것이기 때문이다.

오쇼네시(O'Shaughnessy 1981)는 방어적 조직들에 대한 그녀의 논문에서 22세 된 남성 환자에 대한 긴 사례를 보고했는데, 그때 그녀는 "방어들"과 "방어적 조직들"을 구별했나. 이 후자는 "오랜 시간에 걸쳐 굳어지고 안정화된 병리적 구조"로서, 정상적 대상관계의 발달을 가로막는 것으로 보이며, 동시에 내적 세계 및 외적 세계 모두에서의 대상관계에서 만나는 불안들을 막아주는 역할을 수행한다고 보았다. 이 탁월한 사례연구에서 강조된 것은, 그러한 방어적 조직 안에서 자아 발달이 발생하기 위해서는 전이 안에서 불안이 "잦아든"(혹은 분석가에 의해 그리고/또는 분석적 관계 안에 담겨있는) 상태가 유지되는 환경이 필요하며, 그러기 위해서는 장기간의 분석이 필수적이라는 점이었다.

베티 조셉(1975)은 이러한 환자들이 "도달하기 어려운 사람들"이라고 언급했는데, 그 이유는 우리가 "갱"의 보호막 바깥에서 그들을 발견하는 일이 거의 없고, 우리가 그들을 발견할 때 그들은 매우 취약한 상태에 처해 있어서 촉감이나 시간, 속도에서의 사소한 실수에 의해서도 쉽게 상처를 받기 때문이라는 것이다. "죽은 상태에의 중독"이라는 논문(Joseph 1982)에서, 그녀는 환자가 불행을 피학적으로 사용한다는 것과, 보호적인 동시에 중독적인, 도착적으로 흥분시키는 세계를 창조해내고 그 안으로 분석가를 끌어들이려고 시도한다는 점을 강조했다.

이 주제에 대한 3부작의 저술에서, 스타이너(Steiner 1982, 1987, 1990)는 자기애적 또는 병리적 조직을 편집-분열적 자리와 우울적 자리 사이에 있는 정신적 상태로서, 즉 편집적 및 우울적 불안들에 대한 완충지대 혹은 그것들로부터의 피난처로서 특징화했다. 달리 말해서, 그는 "조적 자리"(Klein 1935)가 경직되고 굳어질 때, 그것이 유아기 자기를 위한 안전한 피난처를 제공하는, 자아 내부의 안정적인 구조가 된다고 제안했다. 이 구조는 불안 경험으로부터 환자를 효과적으로 지켜주고 보호해주지만, 그것은 또한 건강한 내적 대상관계의 발달을 위한 역량을 말살한다.

스타이너의 연구는 또한 그를 애도에 대한 장애물로서의 병리적 조직의 문제를, 그리고 경직된 통제를 완화시키지 못하는 바람에 치료가 종료된 후에도 분석가를 포기하거나 애도하지 못하는 환자들의 무능력으로서의 병리적 조직의 문제를 강조하도록 이끌었다. 스타이너는 그 문제와 관련해서, 발달에서 진정한 분리됨의 경험을 하는 데 실패했기 때문이라고 결론짓는다.

클라인학파의 문헌들 안에서의 강조점은 지금까지는 이러한 방어적 조직의 파괴적-박해적 측면들, 이 인격 조직들이 부정적 치료 반응에서 수행하는 역할, 그리고 그러한 대상들 혹은 대상들의 집단들이 개인의 순진하고, 의존적이며, 리비도적인 측면들에 행사하는 강압적인 통제와 유혹에 맞추어져온 것으로 보인다.

그러나 이 영역에 대한 클라인학파의 탐구들이 시작된 초기에, 리비에르(1936)는 "공격적 성향에 대한 분석이 갖는 과도한 중요성이 일부 환자들을 잃게 되는 결과를 가져오고, 일부에서는 정신분석 자체의 목표를 좌절시키고 그것 자체로서 더 진전된 분석적 이해에 대한 저항이 된다"는 점을 지적한 바 있다p. 311). 그녀는 계속해서 "환자의 자료에서 공격성만을 인식하는 우리의 실패보다 더 확실하게 환자를 부정적 치료 반응으로 인도하는 것은 없다"라고 우리에게 경고한다. 빈번히 분석과정에 대한 그러한 적대적인 영향을 받는 것처럼 보이는 환자들과 함께 했던 나 자신의 임상적 경험은 나로 하여금 이러한 병리적인 조직의 또 다른 측면을 강조하도록 이끌었는데, 그것은 그러한 내적 대상들 혹은 대상들의 조직이 본래 생존 기능을 갖는다는 것이다.

이러한 노선을 따라, 나는 이러한 내적 방어적 조직들이 이차적 피부와 매우 동일한 방식으로 기능한다는 점에서, 하나의 모델의 측면에서 고려하는 것이 유용하다고 본다. 물론 그 구조는 빅(1968)이 언급한 감각-지배적인 구조들이나 터스틴(1972, 1981, 1986, 1990)이 그녀의 작업에서 만난 자폐 아동들(그리고 자폐 캡슐을 지닌 성인들)이 사용하는 껍질이나 구체적인 방어 장벽들보다는 상징적으로 훨씬 더 정교화 된 것이다.

특별히 풍부한 꿈 자료를 보여주는2) 다음의 사례는 나로 하여금 그러한 병리적 조직의 생존 기능에 대해 민감하게 느낄 수 있게 해주었다. 아마도 꿈들은 이러한 내적 방어구조들의 상상적 표현에 대한 명료한 윤곽을 제공함으로써, 피분석자의 경험에 대한 고유한 창문을 제공하는 것으로 보이며, 나의 관점을 이론적 선입견으로부터 비교적 자유로운 것으로 유지시켜줄 것이다.

앨리스

우리가 함께 작업을 시작하기 전에, 앨리스는 X박사와 수년 동안 분석을 받고 있었다. 그녀는 호흡곤란과 그 다음에 이어진 형태 없는 괴물들로 가득한 검은 연못에 빠지는 악몽을 꾸고 공포에 떨면서 위로 받을 수 없는 상태로 깨어나곤 했던 심각한 수면 장애로 인해 몇 년을 고생한 끝에 그 분석을 시작했다. 첫 번째 분석 기간은 8년이었고, 앨리스의 평가에 따르면, 그 분석은 지적이고 사회적인 억제들을 극복하는 그녀의 능력에서 중요한 개선들을 가져다주었다. 그런데 그 억제들은 분리들과 상실들을 경험하고 견디는 그녀의 능력에서의 억제들과 공존하고 있었고, 그러한 분리와 상실에 대한 인식은 파국적이고 생명을 위협하는 것으로 느껴졌다.

7년이 지난 후에, 종료의 주제가 출현했고, 수개월에 걸쳐 치료를 종료한다는 사실에 의해 야기된 불안들을 다룬 다음

---

2) 이 두 번째 분석의 초기 몇 회기 동안에 의사소통된 그리고 이 장에서 보고된, 환자의 첫 번째 분석의 종료 단계뿐만 아니라 종료 직후의 시기에 기억된 꿈들의 수와 세부사항은 실제로 보통 수준을 넘는 것으로서, 임상적 자료의 고유한 특성을 제공해준다.

에, 종료 날짜가 정해졌다. 분석의 마지막 시간에, 앨리스는 X박사에게 다음의 꿈을 보고했다:

앨리스는 그녀의 집의 현관 쪽 진입로로 차를 운전했다. 그녀는 누군가가 그녀 앞에서 차를 울타리 쪽으로 운전하는 바람에 그녀의 집으로 들어가는 정문 입구와 차고에 상당한 손상을 입혔음을 볼 수 있었다. 그녀는 그 차가 부딪친 지점을 살펴보았고, 그 차에서 떨어져 나온 은색 페인트의 흔적을 발견했다.

앨리스는 화가 나서 집안으로 들어갔는데, 그곳에서 그녀의 집에 손상을 입힌 그 남자도 그 안에 있는 것을 발견했다. 그곳에서는 이 침입자에 의해 초대된 손님들이 가득 모여 파티를 하고 있었다. 그는 사라지고 없었다; 그러나 그 안에는 온갖 종류의 나이든 여성들이 먹고, 마시며, 끊임없이 떠들면서 난장판을 벌이고 있었고, 그들은 앨리스가 도착했을 때 그녀를 무시했다. 여종업원들이 음식이 든 쟁반들을 나르면서 그 나이든 여성들에게 무엇인가를 제공했지만, 마치 앨리스는 존재하지 않는 사람인 것처럼 그녀 옆을 스쳐 지나갔다.

앨리스가 집안의 방들을 확인해보았을 때, 그녀는 그 나이든 여성들이 그녀의 집의 거의 모든 구석을 다 차지하고 있다는 것을 깨달았다. 처음에 그녀는 그 상황에 대처할 방법을 모르는 상태에서 당황스럽다고 느꼈다. 그 여성들 중 일부가 전화를 사용하는 것을 발견했을 때, 그리고 그녀들이 그녀의 업무용 전화선뿐만 아니라 그녀의 개인 전화선까지 모두 사용하고 있는 것을 보았을 때, 그녀는 머리끝까지 화가 났다. 그리고 그녀가 응답기를 확인했을 때, 그것은 연결이 끊어져 있었고 완전히 망가져 있었다.
　이러한 어이없는 상황에서, 앨리스는 행동을 취하기로 결정했다. 그녀는 마치 회의를 주관하듯이, 모든 나이든 여성들에게 정숙할 것을 명했고, 말로써 그들을 통제하기 시작했다. 그녀는 자신이 그들을 그녀의 집밖으로 쫓아버리지 않고 그들 모두를 다룰 수 있다고 느꼈을 때 기분이 좋았다는 것을 회상했고, 비록 그녀가 그 모든 곤란과 혼란의 뿌리에 있던 그 남자에게 여전히 화가 나 있었지만, 만족스럽다고 느끼면서 잠에서 깼다.

　은색 페인트는 앨리스에게 곧 바로 X박사에 대한 애칭을 떠올리게 했다. 그녀는 자신과 X박사가 그 꿈을 분석의 종료에 대한 환자의 경험과 관련된 것이라고 이해했던 것을 기억했다. 앨리스는 X박사가 그녀를 엉망인 상태에 남겨두었다고 느꼈다; 그녀의 일과 개인적 삶을 방해하는 것으로 보이는, 그녀를 화나게 하고 그녀의 마음을 망치는, 이러한 모성적-대상들을 그녀는 혼자서 다루어야만 했다; 그녀를 굶주린 상태에 그리고 좌절되고, 혼란스러우며, 무력한 상태에 남겨 둔 것이다.
　그러나 앨리스와 그녀의 분석가는 그 다음에, 꿈에서 앨리스가 화가 난 상태임에도 불구하고 그 엉망인 어머니들을 그녀의 집/마음에서 추방하지 않고서도 그들 모두를 다룰 수 있었을 때, 그것이 희망적인 신호였다는 데 동의했다. 비록 당시에 앨리스는 자신을 엉망인 상황에 남겨둔 것에 대해 X박사를 향해 느꼈던 분노―분석이 종료되었는데도 모든 것들이 전혀 매끄럽고, 쉬우며, 말끔하지 않다는 데 대한―의 정도를 알고 있었지만, 그녀는 또한 그에 대한 깊은 감사와 그가 없이도 그녀 스스로 상황에 대처할 수 있다는 전망으로 인해 희망의 감정들로 가득 차 있었다.

분석의 종료는 계획된 대로 진행되었다. 그러나 곧 바로 앨리스는 그녀가 자신의 분석을 때 이르게 종결했다는 깊이 자리 잡은 공포로 그녀를 내몬 일련의 꿈들을 꾸었다. 다음은 이 꿈들 중의 마지막 것이다:

앨리스는 마을 광장을 내다보면서 큰 방안에 있었다. 그녀는 아래에 있는 마을 사람들이 아이들과 작은 동물들을 잘못 다루고 있는 것을 보았고, 그 상황에 대해 무언가를 해야겠다고 결심했다. 이런 생각을 갖고서 방을 나서려고 돌아서는데, 스타 트렉(Star Trek) 시리즈에 나오는 미스터 스팍(Mr. Spock)처럼 생긴 한 큰 남자에 의해 제지당했다. 그는 그녀가 상처받거나 길을 잃을 것을 염려해서, 마을로 나가는 것에 대해 앨리스에게 경고했고, 그녀가 안에 안전하게 머물러야 하는 이유를 매우 논리적으로 설명했다.

그러나 앨리스는 위험들과 상관없이 과감히 밖으로 나가야만 한다고 느꼈다. 꿈에서 그녀는 방 안에 있던 나이든 여성인, 그녀의 할머니나 어머니처럼 보인 여성과의 특별한 관계 때문에 그녀가 보호받을 것이라고 스스로를 확인시켰다. 그러고 나서 그녀는 광장을 향해 나갔다.

장면은 앨리스가 그녀의 방으로 돌아오는 것으로 바뀌었다. 그녀는, 자신의 등을 돌린 채 창밖을 보며 서있는 할머니처럼 보이는 여성에게 다가갔다. 앨리스는 그녀가 마을에서 많은 좋은 일을 했기 때문에 인정받고 수용될 것을 기대하면서, 두 팔로 할머니를 껴안으려고 달려갔다. 그러나 앨리스의 기대처럼 자신을 안아주고 환영해주는 대신에, 그 늙은 여성은 갑자기 돌아서서 앨리스의 콧등을 곤봉으로 내리쳤다. 그 늙은 여성의 설명할 수 없는 폭력적인 반응에 충격 받고 상처받은 앨리스는 울면서 어리둥절한 채로, 그 공격의 고통을 몸으로 느끼면서 잠에서 깼다.

앨리스는, 이 꿈을 꾼 시점이 분석을 종료한지 약 1달이 지났을 때였다고 보고했다. 그녀는 당시에 그 꿈이 그녀가 분석가를 떠난 것에 대한 느낌들과 관련되어 있다고 확신했다. 그녀는 자신이 분석가의 총애를 받는 환자였다는 환상을 갖고 있었다. 그녀는 마을로 나가기 위해 안전한 방을 떠난 것이 종료를 나타내는 것이고, 어린 아이들과 동물들을 구한 것은 그녀가 자신의 분석에서 배운 것을 그녀의 유아-자기 뿐만 아니라 그녀가 함께 일하는 다른 모든 사람들을 돌보는 데 사용하고 싶다는 그녀의 욕망과 연결되어 있다고 생각했다.

그러나 이런 노력이 어떤 위협적인 내적 인물에 의해 방해받는 것처럼 보인다: 앨리스가 유아교육 전문가인 스포크 박사(Dr. Spock)와 연관시킨 합리적인 미스터 스팍. 그녀는 또한 사랑과 보호를 주는 대가로 앨리스에게서 전적인 충성을 요구했던, 그리고 앨리스가 청소년기 동안에 자신의 길을 과감히 선택했을 때 차갑게 변했던 그녀의 교사-어머니를 생각해냈다. 그 외에도 앨리스는 자신의 외동딸이 자신보다 더 많은 아기를 갖는다는 사실에 격분했던 그녀의 외할머니가 그녀의 어머니와 태어나지 않은 아기-앨리스에게 죽음의 저주를 퍼부었다는, 그녀의 어머니와 언니 오빠들에게서 들었던 이야기를 생각해냈다.

앨리스는 그 꿈으로 인해 불편한 마음으로 X박사를 만나러 갔다. 그녀는 자신의 악몽에 대해 이야기했고, 분석을 더 해야 할 것 같다는 그녀의 느낌에 대해 말했다. 그녀의 이야기를 듣고 난 다음, X박사는 그녀를 다시 보는 데 동의했고, 그녀가 덜 급작스러운 종료를 필요로 했던 것 같다고 그녀에게 말했다. 그는 그녀의 재발하는 증상들에 관한 문제를 논의하기 위해 당분간은 주 1회씩 만나는 것이 좋겠다고 추천했고, 앨리스도 동의했다.

그러나 환자는 이러한 주 1회의 접촉이 고통스럽게 감질나게 하는 것임을 발견했다. 그녀는 또한 자신이 X박사의 약함, 그가 인정한 제약들, 그의 무능, 그녀를 본격적인 분석에 받아주지 않은 거절, 그리고 그녀가 치료에서 도피하는 데 분석가가 공모한 것 등을 공격하면서 대부분의 분석시간을 보내고 있다는 것을 발견하면서, 그녀가 지난 8년간의 분석 작업에서 얻은 모든 좋은 결과를 무효화하는 것을 두려워했다.

X박사와 주 1회씩 만나기 시작한지 1년 후에, 앨리스는 휴가를 떠났고 다음의 꿈을 꾸었다:

앨리스는 몸이 아픈 아동들을 돌보고 치료하는 가치 있는 일을 위한 재원을 마련하기 위해 교외 또는 시골 마을을 방문하여 그녀가 손수 만든 과자들을 팔고 있었다. 그녀는 과자들을 모두 팔았고, 계속해서 다른 곳으로 이동하려는 순간, 손에 곤봉을 들고 나타난 성난 마을 사람들에 의해 사로잡혔다. 그 무리는 "조악한 과자들"을 판매한 혐의로 그녀를 고발했고, 그녀가 과자를 도로 가져가고 그들의 돈을 돌려줄 것을 요구했다.

과자가 질이 좋은 것임을 알고 있었던 앨리스는 그들과

논쟁하려 했으나, 그들은 그녀의 말을 듣지 않았고 그녀는 마침내 그들의 요구에 따라야만 했다. 그러나 그녀는 그녀의 차 안에 과자를 싣는 대신에 자신이 늙은 여자를 싣고 있다는 것을 발견했다. 그 늙은 여자는 그녀가 재원을 마련하기 위해 애쓰고 있는 그 "뜻있는 일"의 설립자였다. 그 늙은 여자는 현실에서는 살이 쪘고 나이에 비해 상당히 튼튼했는데 반해, 꿈에서는 극도로 쇠약했고, 심지어 죽음이 가까운 상태인 것처럼 보였다.

앨리스는 폭도들이 그녀의 차를 덮칠 때 간신히 운전해서 그곳을 빠져나갔다. 그 다음 순간 그녀는 아기들과 강아지들이 여기저기에 흩어져 있는, 사막 한가운데를 가로지르는 고속도로 위에 있는 자신을 발견했다. 그녀는 그들을 구하기 위해 차를 멈추었으나, 그녀가 차에서 내리려고 문을 열자 고속도로는 에스컬레이터로 변했다.

앨리스는 이제 (내려가고 있는) 에스컬레이터의 밑바닥에서 있었다. 울고 있는 아기가 계단 중간에 앉아 있었고, 그의 부모들은 겉보기에 아기의 고통을 잊은 채, 내려가는 에스컬레이터의 위쪽에서 바라보고 있었다. 앨리스는 그 아기를 들어 올려 부모에게 돌려주기 위해 위쪽으로 올라가려고 시도했다. 그녀가 꼭대기에 가까이 왔을 때, 그녀는 커다란 도베르만 개가 그곳에서 사납게 으르렁거리고 있는 것을 보았다. 앨리스는 9세가량의 한 어린 소녀가 그녀를 돕기 위해 앨리스와 위협적인 개 사이로 다가올 때까지 점점 더 무서워졌다.

앨리스가 에스컬레이터 위쪽에 도달했을 때, 그녀는 그 아기를 어머니에게 전해주려고 했다. 그러나 그녀가 그렇게 했을 때, 그 소녀는 악마와 같은 미소를 지었고, 옆으로 비켜

서서 성난 개가 앨리스를 공격하도록 길을 터주었다. 그때 그 개는 느린 동작으로 그녀에게 돌진했고, 그녀는 그 순간에 자신이 물려 죽을 수 있다는 것을 알았다. 동시에, 아버지 역시 그녀에게 돌진해왔다. 그의 손에는 피하주사기가 쥐어져 있었고, 앨리스는 꿈에서 "그는 개가 나를 공격하지 못하도록 막을 수 없다. 그러나 그는 고통을 줄이는 데 도움이 되는 해독제 또는 마취제를 내게 주입할 수 있다"고 생각했다.

그때 앨리스는 공포와 절망에 거의 압도된 채 흐느껴 울면서 깨어났다. 그녀는 그 후 여러 시간 동안 끔찍하게 상처받고 배신당한 느낌을 기억할 수 있었다. 꿈의 첫 부분에 등장하는 나이든 여성은 좋은 어머니 혹은 아마도 앨리스가 안전하게 내재화했다고 생각한 X박사와의 좋은 경험을 나타내는 것처럼 보였다. 그러나 이 좋은 경험들은 지금 그녀에게, 자신들이 살고 있는 동네에서 "질 낮은 과자"를 제거해달라고 난폭하게 요구하는 모습에서 드러난, 이성적으로 일을 처리할 수 없는 의심 많은 갱의 무리에 의해 축출 당했던 사건을 나타내는 것으로 느껴졌다. 이 장면은 앨리스 안에 있는 그녀가 통제할 수 없는 어떤 세력이 그녀가 그녀의 분석에서 얻었던 진전과 행복의 느낌을 이유 없이 그리고 체계적으로 파괴하고 있다는 그녀의 공포들과 일치하는 것으로 보였다.

꿈속에서의 개는 앨리스의 옆집에서 키우는 "감시견"을 생각나게 했는데, 그 개는 그녀가 2살이었을 때 함께 놀자는 몸짓을 위협으로 오인해서 그녀를 물었던 적이 있었다. 그 사건은 그녀가 부모로부터 떨어져 해변을 돌아다니다가 몇 시간 동안 길을 잃었던 사건과 같은 시기에 일어났다. 그 사건은 그녀의 부모들이 그녀를 원치 않았고 그녀보다 훨씬 위의 언니, 오빠들에 의해 자신이 무시 받고 미움 받았다는 평생 지속된 앨리스의 확신을 지지해주는 또 다른 증거로 느껴졌다.

    마침내, 앨리스는 비슷한 나이 때, 편도선 절제수술을 받기 위해 입원했었고, 당시에는 어머니들이 그들의 어린 아이들과 함께 병실에 거하는 것이 허용되지 않았었음을 기억해 냈다. 그녀는 어머니가, 만약 앨리스가 다 큰 소녀처럼 행동한다면, 그녀가 원하는 모든 아이스크림을 사주겠다는 약속과 함께, 그녀를 병원에 홀로 남겨두었던 일을 기억했다. 그 아이스크림은 홀로 남겨진 것에 대한 보상으로 주어지는 차갑고, 부드러운 위로를 나타냈다. 하지만 앨리스는 수술이 끝난 후에 먹은 아이스크림이 쓴 맛이 나는 것을 발견하고는 자신이 속았고 배신당했다고 느꼈다.

    이러한 연상들을 고려할 때, 앨리스는 꿈을 통해서 그녀의 마음속에 지켜보고 있고 보호해주는 대상에 대한 경험을 전달하고 있었던 것으로 보인다: 아기-앨리스를 그녀의 내적 부모들과 연합시키려는 시도를 잘못 해석하고 있는 것으로 보이는 대상. 앨리스는 그녀의 분열된 아기-자기를 그녀의 내적 가족과 연합시키려고 시도했을 때―그녀가 그녀의 분석적 경험을 기존의 심리적 구조 안으로 통합시키는 힘든 분투를 시도할 때 그랬듯이―그녀의 마음의 "감시견" 부분이 "미친 개"가 되어 그녀의 경험들, 그녀 자신의 측면들, 그리고 대상들을 통합하는 그녀의 능력을 공격하는 것을 통해 가족 전체의 안전을 위협할 수 있다고 느꼈던 것처럼 보인다.

이 감시견의 기능은 그 가족과 앨리스의 내적 세계에 자리 잡고 있는 구조를 보존하는 것으로 보인다. 상상을 통해서 창조된 이 세계는 앨리스의 존재의 바탕이어 왔다. 그러나 그것은 아기-그녀를 위한 자리가 없고, 단지 나이 많은 언니를 위한, 그리고 보호하는 역할을 부여받은 것으로 보이는, 더 나이 많고 더 독립적인-그녀를 위한 자리만 있는 세계인 것으로 보인다.

리비에르(1936)가 주목했듯이, 만약 "환자가 심지어 그의 치료를 희생하면서까지, 기존의 현실을 보존하기 위해 행동한다면, 그것은 상황이 더 나아질 것이라는 신앙이 부재한 반면에, 그러한 변화는 환자 자신뿐만 아니라 분석가에게도 부정적인 영향을 미치면서 더 나은 방향이 아니라 더 나쁜 방향으로 상황을 이끌 것이라는 무의식적인 신앙이 자리 잡고 있기 때문일 것이다" (p. 312).

앨리스의 꿈에서 아버지는—그녀가 도움을 얻기 위해 되돌아간 X박사처럼—병리적인 보호자에 의해 그녀에게 가해진 독이 든 공격들에 따른 고통에 대해 약간의 해독제나 마취제를 제공하는 것 외에는 아무것도 할 수 없는 존재로 느껴졌다. 앨리스는 그 후 여러 번에 걸쳐 건강염려증적인 불안들을 극복해야 했는데, 아마도 이 불안들은, 만약 그녀가 추후 분석을 통해 공격들의 이 상승을 즉시 역전시킬 수 없다면, 그녀의 이전 분석에서 얻어진 좋은 경험들을 나타내는 내면의 좋은 대상들이 파괴되는 일이 발생할지도 모른다는 불안에서 유래한 것일 것이다.

앨리스의 개인사는 그녀가 아주 어린 나이에 부모들과 그들의 보호하는 기능으로부터 때 이른 단절을 경험했었음을 말해준다. 예컨대, 그녀가 해변에서 길을 잃었던 사건과, 병원에서의 버림받고 용해되는 느낌들을 가졌다는 차폐 기억이 그것을 보여준다. 그녀는 스스로를 지키기 위한 그녀 자신의 수단을 발달시키도록 압력을 받았을 것이다: 치명적인 침입자들로부터 그녀를 지켜주고 계속해서 그녀의 생존을 보장해줄 수 있는, 조숙하고 더 나이든 그녀, 할머니 혹은 언니, 또는 감시견이나 경계하는 갱.

이 방어적인 군집이 부분적으로 어머니 역할을 담당했던 다양한 개인들―어머니, 외할머니, 의붓어머니, 언니―에 대한 앨리스의 경험들에 따라 패턴화된 것임을 나는 알게 되었다. 그들은 때로는 침범적이었지만, 지켜주고 돌봐주는 사람들이었다. 그러나 그들은 앨리스가 어떤 분리 행동을 하기만 하면 각각 자신의 방식대로 갑자기 앨리스를 버리거나, 비난하거나, 공격하는 사람으로 돌변했다. 전이에서의 이 역동은 앨리스의 X박사와의 분석의 종료 국면 동안에 불완전하게 진화했고 불충분하게 다루어졌던 것으로 보인다.

그 외에도, X박사와의 지난 번 치료적 경험은 그녀가 그녀의 아버지와 했던 경험에 대한 복제물이었던 것으로 보이는데, 그녀의 아버지는 대체로 집에 없었지만, 이따금씩 그가 제공했던 따뜻한 접촉들(비록 애타게 하고, 감질나게 하는 것으로 느껴졌지만)은 어머니의 치명적인 공격들로부터 보호받는 순간들을 허용했고, 고통을 완화해주었을 뿐만 아니라 그런 상황에서 탈출할 수 있다는 앨리스의 희망을 북돋아주었던 것으로 보인다.

여기에서 나는 그러한 방어적 조직의 또 다른 측면에 대해 말하는, 그롯슈타인(1993)의 언급을 생각하게 된다. 그는, 페어베언의 사고의 흐름을 따라, 이런 환자들의 일부는 일종의 "병리적인 내사적 동일시"로 인해 고통 받는다고 제안했다. 그런 동일시에서 그들은, 부재하고, 무관심하며, 우울한, 혹은 아마도 정신증적인 어머니 전체를 삼켜버렸을 수 있고, 그렇게 함으로써 항상 그 어머니에 의해 삼켜지는 위험에 처할 수밖에 없다는 것이다.

그는 이럴 경우 분석에서 이 딜레마는 환자가 내적 조직과의 동맹과 분석가의 기능 사이에서 팽팽한 밧줄 위를 걸어야만 하는 "이중 첩자"가 될 것을 요청한다고 지적했다. 아마도 다음 자료는 이것을 보여줄 수 있을 것이다.

앨리스가 두 번째로 시작한 분석의 첫 회기에, 그녀는 설사를 하게 되었다. 다음 날 아침 일찍이 집을 나설 수 있을 만큼 좋아지지 않을지도 모른다는 두려움 때문에, 그녀는 약속을 취소하는 메시지를 전화 응답기에 남긴 다음, 침대로 돌아가 잠이 들었다. 잠에서 깼을 때, 그녀는 다음의 꿈을 기억했다:

앨리스는 분석가의 사무실 건물 로비에서, 한 무리의 나이든 여성들 뒤에 서서 엘리베이터를 기다리고 있었다. 엘리베이터 문이 열렸을 때, 그 나이든 여성들은 들어가기를 주저했는데, 엘리베이터가 위로 올라가는지 아래로 내려가는지 혼란스러워하는 것처럼 보였다. 앨리스는 그 여성들 때문에 엘리베이터를 놓칠까봐 그래서 약속시간을 놓칠까봐 걱정이 되어서 그 여성들에게 어서 들어가라고 재촉했다. 그녀는 그것이 마치 위로 올라갈 수 있는 최후의 유일한 방법이기라도 한 것처럼, 절박한 상태가 되었다. 그녀는 그들에게 안으로 들어가든지 아니면 옆으로 비켜서라고 간청했는데, 그때 문이 닫히기 시작했고, 앨리스는 도움을 받을 기회를 놓쳤다는 생각에 겁에 질렸다. 바로 그때, 한 남자가 닫히는 문 사이로 그의 발 또는 손을 들이밀었고, 나이든 여성들은 엘리베이터 안으로 들어갔으며, 앨리스는 실제로 자신의 약속을 지킬 수 있겠다고 생각하면서 안도감을 느꼈다.

다음 회기에서 앨리스는 그 꿈을 보고했고, 그 꿈의 마지막 부분을 그녀가 X박사에게서 받은 도움과 두 번째 분석을 시작하려는 그녀의 욕망에 대한 그의 지지와 연관시켰다. 문 사이에 끼워 넣은 그 남자의 발은, 그녀의 이전의 분석 경험이 그랬던 것처럼, 우리의 만남을 위한 길을 열어주었다. 여기에서 아버지/분석가는 앨리스와 방해하는 모성적 대상들 사이에 일종의 건강한 분리가 존재하도록 허용하는, 경계로서 기능하는 것으로 보였다. 나이든 여성들은 다시 한 번 앨리스의 어머니—혼동되고, 무력하며, 움직일 수 없고, 좌절시키는 대상으로 경험된—의 다양한 측면들뿐만 아니라, 두 번째 분석을 시작하려는 그녀의 시도들을 막기 위해 위협했던 그녀 내부의 저항 세력들을 나타내는 것으로 보였다.

이 사례에 대한 나의 논의를 끝내면서, 나는 그 분석의 셋째 해를 시작하면서 발생했던 자료를 보고할 것이다. 이 자료는 앨리스의 방어 조직의 생존 기능에 대한 이해와, 그것이 그녀의 생애 전체에 걸쳐 진화한 과정에 대한 이해에 더 많은 명료성을 제공해줄 것이다.

이 기간 동안에, 앨리스는 그녀가 본 영화에 대하여 이야기했다. 그 영화는 스타 트렉(Star Trek)이었는데, 그녀가 보고한 이야기의 주된 흐름은 다음과 같다:

"브이저"(V-ger)라 불리는 일종의 외계 물체가 수많은 행성들에서 생명의 멸절을 초래한 것으로 의심된다. 우주선 엔터프라이즈호와 승무원들은 그 물체가 지구에 도달하기 전에 그 물체를 찾아내고 접촉해서 그것의 파괴적 행동들을 외교적으로 막으라는 임무를 부여받는다. 마침내 접촉이 이루어졌을 때, 그 "외계 물체"는 사실상 "보이저"(Voyager)라는 이름을 가진 20세기의 우주 탐사선들 중의 하나로 드러난다.

그것은 본래 다른 행성들에서 생명체를 찾아내고, 지질학적 표본들을 수집하며, 이후의 분석을 위해 그것들을 보존하고, 지구에 살고 있는 생명체들을 보호하기 위해 멸균시키도록 프로그램되어 있었다. 그 탐사선은 또한 여행에서 얻은 정보를 전달받을 준비가 되어 있음을 알려주는 지구에서 오는 신호들을 받도록 프로그램되어 있었다. 그러나 보이저가 그것을 만든 창조자로부터 단절되어, 블랙홀에 빠진 채 우주의 미아가 되었을 때, 기계 종족과 연결되었고 그 종족에 의해 구조되었다. 그 다음에 그것은 원래의 기능, 즉 생명을 보존하고 정보를 수집하는 기능은 수정되고, 빗나가고, 파편화되고, 왜곡되었다.

따라서 보이저는 브이저가 되었고, 우주 안에서의 그것의 생존에만 초점이 맞추어진, 자체-생성된 과도한 상부구조를 발달시켰다. 그렇게 하는 동안 브이저는 계속해서 그것의 창조자와의 접촉을 추구했다. 그러나 그것의 의사소통이 응답되지 않자, 그것은 점차 적대적인 것으로 변했고, 모든 문명들을 불모화시켰다. 결국, 이 배신한 탐사선은 그것을 창조한 "부모"와의 의미 있고 소통적인 접촉을 추구하면서 외로움, 무시, 그리고 좌절로 인해 고통 받고 있었다는 사실이 이해될 수 있었다.

나는 이 "은유"가 우리의 환자들의 인격 안에 있는 병리적으로 조직된 측면들에 접근하는 방식에 새로운 차원을 더해줄 수 있는, 이해의 강력한 모델을 위한 기초를 제공해줄 수 있다고 믿는다. 만약 우리가 우리의 환자들의 탐사선이 보내는 의사소통들에 충분히 반응적이지 않다면, 우리는 훨씬 더 도착적이고 파괴적인 작동들을 자극할 수 있을지도 모른다.

톰

임상적 상황에서 병리적 조직이 출현하는 것과 그것을 다루는 방식을 좀 더 보여주기 위해서, 나는 톰의 사례를 간략하게 서술해보겠다. 다음의 자료는 톰의 분석 5년차 중간 시기에 그가 보고한 꿈 내용으로 이루어져 있다. 그것을 말하기 전에 톰에 대해 간략히 소개하자면, 톰은 거의 삼십여 년 간 이런저런 종류의 심리치료를 거친 후에 그의 삶의 50대 후반에 분석을 시작했다. 하지만 그는 여전히 그의 어머니와 누나 이외의 다른 여성과는 어떤 애정 깊은, 길게 지속되는, 친밀한 유대를 형성할 수 없는 문제를 갖고 있다.

톰은 지난 주 마지막 회기에 그의 정원에서 자라는 꽃나무가 죽은 것을 슬퍼하면서 들어왔고, 곧 바로 전 날 밤에 꾼 꿈을 보고했다.

톰은 그의 집 뒤편에 있는 정원으로 걸어 들어갔다(현실에서 그날 저녁에 분석을 마치고 집에 도착해서 그렇게 했듯이). 그는 자신이 많은 수고와 정성을 들여 기르고 키우고 있는 꽃들이 하나씩 죽어가고 있다는 것을 알아차렸다. 아름답게 자라고 있는 관목류의 꽃들이 체계적으로 뭉개지고 죽임을 당하고 있었다.

꿈에서 그는 그가 지난번에 그의 마당으로 들어오는 것을 본 적이 있는 커다란 길 고양이가 범인임에 틀림없다고 생각했다. 그 고양이는 그가 집을 떠날 때마다 식물 위에 오줌을 누고 똥을 싸거나, 아니면 그냥 꽃들 위에 뒹굴고 그것들을 밟아 죽였음이 분명했다. "그리고 왜 아니겠는가? 그곳에 그 고양이를 쫓아낼 사람이 아무도 없으니, 그는 안전할 수밖에 없다."

그 꿈을 보고하고 나서 톰은 조용해졌다. 모든 가능한 연상들이 차단된 것처럼 보였다. 몇 분이 지나서 그가 마침내 다시 말을 했는데, 내가 그 꿈에 대해 언급하지 않아서 자신이 "뭉개졌다"고 했다. 그는 내가 나의 주말에 대한 생각과 백일몽 안에서 그 자신과 "그의 끊임없는 으르렁거림"으로부터 도피했다(비록 그것이 진실이 아닐 수 있다는 내적인 속삭임이 있었음에도 불구하고)고 생각하지 않을 수 없었다고 말했다.

으르렁거림(caterwauling)이라는 단어는 환자가 전에는 사용한 적이 없는 단어임을 나는 주목했다. 나는 그 단어가 단지 꿈속의 그 고양이와의 관계에 대한 서술일 뿐만 아니라, 톰이 범인-나를 비판했던 방식에 대한 서술이라는 점에서, 매우 적절한 것이었다고 생각했다. 그의 비판은 사실상 거친 울음소리처럼 느껴졌는데, 그것은 그가 나의 주의가 주말로 향하는 것을 막을 수 없다고 느꼈을 때 "뭉개진" 아기-그의 울음이었을 것이다.

나는 톰에게, 그가 내가 없는 주말 동안에 그의 마음을 차지한, 그리고 우리가 정성을 다해 기르고 있는 아름답게 자라고 있는 건강한 아기-그의 삶을 망치고 뭉개고 있는, 커다란 나쁜 "고양이"에 대해 말하고 있는 것 같다고 말했다. 이에 대해 톰은 이렇게 말했다: "나는 그것이 틀림없이 그 고양이라는 것을 알고 있어요! 내가 한번은 마당에서 그 고양이를 호스로 물을 뿌려 쫓아냈거든요. 그래서 지금 내게 보복하고 있는 거예요. 고양이가 '내가 너에게 보여 주겠어'라고 말하고 있어요. 내가 그것에 대해 할 수 있는 것은 아무것도 없다는 것을 알려주고 있는 거예요."

여기에서 나는 톰이, 우리 사이의 접촉이 중단되었던 주말 동안에 우리가 분석에서 성취한 모든 것을 악의로 그리고 질투심에서 무효화하거나 짓뭉개려고 위협하는, 그의 마음속의 어떤 존재를 멈추게 하기에는 그와 나 모두가 무력하다는 사실을 느꼈음을 이해했다. 나는 이런 생각을 환자에게 전달했고, 또한 그가 나의 침묵을 우리 사이에서 필요한 접촉의 중단으로 경험하는 것처럼 보였을 때, 바로 그 위협하는 존재가 회기 동안 그의 마음을 차지한 채 생생하게 살아 있었다는 나의 느낌을 그에게 전달했다.

나는 회기 안에서의 조용한-나는, 주말 동안에 부재했던-나처럼, 지금 "범인"으로서 경험되고 있고, 그 범인의 짓뭉개는 거절은 톰이 "나를 쫓아낸" 것에 대해 스스로를 비난할 때에만, 즉 그 자신을 거절하는 자로 볼 수 있을 때에만 용서받을 수 있다고 생각한다고 말했다.

이제, 비록 내가 그 지점에서 멈췄을 수도 있지만, 나는 또한 어떻게 큰-고양이로서의-그가 원치 않는 존재요 배제된—우리의 연결로부터 쫓겨난—존재라고 느꼈는지에 대해, 그리고 그 꿈에 대한 생각들을 차단함으로써 우리에게 보복하는 것이 정당하다고 느꼈는지에 대해, 그리고 그 결과, 주말 동안에 그랬던 것처럼, 회기에서 내가 침묵하는 동안에

제4장 병리적 조직의 생존 기능 / 111

그가 혼자 남겨졌다고 느꼈을 때 그 자신을 어떻게 좀 더 편안하게 만들었는지에 대해, 나에게 의사소통하고 있었던 것 같다는 말을 덧붙였다. 이 마지막 언급은 환자에게서 편안하고 만족스런 미소를 불러냈고, 그는 이제 그의 꿈과 주말 동안뿐만 아니라, 주말이 시작될 때 그가 경험하는 외로움과 불편함에 대한 우리의 탐구를 재개할 수 있게 된 것으로 보였다.

우리는 전이 안에서 이러한 구체적인 방어의 역동들과 그것의 근저에 놓여있는 생존의 동기―내가 없는 동안 톰을 위로하고, 버림받았다는 참을 수 없는 감정으로부터 그를 보호하기 위한 큰-나쁜-고양이-그의 편에서의 시도―를 언급하는 것을 통해서, 환자의 이 파괴적인 부분에 의해 경험되는 고립의 감정들을 달래기 위한 중요한 발걸음을 내딛을 수 있으며, 그렇게 함으로써 마음의 이 무법자적인 측면을 환자의 인격과 인식의 주류 안으로 통합할 수 있다고 본다.

톰의 경우, 이러한 내적 조직이 환자의 경험과 행동에 대한 지배를 차츰 포기하는 과정에서, 그것의 형태와 기능 모두의 변형이 관찰될 것인데, 나는 톰의 6년 차 분석의 마지막 부분에서 가져온 다음의 자료를 제시함으로써 그러한 변형을 보여주려고 시도할 것이다. 치료의 이 기간 동안에, 톰은 월요일 회기에 도착해서 다음 꿈을 보고했다:

톰은 한 무리의 사람들과 함께 있었는데, 그들 중에는 그의 누이와 매형이 있었다. 그리고 유모차 안에는 아기가 있었는데, 그 유모차는 장애물을 넘어 앞으로 가기 위해 들어 올려져야만 했다. 톰은 "새로운-그"가 유모차를 들어 올리는 것을 돕기를 원한다고 느꼈지만, 그의 매형이 그보다 앞서 달려갔다. 돕고자 하는 그의 욕망에도 불구하고, 톰은 그 일을 하겠다고 주장하는 그의 매형에 의해 옆으로 밀려났다. 그는 그의 매형에게 화가 났고, 그가 불필요하게 지배적이고 통제한다고 비난하면서 그에게 소리를 질렀다.

그 꿈을 보고한 후에, 톰은 그가 최근에 그의 누이와 매형 모두로부터 그들이 작년에 이사한 도시로 이사해야 한다는 압력을 받고 있었다는 사실을 나에게 상기시켰다. 그러나 그는 좀 더 분석을 받을 필요가 있다고 느꼈기 때문에 그렇게 하는 것을 꺼려했다. 그는 자신이 분석을 통해 직장에서 일하는 데 유익을 얻었고, 여성들과의 관계에서도 진전이 있다고 느끼고 있었다. 그는 미래에 대해 그리고 그의 "늙은 나이"에 동반자를 발견할 수 있다는 전망에 대해, 점점 더 희망적이 되고 있다는 것을 수줍게 인정했다. 그는 또한 그처럼 이사하는 것이 모든 일에서 그의 가족에게 의존하는 상태에 그를 또 다시 묶어 놓을까봐 염려했다.

사실, 최근까지도, 톰은 그의 가족을, 성인으로서의 성적(sexual) 관계에 대한 그의 커지는 욕망에 의해 야기된 불안으로부터 숨기 위한 피난처로서 사용해왔다. 비록 그의 가족이 대체로 그를 돌봐주고 지원해주는 것으로 경험되었지만, 톰은 또한 그가 "결혼하지 않은 아들"로서 그리고 "의무를 다하는 형제"로서, 즉 결코 가정을 버리고 떠나지 않을 사람으로 인식되고 있는, 그의 가족 형태에서의 어떤 변화도 그의 가족들이 견딜 수 없을 거라고 강하게 느끼고 있었다. 그는 그의 생애 동안에 발생한 여러 번에 걸친 이사들뿐만 아니라, 많은 질병들, 결혼들, 이혼들, 출생들, 그리고 누이동생과 아버지의 죽음들을 포함한, 급격한 변동들과 불안정한 일련의 사건들에 의해 가족의 구조가 흔들릴 때마다 변함없이 그 구조를 진정시켜주는 역할을 해왔다.

　이것을 털어놓은 후에, 톰은 갑자기 말이 없어졌다. 몇 분 후에, 나는 그가 그의 꿈에 대한 우리의 논의를 진행하는 데 어떤 장애물을 만난 것 같다고 말했다. 그가 "그의 마음속에는 꿈보다 더 중요한 것들이 있다"고 되받았을 때, 나는 내가 아기-그를 장애물 위로 들어 올리려고 달려갔던, 과잉 의욕적인 매형처럼 행동하도록 강요받았다—그래서 그것을 경험했다—고 생각했다. 이것을 염두에 둔 채, 나는 톰이 이 "새로운-그"(그가 꿈속에서 자신을 지칭한 말인)가 우리를 "장애물 너머로" 데려다줄 방법을 찾을 것이라고 믿으면서, 그리고 톰이 다음에 무슨 말을 할지를 기다리면서, 한 발짝 물러서기로 결정했다.

　톰은 곧 주말 동안에 "차고 안에 위험한 무언가를 짓고 있는" 이웃 때문에 많이 힘들었다고 보고했다. 그는 망치질 소리, 쾅쾅 소리, 쿵쿵 소리에 시달렸는데, 이것은 그 이웃이 차고 안에 "커다란 음악소리가 울려 퍼질 것이 분명한" 노래방을 짓고 있음을 의미했다. 그는 이 소리들이 그를 불안하게 만드는 바람에 책을 읽을 수도 없었고 생각을 할 수도 없었다고 불평했다. 그가 이야기하는 동안, 나는 그가 말하는 "망치질 소리," "쾅쾅 소리," "쿵쿵 소리," "삐걱 소리," "커다란 음악소리" 등이 모두 이전 시간에 환자가 성교를 의미하는 데 사용했던 표현들이었다는 것을 생각해냈다.

　톰은 그 이웃을 "막 노동자 출신"으로 그리고 그의 아내를 "예측할 수 없는 미친 여자"로 묘사했다. 그는 그들이 "다른 사람들이 갖고 있는 민감성을," 특히 그를 견딜 수 없을 정도로 불안하게 만드는 소음들에 대한 그의 민감성을 존중하지 않는다고 불평했다. 그는 "그들이 차고 문을 닫았을 때 그 이웃과 그의 아내가 무엇을 하고 있는지 더 이상 볼 수 없었기 때문에 훨씬 더 불안했다"고 말했다. 그는 그 집의 아이들이 지르는 소리와, 남편과 아내가 그가 알아들을 수 없는 "이상한 언어"(스페인어)로 말하는 소리를 들으면서 두려움을 느꼈고, 그 결과 그의 불안 수준은 더 높아졌다.

나중에, 그 남편이 담장 너머로 톰에게 "안녕하세요"라고 인사했을 때, 그는 이 "친근한 몸짓"이 그를 위한 "어떤 새로운 악마적인 고문"이 고안되고 있다는 신호라고 확신했고, 그 순간 그는 그의 집을, 돈을 대출해준 은행에 넘겨주고 그의 다른 가족이 살고 있는 X도시로 이사하는 것을 고려했다고 나에게 말했다. 사실, 환자는 실제로, 그를 공포에 질리게 한 이 사건들로부터 벗어나 얼마의 안도감을 얻기 위해, 그날 그의 집에서 꽤 멀리 떨어진 외딴 마을에 위치한, 그의 어머니의 빈 집으로 철수했다.

이 주말의 사건은 또한 그의 "예측할 수 없는 미친 어머니"—그를 낳은 지 겨우 1년 만에 심하게 아픈 딸아이를 낳고는 정신병적인 우울증을 앓았던—에 대한 톰의 경험과, 아기-그가 이해할 수 없었던, 그의 부모의 성난 목소리 또는 성교하는 소리에 대한 톰의 경험을 되살려낸 것처럼 보였다. 꽤 오랫동안 그 상황을 재경험하고 난 후에, 톰은 차츰 그가 그 사건들에 과잉 반응했음을 알아차리게 되면서, 그의 경험에 대한 어떤 관점을 발달시키는 것처럼 보였다.

나는 이제 톰이 우리의 치료적 진전을 가로막고 있는 장애물을 실제로 극복했고, 내가 그에게 아마도 이 새로운-그가 아기-그가 경험했던 것을 이해하도록 나를 돕고 있었다는 생각을 그에게 말했을 때, 톰이 그 말을 들을 수 있다고 느꼈다. 즉, 나는 혼자 있는 아기-그가 아버지의 발기된 성기를 상상하면서, 또는 그의 아프고 죽어가는 아기 누이동생처럼 비명을 지르면서, 아이들을 생산하기 위해 칸막이 뒤에서 "어머니와 아버지가 성교하는 소리"를 들으면서, 고문 받는 것처럼 느꼈기 쉽고, 생각하는 그의 능력이 차단되었을 것 같다는 이야기를 들려주고 싶었다.

그가 깨어 있고, 더 많은 것을 수용하는 것처럼 보임에 따라, 나는 닫힌 차고 문이 또한 주말 동안의 나의 상담실 문을 나타낼 수 있고, 그가 대기실에서 상담실로 들어오는 순간 내가 "안녕하세요"라고 말했을 때, 내가 그를 보는 것이 정말로 행복하지 않은 것 같았고, 오히려 그가 보지 않는 동안에 내가 새로운 고문을 고안해냈다는 생각 때문에 두려웠을 수 있다는 말을 덧붙였다.

나는 나중에 또 다른 수준에서, 그가 현재 느끼는 불안과 주말 동안의 불안과 같은 장애물을 극복하도록 아기-그를 돕기를 고집했던, "옛 그"—꿈속에서의 그의 매형처럼—의 관점에 주목할 것을 나에게 요청하고 있다고 생각했음을 그에게 말했다. 그 옛-그는 결혼을 해서 자신만의 가족을 세우고 싶은 그의 욕망을 나타내는 것일 수 있는, 다른 사람들의 발기뿐만 아니라 그 자신의 발기에 대한 인식을 피할 수 있는 장소인, 그의 어머니의 빈집에서 안전하게 자신을 고립시키는 것을 통해서 그렇게 했다. 나는 그 꿈속에서, 통제하고 지배하는 매형에 대한 톰의 분노가, 내가 모든 것을 다 한다고 경험했을 때 나에 대해 느낀 그의 분노뿐만 아니라, "스스로 행하고자 하는" 그 자신의 시도를 방해하는 지배하고, 통제하는 그 자신의 부분에 대한 그의 짜증스러움을 나타내는 것이 분명하다고 생각했다.

우리는 이 회기에서 어떻게 이 환자의 "통제하고 지배하는" 부분이 인격과 그의 인식의 주류 안으로 통합되어 가는지를 볼 수 있다. 톰이 자신의 이 부분을 좀 더 이해하게 되면서, 그는 그것에 맞설 수 있게 되었다. 더욱이, 그의 인격의 이 측면이 더 충분히 주목받게 되면서, 우리는 그 조직의 보호하고 질식시키는 제한들 내부로부터 그의 의존하는 유아적 부분이 출현하는 것을 볼 수 있었고, 그는 분석가와의 그의 연결을 더 충분히 이용하고 사용하고 인정하도록 스스로를 허용하기 시작했다. 톰이 이렇게 하기 시작했을 때, 우리는 그가 새로운 흥미들과 관계들을 발달시키고, 자신의 성장하는 신체적, 정신적, 그리고 정서적 역량에 대해 점점 더 신뢰감을 가지면서 "모든 방향에서 껍질을 깨고 나오는 것"을 볼 수 있었다.

분석 7년 차 되던 해의 여름휴가를 앞둔 어느 날, 흥미로운 사건이 일어났는데, 그것은 톰이 그 기간에 행한 작업의 많은 부분을 공고히 하는 것으로 보인 풍부한 자료를 제시했던 한 주간의 마지막 회기에서였다. 그 주간에 그는 자신에 대해서 뿐만 아니라 그의 분석에 대해서도 아주 좋게 느끼고 있었다.

내가 톰을 데리러 대기실로 갔을 때, 나는 그가 잡지를 읽고 있는 것을 발견했는데, 그것은 일반적인 잡지가 아니었다. 그것은 뉴요커(New Yorker)였는데, 그는 이전에 그 잡지를 너무 "거만하고," "도도하며," 지나치게 지적이고, 무엇보다도 그가 접근할 수 없는 것이라고 조롱했었다. 나는 이 잡지가 접근할 수 없는 나와 나의 남편—상담실 방을 나와 공유하는—그리고 우리 둘이 함께 사는 삶과 연관되어 있다고 생각했다.

톰은 항상 내가 남편과 함께 하는 삶이 "머리와 몸에 구멍이 나있는" 작은-그의 능력으로는 도달할 수 없는, 창조성으로 이끄는 지적인 추구들과 즐겁고 적극적이며 건강한 성으로 가득 차 있음이 분명하다고 상상했다. 그런 점에서 톰이 뉴요커에 그토록 몰두하고 있는 모습은 매우 특이한 것이었다. 이 상황의 특이성에 더해, 톰은 그가 읽고 있는 글에서 거의 눈을 떼지 못하는 것처럼 보였다. 그는 글자 그대로 그 잡지를 내려놓을 수가 없었고, 대기실에서 상담실로 들어오면서 주말에 그것을 집으로 가져갈 수 있느냐고 나에게 물었다.

환자는 그 다음에 카우치에 누웠고, 내가 그의 요청을 그가 주말 동안에 나에게서 분리되는 느낌을 피하기 위한 시도로 받아들일까봐 두렵다고 말했다. 그러나 나는 그 생각에 동의하지 않았고, 오늘 그가 요청한 것이, 내가 그의 최근에 구멍을 지닌 "인간이 아닌 존재"라기보다는, 발달하고 있지만 여전히 취약한 전체 인간으로서의 자신에 대한 느낌뿐만 아니라, 그의 최근의 확장하는 관심들을 내가 적극적으로 지지해줄 수 있는지를 확인하고 싶은 욕구 또는 욕망과 더 많이 관련되어 있는 것 같다고 대답했다.

톰은 나의 말에 놀랐고 감동받았으며, 그가 그의 지평을 확장하려고 시도할 때, 나에게서 긍정적인 방식으로 인정받고 지지받을 필요가 있다는 생각에 진심으로 동의했다. 그러고 나서 그날 직장에서 그가 이룩한 성취들에 대해 나에게 말하기 시작했는데, 거기에는 자료 자체와 그 자료가 제시되는 어조에서의 점진적인 전환이 있었다. 그는 자신이 전화로 누군가에게 소리치는 말을 그의 상사들이 들었다고 보고했다. 그는 이 대화를 단순히 보고하는 대신에 그것을 재연했는데, 어느 한 시점에서 그는 카우치에서 일어나 상당히 붉은 얼굴로 나를 정면으로 보면서, 마치 내가 앉아있는 의자를 위에서 덮어버릴 것 같은, 최고음의 바리톤 목소리의 소리를 질렀다. 그의 도발적인 행동에 대한 반응으로, 나는 비합리적이긴 하지만 강력한 생명에 대한 공포를 느꼈고, 나의 심장은 뛰기 시작했다.

　나에게 이것은 톰과의 새로운 경험이 아니었다. 사실, 분석 초기에 직접적으로 나를 겨냥한 폭력적 분노가 표출되는 많은 위협적인 순간들이 있었다. 그러나 그러한 표출들은—항상 나에게 상당한 위협이 되었지만, 방 안에서 결코 나를 건드리거나 어떤 행동으로 나타나지는 않은—우리가 함께 작업한 햇수들이 늘면서 차츰 줄어들었고, 지난 2년 동안에는 전혀 찾아볼 수 없었다. 그 당시에 우리는 이러한 발작들이 그가 당시에 동일시하고 있던 대상, 어린 그를 공포에 질리게 했던 반쯤 미친 어머니로 대표되는 대상에게서 왔음을 추적할 수 있었고, 나는 그런 대상의 투사를 견디도록 요청받았다.

　이 드라마의 결론 부분에서, 톰은 카우치로 되돌아갔고, 그의 상사들에게 그들이 들었던 전화상의 이야기는 업무와는 무관한 개인적인 일이었음을 확인해주었다고 나에게 조용히 말했다. 그는 그의 상사들이 그가 업무 시간에 개인적인 통화를 했다는 말을 듣고 언짢아하기보다는 안도했다고 느꼈다. 그러나 그는 그가 분노에 차서 했던 말을 들은 그의 상사들이 나중에 무슨 생각을 할지 걱정이 되었다. 아마도 그들은 그가 최근에 매우 합리적이고, 절제되어 있고, 존중할 줄 알고, 부드럽게 말하고, 사려 깊고, 관용적인 사람이 되었음에도 불구하고, "예전의 그"—심지어 가장 사소한 것에서도 지지받지 못한다고 느끼거나 실망스러울 때마다 "직장의 모든 사람들을 위협하고 못살게 굴었던 시끄럽고, 화나고, 미친 사람인"—가 여전히 존재하는 것을 알게 되면서 실망했을 것이다.

나는 톰에게, 그 예전의-미친-그가 말없이 있으면, 그를 죽었다고 간주한 채 그의 경험의 이런 측면으로부터 우리의 주의를 철회할까봐 두려워 그 자신의 존재를 우리에게 알려주고 있으며, 동시에 좀 더 합리적이고 관용적인 그와 나란히, 미친-그가 여전히 존재한다는 사실에 그 자신이 얼마나 실망감을 느끼고 있는지를 소통하고 있는 것처럼 보인다고 말했다. 나는 또한, 그가 우리가 그 미친 사람을 볼 수 있고, 그를 "직면하는 것"을 견딜 수 있는지를 확인하고 싶어 하는 반면, 그것이 출현할 때 내가 낙담할까봐 두려워하고 있는 것 같다고 말해주었다. 그가 뺨에 흐르는 눈물을 닦았을 때, 나는 그가 내가 낙담할까봐 두려워하는 한편, 그의 분노가 나를 향한 것이 아니었음을—그것이 업무상의 통화가 아니었음을—나에게 확인시켜줄 필요를 느낀 것 같다고 덧붙였다. 그러나 동시에, 그는 그것이 나에게 책임이 있다고 여겨지는 임박한 주말의 실망과 관련되어 있다는 것을 내가 알기를 원했던 것으로 보인다.

이것에 대해 환자는, 어떤 점에서, 그가 그의 개인적 전화를 그리고 성난 상호작용을 사적 공간이 아닌 다른 사람들 특히 그의 상사들이 들을 수 있는 공간에서 과시했던 것 같다고 대답했다. 그는 지금 다른 사람들에게 반응하고 그들과 관계 맺는 방식에서 발생한 모든 변화들에도 불구하고, "예전의 톰"이 "여전히 생생하게 살아있다는 것"을 사람들에게 알려야 할 필요가 있는 것 같다고 생각했다. 그는 심지어 내가 때때로 그의 명백한 진전들과 진보들에도 불구하고, 여전히 나의 주의를 필요로 하는 "그를" 보지 못할까봐 걱정된다고 인정했다.

여기에서 부정적 치료 반응이라고 간주했던 것이 생식 능력이 있는 부부나 좋은 젖가슴에 대한 시기심에 찬 공격으로서만이 아니라, 더 많은 주의를 필요로 하는 톰의 인격의 측면과 분석가 사이에 접촉을 재확립하려는 시도로서, 그리고 환자의 마음의 다양한 부분들 사이의 접촉을 더욱 촉진하고 진전시키는 데 분석가의 도움을 이끌어내려는 노력으로서 이해될 수 있을 것이다.

논의와 결론

시밍턴은 그의 1985년 논문에서 다음과 같이 지적한다.

분석은 두 사람, 분석가와 피분석자 사이의 관계를 명료화하고 심화하는 것을 향해 있다. 그러므로 아주 많은 해석들이, 분석적 관계를 심화하는 것을 방해하는 것으로 느껴지는 행동, 즉 인격의 전능하고, 자기애적 측면들을 향해 있다. [p. 481]

그러나 시밍턴은 이어서 "이런 종류의 해석들 안에 전능성을 위한 원시적 기초를 즉, ... 어린 아기가 그의 어머니 없이 생존하기 위해 수행하는 투쟁을 포함하는 것"(p. 481)의 중요성을 강조한다. 그녀는 파국에 대한 환자의 공포와 스스로를 방어해야 한다는 그의 믿음을 인식하지 않은 채, 방어와 그것의 파괴적인 부작용을 해석하는 것은 환자를 담겨지지 않고 오해받는 상태에 남겨두는 위험을 자초하는 것이고, 종종 말없는 상처와 방어적인 태도의 증가로 귀결될 수 있다고 권고한다.

나는 시밍턴이 주장하는 요지에 덧붙여, 내 경험상 이러한 방어적 태도의 증가는 종종 진전에 대한 시뮬레이션에 지나지 않는, 그리고 방어적 조직의 새롭고 보다 미묘한 형태의 발달을 나타낼 뿐인, 극도의 순응 형태를 띨 수 있다고 말할 것이다. 그러한 미묘한 형태의 방어적 조직은 전능한 인격과 분석가의 이론에 따라 패턴화되고 동일시된 것이다. 비극적이게도, 일단 이러한 변형이 이루어지고 나면, 병리적 조직은 분석가의 마음의 일부가 되고 효과적으로 위장되기 때문에 더 이상 해석을 통해 접근할 수 없는 것이 된다.

아마도 병리적 조직이 지닌 생존 기능을 일관되게 인정하고 말하는 것을 통해서, 분석가는 피분석자의 인격의 이 측면에 대한 존중의 태도를 전달할 수 있을 것이고, 그렇게 함으로써 결국 그것에 대한 더 큰 접근성을 얻을 수 있을 것이다. 종종 이러한 내적 방어 구조들의 뚜렷한 윤곽을 보여주는 상상적 표현을 제공할 수 있는, 꿈 자료는 바로 그러한 접근 가능성을 우리에게 제공해준다. 이 장에서 보고된 꿈들이 일부 환자들의 경험을 들여다볼 수 있는 고유한 창문을 제공해줌으로써, 이론에 의해 상대적으로 방해받지 않은 그러한 경험에 대한 견해를 산출할 수 있기를 희망한다.

그러나 역설적이게도, 나는 우리의 이론적 성향을 염두에 두는 것이 중요하다고 생각한다. 나는 페어베언의 주제에 대한 그롯슈타인(1993)의 변주에 특히 마음이 끌린다. 그는 우리의 환자들 중의 많은 이들이 일종의 "병리적인 내사적 동일시"로 인해 고통을 받고 있다고 제안한다. 그들은 그러한 동일시를 통해서 실망시키고, 좌절시키는, 혹은 악한 대상 전체를 삼켜버리고, 그렇게 함으로써 항상 그 대상에 의해 삼킴을 당하는 위험에 처하게 된다는 것이다.3) 그롯슈타인은 또한 이 딜레마가 환자로 하여금 그 혹은 그녀의 내적 조직과의 동맹과 분석가의 기능 사이에서 외줄을 타는 "이중 첩자"가 되도록 요구한다는 사실을 분석가가 알고 있어야 한다고 권고한다.

이러한 사실을 마음에 간직한 채, 우리는 분석적 작업 자체에 의해 환자 안에서 자극되는, 추락하는 것에 대한 항상-존재하는 공포를, 그리고 그뿐만 아니라 그 공포가 특히 우리의 상대적인 무능이나 부재가 경험되는 순간들에, 우리의 환자들이 가장 전능하고 편재한 생존 수단에의 중독적인 의존으로 되돌아가도록 자극할 수 있다는 가능성을 더 잘 이해하고 좀 더 주의를 기울일 수 있다. 병리적 조직이 우세해지는 것과 관련된 증상들과 행동들의 재발을 일관되게 예측할 수 있는 가능성은 분석적 능력에

---

3) 나는 병리적 조직들에 대한 나의 견해가 "미국의 적응적인 관점"을 보완할 수 있다는 사실에 주목하게 해준 그롯슈타인 박사에게 감사하고 있다. 자아 심리학은 그 적응적 관점을 고전적 욕동 이론과의 양립불가능성에도 불구하고, 정신분석 이론의 주류 안으로 통합하려고 시도해왔다. 나는 지오바치니(Peter Giovacchini)의 연구가 이 견해를 상당히 잘 나타낸다고 믿는다. 그롯슈타인은 또한 병리적 조직을 아동 학대에 관한 문헌의 측면에서 특별히 적합할 수 있는, "부모에 의해-유도된" 것으로 보는 헷지(Lawrence Hedges), 스톨로로우(Robert Stolorow) 그리고 다른 미국인 학자들의 연구를 생각나게 했고, 그는 병리적 조직이 실제로 "부모의 학대와 그것에 대한 아동의 방어적 반응이 혼합된 것"을 나타낼 수 있다는 아이디어를 제시했다. 인과관계에 대한 이러한 관점들을 인정하거나 논박하기보다는, 여기에서는 환자들의 주관적 경험과 단일한 적응 체계—그러한 경험들에 대한 반응으로 발달된 체계—그리고 아기의 존재의 연속성의 느낌과 관련된 그것의 기능에 초점을 맞추는 것이 유용할 것이다.

대한 우리의 믿음에, 그리고 환자가 언젠가는 믿음을 갖고 신뢰할 수 있게 될, 정신적이고 정서적인 구조—건강한 조직—를 점진적으로 건설하는 느리지만 꾸준한 과정에, 지속적인 도전을 제기한다.

그러나 우리가 우리의 환자들에게 우리의 신뢰성에 대한 경험을 제공해주기 위해서, 우리 분석가들은 생식 능력이 있는 커플이나 좋은 젖가슴에 대한 시기에 찬 공격인 "부정적 치료 반응"과, 변화 또는 일시적인 "신앙의 상실"과 관련된 공포의 결과로서 이해될 수 있는 것(Bion 1966) 사이를 구별할 수 있어야만 한다. 우리는 실제로 환자 편에서 분석가와의 접촉을 재확립하려는 절박한 시도로서의 반응들과, 더 많은 주의를 필요로 하는 환자의 인격의 유해한 측면 사이를 구별할 수 있어야만 한다. 이 후자는 아마도 마음의 다양한 부분들 사이의 접촉을 촉진하고 증진시키는 데 분석가의 도움을 얻고자 하는 환자 편에서의 시도일 것이다.

따라서 우리는 이러한 다양한 동기들과 의미들을 분류하고 구별하는 우리의 역량을 발달시키고 개선하도록 계속해서 노력해야만 한다. 만약 우리가 우리 환자의 탐색하는 의사소통에 충분히 반응적이지 않다면, 우리는 더 많이 도착되고 파괴적인 책략들의 발달에 기여할 수 있을 것이다.

마지막으로, 로젠펠드(1971)가 우리에게 상기시키듯이, 이러한 힘든 환자들의 치료에서의 목표는 환자의 인격의 사랑하고, 건설적이며, 창조적인 측면들을 발견하고, 되살려내고, 그것들에 참여하고, 더 나아가 지지해주는 것이다. 이 목표를 성취하기 위해 우리는 "인식 선호적 본능," 리비도적 본능, 그리고 죽음 본능이 우리를 개인들로서 그리고 집단으로서 살아있도록 유지시켜주는 기능을 가진, 단일체로서의 생명 본능의 세 가지 측면들일 뿐임을 고려해야 할 것이다(Grotstein 1984, p. 322).

방어적으로 조직된 구조들 안에 있는, 원래의 생존 기능으로 보이는 것, 그것의 보다 감각적인 전조들(J. Mitrani 1992, 1993b, 1994a,b, 1995a), 그리고 현재 이것들의 에너지원으로 작용하는 유아기 불안들을 인식하고 그것들에 대해 말하는 것은, 내게 있어서, 여러 다른 경우들 특히 환자의 마음속에 있는 잠재적으로 폭발적이고 파괴적인 연결들을 해체하고, 분석가와 보호적 조직 사이에 전혀 다른 종류의 관계가 진화하도록 허용하는 데 유용한 것으로 판명되었다. 이러한 새로운 관계의 확립은 결국 환자의 인격의 모든 다양한 측면들 사이, 또는 그의 내적 세계 안의 다양한 대상들 사이에서의 새로운 관계의 형성뿐만 아니라, 그 인격의 병리적으로 조직된 부분의 수정으로 이끌 것이다.

제 5 장
불완전한 존재로서의 인간:
병리적 조직에서 벗어나기[1]

> 사물들에 대해 우리가 갖고 있는 생각들 중의 어떤 것을 긍정하거나 부정하기 전까지는, 그 생각 자체가 진실 또는 거짓이라고 말할 수 없다; 그것의 진실 혹은 거짓됨은 그것에 대한 어떤 판단의 현실과의 관계 안에 놓여있기 때문이다.
>
> [John Locke, 인간의 이해에 대하여]

도입

우리는 종종 사람들이 자신들에 대한 더 깊은 이해를 얻기 위해서가 아니라, 그들의 존재 방식을 위협하는 것으로 느껴지는 "끔찍스런 어떤 것"에서 벗어나기 위해 분석을 받으러 오는 것을 본다. 어떤 때에 그들은 한 환자의 말처럼 "사과 카트"를 뒤엎는 사건 또는 일련의 사건들에 대한 어느 정도의 인식을 가지고 우리에게 온다. 다른 때에 그들은 "아무런 실마리도 없이" 그저 그들의 삶이 "무언가 잘못되었다," "무엇인가 뒤죽박죽이다"라는 막연한 느낌만을 갖고 온다. 그것은 단순히 좋은 "느낌"이 아니다. 잘못된 것이 무엇이든 간에, 이들은 우리의 피분석자들이 되기를 자원했고, 그래서 우리는 사태를 "바로잡도록" 그들을 도

---

[1] 이 장의 초기 원고는 1995년 3월 10일 캘리포니아 정신분석 센터의 공개강좌 학술분과에 의해 지원된 "정신분석에서의 고전적 논문들"이란 토론 시리즈의 일부로서 발표되었다.

울 수 있고, 그 결과 그들은 그들의 삶을 계속해서 살아갈 수 있게 된다.

많은 클라인학파 분석가들(Joseph 1975, 1985, Meltzer 1968, Money-Kyrle 1969, O'Shaughnessy 1981, H. A. Rosenfeld 1964, 1971, Steiner 1982, 1987, 1990)은 이 "사과 카트"를 정신적 구조로서 개념화했다: 오랜 시간에 걸쳐 경직되고 안정화된, 그리고 유아적 자기―부드러운 사과―에게 전능성과 편재성을 제공함으로써 삶의 길을 편히 걸어갈 수 있는 전적으로 안전한―"상처받지 않는"―삶의 양태를 보장해주는, 즉 광증, 정신적 고통, 그리고 압도하는 불안으로부터 자유로운 삶을 약속하는, 조적 방어들로 이루어진 자기애적 또는 병리적 조직.

"카트"와 "사과" 사이의 관계에서처럼, 자기의 단단한 부분은 자기의 좀 더 쉽게 상처받는 부분―취약한 아기-자기―을 일반적인 삶의 상처들로부터 안전하게 보호해준다. 그러나 그러한 안전한 길을 위해서는 값비싼 대가를 치러야 한다. 안전을 제공받는 대가로, 취약한 자기는 이 감옥 같은 구조에 의해 지배당하고, 통제되며, 감금된다.

이 보호 구조는 종종 환상 안에서, 병리적인 그리고 어떤 것에도 손상 받지 않는 담아주기―아마도 갱 혹은 마피아 혹은 어떤 종류의 범죄 "카르텔"―를 형성하기 위해 서로 연결되어 있는, 극도로 이상화된 내적 대상들의 가족으로 특징지어진다. 이 카르텔은 나쁜 대상의 전능적 측면들과 공모한 자기의 파괴적 측면들로 구성된다. 그런 점에서, 이 조직은 항상 관계 안에서 모든 취약성의 감정을 공격한다. 그것은 취약한, 사랑하고, 사랑받는 아기-자기를 속이고, 강탈하며, 협박한다. 그것은 무자비하며 자체의 우세를 유지하기 위해서는 못할 것이 없다. 그것은 심지어 사랑받는 아기의 경험과, 좋은 그러므로 취약하고 수용적인 돌봐주는 대상에의 의존에 대한 아기의 욕구뿐만 아니라, 그 의존에 대한 아기의 욕망조차도 공격한다. 그리고 이 "좋음"의 원천이 우세해지려고 할 때, 카르텔은 위협을 느끼고 그것의 존재를 감소시키고 훼손하기 위해 좋음의 원천이 되는 대상에게로 공격의 방향을 돌린다.

그러나 때로 그 카트는 삶의 여정에서 만나는 예상치 못한 일련의 장애물들에 의해 전복된다. 이 장애물들에 부딪치면서, 카트는 깨지고, 그것의 내용물들은 쏟아지며, 다시 한 번 건강한 대상관계를 통해 완화되는 데 실패했던 압도하는 초기 불안들에 취약한 상태가 된다.

4장에서, 나는 그러한 환자들—"상황을 바로잡기 위해" 분석을 찾은—과의 작업에서 만나게 되는 몇몇 어려움들에 대해 다루면서, 그 인격 조직들을 분석적 과정에 좀 더 접근 가능한 것으로 만들기 위해 그것들이 지닌 생존 기능을 인정하는 것의 중요성에 대해 서술했다.

그러나 이러한 환자들이 그들의 삶을 살아가는 통상적인 방식을 버리고 새로운 삶의 방법들을 "배우기를" 원한다고 분석가가 가정할 경우, 그것은 분석가 편에서의 심각한 오류이고, 이것을 지적하지 않는다면, 그것은 실수를 저지르는 것이다. 정반대로, 분석의 시작 단계 동안 그리고 그 후 매우 긴 시간 동안, 피분석자는 우리가 옛 구조를 수리해주기를, 혹은 최소한 그가 좀 더 편하게 느낄 수 있는 새로운 구조—똑같이 신뢰할 수 있는—를 제공해줄 것을 원하고 심지어 기대한다. 전이 관계는 종종 환자에 의해 오해되고, 따라서 마치 그것이 방어를 위해 새롭게 개선된 수단인양 사용된다.

나는 이 장에서 내가 제시하는 부류의 환자들이 종종 인간으로 존재한다는 것—혹은 인간적으로 취약한 상태가 되고 의존한다는 것—은 교정받아야 할 실패작이라는 잘못된 관념을 지닌 채 살고 있음을 주목해왔다. 우리는 이러한 환자들이 꽤 오랜 동안의 분투 과정을 거친 다음에야 병리적 조직에 의해 제공된 초인간적인 질서에서 벗어나 그들 자신의 두 발로 서서 전진하며, "경험에서 배우기"(Bion 1962)를 시작할 용기를 발달시키도록 도울 수 있다는 것을 깨달았다. 다시 말해서, 우리는 여러 해 동안의 작업을 거친 다음에야 우리의 환자들이, 인간이 된다는 것이 실패가 아니라, 오히려 실패하는 존재가 인간이라는 것을 깨닫도록 도울 수 있다.

이 짧은 임상적 기록에서, 나는 병리적 조직의 보호하고 질식시키는 제한들로부터 환자의 의존적이고 유아적인 부분이 벗어나오는 현상뿐만 아니라, 보다 창조적이고 생산적인 존재 방식이 시작되는 현상을 보여주는 하나의 예를 제시할 것이다.

산드라

환자들이 종종 그렇게 하듯이, 산드라는 삼십대 중반에 예전에는 기능적으로 보였던 자기애적 적응의 붕괴, 즉 친아버지의 죽음, 먼 곳으로의 이사, 그리고 다양한 개인적 및 전문적 영역에서의 실망들과 어려움들—내가 앞에서 언급한 삶의 여정에서 만나는 장애물들—에 의해 촉발된 붕괴로 인해 분석을 시작했다.

분석의 첫 3년 동안, 산드라는 전이 상황에서 우리 두 사람이 이상적이고 순교적인 한 어머니로 느껴지는 자기애적 전이와, 보통 우리의 작업에 새로운 아이디어, 신선한 통찰, 그리고 생생한 감정들을 가져다준 그녀의 연상들과 나의 해석들에 의해 촉발된, 두 사람에 대한 스쳐가는 인식 사이를 오가는 모습으로 치료에서 드러난 이차적인 방어 조직을 확립할 수 있었다. 그러한 전환들—안도감을 주는 하나됨의 느낌으로부터 두 사람됨의 끔찍스런 인식으로의—은 그녀를 버리겠다고 위협하는 차갑고, 잔인하며, 복수하는, 그녀의 아버지 대상으로서 나를 경험하도록 이끌었다. 그러나 그녀가 나를 경험하는 방식과는 상관없이, 분석 작업을 효과적으로 진행하는 것은 상당히 어려웠다.

산드라의 치료의 첫 국면은 방어적 조직의 재확립을 허용했는데, 그 조직 안에서 내가 보고할 회기에 앞서 3년 넘게 분석이 진행될 수 있었다. 이 방어 구조는, 때때로 그리고 어떤 점에서, 두 개의 위험한 기둥들 사이에 등거리로 매달린 채 앞뒤로 흔들거리는 보호하는 해먹(hammock)으로서 기능했다. 이 회기는 분석 초기에 처음 제시된 이후로 주기적으로 다양한 형태를 띠고 다시 나타난 옛 문제들과 사건들에 새로운 빛을 비춰준 회기였고, 그런 점에서 새로운 국면이 시작되었음을 말해준다.

명료성을 더하기 위해서, 나는 그 회기의 맥락에 대해 약간의 설명을 제공하겠다. 그 회기는 많은 중요한 발달들이 일어났던 달의 마지막 날에, 그리고 그 주의 마지막 시간에 가진 회기였다. 그 달이 시작될 즈음에 산드라는 3주간의 해외 휴가에서 돌아왔는데, 그것은 스스로 결정하고 그녀 자신이 번 돈으로 비용을 내고 있는 이 치료에서 떠난 최초의 사건이었다. 과거에 환자는 내가 멀리 떠나있는 동안에만 그리고 그녀의 어머니가 그녀를 초대하고 비용을 제공할 때에만 휴가를 떠날 수 있었다.

휴가에서 돌아온 산드라는 지난달의 상담료를 수표로 지

불했는데, 우리의 원래의 약속에 따르면, 모든 빠진 분석 시간들의 상담료를 포함하도록 되어 있었다. 하지만 그 수표에 적힌 액수는 두드러지게 적었다. 나에게는 산드라가 환상 속에서 분석에 의존하고 분석을 가치 있게 여기는 그녀의 민감하고 의존적인 부분뿐만 아니라, 그녀의 상실의 감정들을 지워버린 것으로 보였다.

따라서 나는—회기 안에서 수표가 주어진 상황에서, 그리고 긴 휴지기간의 경험에 대해 아무런 언급도 하지 않은 상황에서—환자가 나를 떠났고 치료는 마비되었으며, 그 결과 나는 끔찍스런 덫에 걸렸다고 느꼈다: 만약 내가 그녀가 생략한 것에 대해 아무 말도 하지 않는다면, 나의 행동은 그녀가 나에게 부과한 역할에 순응하는 것이 될 것이다. 즉, 나는 그녀의 상처받고 상실되고 화난 감정들을 수용할 수 있고 담을 수 있는 강한 대상으로 사용되지 못하는, 공격당하고, 학대받은, 그리고 이상적으로 좋고 희생적인 환자의-어머니-부분이 될 것이다. 요컨대, 나는 우리가 결코 분리되지 않았다는 그녀의 환상과 공모하게 될 것이다.

그러나 만약 내가 그녀의 "실수"를 지적한다면, 나는 다른 것들 중에서도, 어떤 것을 거저 얻을 것을 주장하는 그녀 자신의 비판적이고, 요구적이며, 질책하는 측면이 될 것이다. 산드라의 유아적 인격의 이 측면—아마도 허영심 강하고 이기적인 어머니의 경험과 연관된—은 내 안에서 항상, 내가 그녀의 협력적인 참여나 연상의 도움 없이 나의 해석들을 넘겨줄 것을 요구받고 있다는 느낌을 불러일으키는, 일종의 말이 없고, 무뚝뚝한, 그리고 팔짱을 끼는 행동으로 나타났다.

나는 이 마비가 우리를 하나로 묶어주고, 그녀를 견딜 수 없이 고통스럽게 하고 두렵게 하는 분리를 부인하는 기능을 갖고 있다고 생각했다. 그러나 그 마비는 또한 다시 한 번 나에 대한 그녀의 두 가지 매우 다른 경험들 사이에서 편안한 팔걸이 붕대로서 사용되고 있고, 따라서 위험으로부터 보호해주고 있는 것으로 나에게 보였다. 내가 이것이 그녀의 생존방법이라고 말하는 것을 통해서, 우리 둘 모두가 덫에 걸려 있는 이 행동화의 딜레마에 주의를 환기시켰을 때, 치료 작업은 새롭고 활기 있는 차원을 되찾은 것으로 보였다.

이러한 직면 이후에 출현한 자료의 많은 부분은 우리의 분석 계약의 불공정성, 우리의 개인적 요구들과 목적들의 불일치뿐만 아니라, 분리와 두 사람됨의 이슈들을 둘러싼 것들로 채워졌다. 이 고통스러운 상황을 복잡하게 한 것은 내가 최근에 박사학위를 받은 것을 산드라가 알게 된 것이었는데, 그것은 우리 사이의 분리 감정들을 심화시켰고, 그녀를 필요로 한 사람이 나였다는 환상, 즉 치료가 그녀의 유익을 위해서라기보다는 나의 학문적 이득을 위해 주로 행해졌다는 끈질기게 유지된 환상의 시작을 초래했다.

이 회기에서 산드라는 우울한 기분으로 방에 들어왔다; 그러나 그녀가 그 주 내내 드러냈던 불안과 관련해서는 어떤 사소한 증거도 찾아볼 수 없었다. 그녀는 전날 밤에 꿈을 꾸었는데, 그 꿈이 그녀가 나의 상담실로 오는 길에 자신의 선글라스에 관해 생각하던 중에 생각났다고 말했다. 그 꿈에 대해 말하기에 앞서, 그녀는 현실에서 그녀가 싫어했던 예전 선글라스를 대체하기 위해 새 선글라스를 샀다고 설명했다. 새 선글라스는 최근에 나사 하나가 빠졌고 그녀가 일하는 동안 콧등 받침대가 떨어져나갔다. 이 안경을 수리하는 동안, 그녀는 다시 예전 안경을 정말로 싫어했음에도 불구하고, 그 불편하고, 긁힌 자국이 있는 안경을 써야만 했다.

나는 이 상황이 본질적으로 산드라가 그녀의 세계관을 왜곡하는 데 사용했던 옛 방어적 "렌즈들"을 점점 더 증오하게 된 분석 상황을 나타낸다고 조용히 받아들였다. 옛 렌즈를 대체한 새 렌즈는, 나와 하나된 상태에 대한 환상이 그랬던 것처럼, 공휴일 휴지와 관련된 분석 작업 과정에서 최근에 나사 하나를 잃어버렸고, 그때 그녀는 내 팔이 떨어져 나갔다고 느꼈으며, 그 결과 그녀 자신을 안겨지지 않고, 보호받지 않은, 그리고 보이지 않는 존재라고 느끼도록 만들었던 것으로 보인다. 그녀는 이 렌즈들(나와 하나된 상태라는 환상)이 더 이상 사용될 수 없었기 때문에, 옛것(의존에 대한 그녀의 전능 부인을 나타내는)을 다시 사용하게 되었고, 이 옛것은 지금 과거 어느 때보다도 더 자신에게 맞지 않는다고 말하고 있는 것으로 보였다.

이러한 생각들을 확인해주는 자료가 산드라가 보고한 다음의 꿈 내용에서 제시되고 있는 것으로 보인다,

그녀는 새 선글라스를 끼고 있었다. 그것은 이상하게 느껴졌고 그래서 그녀는 그것을 벗어 살펴보니 "콧등 받침대"가 떨어져나간 상태였다. 그녀는 왜 그것이 그렇게 빨리 망가졌는지 꿈에서 의아해했고, 그녀가 그것을 구입할 때 처음부터 부러져있던 것을 알아보지 못했거나 그 사실을 잊어버렸을 수 있다는 생각이 갑자기 떠올랐다.

환자는 꿈 이야기를 하고 나서 일이 분 가량 울었다. 눈물이 가라앉자 그녀는 잠시 침묵했다. 그런 다음 그녀는 미소지었고, 어깨를 으쓱하고는, 수줍게 킥킥 웃으면서 그녀가 방금 이상한 생각을 했다고 말했다. 그녀가 꿈속에서 존재했던

방식이 전형적으로 그녀가 세계 안에 존재하고 있는 방식을 나타낸다는 생각이 스쳐갔다는 것이다. 그녀는 세상을 경험하는 자신의 새로운 방식이 결함이 있고 망가진 것임을, 비록 그 사실을 종종 망각하고 사물에 대한 그녀의 견해가 온전하고 옳은 것이라고 주장했음에도 불구하고, 방금 인식했다는 말을 덧붙이면서, 자신이 옛 방식들을 증오하면서도 항상 그것들을 고집했었다는 생각이 든다고 말했다. 나는 이 모든 것의 의미에 대해 궁금했지만, 말없이 있었다.

    잠시 후, 산드라가 전 날 직장에서 있었던 사건을 서술했을 때 상황이 명료해졌다. 비록 그녀의 동료들은 침착했고, 그녀를 지지해주었으며, 도움을 주려고 했지만, 산드라는 자신이 업무에서 심각한 실수를 했다는 생각에 공황상태가 되었다. 그녀는 자신이 느끼는 박해감이 심리적인 것임을 알고 있었다. (그것은 그 자체로서 위협들과 비난들을 외재화하는 그녀의 일반적인 경향성에서 많이 벗어난 것이었다.) 그날 직장에서의 긍정적인 결과에도 불구하고, 여전히 그녀를 힘들게 했던 것은 그녀가 인간이 되어야 한다고 생각이었고, 또한 다른 사람들의 침착한 수용과 지지뿐만 아니라 "그들의 명료한 비전"을 얻기 위해 다른 사람들에게 의존할 수 있어야 한다는 생각이었음이 산드라가 그 상황을 묘사하는 과정에서 상당히 명백하게 드러났다.

    내가 이런 내용의 해석을 하자, 환자는 그녀로 하여금 최후의 지푸라기를 잡는 심정으로 분석을 찾게 했던 사건을 기억해냈다. 우리의 첫 면담에서 단지 짧게만 언급되었던, 이 사건은 약 45개월이 지난 지금 더욱 정교한 형태와 중요한 의미를 갖게 되었다. 그 당시에 산드라는 실수로 그녀의 고용주의 명성에 누를 끼친 일, 즉 일부 고객들의 눈에 그가

"나쁜 사람"으로 보이게 했던 일로 인해 직장 동료에게 질책과 비난을 받았는데, 그 고용주는 다른 회사에서 동일한 위치에 있던 산드라의 어머니와 아는 사이였다.

그 사건은 우울적 자리의 성질을 지닌 극심한 불안을 자극했고, 이에 대해 환자는 당시에 편집-분열적 자리로 돌아가는 것으로 반응했으며, 그녀의 내적 세계 안에 있는 손상 입은 좋은 모성적 대상들에 대한 조적 승리감을 통해 박해 불안을 다루었음이 드러났다. 그녀는 이전에 그녀의 어머니를, 그리고 나중에는 그녀의 분석가를 평가절하했던 것처럼 그녀의 고용주를 평가절하했다.

내가 그 자료를 이런 식으로 해석했을 때, 산드라는 그녀가 결코 나를 실제로 가질 수 없다는, 즉 그녀가 결코 정말로 나를 소유하거나 내가 될 수 없다는 고통스런 현실과 접촉하게 했던, 내가 한 말 때문에 이틀 전에 상담실을 떠나면서 압도당하는 느낌을 받았다고 말하는 것으로 반응했다. 그 말에 대한 대답으로, 나는 그녀가 그들을 "갖거나," "소유하거나," 혹은 그들이 "될" 수는 없고, 그녀 스스로를 인간으로 받아들임으로써 그리고 그들에게 의존함으로써, 그녀가 평온해지고, 지지받고, 도움 받는다고 느낄 수 있다는 것을 깨달았던, 이전의 그녀의 침착하고, 지지해주며, 도와주는 동료와의 관계에서 느꼈던 것과 동일한 것을 그녀가 깨달은 것 같다는 나의 관찰을 공유했다.

나는 또한 분리되었지만 여전히 도움과 의존을 필요로 하는 그녀의 상태에 대한 나중에 발생한 인식이 그녀의 마음의 일부 안에 "심각한 잘못"으로서 기록되었고, 그 "잘못"을 교정하려고 시도하는 바람에 그녀는 혼동스러워졌고 이어서 공황상태가 되었던 것 같다고 지적했다. 나는 또한 그녀에게는 분리됨의 현실이 그녀의 대상들과의 혼동에 의해 교정되어야 하는 잘못으로 여겨지는 것 같다고 생각했지만, 그것을 말하지는 않았다; 그러나 이 혼동은 의존할 수 있는 사람이 없다고 느껴지는 상태에 그녀를 남겨두었고, 이는 그녀의 공황상태로 귀결되었다.

 산드라가 동의한다는 의미로 그녀의 머리를 끄덕였지만, 말을 할 수는 없는, 거의 감정에 압도된 것 같은 매우 긴 침묵이 있은 후에, 그녀는 마침내 이제 "나는 나의 어머니가 바라는 내가 아니라고 생각해요"라고 말했다. 그런 다음 그녀는 내가 하는 말을 듣는 중에 슬픔과 죄책감의 홍수가 밀려오는 것을 느꼈고, "내가 나의 어머니를 고갈시켰어요"라는 말을 덧붙였다.

 즉시 내게 떠오른 것은, 자신의 어머니—환자의 다소 엉성하고, 헐렁한 옷을 입고 있고, 단정치 못한 외모와는 대조적으로, 우아하고, 완벽하게 손질된 머리장식이 눈에 띄고, 세심하게 옷을 차려입은, 세련된 여성인—와는 반대되는 모습으로 자신을 세상에 제시하려고 하는 산드라의 고통스러워 보이는 시도들의 성질은 자신의 어머니를 갖고, 소유하고, 자신이 그 어머니이기를 바라는 그녀의 강렬한 갈망에 대한 방어적인 부정이라는 생각이었다. 그녀의 어머니가 그녀 자신에게 "어머니 자신처럼" 되기를 바랐다는 (심지어 그것을 요구했다는) 산드라의 평생에 걸친 확신은 어머니처럼 "되고" 싶은 그녀 자신의 소망이 왜곡된 것으로 보였고, 이것에 대한 인식은 그녀의 어머니의 생명력을 고갈시킨 그녀 자신에 대해 절망하게 만들었다.

 동시에, 그러한 소망을 인정하는 것에 대한 산드라의 거부는 (부분적으로, 우울적 자리의 감정들에 대한 그녀의 관용의 부재와 진정한 죄책감의 경험으로 인한) 어머니를 (그리고 전이에서 분석가를) 평가절하하는 조적 수단을 사용하는 것으로 이끌었다. 그처럼 평가절하된 상태 안에 있는 동안, 생명력과 창조적 에너지가 고갈되었다고 느낀 환자에게 어머니와 나는 의존할 수 없는 부담스런 존재로 경험되었다.

그녀의 대상들이 지닌 가치, 신뢰성, 그리고 분리됨을 보지 않으려는 산드라의 주저는 그녀가 겪는 어려움의 주요한 원천으로 분명히 모습을 드러냈다. 대상들을 통제하고 싶은 자신의 집요한 욕구의 덫에 걸린 채, 그녀는 결코 그들에게 의존할 수 없었다. 어떤 경우이든, 좋은 대상들은 항상 고갈되고, 손상되었으며, 그러므로 믿을 수 없는 것으로 느껴졌고, 그러는 동안에 그녀는 그 대상들과 혼란스럽게 동일시하면서 항상 자신이 무능하고 부족하다고 느꼈다.

이 회기가 끝났을 때 산드라는 자신의 갈등이 어떤 것인지 알게 되었다: 만약 그녀가 금요일에 혼자 남겨졌을 때 그녀가 나를 "소유했다"고 느낄 수 있었다면, 그녀가 그 다음 주 화요일에 돌아왔을 때 내가 그녀를 위해 거기에 없을지도 모른다는 두려움도 없었을 것이다. 만약 그녀가 나 없이 떠났다면—즉, 그녀가 내가 분리된 존재이고 그녀에게 가치 있는 존재임을 알게 되었다면—그러면 그녀는 제대로 된 도구도 없이 세상에 혼자 남겨졌다고 느꼈을 것이고, 주말 동안에 고갈되고 죽어간다고 느꼈을 것이다.

그녀는 나에게 말했다: "마치 우리 중의 한 사람만이 존재할 수 있는 것처럼 느껴져요." 내가 이 말을 들었을 때 마음속에 떠오른 것은, 그녀가 학위를 얻기 위해 풀타임 대학생으로 돌아가고 싶다고 최근에 표현했다가 곧바로 포기한 욕망이었다. 그녀는 그때 자신이 학비와 분석비 모두를 감당할 수 없어서 포기했다고 말했지만, 재정적 현실은 그러한 이유를 정당화하는 것으로 보이지 않았다. 그리고 그녀는 학위를 받겠다는 계획은 유보한 채, 조각 공부를 위해 특별 강좌를 듣는 것으로 만족했다.

이런 생각을 염두에 두고서, 나는 그녀에게 "우리 중 한 사람만이 존재할 수 있다"는 이 환상이 대학으로 돌아가는 것에 대한 그녀의 망설임 배후에 있었던 것 같다고 말했다. 다시 말해서, 그녀는 마치 내 이름 뒤에 붙는 "새로운 글자들"(박사 명칭)이 내가 그녀를 희생한 대가로(그녀를 고갈시킴으로써) 얻은 나의 조각이기라도 되듯이, 만약 그녀가 자신의 이름 뒤에 그러한 글자들을 얻는다면, 그것은 나에게 치명적인 상실로 경험될 것이고, 나는 고갈되고 죽은 것 같은 사람이 될 거라는 생각을 갖고 있는 것 같다고 말했다.

적어도 부분적으로는, 금요일 시간에 있었던 이러한 발달들의 결과로, 산드라는 주말을 보내고 돌아와서는 그녀가 상당히 좋은 느낌으로 보냈고 훨씬 더 희망적으로 느꼈다고 보고했다. 그런 다음에 그녀는 전날 저녁에 그녀의 조각 수업에서 있었던 사건에 대해 말했다.

산드라는 당시에 그녀가 작업하고 있던 작품에 대해 그녀의 급우들과 강사로부터 많은 인정을 받고 있었다. 그녀에게는 가면을 만드는 과제가 주어졌는데, 그것은 그녀가 "[그녀] 자신의 본능과 욕구에 따라" 만든 첫 번째 작품이라고 느낀 것이었다; 그것은 "그날 밤에 생겨난" 작품이었다. 그녀는 자신이 "그 작품에 대한 영감을 그녀의 아버지에게서 얻었다"고 말했다.

그리고 나서 산드라는 설명했다: "나는 코를 만들고 있었는데, 나의 아버지의 코, 즉 강하고 뚜렷한 그리스 사람의 코를 생각했어요. 그는 정말로 나와 함께 있었어요—살아 있었어요. 그러나 그가 확실히 나의 영감의 원천이었음에도 불구하고, 내 가면의 코는 아버지의 코가 아니었어요. 모든 사람들이 모델을 포함해서, 그 작품과 나에 대해 소란을 피웠지만, 나는 내면으로부터 온 작품, 즉 나의 아버지의 존재에 의해 영감을 받은 나 자신의 창조물에 대해 좋게 느꼈고 자부심을 느꼈어요."

아마도, 이 자료의 많은 다른 함의들 중에서도, 이것은 그녀의 자라나는 창조성을 위해 영감을 제공하면서 그녀의 내면세계 안에서 우세를 획득하고 있는 것으로 보이는 강하고, 좋은 대상에 의존할 수 있는 산드라의 싹트는 능력을 보여주는 표시일 것이다.

후기

실제로, 산드라는 계속해서 창조성의 영역들을 발달시켰고, 그녀가 다른 사람들뿐만 아니라 그녀 자신을 의지하고, 믿으며, 사랑하도록 점차 허용할 수 있게 되면서, 그녀의 분석의 나머지 기간 동안의 그녀의 관계들은 실질적으로 넓어지고 깊어졌다. 분석 6년째 되던 해에 그녀는 한 남성과 사랑에 빠졌고 그와 결혼했다. 그녀의 나이를 고려해서, 그녀와 그녀의 남편은 머지않아 아이를 가질 계획을 세우기 시작했다.

불행하게도, 아이를 가지려는 그들의 노력은 많은 장애물을 만났다. 환자는 성공적으로 보인 복구 수술을 포함하여,

불임치료를 받았으나, 결국에는 그녀의 남편 역시 되돌릴 수 없는 문제들을 갖고 있는 것으로 드러났다. 이 지점에서 그 부부는 입양을 고려하기로 했다.

그러나 산드라가 "아기를 갖기" 위한 이 마지막 선택과 관련해서 갈등하고 있음이 곧 분명해졌다. 그녀의 입양 환상들에 대한 길고 주의 깊은 분석은 고통스러운 인식으로 인도했다: 즉 그녀가 "직접 창조하지 않았다"는 현실을 직면해야 했다. 그녀가 그녀의 아버지와 어머니의 연합에 의존되어 있다는 사실을 받아들여야 했듯이, 그녀는 "다른 사람들 사이의 연합"에서 태어난 아기를 받아들여야만 한다. 실제로 그녀는 이 매우 복잡한 갈등과 씨름해야 했다. 그것은 자기-충족성에 대한 그녀의 환상, 그녀의 "실제" 부모뿐 아니라 그녀의 "분석적 커플"—분석의 종결 국면 내내 그녀에게 삶을 준—에 대한 그녀의 의존 및 감사라는 현실 사이에 존재하는 갈등이었다.

산드라의 분석은 만 7년이 되었을 때 종결되었다. 그녀가 분석적 커플에 의해 태어난 "인간"인 아기-그녀를 버릴지, 아니면 그녀가 그녀의 전능성의 영역 밖에서 창조된 아기를 정말로 "입양"하고 사랑할 수 있을지에 대한 질문은 대답되지 않은 채로 남겨져야 했다. 그러나 거의 1년이 지났을 때 나는 그녀의 편지를 받았는데, 그것은 그녀 자신과 그녀의 남편이 입양한 아들이 집에 도착했음을 자랑스럽게 알려주는 내용의 편지였다.

제 6 장
정신신체적 천식의 원인과 치료에서 정신화 되지 않은 경험의 역할[1]

>정신과 신체는 그것을 바라보는 사람이 서있는 방향을 제외하고는, 구분되어서는 안 된다.
>[D. W. Winnicott, 소아의학을 거쳐 정신분석학으로]

도입

신체적 질병들의 심리적 수반물들, 유기체적 질병에 따라오는 심리적 반응들에 대한 연구, 질병의 발생에서 심리와 신체의 상호작용 등을 다루는 통합된 학문으로서의 현대 정신신체 의학의 창조는 역사적으로 정신분석학과 하나로 묶여있다. 리비도 이론을 형성하고 있던 초기부터, 프로이트는 신체가 정신에 미치는 심오한 영향들을 알고 있었던 것으로 보인다. 그는 생명 세력 자체가 신체적 기능들에서 파생된 것이고 정신적 삶에 대한 중요한 영향력을 행사한다고 제안했다(1895 b,c). 신체적 증상들의 병인학에 대한 두 모델들("전환" 신경증과 "실제" 신경증)에 대한 프로이트의 공헌은 정신신체적 이론의 초기 발달에서 중요한 역할을 했고, 지난 반세기 넘게 이어온 정신신체적 연구를 위한 토대이자 문제로 유지되고 있다.

---

[1] 이 장의 초기 원고는 1991년 12월에 James A. Gooch 에세이 상을 받았고, 1993년에 현대 정신분석에 게재되었다

프로이트의 초기 연구를 돌이켜볼 때, 질병의 원인에 연루된 정신적 및 신체적 요소들 사이의 "항구적 결합"(비온의 용어)을 그가 날카롭게 인식하고 있다는 사실에 우리는 놀라게 된다. 그는 "정신분석가들은 정신적인 것이 유기체적인 것에 기초해 있으며, 그들의 작업이 그 기초에 도달할 수는 있지만 그것을 넘어가지는 않는다는 것을 기억한다"(1910, p. 217)는 사실을 우리에게 일깨워 주었다. 프로이트는 1922년에 정신분석을 "정신적 삶의 복잡성과 정신적인 것과 신체적인 것 사이의 상호관계에 대한 통찰"(p. 250)을 얻는 방법으로 정의했다. 히스테리의 정신적 원인에 대한 프로이트의 발견(1895c)은 정신분석의 시발점이 되었고, 현대 정신신체적 이론이 싹트고 자라난 씨앗이 되었다.

프로이트는 그의 환자들이 어떤 사건, 아이디어, 혹은 감각이, 내적 모순들을 해결할 수 있는 자아의 대안적인 역량의 결핍으로 인해 망각되어야만 하는, 고통스런 감정들을 일깨우는 지점에 이를 때까지는 정신적 건강을 유지했다고 말한다(1894). 선천적인 "전환 능력"(1894, p. 50)에 힘입어, 이러한 환자들은 경험의 정신적인 영역으로부터 신체적 영역으로 "도약하거나" 이동했다. 프로이트는 처음에 이러한 신체적 증상들을 하나 또는 그 이상의 양립 불가능한 사고들의 표현으로 이해했다. 그는 나중에 (1905) 유아기 성욕의 무의식적인 본능적 요구들의 이러한 변형과 금지된 사고들 및 충동들의 신체적 중립화가, 비록 불완전하지만, 신경증적인 억압의 특별한 경우를 구성한다고 제안했다.

프로이트(1905)는 "전환 능력"을 "신체 기관들 중의 하나 안에 있거나 그것과 연결되어 있는 정상적 또는 병리적 과정에 의해 발생한 신체적 순응"(p. 24) 개념과 연결시켰고, 증상의 만성적이거나 반복적인 성질은 심리적 구성요소 즉, 증상에 덧붙여진 무의식적인 정신적 의미에 달려 있다고 선언했다. 이 "전환 모델"

은 불안의 개념과 관련된, 신체적 증상의 형성을 위한 두 번째 모델과 대조된다.

이 두 번째 모델에서, 프로이트(1895b)는 신체적 증상의 형성을 유기체적인 "불안 등가물"(p. 94)로 보았다. 그는 "신체적 기능들―호흡과 같은"―의 장애들이 종종 불안을 수반, 은폐, 혹은 심지어 전적으로 대체하고, 히스테리 환자의 불안과는 대조적으로, 그러한 불안의 분석은 억압된 사고를 드러내지 않는다는 사실을 관찰했다. 불안 신경증, 혹은 "실제" 신경증의 경우에서, 신체적 증상은 정신적 장치에의 접근이 거부된 신체적 감각들, 즉 정신화에 실패한 감각적 경험들에서 유래한 것인 반면에, 히스테리 환자의 전환에서는 갈등에 의해 유도된 정신적 자극들이 억압되는 것, 즉 신체적인 증상의 표현으로 추방되는 것에 의해서 발생한 것이다.

어떤 경우이든, 프로이트(1895b)는 정신적 장치의 불충분성으로 인해 비정상적인 신체적 과정들이 발생했기 때문이라고 언급한다. 그는 그 둘 모두에서, "흥분에 대한 정신적 극복작업 대신에 그것이 신체적 영역 안으로 굴절되는 데서 문제가 발생했다"고 제안한다(p. 115). 여기에서 프로이트가 행한 구분은, 즉 히스테리에서의 전환은 유기체적 증상이 정신적 변형의 신체적 표현으로 간주되는 억압의 한 하위유형인 반면, 불안 신경증에서의 유기체적 증상은 정신화 되지 않은 신체-감각적 흥분의 직접적 표현, 즉 정신화 되지 않은 경험이라는 구분은 커다란 중요성을 갖는다. 히스테리 전환과 불안 등가물 사이를 구별함에 있어서, 프로이트는 전자의 신체적 증상들을 본능적 욕구들과 자아의 방어들 사이의 무의식적 갈등에서 유래하는, 심리적 또는 정신적 경험의 표현으로서, 다시 말해, 하나의 아이디어가 상징의 특징을 갖는 다른 어떤 것과 타협한 데 따른 결과물로서 묘사했다. 그러나 그는 후자를 미분화된 혹은 원시적인 불안 상태의 등가물로서, 즉 빗나간 정신적 활동의 신체적 표현이 아니라, 정신적 활동이 발생하는 데 실패했음을 나타내는 표시로서 서술했다.

전환 증상은 어떤 아이디어에 따라 행동하려는 무의식적인 욕망을 나타내는, 의식적 행동을 신체적 증상으로 대체한 것인 반면, 불안 신경증에서의 유기체적 증상은 감각적 경험에 대한 정신화의 부재를, 즉 행동에 대한 아이디어가 결코 형성되지 않았음을 나타낸다고 말할 수 있다. 이것에 근거해서 우리는 불안 등가물을 의사소통에 봉사하는(Bion 1977a) 투사적 동일시(Klein 1946)의 좀 더 원시적인 방어와 관련짓는 것을 통해서, 전환과 억압 사이의 관계에 대해 결론을 내릴 수 있을 것이다. 이러한 발견들에 비추어, 프로이트(1916/1917)는 다음과 같이 결론 내렸다: "실제 신경증의 문제는 ... 정신분석이 공격할 수 있는 어떠한 지점도 제공하지 않는다. 그 문제들에 빛을 비추기 위해 정신분석이 할 수 있는 것은 거의 없으며, 따라서 그 과제는 생물학적-의학적 연구를 위해 남겨져야 한다"(p. 389).

따라서 프로이트는 정신적 내용을 결여하고 있는, 신체적 성질의 신경증을 정신분석의 배경에 두었다. 다행스럽게도, 그의 학생들과 추종자들은 다른 길을 택했는데, 그들은 히스테리 전환에 대한 프로이트의 연구를 확장하는 것을 통해서 그리고 불안 등가물이라는 그의 개념을 더욱 발전시키는 것을 통해서, 정신신체적 장애들에 대한 더 나은 이해를 가능케 했다. 정신신체 분야를 정신분석적으로 연구한 이들 선구자들은 기관지 천식을 포함한 다양한 생리적 장애들의 원인에 빛을 던져줌으로써, 프로이트의 최초의 개념들을 설명하는 과제에서 어느 정도 성공적이었던 것으로 드러났다.

많은 독창적인 연구자들이 가장 초기의 이론적 가설들을 형성하는 데 있어서 성인의 심리내적 과정들에 대한 임상적 관찰을 초점들로 사용했고(Alexander and French 1948, Cannon 1932, F. Deutsch 1939, 1949, Dunbar 1943), 정신신체적 천식을 "특정성," "기관 선택" 그리고 "중재"의 측면에서 개념화한 반면, 다른 이들(Fenichel 1931, Rank 1924)은 천식 증후군을 초기 동일시 과정 또는 출생 외상과 연결시켰다. 후자는 최근에 이루어진 그린(Greene 1958)과 엥겔(Engel 1962)의 연구에 대한 전조로 보이는데, 그들은 천식 증상이 독립과 의존 사이의 갈등과 관련되어 있다는 점에서, 그 증상을 더 잘 이해하기 위해 초기 대상관계들의 특징에 초점을 맞추었다.

정신신체적 천식에 대한 오늘의 사고는 생태학, 사회적 예방학, 면역학, 신경내분비학, 그리고 유전학(뿐만 아니라 심리학)에서의 연구들을 포함하도록 확장되었고, 호흡기 정신신체화를 설명하는 복잡한 모델들을 만들어내기 위한 다중방향적인 노력을 나타낸다(Knapp 1971, Reiser 1975, Weiner 1977). 메이슨(Mason 1959, 1960, 1965)에 의해 보고된 최면 연구는 난치성 천식 사례들의 대부분이 심각한 정서적 요인들에 의해 결정되거나 그런 요인들을 포함하고 있다는 아이디어에 신빙성을 더해 주는 것으로 보인다.

어느 한 사례에서 천식의 원인으로 작용하는 요인들의 정확한 조합과는 무관하게, 알레르기 민감성이나 다른 구조적 또는 면역학적 구성요소들에서의 실질적인 변화 없이, 기관지 수축, 쌕쌕거림, 부종, 그리고 과잉분비의 완전한 혹은 부분적인 완화로 인도하는 성공적인 정신분석적 치료에 대한 수많은 보고들(Barendregt 1961, Giovacchini 1984, Grinker 1953, Groen 1964, Sperling 1978)이 있어왔는데, 이것은 생명을 위협하는 치명적인 질병과의 싸움에서 정서적 요소들에 주의를 기울여야 한다는 점을 강조하는 것으로 보인다.

　경험적 및 임상적 분야 모두에서의 많은 정신분석적 연구들은 천식의 치료에서 정신분석이 중심적 역할을 한다는 사실을 확인해주었다. 정신분석적 치료를 통해서 질병 과정의 치료와 개선을 보여주는 사례 연구들에 관한 문헌은 풍부하다(F. Deutsch 1959, Elkan 1977, Engel 1954, 1962, Fenichel 1931, Mason 1981, Mushatt 1975, Sperling 1967, 1978, Winnicott 1941). 그러나 이러한 사례 보고들의 수가 많은 만큼 치료적 결과들을 얻기 위해 사용된 다양한 이론적 접근들도 그 수가 많다; 천식의 원인과 그에 따른 해결을 정신분석적으로 설명하려는 시도에서, 이 이론들은 종종 서로 불일치한다.

　예컨대, 이 주제에 대해 저술한 이론가들(Coolridge 1956, Jessner 1955, Karol 1980, Knapp et al. 1970, Mohr 1963, Sperling 1955, 1968, 1978, Wilson 1980)은 원색 장면 외상과 그에 따른 가피학적 환상들, 무의식적인 모성적 거절, 부성적 과잉자극과 과잉보호, 가족의 적대성, 분리 불안, 통제 이슈들, 어머니와 아동 사이의 특별한 의사소통들, 그리고 많은 다른 역동적 주제들이 증상 산출의 두드러진 원인적 요소들로 작용한다는 점을 지적해왔다. 분석 기간 동안에 처음으로 발생하거나 또는 긴 소실기간 이후에 재발하는 천식에 대한 보고들이 많이 출판되었다. 그러한 증상들은 "행동화 행위"(acting-out behavior), 정신증적 전이, 성도착, 그리고 다른 원시적인 병리적 표현들과 연관된 그리고/혹은 번갈아 나타나는 퇴행적 경향들의 측면에서 서술되었다(Atkins 1968, Freud 1905, Marty 1968, Mason 1981, Sperling 1955, 1968, Wilson 1980, Winnicott 1941). 그러한 증상들의 출현은 너무 빈번한 것이어서 거의 모든 분석가가 진료에서 어떤 식으로든 그것들을 다룰 수밖에 없는 것이 되었다.

호흡과정은 인간 존재에 절대적인 요소라는 점에서, 정신신체적 천식은 임상적, 기법적, 그리고 이론적 관점에서 더 많은 연구 가치를 지닌 중요한 문제로 남아있다. 현재, 멜라니 클라인과 영국 대상관계학파의 연구자들의 기여(가장 원시적인 정신적 및 원정신적 상태들의 많은 부분에 대한 우리의 이해를 확장시켜준) 덕택에, 이 분야의 연구들을 수행하는 것이 가능해졌으며, 그런 연구들은 불안 등가물이라는 주제에 속한 것으로 보이는 기관지 천식 사례들에 대한 우리의 이해에 또 다른 차원을 덧붙일 수 있을 것으로 기대된다.

　이러한 연구의 결과로서 출현하는 어떤 새로운 이론도 이전에 정신분석가들에 의해 지지되던 이론에 대한 대체물로서 의도된 것은 아니었지만, 그것은 기관지 천식의 어떤 경우들에 대한 정서적 원인에 추가적인 빛을 줄 수 있기를 바라는 기대와 함께 전언어적인 마음의 원초적 층들 속으로 더 깊이 뚫고 들어갈 수 있었다. 이러한 목적을 갖고서, 나는 먼저 천식의 딜레마에 대한 나 자신의 사고방식의 기초를 형성하는 몇 가지 주요 개념들을 검토할 것이다. 이러한 이론적 토대를 제시한 후에, 나는 한 천식 환자의 분석 사례에 대한 설명을 제시할 것인데, 이것은 독자들로 하여금 천식 환자들과의 임상적 경험에서 만났던 비슷한 자료를 상기시키는 데 사용될 것이고, 또한 그 다음에 이어지는 이론적 진술과 논의에 대한 도입 부분으로 사용될 것이다.

무의식적 환상 개념

　멜라니 클라인(1952)과 런던 클라인학파 그룹의 다른 학자들(Heimann 1952, Isaacs 1952)의 연구에서 유래한, 무의식적 환상 개념은 프로이트의 이전 사고를 확장했다. 환상들은 그것들이 상징적 혹은 언어적 방식으로 표현될 수 있기 오래 전부터 유아의 정신 안에서 작용하는 과정들이다. 가장 초기의 환상들은 신체 감각들로서 그리고 그 다음에는 운동 행동으로서 "신체-감각적" 양태(Isaacs 1952, p. 74) 안에서 드러난다.

최대의 취약성과 최소의 운동적 및 언어적 능력을 갖고 있는, 유아는 본능적 충동들의 억제와 통제를 위해 그리고 소망들과 욕구들의 표현뿐만 아니라 그것들의 성취를 위해, 방어 수단으로서의 환상을 사용한다. 이러한 환상들이 지닌 전능한 특성은 유아에 의해 경험되는 취약성의 정도에 직접적으로 비례한다. 원시적 불안이 증가할 때, 유아기의 전역사적인 자기-생존 전술들을 구성하는 환상들도 증가하는데, 이때 그것들은 감각들, 창자들, 그리고 신체 기관들을 표현수단으로 사용한다.

아이작스(Isaacs 1952)는 히스테리 전환 증상들(구별될 수 있는 뚜렷한 의미를 지닌)의 발생을 그녀가 가장 초기의 전언어적 환상들이라고 생각한 것들에 대한 증거로서 제시했다. 그러나 그녀는 불안 등가물(의미를 결여하고 있는)의 개념에 대해서는 설명하지 않았다. 나는 만약, 전환 현상에서 볼 수 있듯이, "말이 없는 환상"이 있다면, 불안 등가물은 "사고 없는 환상"의 존재에 대한 증거로서 간주되어야 한다고 제안한다. 이러한 가장 원시적인 환상들은 그것들이 "신체 기억들"(Federn 1952) 혹은 "감정 속의 기억들"(Klein 1957)로 기록된 원정신적(protomental) 경험들의 영역(Bion 1977a)[2] 안에 뿌리를 두고 있는 것으로 보인다는 점에서,

---

[2] 내가 여기에서 언급하고 있는 것은 태아/유아의 출생 이전의, 출생 전후의, 그리고 출생 후의 즉각적인 존재를 포함하는 경험과 환상의 영역이고, 위니캇(1949)이, 경험들이 신체적으로 기록되는 "정신-신체" 영역이라고 지칭한 영역이다. 이 영역은 나중에 비온(1976, 1979)의 "상상적 추측"을 통해서 정교화 되었다.

원환상들(protophantasies)이라고 더 정확하게 명명된다.

유아기 동안에 이러한 원시적인 원-환상들의 형태는 부분적으로 어머니에 의해 결정된다. 어머니 자신의 무의식적 환상들은 출생 시에 또는 심지어 그 전에 유아에게 투사되고, 유아의 타고난 전관념들과 결합하여 유아의 첫 번째 자기 감각의 근원적 기초를 제공한다. 어머니의 환상들은 유아가 삶의 경험들, 즉 그의 최초의 감각적 및 정동적 상태들에 대한 의미를 언어화하는 데 필요한 알파벳을 제공한다. 어머니가 그녀 자신에 대해서뿐만 아니라 그녀의 아기의 정서적 상태들에 대해서 갖는 그녀의 환상들의 형태 혹은 모양(정신적 정교화를 위한 그녀의 능력에서의 어떤 결핍과 마찬가지로)은, 어떤 점에서, 그녀의 태반과 모유를 통해서 전달된다. 나는 나중에 이러한 생각이 어떻게 신체-정신적 질병에서 증상 선택의 문제에 영향을 끼칠 수 있는지를 보여주려고 노력할 것이다.

원시적 불안

유아기에 경험되는 초기 불안은 그것이 신체적 온전성의 수준과, 신체적 출생 이후에 획득된 신체적 자기의 안과 밖 사이의 분화의 정도에 일치하기 때문에, 연구가 가능하다. 클라인(1946)은 원시적 불안들의 세 범주들 중 두 개에 대한 윤곽을 묘사했다. 그녀는 먼저 자기의 분열되고 파괴적인 측면들을 외부의 부분-대상(젖가슴/어머니)에게로 굴절시키거나 투사한 결과로서 발생하는, 그럼으로 해서 박해적이고 보복적이며 삶을 위협하는 것으로 경험되는 "박해 불안"이 존재한다고 제안했다. 이것이 자기에 대한 관심과 연결되어 있는 가장 초기의 대상에 대한 불안이라고 생각했다. 나중에 그녀는 자기의 외부에 있는 것으로 여겨지고, 환상 속에서 공격받는 나쁜 대상들과 전적으로 연관되어 있는 것으로 보이는, 그래서 파괴의 위험에 처해있는, 좋은 대상에 대한 관심의 발달에 관해 묘사했다. 대상의 운명에 대한 불안은 복구 노력의 효율성에 관한 희망과 두려움뿐만 아니라 회한과 후회로 가득하며, 그런 점에서 우울적 불안이라고 불린다.

원시적 불안의 세 번째 범주는 유아의 편집-분열적 및 우울적인 자리들의 불안들보다 앞서 일어나는 것으로서, 위니캇(1958a)과 빅(1968)에 의해 관찰되었고, 나중에 시밍턴(1985)과 터스틴(1986)에 의해 정교화 되었다. 나는 내가 "비통합 상태의 불안들"이라고 부르는 이것들이 유아기의 전능성을 위한 보다 원시적인 기초를 형성한다고 믿는다. 위니캇(1945)은 출생 후 삶이 시작되는 시점에서부터 존재하는 비통합의 일차적 상태와 통합을 향한 경향성을 가정했고, 이는 가장 최근의 유아 연구(Stern 1985)에 의해 지지받고 있다. 정신의 구체화(Winnicott이 신체적 몸 안에 거주하는 정신적 인격의 경험, 혹은 "인격화"라고 지칭한)가 일어나기 전에, "심리적 피부"(Bick 1968)의 발달이 엄마의 신체적인 안아주기와 정신적인 "안아주기" 모두에 의해 촉진될 필요가 있다. 모성적 환경의 이 두 측면 중 어느 하나에서의 결핍도 영원히 떨어짐, 존재하지 않음, 액체로 용해됨, 혹은 공기 중으로 흩어짐 등의 생각할 수 없는 공포들을, 다시 말해서, 회복이 불가능한 용해와 증발의 두려움을 발생시킨다.

따라서, 보통 나중에 이완할 수 있는 능력의 전조들인, 비통합의 정상적 상태들은 가장 두려운 성질의 불안과 연관되게 된다. 먼저 "신체-자아"에 의해 경험되고 기록되는, 이러한 비통합 상태의 불안들은 몸 안에 자리 잡은 자기 혹은 양가적으로 사랑받는 전체 대상(구체화된 자기와의 관계 안에 있는)의 손상과 연관된 불안보다 시간적으로 앞선다.

생존을 확보하기 위해 혹은, 더 정확히는, 모성적 안아주기가 없는 상황에서 존재의 경험을 회복하기 위해, 유아는 감각적 경험의 실들을 사용하여 이차적 피부(Bick 1968)를 직조한다. 원시적인 전능적 원환상들 안에서 함께 직조된 장면들, 소리들, 냄새들, 그리고 매끄럽고 굴곡 있는 근육 행동들의 느낌은 보조적인 안아주기의 감각을 제공하고, 다가오는 박해적 및 우울적 불안들에 맞서는 데 신뢰할 만한 동맹군으로서의 전능성을 확립한다.

모성적 안아주기

위니캇(1941, 1945, 1958a)에 의해 전체적인 의미가 서술된 바 있는, 모성적 안아주기는 가장 초기의 비통합 상태의 불안(용해와 증발에 관한)을 인식하는 것을 막기 위한 유아의 방어벽이다. 만약 안아주기가 "충분히 좋다면," 그것은 유아의 편에서의 때 이른 정신적 발달을 막아줄 것이다. 즉, 일차적으로 전능적 방어에 사용되는 것이 아니라, 창조적 및 인식 선호적 추구들을 표현하는 데 사용되는, 환상적 삶의 점진적인 발달을 허용할 것이다. 만약 환경이 피부 감각 혹은 자기의 경계들을 세우는 데 필요한 재료를 제공할 수 있다면, 유아는 내적인 정신적 공간의 발달을 향해 나아갈 것이다. 다시 말해서, 유아는 정상적인 투사적 및 내사적 동일시의 과정들을 확립할 수 있을 것이다.

어머니의 충분히-좋은-안아주기가 당연한 것으로 여겨질 수 있다면, 유아는 어머니로부터의 일시적인 분리됨을 자유롭게 경험할 수 있는데, 이런 경험을 터스틴(1981)은 "깜박거리는 인식 상태들"(flickering states of awareness)이라고 부른 바 있다. 우리는 또한 그것을 피부 안의 모공들이라고 개념화할 수 있을 것이다. 신체적 피부 안에 있는 실제 모공들이 노폐물들과 독소들을 제거하는 데뿐만 아니라 생명을 주는 물질들(액체와 기체 모두)을 흡수하는 데 필수적이듯이, 이러한 심리적 피부의 모공들 역시 대상들의 내적 세계의 발달을 허용하는 투사적 및 내사적 과정들의 자연스러운 밀물 썰물과 같은 흐름을 확립하는 데 필수적이다(Klein 1975a).

모성적 담아주기

비온(1977a)의 작업 덕택에, 우리는 이제 투사적 및 내사적 동일시 과정들이 자기의 병리적인 자폐적 책략들이나 해체로 변이되지 않고 건강한 방식으로 진행되기 위해서, 안아주는 어머니가 또한 "담아주는" 자질들을 갖고 있어야 한다는 사실을 알고 있다. 적절한 담아주기에 필요한 특성들은 유아의 투사된 부분들과 감정들을 수용하고 받아들이는 역량, 즉 그것들이 정신-신체에 미치는 전체적 효과를 경험하고 그 효과들을 감당하는 능력과, 투사물들에 대해 생각하고 이해한 것을 적절한 시기에 그리고 오염되지 않은 형태로 유아에게 점진적으로 되돌려주는 능력이다. 이것은 자신의 경계들, 내적 공간, 그리고 고통을 견디고, 숙고하며, 생각하고, 성찰하는 능력을 가진 어머니의 존재를 가정한다. 분리되어 있고, 온전하며, 수용적이고, 몽상할 수 있으며, 내사하기에 적합한 것을 유아에게 되돌려주는, 좋은 담아주는 대상으로서의 어머니가 바로 그런 사람이다. 그러한 대상과의 동일시와 동화는 의미를 만들어내는 능력의 발달(비온이 알파 기능이라고 명명한), 정신적 공간의 확장, 그리고 스스로 생각할 수 있는 마음의 발달로 인도한다.

유아의 원감각적 경험들(베타-요소들)에 대한 신진대사를 통한 처리는 먼저는 어머니의 정신적 기능에 의해 그리고 나중에는 유아 자신의 정신적 기능에 의해 이루어지며, 이는 강렬한 정동적 상태들과 관련된 신체화의 감소와 상징 형성의 발달을 가져온다. 나는 나중에 투사적 동일시와 그 뒤에 따라오는 담아주는 대상의 내사적 동일시가 어떻게 추상적이고 창조적인 사고를 증가시키면서 정서적 경험의 구체화 현상을 감소시킬 수 있는지와, 그것이 어떻게 정신적 고통과 정신적 변형들에 대한 증가된 내성과 함께, 행동으로 드러나는 증상들(견딜 수 없는 고통스런 정서적 상태들과 관련된)을 대체할 수 있게 되는지를 보여줄 것이다.

모성적 안아주기와 담아주기에서의 결핍들

충분히-좋은 모성적 돌봄이 결핍된 경우, 유아는 갑작스럽거나 만성적인 단절을 겪게 된다. 즉, 갓 태어난 자기가 존재 안에 구멍들, 틈새들, 또는 실수들이 발생했고, 그것들을 통해 미끄러지고, 쏟아지고, 흩어지고, "결코 다시 발견되거나 안겨지지 않는"

(Symington 1985, p. 481) 것에 대한 불안을 겪게 된다. 유아의 "존재의 연속성"(Winnicott 1949)에서의 그러한 붕괴는 "정신적 기능의 과도한 활동"(p. 246)과 방어적 성질을 가진 전능 환상들(원환상들)의 조숙한 발달을 산출하는데, 이것은 "정신-신체를 위한 돌봄을 떠맡고 조직하기 위해 만들어진 것으로서, 본래 환경이 떠맡아야 할 기능을 유아가 조숙하게 떠맡는 것을 가리킨다"(p. 246). 환경이 떠맡아야 할 기능들이 마음에 의해 이처럼 몰수되는 것은 혼란스런 상태들, 이차적 피부의 발달, 사물 그 자체로서의 정신적 기능의 발달로 이끌 수 있다; 즉 자기에 대한 적으로 지각되는, 따라서 통제의 목적을 위해 신체의 특정 부위로 한정되어야만 하는, 병리적인 마음-정신이 발달할 수 있다.

가장 초기의 안아주는 환경에서의 부적절함은, 담아주는 대상의 실제적인 부적절성 때문이든 아니면 적절한 담아주는 대상을 사용하지 못하는 유아의 무능력 때문이든, 유아가 이후의 담아주기에서 결핍들을 경험하게 만드는 요인이 될 수 있다. 달리 말하면, 방어적인 정신의 조숙한 발달은 마음에 의한 환경적 기능들의 계속되는 몰수와, 어머니를 담아주는 자로서 사용하지 못하는 무능력을 초래할 수 있다. 또한 안아주기 능력이 부족한 어머니는 몽상과 알파-기능을 위한 능력도 부족할 수 있다(Bion 1962).

첫 번째 환상들이 출생 시 경험한 그리고 호흡, 섭식 그리고 배설활동 중에 경험한 자극들에서 온 "감각들과 실제로 묶여 있다면"(Isaacs 1952, p. 91), 그때 가장 초기의 대상-관련된 환상들은 자기의 부분들을 자기 또는 대상 안으로 받아들이거나 밖으로 축출하는 것을 포함한다. 그리고 이때 자기와 대상은 아직 불완전하게 분화된 단위 상태에 있다. 대상으로부터의 분리됨에 대한 적당하고 감당할 수 있는 인식은, "피부" 감각(아기에 대한 어머니의 적응으로부터 기인된)에 의해 촉진된 것이든 아니면 어머니에 대한 아기의 적응(이차적 피부 형성을 구성하는)에 의해 촉진된 것이든 간에, 외부와 내부의 구별 그리고 "나 아닌 것"과 "나"의 구별(Winnicott 1951)뿐만 아니라 단단한 것과 부드러운 것의 일차적 통합(Tustin 1980)을 수반한다. 초기 유아기 동안에 이루어지는 이러한 발달은 담아주는 대상을 필요로 하는, 환상 속의 원시적인 투사적 및 내사적 활동들을 작동시킨다. 담아주는 대상 또는 그런 대상을 사용하는 유아의 능력에서의 결핍들은 다음의 형태들을 취할 수 있고, 또한 다음과 같은 병리적 사건들과 증상들을 촉발시킬 수 있다.

담아주는 기능(Bion 1977a)의 측면은, 붕괴 또는 결핍의 영역들을 논의하기 위한 목적으로, 세 가지로 구분될 수 있다.

1. 몽상 또는 아기가 투사한 고통을 담아주는 자의 수용성.
2. 담아주는 자의 알파-기능 혹은 신진대사적 또는 변형적 역량, 혹은 유아의 경험의 투사된 측면들을 해독하거나 의미 있는 것으로 만드는 능력.
3. 어머니의 피드백 또는 완화되고 수정된 정서적 경험, 알파 요소들, 또는 사랑이 깃든 돌봄 행동의 비감각적 구성요소를 유아에게 적극적으로 되려주기.

첫째, 몽상 영역에서의 결핍이나 붕괴(아마도 점령당하는 것, 침투되는 것, 흡수, 손상, 친밀함 혹은 연결됨에 대한 어머니의 공포로 인한)는 수정되지 않은 공포가 아기에게 되돌려지는 결과를 가져온다. 아기의 고통에 대한 이러한 거절은 담아주는 대상에 대한 절박한 추구에서 무력한 유아 자기의 부분들의 과도한 투사적 동일시 또는 대대적인 투사로 인도할 수 있으며, 그로 인해 생각할 수 있고 경험을 수정할 수 있는 마음을 발달시키지 못하는 실패로 이끌 수 있다. 어머니의 정신적 장치에 접근하는 것이 거부된 감각적 경험은 사고를 위한 재료로 변형되는 데 실패한다. 이때 신체-감각의 경험은 생각하기에 부적절하고, 오직 비워내기에만 적절한 수준에 머무르게 된다.

둘째, 알파-기능 영역에서의 결핍이나 붕괴(유아의 그리고/혹은 어머니 자신의 고통, 죽음과 파괴성에 대한 공포, 그리고 또는 그러한 원시적 불안을 정신화하지 못하는 어머니의 무능으로 인한)는 유아가 자신의 수정되지 않은 공포뿐만 아니라, 어머니의 공포도 재내사하는 결과를 가져올 수 있다. 더 나쁘게는, 만약 그 어머니가 요구되는 알파-기능이 부재할 뿐만 아니라 생각하지 않고, 오해하며, 책임 회피를 위해 거짓말과 환각들을 만들어내는 사람이라면(Meltzer 1978), 유아의 투사들은 그것들의 모든 의미를 박탈당할 수 있고, 이름 없는 두려움으로 돌아올 수 있을 것이다. 두 경우 모두, 어머니에게서 발생하는 데 실패한 정신적 활동 혹은 정신화 작업은 유아의 정신적 과정의 발달에 영향을 미친다.

마지막으로, 분리되는 것을 두려워하거나 유아와의 동일시에서 자신의 일부를 상실하는 것을 두려워하는, 따라서 투사된 것을 되돌려주는 데 실패하는 어머니의 경우, 불충분한 피드백이 발생할 수 있다. 위니캇(1948, p. 94)은 이것을 우울한 어머니에게서 발견되는 "거울 역할"의 실패로 묘사한다. 하지만 나는 여기에서 나 자신의 설명을 덧붙이고자 한다. 나는 우울이 너무 심한 어머니의 경우, 투사된 빛을 거의 혹은 전혀 반사하지 못하고 그것을 흡수한다고 제안한다. 그러한 어머니의 "죽어있음"은 유아 안에 있는 모든 살아 있음을 흡수하는 것처럼 느껴지고, 유아의 고통스럽지만 살아있는 투사들을 반향, 반응, 반사하지 못하도록 흡입하거나 삼켜버리는 것을 통해서 유아를 고갈됨과 공허 상태에 남겨둔다. 나는 흡수하는 어머니에 대한 이러한 경험이, 갓 태어난 자기를 보존하기 위한 유아 편에서의 시도 안에서, 어머니와의 의사소통 수단으로서의 정상적인 투사적 동일시의 감소를 가져올 수 있다고 생각한다.

위에서 진술한 것은 그 자체로서, 혹은 해로운 성질의 피드백—최초로 투사된 것보다 더 공포스럽고 생각할 수 없는 요소들을 유아에게 반영해주는—을 주는 어머니에 대한 경험과 결합해서, 적절하게 담아주는 어머니를 사용하지 못하는 유아의 무능력을 결과로 가져올 수 있다. 이러한 경우, 정상적인 투사적 및 내사적 활동들은 방해를 받고 정신화를 위한 장치의 발달은 크게 손상을 입는다.

요약하자면, 부족한 담아주는 경험에 포함된 완고하고, 흡착적이며 생각하지 않는 대상들은 과격하거나 대대적인 투사적 동일시로 이끌 수 있을 뿐만 아니라, 모성적 피난처에 대한 만족을 모르는 추구로, 또는 투사적 동일시와 내사적 기능들의 억제나 위축으로 이끌 수 있다. 어떤 경우이건 간에, 생각하기를 위한 마음은, 또는 사고 자체는 발달하지 못할 수 있다. 신체의 특정 부위에서의 표현을 필요로 하는 부족한 안아주기에서 조숙한 적-마음-정신이 발달하는 것처럼, 일차적 대상에 의해 담겨지지 못한 감각 경험 역시 정신화 되지 않은 상태로 남아 있으면서, 신체적 영역에서의 비워내기 또는 스스로-담기를 필요로 한다.

상징 형성의 중요성

삶에 내재된 고통스런 경험들을 효과적으로 다루는 데 필수적인, 정신적 구조의 발달은 상징적으로 기능할 수 있는 역량에 달려 있다. 감각적 및 지각적 투입에 기초한, 가장 초기의 원상징들(protosymbols)은 상징적 동등시(symbolic equation)에서 그런 것처럼 상징화된 대상에서 미분화된 상태에 있다(Segal 1957). 이러한 구체적 상징들을 최초 대상에 대한 정신적 표상들로 변형시키는 것은 유아가 대상들과의 관계 안에서 불안을 다룰 수 있는 담는 사람을 내사하는 데 달려 있다. 그것은 그렇게 함으로써 본래 대상을 다른 대상으로 대체하는 것이 가능해지기 때문이다(Bion 1962). 상징 형성은 비워내기에서 정신화로, 신체적 활동에서 정신적 활동으로 나아가는 데 필요한 선행조건이다.

앞에서 논의했듯이, 가장 초기의 모성적 안아주기 환경에서의 결핍들은 유아로 하여금 가장 심각한 형태의 불안들, 즉 비통합의 불안들(용해와 증발, 비-존재, 그리고 전체적인 상실)에 노출되게 한다. 그러한 불안들에 장시간 노출될 때 야기되는 많은 반응들 중의 하나는 너무 이른 "정신적 기능의 과잉활동"(Winnicott 1949, p. 246) 또는 "때 이른 자아-발달"(James 1986, Klein 1930, p. 244)이다. 뒤 이어 경험되는 공격적 및 인식 선호적 충동들을 억제하는, 담아주기의 결핍들은 일차적 대상들을 사용하는 능력(Winnicott이 말하는)을 더욱 위험에 빠뜨리고, 그럼으로써 사고를 위한 마음의 발달을 가로막는다. 나는 정상적인 자아 발달에 미치는 그러한 거짓-성숙의 해로운 효과들과 그에 따른 클라인이 말하는 상징 형성의 발달에 미치는 영향들을 강조할 것이며, 어떻게 이것이 신체적 증상의 발달과 관련되는지를 보여줄 것이다.

"자아 발달에서 상징 형성이 갖는 중요성에 대하여"라는 논문에서, 클라인(1930)은 정신적 기능의 과잉활동이라는 위니캇의 개념을 조숙한 자아 발달로서 설명했는데, 그녀는 더 나아가 이것을 이른 성기성(genitality)을 포함하는, 대상과의 때 이른 공감 혹은 때 이른 동일시라고 설명했다. 그녀는 나중에 이것을 양가적으로 사랑받는 대상을 향한 회한 및 보상 욕망과 관련된 불안을 수반하는, 우울적 자리의 때 이른 시작으로 설명한다. 그러한 복잡한 불안에 대한 타고난 내성 부족은 좋은 내적 대상의 때 이른 확립을 요구함으로써 발달을 향한 진전을 거의 불가능하게 만든다. 여기에서는 소위 "무자비한 사랑"(Winnicott 1965)이 가능하지 않다. 왜냐하면 그것의 결과를 미숙한 자아는 감당할 수 없기 때문이다. 따라서 유아는 환상이 내장과 근육의 영역들 안에서 표현되는 것으로 제한된, 자체-감각적(auto-sensual) 세계로 후퇴하고, 상징 형성은 기껏해야 상징적 동등시 수준에서 멈추는데, 거기에서 상징은 그것이 상징하는 것에서 분화되지 않은 상태로 남는다.

불안은 대체들, 전치들 그리고 동등시들이 작동할 수 있을 만치 충분히 오래 감당되어야만 한다. 그렇지 못할 때 그것은 출생 이전의 존재의 양태로 그리고 대상과의 절대적 동일시로의 후퇴를 가져온다. 자기와 대상 사이의 이러한 혼동은 자아를 대상과의 혼동으로 이끌고, 그 결과 상징이 상징화된 대상과 혼동된다. 이것은 일반적으로 신체적 증상들의 문제와 관련된다. 왜냐하면 어머니와의 접촉을 통해 작업되지 않은 불안은 구체적 수준에 남게 될 것이고, 아마도 신체적 영역에서만 표현 출구를 찾을 것이기 때문이다. 극단적인 형태들에서 이 딜레마는 감정들이나 정동적 상태들을 말로 표현하지 못하고 신체적으로 표현하는, 소위 "감정 표현이 불가능"한 개인들에게서 관찰될 수 있다.

죽음 본능

나는 여기에서 내가 "죽음의 본능"을 계통발생적인 또는 "근원적인 유기체적 공황"(Grotstein 1984) 및 그것에서 파생된 생존을 위한 움직임으로서의 파괴성(Symington 1985)을 나타낸다는 견해를 채택하고 있음을 밝힌다. 초기 불안에 대항한 그러한 원시적인 방어들은 결국 건강한 경우, "충분히-좋은" 모성적인 안아주기와 담아주기와의 반복적인 상호작용들을 통하여 현실에 조율된 사고와 건설적인 행동에 자리를 내어준다. 그에 따라 이러한 기능을 수행할 수 있는 정신적 구조가 외부 대상과는 독립적으로 발달하게 된다.

그러한 자아 구조들이 발달을 중지하는 경우, 원시적 방어들이 우세하게 되고, 그것들의 과장된 형태 안에서 도착적, 자폐적, 정신증적, 그리고 공포증적 병리들에서 볼 수 있듯이, 생명 자체를 위협하는 것으로 모습을 드러낸다. 그러나 원시적 불안에 대한 이 방어들은, 그 결과가 아무리 치명적인 것이라고 해도, 항상 하나의 수준에서 자기를 재조직하고 재구성하고자 하는 노력을 나타낸다는 사실을 기억해야만 한다.

편집-분열적, 조적, 그리고 우울적 방어들은 유아기에 확립된 (그리고 그 후에 결코 포기되지 않은) 신체적 통로들을 사용해서 매우 구체적이고 원초적인 방식으로 작용한다. 예컨대, 자폐증에서, 증상들은 고통을 전달하려는 목적으로 세워진 상징들이나 은유들이 아니라, 심리적 피부 안에 생긴 구멍들과 틈새들을 막는 데 사용된 구체적인 사물들이다. 성도착에서, 고통은 종종 정신적 표상들을 결여한 채 신체-감각적인 경험 수준에 머물러 있는 안아주는 어머니에 대한 상징적 동등시물이다. 정신증에서, 유사사고 체계로서의 망상과 지각 양태로서의 환각은 알파 기능의 결여로 인해 감당할 수 없는 고통스런 현실에 대한 대안적 선택이다. 공포증적 반응에서, 인간이 아닌 대상들(동물들과 사물들)이 담아주는 내적 대상이 부재한 상황에서 발생하는 자기의 그리고 개인적인 경험의 공포스런 측면들을 담아주는 그릇으로서 사용된다.

　같은 방식으로, 나는 정신신체적 질병(psychosomatosis)에서, 건강염려증과 신체적 망상은 정신화를 위한 능력이 부재한 상황에서 감당할 수 없는 고통을 신체적으로 담아주고 있는 것이라고 믿는다. 회피와 도피는 정신화 되지 못한 비통합의 감각들을 경험하는 것에 대한 이 모든 대안들 중에서 가장 중요한 것이다. 이 대안들 각각에서 불안은 두려운 대상이나 사건과 상징적으로 동등시된 상태로 남아 있고, 결코 신호로서의 진정한 상징적 의미를 획득하지 못한다.

최초의 원색 장면

　멜라니 클라인(1930)은 유아의 가학증이 우세해지는 구강기 양가성의 단계 동안에 공격당하고 공격하는 어머니의 신체가 불안의 원천이 된다고 가정했다. 만약 그러한 불안에 대한 내성이 존재한다면(혹은 불안이 좋은 젖가슴에 의해 충분히 담겨진다면), 그러한 우울적 불안의 경험은 상징적 동등시를 통해 관심을 어머니의 신체로부터 바깥 세계로 전치시키도록 이끌고, 상징 형성의 발달은 자아 발달의 진전과 나란히 진행된다.

　발달의 이 결정적인 단계를 성공적으로 통과하기 위해서는 유아의 깨물기 공격에서 살아남는 역량, 통제의 상실 즉 보복 없이 유아의 불안을 담아주는 능력을 가진 어머니를 필요로 한다. 사를린(Sarlin 1970)은 유아가 어머니의 젖가슴과의 관계 안에서 어머니와 아이 모두에게서 극도의 불안을 촉발할 수 있는, 성애적인 입/젖꼭지 상호작용에 참여하는 이러한 상황을 "최초의 원색 장면"이라고 불렀다.

삶의 이 초기 시기 동안에 유아의 구강기 가학성과 관련된 불안을 성공적으로 다루는 것은 상징적 기능의 발달에 결정적인 중요성을 가지며, 반복 강박을 통해 젖꼭지를 상실하는 것에 대한 공포(Sarlin 1970)로 패턴화되는, 이후의 분리 불안에 대한 발생학적 토대일 뿐만 아니라 고전적으로 "원색 장면 외상"으로 묘사되어온 폭력적이고 가학적인 부모의 성교에 대한 환상들의 기초를 제공한다.

이러한 최초의 원색 장면 외상의 부정적인 결과는 일차적 연합 방향으로의 퇴행적 움직임, 분리와 개별화의 과정의 역전, 혹은 자기와 대상 사이의 구별의 혼동으로 묘사되어왔다(Sarlin 1970). 어떤 의미에서, 클라인(1930)은 젖꼭지의 때 이른 상실에 대한 불안이 어머니와의 때 이른 동일시나 감정이입으로 인도하고, 그것이 모든 파괴적 충동의 억제에서 결정적인 요인이 되며, "어둡고, 텅 빈 어머니의 몸 안으로 피신하는 데"(p. 2245) 따른 결과로서의 환상적인 삶과 상징 형성의 피폐화로 귀결된다는 사실을 관찰했을 때, 이 주제에 대한 하나의 보완적인 결론에 도달했던 것으로 보인다.

요약

신체-감각적 양태 안에서 제시되는, 원시적인 전능적 원환상들은 모성적인 안아주기와 담아주기가 결핍되어 있는 상황에서 유아의 존재감을 위협하는 비통합 경험에 대한 압도하는 인식으로부터 개인을 보호하기 위해 사용된다. 초기 환경적 경험의 이 두 영역들에서의 누적된 혹은 만성적인 결핍들의 결과를 보여주는 다양한 시나리오들은, 경험을 수정하고 의미를 창조해내는 생각하는 마음이 발달하지 못한 상황을 강조한다. 회피적이고 비워내는 책략들의 영속화는, 비록 명백히 파괴적인 것이지만, 개인의 존재감을 조직하고 유지하기 위해 사용되고 있다. 이러한 원리들은 정신분석 문헌 안에서 자폐증적, 도착적, 공포증적, 그리고 정신증적 병리들과 관련하여 예시되어 왔다. 아마도 아래에서 제시되는 사례는 이러한 관찰들이 정신신체적 병리에 대한, 특별히 기관지 천식과 관련된 병리에 대한 우리의 이해에 관련성을 갖고 있음을 보여줄 것이다.

캐리의 내력

캐리는 밤에 자다가 흡입기의 사용을 필요로 하는 심각한 기관지 수축과 함께 잠에서 깨어나는 밤 공포를 호소하면서, 33세의 나이에 분석을 시작했다. 당시에 그녀는 두 번째 결혼을 앞두고 있었다. 첫 번째 결혼은 거의 질식할 정도로 공생적인 가까움으로 특징지어진 것이었고, 그녀는 약 13년 만에 대학으로 돌아가기 위해 그 결혼에서 "탈출했다."

캐리의 약혼자는 그녀의 독립과, 두 사람의 관계 바깥에서의 개인적 및 학문적인 성장을 향한 그녀의 분투들을 적절하게 지지해주었고, 그들이 함께 하는 삶에 애정 어린 관심을 보여주었지만, 그녀는 한편으로는 버림받는 경험과 다른 한편으로는 덫에 걸렸다는 경험 사이를 오가는 것으로 보였고, 이것은 난폭한 폭발들과 울며 매달리기 또는 자신을 보호하기 위해 곧 결혼할 사람으로부터 조용히 철수하는 행동에서 드러났다. 그들 모두는 그녀의 부적절해 보이는 반응들로 인해 염려하고 당황했으며, 마침내 약혼자의 제안으로 그녀는 분석을 받기로 결정했다.

캐리는 그녀의 어머니를 엄격하고 구속하는 경계선적인 어머니에 의해 신체적으로 그리고 정서적으로 학대받았고, 사랑하지만 무능한 아버지에 의해 보호받지 못한 채 남겨졌던, 심각한 자기애적 여성으로서 묘사했다. 전이에서 그리고 아동기의 사건들과의 연관성에서 캐리에 의해 전달된 그녀의 어머니에 대한 경험은 두 극단 사이를 오가는 것이었다: 그녀의 어머니는 신체적 및 정서적으로 침범적이고, 소유적이며, 그녀의 개인적 필요들에 대해 무감각하거나, 전혀 도움이 되지 않았다. 그녀는 날마다 대부분의 시간을 가면 뒤에서 살았고, 잠들어 있었고, 어두운 방 안에 갇혀 지냈다. 그녀의 어머니는 임신 기간 동안에 그리고 캐리의 출생 이후에 우울증을 앓았다. 어머니의 우울증은 성격적인 것이었을 뿐만 아니라, 임신 사실을 알기 직전에 행해진 남편의 이혼 위협에 의해, 마지막 3개월 동안의 생명을 위협하는 일련의 질병들에 의해, 그리고 분만 바로 직전에 발생했던 그녀의 아버지의 죽음에 의해 심하게 악화되었다.

캐리는 그녀의 아버지를 사나운 기질과 충동 조절에서 상당한 문제들을 가진 알콜 중독자로 묘사하면서도, 여전히 그를 이상화하는 것으로 보였다. 비록 아버지가 부모 중에 더 양육적인 사람으로 경험되었지만, 그의 지지는 본질상 주로 지적이고 재정적인 것으로 느껴졌고, 그는 환자가 청소년기에 이르렀을 때 환자의 어머니와 이혼했고, 건너편 지역으로 이사하고 난 직후에 재혼했다. 캐리의 두 명의 손위 형제자매들은 부모의 이혼 직전에 집을 떠났고, 캐리는 그녀가 17세에 결혼할 때까지 어머니와 함께 살았다. 천식 증상들이 처음 시작된 시기인 21세 때에, 캐리는 표면상으로는 재정적 문제를 둘러싼 싸움으로 인해 그녀의 어머니와 관계를 끊었다; 비록 어머니는 화해를 간청했지만, 환자는 관계로부터 조용히 철수했고 냉정한 상태로 남았다.

캐리가 보고한 내용들 중에는, 그녀의 할머니가 그녀의 어머니를 세게 꼬집는 것으로 불순종을 징벌했었고 고통 때문에 숨을 못 쉴 정도였다는 내용이 있었는데, 그것은 주목할 만한 가치가 있어 보였다. 그녀는 또한 일 년 내내 꽃가루 알레르기로 인해 고통을 받았는데, 이는 그녀의 호흡을 힘들게 했고, 아버지의(그리고 나중에는 환자 자신) 흡연이 그녀를 질식하게 만들었다고 불평했다. 담배를 많이 피운 아버지는 환자의 아동기 내내 만성적인 기침으로 고통 받았던 것으로 기억되었고, 특히 식사준비가 늦어지거나 형편없이 준비될 때 발생하는, 격노에 따른 질식 발작들과 일반적인 호흡기의 고통으로 자주 힘들어하곤 했다고 보고했다.

분석을 시작한 지 얼마 되지 않아 상담 회기 안에서 천식이 출현함에 따라 그녀는 자신의 천식에 대해 언급했는데, 최초의 발생을 촉발시켰던 사건에 대해서는 아무것도 기억하지 못한다고 말했다. 현재의 논의와 관련된 것은 치료 초기부터 나타났고, 자유연상에 대한 방해물로 작용했던 특별한 행동 유형이다. 나는 그 행동 유형이 여러 번에 걸쳐 관찰되었고, 분석의 여러 개월에 걸쳐 서서히 모습을 드러낸 근저에 있는 "증발" 환상에 대한 묘사가 뒤따랐다는 점을 보고할 것이다. 결론 부분에서, 나는 촉발적 사건들에 대한 기억을 포함한 첫 번째 천식 발작에 대한 환자의 설명을 제시할 것인데, 그 기억들은 증발 환상이 분석된 후에 처음으로 회상된 것이었다. 나의 의도는 그 기억이 지닌 차폐적 가치를 보여주는 것인데, 그것은 기억되지 않고 잊혀지지 않은 젖가슴에서의 특정한 초기 유아기 경험들을 나타내는 것으로서, 최초의 원색 장면의 개념과 일치하는 것으로 보인다.

행동 유형

다음의 유형은 거의 항상 캐리의 연상들에서 나타난 분석가에 대한 무의식적 갈망 혹은 공격적 충동들을 해석한 데 따른 반응에서 시작되었다. 그러한 해석 활동에 대한 반응으로, 캐리는 긴 침묵 속으로 떨어지곤 했는데, 그 다음에는 증가되는 근육의 경직성, 눈물의 외침, 증가된 불안, 감소된 호흡, 그리고 마지막으로 기관지 수축이 뒤따랐다. 기관지 수축에서 풀려나는 것은 담배를 피움으로써 가능했는데, 그것은 역설적이게도 기관지 수축을 풀어주었고, 호흡을 편안하게 했으며, 불안을 완화했고, 결국에는 언어적인 연상 활동으로 회귀하도록 이끌었다.

젖 먹기 환상

앞에서 말한 유형에 대한 점차적인 분석은 다음의 사실을 드러냈다: 해석은 캐리에게 그녀가 분리된 존재임을 일깨워주고, 따라서 그녀가 분석가/어머니와 하나라는 환상을 방해하는 것으로 보였다. 분리됨에 대한 그녀의 인식은 존재의 불연속성에 대한 가장 강렬한 공포들을 야기했다. 해석은 거절 받음에 대한 강력한 증거였고, 비통합의 위협을 불러일으키는 견딜 수 없는 "틈새," "절망의 블랙홀"을 구성했다. 안겨지지 않은 혹은 떨어뜨려진 캐리의 아기-자기는 해석에 직면해서 "흩어지기" 시작했다. 빈약하게 이루어진 그녀의 신체적 통합 상태는 일차적으로 경직된 침묵 혹은 "성벽 쌓기"를 통해서 방어되었다.

침묵을 깨려는 어떤 시도도 이 방어의 효율성을 감소시키는 것으로 보였고, 그것은 신체적 경직성을 증가시킴으로써 재강화 될 필요가 있었다. 더 이상의 개입들은 비통합이 용해 혹은 액화의 형태를 취함으로써 비연속성의 느낌을 악화시켰는데, 그것은 문자적으로 캐리를 눈물로 용해시키곤 했다. 흡수하는 어머니/분석가/화장지들과 관련해서 스스로를 추스르려는 미미한 시도들은 이러한 용해 상태에 내재된 불안을 완화시키는 데 실패했다. 이러한 "액체 상태" 안에서, 쏟아지는 것에 대한 공포는 증발이라는 더 큰 공포로 바뀌었다.

정신적 혼동을 통해 분석가/어머니와의 하나됨의 상태를 회복하려는 캐리의 노력들은 그녀가 일관되고 조직화된 방식으로 "그녀의 사고들을 함께 모으지 못하는" 증가하는 무능력을 "공기 속으로 흩어지는 것"으로 경험함으로써 역효과를 발생시켰다. 그러한 난관에서, 숨을 내쉬는 것이 눈에 보이지 않는 가스 상태로 환원된 것으로 느껴지고 그녀의 자기를 잃는 것과 같은 것이 되면서, 호흡이 정지되었다. 뒤이어 발생하는 기관지 수축은 생명의 호흡과 동등시된 자기를 그녀의 허파 안에 안전하게 안아주기 위한 최후의 시도인 것으로 보였다.

그 다음에 주어진 캐리의 공포에 대한 얼마의 이해를 전달하고 있는 해석들은 좋은 외부 대상의 존재에 대한 인식을 재확립하는 것으로 보였고, 이는 과도한 갈등적인 감정들을 야기했다. 제한을 가져다주는, 자폐-같은 구출 시도는 좋은 대상/분석가와의 (언어적으로) 연결을 위해 포기되어야만 했다. 따라서 융합에 대한 욕망은 보이지 않는 자기의 상실에 대한 공포, 발견되지 않거나 오해받는 것에 대한 공포, 분석가 안으로 들어가고 싶은 소망 성취의 부정적 결과인, 분석가에 의해 흡입되거나 흡수되는 것에 대한 공포, 생각할 수 있는 마음에 의해서 받아들여진 것이 아니라, 호흡을 통해 내사되는 방식으로 흡입되거나 허파 안에 갇힌 좋은 해석들과 동등시된, 좋은 대상/자기가 질식당하는 것에 대한 공포로 이끌었다.

이러한 갈등들은 일시적으로 담배를 피움으로써 해소되는 것으로 보였다. "연기의 차폐막"[3]이 캐리의 흩어진 자기를 안아주고, 보호해주며, 가시성과 내용물을 주는 데 사용되었다. 호흡과 언어적 연상들의 회귀와 함께, 기관지 수축은

---

3) 이 장이 기초하고 있는 논문이 출판된 이후로, 나는 Anzieu의 논의(1985)에 대한 언급을 읽었는데, 그는 그 글에서 다음과 같이 말한다:
보조적인 보호용 방패의 역할을 수행하는 대상을 잃는 것에 대한 공포는 가장 빈번히 어머니가 아동의 양육을 자신의 어머니에게 맡길 때 발생한다 … 그리고 그녀가 질적 및 양적 측면 모두에서 완벽하게 아동을 돌보는 바람에 아동이 스스로를 돕는 가능성이나 필요성을 경험하지 못했을 때 발생한다. 마약에의 의존은 자아와 외적 자극들 사이에 안개나 연기의 장벽을 만들어내는 것을 통해서 문제를 해결하는 것으로 보인다. 보호용 방패에 대한 지지는 만약 외피가 부족한 것으로 드러나면, 피부에서 찾아질 것이다; 이것이 빅이 말하는 "근육질의 이차적 피부" 혹은 라이히(Reich)가 말하는 "성격 갑옷"이다(p. 103).
이 구절은 캐리에 대한 설명으로 특별히 적절하다. 그녀는 어머니의 산후우울증 때문에 상당히 유능하고 헌신적인 유모뿐만 아니라, 그녀의 십대의 언니에 의해 돌봄을 받았다, 이 언니는 캐리를 한 살 동안 내내 아기 인형처럼 다루었다.

횟수가 줄어들었고, 불안은 완화되었으며, 캐리는 이완되었고, 다시 한 번 "한 데 모아지는" 느낌을 받았다.

차폐 기억

증발 환상에 대한 이러한 분석은 다음과 같은 기억의 회복으로 이끌었다. 캐리의 첫 번째 천식 발작은 그녀가 강하게 동일시되어 있던 아름답고, 젊으며, 활기찬 암컷으로 묘사된 그녀의 말을 먹이는 과정에서 발생했다. 이 젊고 충동적인 암말은 주인이 음식을 준비하는 동안 흥분 상태가 되어 뒷발로 일어서는 습성을 갖고 있었다. 캐리는 이러한 행동으로 인해 그 말이 넘어지거나 장염을 일으키거나 혹은 고통스런 죽음으로 이끌 수 있는 창자의 비틀림을 일으킬까봐 얼마나 불안했었는지를 회상했다. 그녀는 또한 만약 암말이 먹이를 먹는 동안 너무 흥분하게 되면, 그녀 자신도 상처를 입을 수 있다는 사실로 인해 두려웠다. 그녀는 이 암말이 젊은 종마처럼 힘이 넘쳐서 만약 자신이 실수로 바닥에 넘어지면 자신이 산산조각 날 거라고 덧붙였다. 그날 캐리는 말의 먹이를 가지고 헛간으로 가는 동안에 급성 기관지 수축을 경험했고, 병원 응급실로 실려 갔으며, 그곳에서 천식 진단을 받았다.

시간을 두고, 다음과 같은 이야기가 구성되었다: 캐리의 마음 안에서 말은 그녀 자신의 수동적/여성적인 아기-자기와 동일시되었고, 그 아기-자기는 요구에 따라 먹여지고/양육받지 못하면, 장염을 일으키거나 죽거나 산산조각 날 수도 있다는 두려움을 발생시켰다. 동시에, 그 말은 또한 먹고자 하는 활기찬 시도에서 젖가슴/어머니를 향해 흥분되고 공격적이 되는 적극적이고/남성적인 아기-자기와도 동일시되어 있었다. 환자는 한편으로 말/아기에게 손상을 입힐 것을 두려워하는, 죄책감을 느끼고, 불안해하며, 걱정하는 어머니와 동일시하고, 다른 한편으로 말/아기를 먹이려고 시도하는 동안 짓밟혀 조각날 것을 두려워하는, 공격당하고, 상처 입은 어머니와 동일시함으로써, 박해 불안에 그리고 우울 불안에 압도되었다. 이 상황은 마음의 원시적 수준에서의 캐리의 정서적 경험을 반향해주었다. 그녀는 상징적 표상 능력을 결여한 채, 불가피하게 신체적 활동에 의지했다.

우울하고 반응이 없는 젖가슴 어머니에 대한 캐리의 경험은 굶주림(자기의 멸절)에 대한 공포와 젖을 주는 젖가슴의 파괴(대상의 파괴)에 대한 공포 모두에로 이끌었다고 추론할 수 있다. 적절히 안아주는 대상과 담아주는 대상(내적인 및 외적인)의 부재에서 경험된, 박해적 및 우울적 불안의 견딜 수 없는 상태들은 수정되거나 변형될 수 없었고, 대신에 호흡과정을 둘러싸고 형성된 부모의 환상들에 의해 민감해진 특정한 신체적 통로들을 통해서 회피되었다.

분석 상황에서, 수유와 동등시된 분석가의 해석적 활동은 자기와 대상에 대한 복구할 수 없는 손상을 입히는 것에 대한 공포를 불러일으켰다. 눈물은 액화의 증거로서 경험되었고, 결국 호흡은 증발과 동등시되었다. 파편화된 자기의 재조직을 목적으로 갖고 있는, 기관지 수축은 마침내 안아주고 담아주는 분석가의 기능에 의해 대체되었고, 그것은 더 많은 통합을 허용했으며, 그 결과 애도를 위한 생산적인 능력이 발달하기 시작했다.

이론적 논의

환자의 개인사는, 그녀의 행동과 드러난 환상들과 기억들(과거 뿐만 아니라 현재의 분석 안에서의 천식 발작과 연관되어 있는)에 대한 분석적 관찰들을 고려할 때, 다음의 가설을 지지하는 것처럼 보인다.

캐리의 삶의 역사는, 전이에서의 분석가에 대한 그녀의 경험과 일치하게, 그녀의 어머니가 유아기 동안에 아기가 경험하는 원시적 불안들을 안아주고 담아주는 능력에서 어떤 결핍들을 갖고 있었음을 보여준다. 어머니의 안아주는 능력은 그녀 자신의 생명을-위협하는 신체적 질병, 그녀의 남편의 지지적인 현존의 상실에 대한 위협, 그리고 그녀의 임신 마지막 3개월 동안에 발생했던 그녀의 아버지의 죽음에 몰두함으로써, 크게 감소했던 것으로 보인다. 아기의 불안을 담아주는 캐리의 어머니의 역량은 그녀 자신의 반응성 우울증, 그녀의 성격적 자기애, 그리고 알파-기능의 결핍으로 인해 감소되었다. 따라서 캐리는 어머니의 신체적인 현존에 과도하게 의존했다. 이러한 상황이 정신-신체의 분열에 기여했고, 그로 인해 환자 편에서의 조숙한 정신적 활동을 야기했으며, 이는 젖가슴/어머니와의 때 이른 동일시와 감정이입을 가져왔고, 그 다음에 우울적 불안의 때 이른 시작을 발생시켰으며, 이것은 다시금 상징적 기능의 발달을 정지시킴으로써 불안을 신호의 수준으로 끌어올리지 못하도록 방해하는 결과를 가져왔다고 말할 수 있다. 따라서 불안은 증발의 위협과 동등시된 상태로 남게 되었다. 다시 말해서, 유아기 동안에 이루어지는 비통합, 박해 그리고 우울에 대한 원시적 불안의 경험은 적절하게 안아주고 담아주는 대상의 결여로 인해 정신화 되지 않은 채로 남아 있는 것으로 보였다; 그 결과, 성인기에 다시 등장한 이런 불안의 신체화는 견딜 수 없다고 느껴지는 정신적 고통에 대한 대안적 해결책을 제공하게 되었다.

증상의 선택은, 적어도 부분적으로는, 부모 인물들의 환상들과 행동들에 의해 결정된 것으로 보인다. 점차적으로, 분석가가 적절한 담는 자로 증명되면서, 캐리의 가장 원시적인 불안은 좀 더 견딜만한 것이 되었다. 그 뒤를 이어 환상들이 출현하고 분석적 대화를 통해 정교화 됨에 따라, 진정한 정신적 표상들이 성취되었고, 불안을 신체적으로 표현해야 할 필요성과 천식 증상으로 담아낼 필요성을 제거했다. 이와 동시에, 환자는 분석 회기들 동안에 그녀의 보호용 연기 차폐막의 사용을 포기할 수 있었다.

이론적 진술

앞에서 보고한 임상적 자료에 근거해서, 나는 기관지 천식의 일부 형태들이 "안아주기"와 "담아주기" 기능의 손상으로 인해 개인 안에 정신화 되지 않은 상태로 남아 있는, 증발의 위협을 막기 위한 전역사적인 자기-생존 전략으로서 이해될 수 있다고 제안한다. 원인론적으로, 기관지 천식에 대한 이러한 개념은 그것의 강조점을 초기 모성적 몰두와 알파-기능의 결핍에 대한 개인의 반응에 두고 있으며, 이러한 결핍이 천식을 발달시킬 수 있는 소인을 가진 개인의 이후 실패들의 근저에 놓여 있다고 간주한다. 그런 개인은 증발의 위협을 정신화하지 못하고, 그것을 구체적이고 신체적인 방식으로 방어하게 된다.

명료화를 위한 목적으로, 위에서 사용된 용어들을 좀 더 충분히 설명해보겠다. 첫째, 전역사적(pre-historic)이라는 용어는 본래 프로이트(1905. p. 52)에 의해 운동적 및 정신적 무력감에 의해 특징지어지는 언어이전의 유아기 국면을 지칭하는 것(Freud 1926, p. 167)으로서 사용되었다. 이 시기는 비온이 말하는 마음의 상태로서 계속해서 존재하는, "원-정신적"인 기능 수준(1977a)에 상응하는 것으로 보인다.

자기-생존 전략이란 용어는 유기체적인 공황에 대한 수동적-반사적 표현 또는 반응(Grotstein 1984)으로서의 천식을 구별하는 데 사용되었고, 그럼으로써 자아의 후기 방어 작용들 즉, 특정 수준의 정신화를 필요로 하는 좀 더 정교화 된 무의식적 환상들에 대한 전조로서의 천식을 구별하기 위해 사용되었다. 따라서 천식은 구체적이고 신체-감각적인 양태 안에서 표현된 모성적 피난처에 대한 일차적 실현 또는 원환상으로서 개념화될 수 있다.

증발의 위협(캐리의 용어인)은 특정하게 천식 증상의 근저에, 그리고 일반적으로 호흡기 증상의 근저에 놓여있는 것일 수 있다. 나는 이것이 불가시성, 무정형성, 분산 그리고 심리적 피부의 형성 이전 시기인 유아기 가장 초기 단계에 내재된 무한한 확장의 위험 등을 느끼는 상태를 암시하는, 비통합 경험의 특정한 종류라고 믿는다. 단단한 핵심 자기가 확립되는 것은 이 심리적 피부가 형성되고 난 다음의 일이다. 이 단단한 자기 상태를 확립하기 이전, 그 동안, 그리고 그 후 얼마동안은 외부의 담아주는 대상이 필수적이다. 담아주는 자/어머니의 기능은, 앞에서 논의되었듯이, 그보다 앞선 피부-어머니의 기능보다 다소 더 복잡하고 세련되어 있다.

이 담아주는-어머니는 증발의 위협에 대한 경험이 정신화 되는지 아닌지, 즉 내적 혹은 외적인 감각 자료들이 조직되고 통합된 정신적 표상들로서의 상징들로 성공적으로 변형되는지 아닌지, 그리고 원시적인 성질의 불안이 신호 정동 수준으로 발달하는지 아닌지를 결정하는 데 핵심적인 역할을 한다. 담겨지지 않은 채 남아 있는, 환상 안에서 증발에 대한 위협으로서 경험되는 감각 자료들은 구체적 수준 혹은 상징적 동등시 수준에 남게 된다(Segal 1957). 정신 안에서 구체적 대상으로 자리 잡는 이 자료들은 신체적 증상 안에서 담아주기와 표현 모두를 발견하면서, 변형되지 않은 채로 남겨져 있다. 담겨지지 않은 감각 경험들은 의미를 창조하는 데 사용될 수도 없고 마음 안에 기억들로서 저장될 수도 없는, 축적된 자극들에 지나지 않는다. 그런 경험들은 기억되지도 않고 망각되지도 않으며, 대신에 신체적 영역 안에서 미결된 상태로 남는다.

　이 환자의 증발 경험을 은유로서 사용하기 위해, 우리는 물리적 화학의 측면에서 생각할 수 있을 것이다. 하나의 물질이 가스 상태로부터 고체 상태로 변형되기 위해서, 그것은 먼저 담겨져야만 한다. 열은 그 물질의 분자들을 빠르고 무작위적인 방식으로 활성화시키고, 이것은 담는 그릇의 표면에 압력을 증가시킨다. 만약 담아주는 그릇이 충분히 강하지 않다면, 또는 유연성을 결여하고 있다면, 또는 "담겨 있는 것"을 식혀줄 수 없다면, 그것은 확실히 폭발할 것이고, 가스로 된 물질은 차츰 담는 그릇 바깥의 공기 속으로 흩어질 것이며, 공기를 구성하고 있는 다른 물질들 속으로 사라지고 말 것이다.

　이와 비슷하게, 만약 비교적 통합되지 않은 유아-자기가 응집력 있고, 단단한 핵심 정체성을 발달시키기를 원한다면, 그것은 일관되게 담겨져야만 한다. 정동적 순간 혹은 감각 경험의 열기(그것이 "하나-됨의 황홀"이든 혹은 "둘-됨의 짜증스러움"이든)는 빠르게 움직이는 원초적 감각 요소들의 "소용돌이"를 발생시킴으로써, 담아주는 자의 심리적 벽에 폭격을 가하고, 고조된 정서적 압력을 산출할 것이다. 만약 담는 자/어머니가 기능을 유지하기를 원한다면, 그녀는 충분히 힘 있는 성격, 정서적 유연성, 그리고 투사를 통한 공격의 강도를 조절할 수 있는 차분한 사고 역량을 갖고 있어야 하며, 그럼으로써 견고성과 조직을 갖춘 자기-구조의 발달을 촉진시킬 수 있어야만 한다.

 안아주기와 담아주기에서의 결핍들은, 비록 외적 현실과 별다른 연결들을 갖고 있지 못한 거짓된 가정들에 기초한 것이기는 하지만, 자기의 견고한 조직을 얻기 위한 즉흥적인 방법들을 작동시킨다. 기관지 천식의 신체적 증상들은 개인의 자기가 정신화되는 데 실패한 증발의 위협 아래 처해 있는 동안, 자기의 견고한 조직에 대한 감각을 임시적으로 획득하는 하나의 방법으로 볼 수 있다.

 전이 상황에서, 리비도적인 소망들과 공격적 충동들은 최초의 원색 장면(젖꼭지와 입)에 다시 귀를 기울인다. 분리들은 초기의 단절, 정서적 무반응, 담겨지지 않은 주체를 범람하는 감당할 수 없는 황홀에 대한 경험을, 그리고 최후의 버림받음으로서의 젖떼기 경험을 생각나게 한다—이 모든 것들은 참을 수 없는 좌절로 이끈다. 그러한 강렬한 좌절은 갈망의 대상을 향한 공격적이고, 파괴적인 충동들을 불러일으키고, 이는 우울적 성질의 극단적인 불안으로 그리고 퇴행적으로 편집증적인 불안으로 인도하며, 결국에는 정신화 되지 못하고 따라서 신체화되는 비통합의 불안들로 인도한다. 따라서 천식의 기관지 수축은 자기를 하나로 묶어주는 이차적 피부를 형성하는 것을 통해서 비통합의 불안을 막는 데 봉사한다; 편집적 불안은 내면에 보호된 좋은 자기를 담아줌으로써; 우울적 불안은 좋은 외적 대상을 보호하기 위해 나쁜 자기를 내면에 제한함으로써.

결론

   초기 대상관계들에서의 정신화 되지 않은 경험들은 특정 환자들의 정신신체적 천식의 정서적 원인과 관련해서 중추적인 역할을 한다고 결론내릴 수 있다. 부족한 환경의 표현 혹은 발달적 정지의 표시로서의 천식 증상의 선택은 발달의 초기 형성기 단계 동안에 유아(그리고 아마도 심지어 태아)를 침범하는 일차적 대상(들)의 의식적 및 무의식적 환상, 갈등, 소망, 그리고 공포에 의해 결정된다.

   인격의 정신신체적 측면이라는 개념이 정신신체적 인격 또는 정신신체적 환자라는 개념보다는 좀 더 유용한 것으로 드러날 수 있다. 마찬가지로 유아의 특별한(일반적이 아닌) 취약성과 관련해서 부족한 알파-기능의 영역(혹은 일차적 대상의 안아주는 및 담아주는 기능에서의 전체적인 혹은 제한적인 결핍)을 고려하는 것이 가치 있는 일일 수 있다. 유아와 일차적인 돌보는 자양자에서의 이러한 "취약성의 일치"는 이후의 정신적 구조의 발달과 관련해서 불행한 결과들을 가져오는 것으로 보인다.

   최근까지도, 정신신체적 천식 치료에 대한 전통적인 정신분석적 접근들은 신체에 병리적 영향을 미치는 것으로 보이는 마음 안의 갈등들과 환상들을 찾아내는 것을 목표로 삼아왔다. 정신화 되지 않은 경험이라는 개념의 도입과 함께, 하나의 새로운 접근이 암시되었는데, 그것은 분석가가 신체-감각적 기억들과 원환상들을 신체에서 마음으로 전환시킴으로써, 그것들이 그곳에서 처음으로 표현될 수 있도록 만들기 위해 시도한다는 것이다. 정신분석의 목표는 따라서 정신 구조를 세우는 것, 최초의 신체-자아로부터 마음-자아를 더 발달시키는 것이 되었다.

초기 환경의 실패들과 타고난 결핍들을 초월하고 변형시키는 과제와 관련해서 환자를 돕는 분석가의 역량은 자기-생존 전략으로서의 천식을 점진적으로 포기하도록 촉진하는 데 있어서 본질적인 요소이다. 분석가는 자신을 믿을 수 있고, 견고하며, 유연한(비록 일시적이지만) 대상으로서 그리고 친절하고, 반영적이며, 이해해주는 현존으로서 제시하는 것을 통해서, 환자의 내적 세계 안에 망가진 것이 복구되고 성장을 가져오는 데 봉사한다.

제 7 장
다시 보는 프로이트의 도라 사례

> 나는 정신분석가들이 정신분석적 게임에서, 이용할 수 있는 자료를 선택할 때 가능한 한 많은 모델들을 사용할 것을 격려한다.
>
> [W. R. Bion, "좌표"]

도입

6장에 대한 부록으로 간주될 수 있는 이 장에서, 나는 대부분의 독자들에게 "도라 사례"로 친숙하게 알려져 있는 "히스테리 전환 사례"(1905)에서 가져온 자료를 가설적으로 재평가함으로써, 기관지 천식의 원인과 의미와 관련해서 앞 장에서 제시한 개념들을 그것들에 대한 예전 개념들과 비교하고 대조할 것이다.

먼저 도라에 대한 사례 보고에서 프로이트가 매우 세련되게 제시한 아이디어에 대한 면밀한 조사가 필요한데, 그것은 천식을 히스테리 전환 증상이나 "순수하게 정신적 흥분이 신체적인 측면으로 변환된 것"(Freud 1905, p. 53)으로 보는 그의 초기 견해를 살펴보는 데 있어서 안내자 역할을 할 것이다. 프로이트의 최초의 아이디어들과 나란히, 나는 리비도 이론을 대상관계 이론으로 옮겨놓는 데 필요한 원시적인 정신적 상태들에 대한 우리의 현재의 지식을 활용함으로써, 그가 제시한 자료들을 검토하고 그의 사고들을 현대화하는 새로운 방식들을 제시할 것이다.

좀 더 구체적으로 말해서, 이 장에서 나는 증상의 선택에서 부모의 환상들이 미치는 영향력의 중요성, 천식 병리의 "특이성"에서 동일시 과정이 수행하는 역할, 증상에 기여하는 한 요인으로서의 원색 장면의 초기 뿌리들, 그리고 대상관계에서의 장애들이 성화(sexualization)되는 측면 등을 보여주고자 한다. 나는 또한 때 이른 자아 발달이 환상의 정교화 과정을 중지시키고 상징 형성을 중단시키는 유해한 결과를 가져온다는 점을 강조할 것이고, 천식 증상이 모성적 담아주기의 대체물로서 사용되는 베타-스크린 또는 이차적 피부에 대한 표현이라는 개념과, 모성적 안아주기의 대체물로서의 기관지 수축이라는 개념에 초점을 맞출 것이다.

프로이트의 도라

여러 가지 점에서 도라는 앞 장에서 다룬 여성 환자인 캐리와 비교될 수 있다. 프로이트(1905)는 도라가 "폐의 문제" 또는 "결핵"을 앓고 있던 그녀의 아버지에 대해 "애정 있는 애착"(p. 18)을 형성한 상태였고, 그 점에서 도라가 유전적으로 그녀 자신의 폐를 "신체적으로 순응하게"(p. 41) 만듦으로써 천식에 걸리기 쉬운 소인을 갖고 있었다고 지적한다. 호흡기 질병을 발생시킬 수 있는 "유전적 소인"이라는 이 개념은 오늘날 유전자들을 통해 전달되는 타고난 요소들 외에도, 심리내적으로나 대인관계적으로, 특정한 기관들을 민감하게 만들고 그래서 신체화를 위한 여건을 마련하기 위한 수단으로서 환상을 사용하는, 복잡한 동일시 과정에 대한 개념들을 포함하는 것으로 확장될 수 있을 것이다.

비록 프로이트가 나의 환자 캐리가 도라처럼 순수하게 생물학적인 수준에서 그러한 유전학적 약함의 소인을 양쪽 부모에게서 이중으로 물려받았다고 생각할 수도 있겠지만, 나는 또한 캐리가 그녀의 어머니와 아버지 모두에게 애정 있는 애착(아버지의 담배 연기에 의해 질식된 그녀의 어머니, 그리고 그녀의 어머니에 대한 분노에 의해 질식된 그녀의 아버지와의 명백한 내사적 동일시에 의해 확인된)을 형성했다는 사실이, 그녀의 내적 세계 안에 있는 유사한 대상들과 관련된 환상들의 신체적 행동화를 위한 영역으로서 폐를 선택하게 하는 데 중요하게 작용했다고 본다.

프로이트는 도라의 어머니를 "그녀의 자녀의 더 적극적인 관심들을 이해하지 못하고"(p. 20) 자신의 질병에 대한 통찰을 갖고 있지 않은, 생각 없는 활동들에 사로잡혀 있는 여성으로 묘사한다. 그는 도라의 어머니의 집이 너무 위생적이어서 "사용하거나 즐길 수 없다"고 우리에게 말해주는데 반해, 나의 환자 캐리는 그녀의 어머니의 집이 너무 무질서해서 사용하거나 즐길 수 없다고 불평한다.

캐리와 도라 모두의 경험에서, 어머니의 집은 그들 각각의 마음을 나타내는 것으로 볼 수 있는데, 그것은 지적으로 조숙한 이 젊은이들의 적극적이고, 공격적이며, 인식선호적인 분투들을 담아주고 이해하기에는 적합한 것이 아니었다. 여기에서 프로이트는 도라의 어머니 편에서의 이러한 실패를 도라가 그녀의 어머니로부터 철수한 것과, 이어서 어머니를 비판적으로 평가절하 한 것과 연관시킨 것으로 보인다.

비록 프로이트가 "최초의 대상(젖꼭지) 혹은 구강 만족과 동일한 기능을 하는 자위에서의 손가락이 그 순간의 성적 대상(페니스)으로 대체된 것"(p. 52)임을 인정하고 있지만, 그는 도라의 히스테리적 전환 증상의 원인에서 유아기의 젖가슴/어머니가 중추적인 역할을 한다는 사실을 이해하는 데는 실패했다. 프로이트는 나중에 "K 부인에 대한 도라의 동성애적(여성 동성애) 사랑이 그녀의 정신적 삶에서 가장 강력한 감정이었음"(p. 120 n)을 인정했는데, 이것은 처음 생각과는 다른 것이었다. 나중에 그는 "K 부인에 대한 ... [도라의] 무자비한 보복 열망은 그것과 반대쪽으로 흐르는 감정의 흐름―그녀가 사랑했던 친구의 배신을 용서했던 관대함―을 감추는 데 적합한 것이었다고 덧붙인다"(p. 120 n).

여기에서 프로이트는 이 통찰을 도라가, 명백하게 그녀의 어머니를 용서한 것을 감추기 위한 그녀 편에서의 노력인, 그녀의 어머니로부터 철수한 것과, 그리고 그녀 자신을 그리고 수유 상황에서 그녀 자녀의 흥분 상태와 짜증을 담아낼 수 없었던 생각 없는 어머니의 젖가슴에서 경험했던 외상들을 완강하게 부인하려는 시도와 연결시키는 데 실패한다.

프로이트는 무엇에 그토록 몰두했고, 도라의 천식 증상의 발달에서 무엇이 원인론적으로 중요한 것이라고 생각했는가? 그는 "순수한 신경성 천식"(p. 21)의 첫 발생이 도라가 8세 때 무리하게 등산 여행을 한 직후에 있었다고 말한다. 그녀의 아버지는 건강이 나아진 시기 동안에 집을 떠나 있었고, 그가 떠나기 전날 밤, 도라는 어머니와 성교하는 아버지의 거칠고, 힘든 숨소리를 엿들었다고 프로이트는 말한다. 그러므로 프로이트는 도라의 천식이 부모 커플 사이의 "성교 행위에서 떨어져 나온 파편"(p. 80)이라고 추론했다. 즉, 그것은 성교하는 부모들과의 그녀의 상징적 동등시 또는 그것의 행동화, 또는 잃어버린 아버지를 되찾으려는 소망의 표현으로서의 "감정이입적인 흥분"이었다(p. 80).

그리고 나서 프로이트는 도라가 자위행위의 중지를 그녀의 신경성 천식과 그녀의 "불안 경향성"이 시작된 것과 연관시킨다(p. 80). 그가 관찰하는 데 실패한 것은 어머니와의 성행위에서의 아버지의 과도한 소모―자위행위에서 도라가 손가락을 과도하게 사용한 것—와 좀 더 앞선 도라의 엄지손가락 빨기이다—최초의 원색 장면인(Sarlin 1970) 수유 행동에서의 도라의 과도한 소모(입과 젖꼭지).

프로이트가 히스테리 전환의 원인론을 다루면서 심리적인 결정요인으로서의 삼자 구조를 언급하지만(즉, 정신적 외상, 정동들의 갈등, 그리고 성적 영역에서의 장애), 그는 이 영역들 각각이 지닌 의미의 가장 깊은 층을 뚫고 들어가지는 못한다. 그는 초기의 성적 흥분—8세 때 원색 장면을 목격한 것에서 시작되었고, 14세 때의 K씨로부터의 키스와 17세 때의 K씨에 의한 호수에서의 유혹에 의해 복잡해진—이 도라의 전환 증상들의 형성에 기여한 누적된 외상들을 구성한다고 주장한다.

프로이트에 의해 언급된 "갈등"은 본능들과 외부 세계 사이에 존재하는 것처럼 보이는 반면, 성적 영역에서의 장애는 성적 흥분 상태에 있는 젊은 남성에 대한 도라의 공포증적인 반응, 그녀의 자위행위의 중지, 그리고 그녀의 성적 욕동의 억압으로 밝혀진다.

"첫 증상들이 아동기에 이미 시작되지 않은 경우들에도, 나는 그것의 원인을 환자들의 삶의 역사에서 가장 초기의 시기들에서 찾게 되었다"(p. 27)는 프로이트의 제안을 따라, 나는 도라의 천식의 기초를 놓은 정신적 외상이 최초의 원색 장면(Sarlin 1970)에서 찾아져야 한다고 제안한다; 정동들의 갈등이 유아기의 어머니에 대해 느낀 사랑과 증오 사이의 갈등이며; 성적인 장애가 실제로는 성화된 대상관계 영역에서의 깊은 장애이다.

도라의 사례에 대한 이러한 견해를 지지하기 위해, 나는 다음과 같은 프로이트의 탁월한 조사 자료들을 인용할 것이다. 프로이트는 도라의 성적 지식의 원천에 대해 질문했고, 처음에는 "…그녀가 그 주제에 관한 모든 정보의 원천에 대해 잊고 있다는 사실을" 발견했다(p. 31). 그러나 나중의 언급들은 그녀의 유모와 K부인이 성적 문제들에 대한 지식의 원천이었음을 드러낸다.

나는 여기에서 성교에 대한 그러한 지식(도라에게 외상을 입힌 흥분)이 최초의 원색 장면에 능동적으로 참여한 자로서의 그녀 자신의 경험에서 유래했고, 그 장면에서 그녀의 어머니로부터 젖꼭지와 입의 관계에 대해 배웠다고 가정할 것이다. 이 지식은 나중에 최초의 관계를 의미하는, 페니스와 질에 대한 그녀의 지식에 의해 대체되었다. 이러한 "진정한 기억상실증" 혹은 "옛 회상들뿐만 아니라 심지어 상당히 최근의 것들까지도 삼켜버린 기억 안의 틈새"(p. 17)는 정신화 되지 않은 채로 남아 있는 경험들의 결과일 수 있고, 그러한 경험들을 삼켜버리는 틈새는 젖꼭지의 때 이른 상실에 의해 남겨진 구멍이나 상처와 유사한 것일 수 있다.

더 나아가, 이 일차적 외상은 최초의 천식 발작이 시작되었을 때 그녀의 아버지가 부재했던 것에 의해서뿐만 아니라, "[K부인]의 배신에 의해 야기된 환멸"(p. 63)에 의해 강화되었다고 가정할 수 있다. 이때 아버지와 K부인 모두는 도라의 어머니(최초의 대상)를 나타낸다.

프로이트(1905)는 구강성교를 "어머니의 젖가슴 빨기에 대한 전역사적인 인상의 ... 새로운 버전"(p. 52)으로 보고, 나중에 그는 수유 상황이 성인기에서의 성적 만족의 표현에 대한 원형이라고 인정한다. 그러나 이 젖가슴에서의 상황이 불만족과 좌절로 가득 찬다면 어떤 어려움들이 생겨나는가?

이 질문에 대한 답은 유아의 리비도적, 공격적, 그리고 인식선호적인 본능들 그리고 그것들이 일차적 대상인 젖가슴과의 관계에서 보여주는 가장 초기의 변천들에 대한 프로이트의 이론을 클라인이 확장한 것에서 발견할 수 있다. 도라의 사례에 클라인이 개념화한 것들을 적용하는 것은 천식의 증상에 내재된 복잡한 의미들을 밝히는 데 도움을 줄 것이다.

첫째, 도라는 어머니와의 성행위로 인한 아버지의 탈진이 그의 호흡기 고통으로 이어지기 때문에 그 행위를 두려워한다고 한다. 그녀 자신의 천식 증상은 그(아버지/페니스)와의 동일시를 의미한다. 우리는 또한 도라가 페니스를 어머니의 젖꼭지와 동등시한다는 것을 알고 있다. 이러한 사실들로부터 우리는 탐욕스럽고, 가학적이며, 좌절된, 빠는 입에 의해 탈진하고 파괴 위험에 처해 있는 젖꼭지/어머니를 나타내는, 내적 대상의 존재를 추론할 수 있다. 여기에서의 불안의 성질은 우울적이다.

우리는 또한 도라가 엄지손가락 빨기, 자위, K씨의 발기한 남근, 그리고 애정 어린 대화에서 성적으로 흥분된 젊은 남성들에 의해 상처받는 것 등에 대한 두려움을 갖고 있다는 것을 알고 있는데, 이 모든 것들은 흥분된 젖꼭지에 대한 그녀의 깊은 공포를 의미할 수 있다. 이것으로부터 우리는 과도하게 흥분되고 흥분시키는 젖꼭지/어머니에 의한 질병/손상의 위험에 처해 있는, 유아/도라/입을 나타내는 내적 대상의 존재를 추론할 수 있다. 여기에서 불안은 성질상 편집-분열적이다.

프로이트(1905)는 천식 증상이 "[도라의] 성적 삶의 두 국면들 사이의 경계를 형성하고 있는데, 첫 번째 국면은 남성적인 성질을, 두 번째 국면은 여성적인 성질을 갖고 있다"(p. 82)고 결론 내린다. 우리는 남성적, 여성적이라는 개념을 "적극적," "수동적"(Freud 1905)이라는 개념으로 변형시킴으로써, 도라의 천식이 서로를 위협하고 파괴하는 것으로 느껴진, 최초의 원색 장면에서의 양육하는 커플을 나타내는, 적극적이고 수동적인 내적 대상들 사이에서의 피부 또는 경계를 형성한 것으로 이해할 수 있다. 이러한 신체적 경계의 발달은 부족한 알파-막을 대체하기 위한 보상적 움직임으로서 간주될 수 있다(Bion 1962).

도라의 사례에 대한 계속되는 논의에서, 프로이트는 도라를 괴롭히는 갈등이 그녀의 아버지(그리고 K씨)에 대한 그녀의 성적 충동과 그녀의 어머니(그리고 K부인)의 사랑을 상실하는 것에 대한 그녀의 공포 사이의 대립을 구성한다고 제안함으로써, 그 상황이 오이디푸스 상황이라는 그의 개념을 채택한다. 그는 도라가 이 갈등을 해결하기 위해 시도할 수 있는 한 가지 방식이 K부인에 대한 그녀의 동성애적인 사랑을 공공연하게 표현하는 것이라고 암시한다. 그는 또한 도라의 신경증 혹은 히스테리 증상들이 그와 같은 오이디푸스 갈등의 도착적 해결에 대한 대안이라고 제안했는데, 그는 "선천적으로 신경증에 걸리기 쉽고, 조숙하게 발달하고 사랑에 대한 갈망을 갖는 아동들의 경우, 처음부터 오이디푸스 갈등이 더 강렬하게 나타난다고 가정했다"(p. 56).

이 마지막 진술은 "어머니와의 관계의 모든 면들이 아버지와의 관계의 모든 면에 광범위하고 영속적인 영향"을 미친다(p. 389)는 점을 강조하는 멜라니 클라(1945b)의 진술을 예고한다. 그녀는 젖가슴에서의 초기의 박탈이 유아가 좌절을 주는 젖가슴에서 페니스를 향해 돌아서게 만듦으로써 오이디푸스 상황의 때 이른 시작으로 이끈다고 관찰했다. 그 다음에 이어지는 어머니와의 이른 동일시는 원초적인 초자아의 형성과 구강 및 항문 쾌락들을 성기적 만족으로 대체하는 결과를 가져온다. 만약 이러한 움직임이 너무 일찍 시작되면(즉, 자아가 우울적 불안을 감당할 수 있는 준비를 갖추기 전에), 어머니에 대한 때 이른 공감이 환상적 삶을 단절시키고 상징 형성의 발달과 관련된 심각한 억제를 발생시킬 수 있다(M. Klein 1930).

어린 소녀가 아버지를 향한 근친상간적 소망들에 대한 보복의 결과로서 어머니의 사랑을 잃는 것에 대한 두려움을 갖는다는 점을 프로이트가 강조한 반면, 클라인(1928)은 그 소녀가 "그녀의 몸이 공격당하고 그녀의 사랑받는 내적 대상들이 파괴되는 것에 대한 공포"(p. 390)를 핵심적 불안으로 보고 있으며, 이것이 "전환 히스테리의 근저에 있는 심리적 원인"이라고 가정한다(p. 211).

도라의 천식에 대한 프로이트의 이해(부모 간의 성교의 흥분시키는 행위의 신체적 표현)를 넘어 그러한 증상에 대한 클라인의 이해(손상된 신체기관에 의해 표현되는 대상들에 대한 우울적 염려, 혹은 아마도 공기를 들이마시고 내쉬는 것을 제한하는 것에서 표현된, 대상들에 대한 전능 통제)에 도달함으로써, 우리는 도라의 천식 증상의 정서적 원인의 가장 초기 뿌리들을 발견하는 데 한 걸음 더 다가갈 수 있게 되었다.

빅(1968)과 비온(1962)은 우리가 이 뿌리들을 발견하는 데 더 깊은 탐구를 수행할 수 있는 도구들을 제공한다. 우리는 도라의 천식을, 떨어뜨려지는 것과 무한히 떨어지는 것(안아주기에서의 결핍으로 인한 환멸)에 대한 공포 때문에 아버지/어머니/젖꼭지에 매달리는 환상을 나타내는 것으로 볼 수 있고, 또는 그것을 알파-기능에서의 결핍(담아주기에서의 실패로 인한 "배신감")이 감각 인상들—떨어뜨려지는 것에 대한 정서적 경험의—을 사고를 위한 음식으로 전환시키지 못하는 무능력으로 인해 발생한 베타-스크린으로 볼 수 있다.

도라의 증상들의 원인과 치료에서, 정신화 되지 않은 경험의 역할을 가정하는 것은 "[정신분석적] 치료의 목적이 모든 가능한 증상들을 제거하고, 그것들을 의식적 사고들로 대체하는 것이다"(1905, p. 18)라고 했던 프로이트의 진술과 일치하며, 이는 아마도 신체화된 것의 정신화가 우리의 치료적 자리임을 제안하는 그의 방식이었을 것이다.

결론

사실상, 초기 대상관계들에서 정신화 되지 않은 경험들이 일부 환자들의 정신신체적 천식의 정서적 원인론에서 핵심적 역할을 한다고 결론내릴 수 있다. 또한 천식 증상의 선택—환경적 결핍의 표현 또는 발달적 정지의 표시인—은 발달 초기의 형성 단계 동안에 유아에게 (그리고 아마도 심지어 태아에게) 침범적인 영향을 미치는 일차 대상(들)의 무의식적인 환상, 갈등, 소망, 그리고 공포에 의해 결정된다고 결론내릴 수 있다.

그 외에도, 정신신체적 인격이나 정신신체적인 환자라고 생각하기보다는 인격의 정신신체적 측면이라고 생각하는 것이 더 유익할 것이다. 마찬가지로, 알파-기능의 부족한 영역, 혹은 유아 자체의 특정한(일반적이기보다는) 취약성(내성 부족)과 관련해서 일차 대상의 안아주기와 담아주기 기능에서의 제한된 측면을 고려하는 것이 가치 있는 일일 것이다. 이러한 문제의 발생은 유아와 돌보는 이 모두에서의 취약성의 우연한 일치라고 부를 수 있으며, 이는 정신적 구조의 발달에 불행한 결과들을 가져온다.

타고난 결핍들과 마찬가지로 그러한 초기 환경의 실패들을 초월하고 그것들을 변형시킬 수 있도록 환자를 돕는 분석가의 역량은 자기-생존 전략으로서의 천식을 차츰 포기하도록 촉진하는 데 본질적인 요소이다. 분석가는 자기 자신을 믿을 만하고, 견고하며, 융통성 있는—비록 일시적이지만—대상(안아주는)으로서, 그리고 호의적이고, 성찰적이며, 이해해주는 존재(담아주기)로서 제시함으로써, 환자의 내적 세계를 복구하고 그 안에서의 성장을 증진시키는 데 봉사한다.

제 8 장
점착성 유사-대상관계: 이론[1]

그녀는 시간이 시작된 이후로 무를 응시하면서, 그곳에 그리고 그곳이 아닌 곳에 서있다. 꿈들, 그림자들, 그리고 환상들의 세계 속에 살고 있는 그녀에게 색깔보다 그리고 분별할 수 없는 소리보다 더 복잡한 것은 없다. 의심 없는 천사의 모습으로, 그러나 또한 그녀의 얼굴에 닿는 고양이털의 감각보다 더 복잡한 것은 아무것 사랑하거나 느낄 수 없는 상태로, 그녀는 거기에 있다.

Donna Williams, 「Nobody Nowhere」

도입

"점착성 동일시"라는 개념은 유아관찰과 아동분석, 특히 자폐아동들과의 치료에서 사용된 정신분석적 방법이 정제된 데 따른 결과물로서, 빅(1968, 1986)에 의해 처음으로 묘사되었고, 멜처(1975, Meltzer et al. 1975)에 의해 더욱 발전되었으며, 터스틴(1972, 1980, 1981, 1984b, 1986)에 의해 확장되었다. 빅(1968)은 그녀의 독창적인 논문에서, 클라인의 투사적 동일시 이론이 말하는 것보다도 발달적으로 앞서 있는 "자기애적 동일시"라는 더 원시적인 유형에 대해 말했다. "동일시"의 매우 초기의 형태에 대한

---
[1] 이 장 내용의 초기 판은 1994년에 현대 정신분석에 게재된 바 있다.

이러한 빅의 모델은 일부 연구자들의 정신분석적 사고를 수정하도록 자극했고, 그들이 전에는 거의 탐구되지 않았던 대상관계들의 또 다른 차원을 연구하도록 영감을 주었다. 즉, '어떤 것 안으로 들어간다는' 아이디어가 '어떤 것과 접촉한다' 는 아이디어로 대체되는 과정이 시작되었다. 이 과정은 매우 원초적인 것이고, 항상 피부에 해당하는 정신적 현실의 대상과 연결되어 있는 것으로 보인다(Etchegoyen 1991, p. 574).

이 장에서, 나는 정상적/자기애적 대상관계의 발달이라는 측면에서 "심리적 피부"의 개념과 그것의 기능을 탐구하는 것을 통해, 점착성 동일시에 대한 빅과 다른 연구자들의 연구를 검토할 것이다. 그 다음에는 자폐 아동들과 함께 했던 프랜시스 터스틴의 연구에 일차적인 빚을 지고 있는, 이 개념의 진화와 정교화 과정을 추적할 것이다. 그리고 동시에, 내가 멜라니 클라인과 그녀의 해설자들에 의해 잘 정의되고 기록되어 온 것에 앞서는 원초적 양태의 유사-대상관계라는 개념을 정교화 하려고 시도할 것이다. 나의 과제를 수행하기 위해, 나는 정상적/자기애적 대상관계를 내가 점착성 유사-대상관계라고 부르는 것과 비교하고 대조할 것이다.

에스더 빅의 발견들과 그 이후의 발견들

빅(1968)은 그녀가 관찰한 유아들에게서 어떤 행동들을 주목했는데, 이것은 그녀를 매우 어린 아기들이 아직 신체적 내용물로부터 구별될 수 없거나 분화되지 않은 정신적 내용물을 충분히 함께 담아낼 수 있는 경계들의 부재를 경험할 수 있다는 생각으로 이끌었다. 빅(1968)은 유아의 갓 태어난 자기가 통합을 향해 가는 길에서 그것의 경험들/부분들을 수동적으로 묶어주는 일을 이상적으로 수행하는, "심리적 피부" 개념을 제안했다. 이것은 아마도 원시적인 "신체 자아" 안에 있는(Freud 1923) "자아 경계"(Federn 1952)의 개념과 유사한 개념일 것이다. 그녀는 이 심리적 피부를 신체적 피부의 투사물로서 혹은 신체적 피부에 상응하는 것으로서 묘사했고, 그것이 처음에 "이 기능을 수행하는 존재로 경험되는 외부 대상의 내사에 달려있다"고 가정했다(Bick 1968, p. 484).

나는 위에서 언급된 "외부 대상"이 신체적으로나 정서적으로 "안아주는" 그리고 정신적으로 "담아주는" 어머니와, 감각적 혹은 관능적 기관으로서의 유아의 신체 표면 사이의 계속적인 상호작용의 경험들로 구성된 복잡하고 미분화된 대상이라고 제안한 바 있다.

빅(1968)은 "나중에, 대상이 지닌 이 [심리적 피부] 기능과의 동일시가 비통합 상태를 대체하고 내적 및 외적 공간의 환상을 발생시킨다"(p. 484)고 가정했다. 그녀는 이 공간의 환상이 클라인(1946)이 묘사한 자기와 대상의 이상화를 허용하는 정상적인 적응적 분열을 위한 본질적 기초라고 가정했다.

내적 공간에 대한 경험의 결핍으로 인해 이차원적 방식으로 대상들과 관계하는 경향성에 대한 그녀의 이해와 나란히, 빅(1968)은 최대로 의존적인 무기력하고 수동적인 상태로서의 비통합과 생존과 성장을 위해 필요한 분열 혹은 해체와 같은 적극적인 방어적인 책략들 사이를 중요하게 구분했다: 전자는 멸절 불안과 연결되어 있고, 후자는 박해적 및 우울적인 불안과 연결되어 있다.

담아주는 대상에 대한 욕구는 유아의 비통합 상태 안에서, 유아의 주의를 붙들어주고, 그럼으로써 최소한 일시적으로 인격의 부분들을 함께 안아주는 것으로 경험될 수 있는 대상—빛, 목소리, 냄새, 혹은 다른 감각적인—에 대한 절박한 추구를 발생시키는 것으로 보인다. 최적의 대상은 구체적으로 피부로 경험되는 ... 안아주고, 이야기해주며, 친숙한 냄새를 풍기는 어머니와 함께 입안의 젖꼭지이다 ... 일차적인 피부 기능에서의 장애는 "이차적인 피부"의 형성으로 이끌 수 있는데, 그럴 경우 대상에의 의존은 유사-독립으로 대체된다. [Bick 1968, p. 484]

빅(1986)은 나중에 이러한 "이차적 피부가 근육이나 목소리의 사용과 같은 모성적 돌봄의 특징들과 결합해서 생겨날 수 있다"고 밝혔다(p. 292). 그녀는 나중에 자아의 성숙과 함께 정신적인 방어기제들로 변형되는—따라서 "이차적 피부 형성"(예컨대, 점착성 동일시)이라는 범주에 포함될 수 있는—초기 방어들이 본래 어린 유아를 파국적 불안으로부터 보호하기 위해 구성된 감각적이고 "비정신적인" 현상들이라고 보았다. 그리고 그 점에서 "초기에 개체발생적으로 출현하는 유기체적 방어들"이 존재한다는 그리네이커(Greenacre 1971)의 개념에 동의하는 것처럼 보인다.

그것들은 공간으로 떨어지는 것에 대한 파국적 불안, 그리고 변화에 대한 모든 요구를 따라다니는 두려움, 깊은 보수주의와, 동일성, 안정성 그리고 외부 세계로부터의 지원에 대한 요구를 발생시키는 죽음에 대한 공포로부터 유아를 보호한다. [빅 1986, p. 299]

위니캇(1960a) 역시 초기 대상관계에서 피부가 갖는 중요성에 대해 서술했다. 그는 유아기의 "안아주는 단계"("절대적 의존"[2]의 단계로 간주되는)에서 발생하는 발달의 한 부분이 아기의 "정신신체적 존재"의 확립, 즉 그가 "정신이 신체 안에 거주하기"라고 부른 일차적 통합임을 지적했다. 이와 연관해서, 그는 다음과 같이 말한다.

> 추후 발달의 일부로서, 제한 막이라고 부를 수 있는 것이 생겨나는데, 이것은 어느 정도 (건강한 상태에서) 피부의 표면과 같은 것으로서, 유아의 "나"와 "나-아닌 것" 사이에 위치해 있다. 따라서 유아는 내부와 외부, 그리고 신체 도식을 갖게 된다. 이러한 방식으로 투입과 산출 기능이 의미를 갖게 된다; 게다가, 유아가 개인적 또는 내적 정신적 실재를 갖는다고 가정하는 것이 차츰 의미 있는 것이 되며 ... 이것이 정신과 구별되는 어떤 것으로서의 마음이 존재하기 시작하는 것을 말한다.[3] [p. 45]

---

[2] 위니캇(1962)은 절대적 의존 단계를 "유아가 자기로부터 어머니를 분리해 내기 이전 단계로 정의했는데 ... 이 단계에서 ... 우리는 허기를 느끼고, 본능적 욕동들이 충족되거나 좌절되는 개인으로서의 아기를 생각해서는 아니 되며, 항상 생각할 수 없는 불안의 주변에 머물러 있는 미성숙한 존재로서의 아기를 생각하는 것이 필수적"이라고 보았다(p. 57).

[3] 위니캇은 1949년에 그가 사용하는 "정신"(psyche)이라는 단어의 의미를 "신체적 부분들, 감정들, 기능들, 즉 신체적 살아있음에 대한 상상적 정교화"라고 정의했다(p. 244). 그는 이 상상적 정교화가 온전히 기능하는 두뇌에 달려 있음에도 불구하고, 두뇌 안에 위치한 것은 아니라고 추가적으로 밝혔다. 건강한 경우, 정신은 신체와의 일차적 통합을 거치고, 만약 환경이 "충분히 좋다면" 그리고 만약 정신-신체적 연속성이 방해받지 않는다면, "마음"은 결핍된 환경을 보상하거나 혹은 그것에 적응하기 위해서, 반응적으로(reactively)가 아니라, 창조적으로 그리고 중간 지점에서 환경을 만나는 수단으로 발달할 것이다.

여기에서 멜라니 클라인의 가르침을 통해 우리가 친숙하게 알고 있는 풍부하고 복잡한 원시적 환상에 대한 연구가 적용될 수 있고, 적절한 것이 된다. [p. 45 n]

위니캇은 정신적 발달에 대한 그의 이론에서 "충분히-좋은 모성적 돌봄" 혹은 가장 초기의 "안아주는 환경"이 결핍될 경우, 유아는 "단절"(disconnection), 즉 "비통합" 상태와 연관된 "생각할 수 없는 불안"(혹은 비온이 "이름 없는 공포"라고 부른 것)을 갑작스럽게 그리고/또는 만성적으로 인식하게 되는 상황에 처하게 된다고 제안했다. 위니캇(1962, p. 57)이 언급한 "생각할 수 없는 불안"은 (1) 산산조각 나는 것, (2) 영원히 떨어지는 것, (3) 몸과 아무런 관련성을 갖지 못하는 것, (4) 방향감각을 잃어버리는 것 등에 대한 두려움을 가리킨다. 우리는 위니캇이 언급한 것들에다 용해 또는 액화에 대한 두려움(Tustin 1980, 1986), 갑자기 공간 안으로 엎질러지는 두려움(Symington 1985), 그리고 증발의 위협(J. Mitrani 1992, 1993b), 즉 사라져버리는 위협을 추가할 수 있을 것이다.

위니캇 역시 그러한 생각할 수 없는 불안이 "모성적 자아-지원의 부재에서 겪게 되는 근원적인 비통합" 상태(Winnicott 1962, p. 61)에서 발생한다고 관찰했다. 그는 더 나아가 이것이 원박탈(privation), 즉 "절대적 의존의 단계에서 안아주기의 실패"(Winnicott 1962, p. 61)에 따른 결과이며, 따라서 혼돈의 적극적 산물인 해체나 파편화와는 구별되어야 한다고 진술했다. 해체 또는 파편화는 개인의 자아 통합이 어느 정도 일어난 후에만 발생하는 박탈(deprivation)과 연관된 세련되고 전능한 방어로 간주된다.

여기에서 비통합을 이완으로서 경험하는 능력—즉, 불안 없이 "홀로 있을 수 있는 능력"(Winnicott 1958b, p. 30)—은 개인이 "충분히-좋은 모성적 돌봄"(그리고 "대상의 현존 안에서 홀로 있는 경험")을 통해서 좋은 환경에 대한 믿음을 형성할 기회를 가진 후에만 발생할 수 있다는 점을 주목하는 것이 중요하다. 이 경험이 없이는 아기는 의미 없음의 공허 속으로 떨어지고, 그의 정상적인 비통합의 상태는 방어적 환상으로서의 해체와는 다른 "해체의 감정"(Winnicott 1949, p. 99)이 된다. 아기가 느끼는 그러한 "존재의 연속성"에서의 붕괴들은 "정신적 기능의 과도한 활동성"(p. 246)을, 즉 "정신-신체를 위한 돌봄을 떠맡고 조직하기 위해 만들어진, 방어적 성질을 가진 전능 환상들의 조숙한 발달을 야기할 수 있다; 건강한 경우, 정신-신체를 돌보는 것은 환경의 기능이다"(p. 246).

이처럼 "마음"이 환경적 기능을 몰수하는 것은 혼동 상태, "이차적 피부"를 통한 적응, 그리고 "사물 그 자체"로서의 정신적 기능의 발달로 이끌 수 있다. 다시 말해서 "참된" 자기의 적으로 지각되고, 결과적으로 통제하기 위한 목적으로 특정 부위에 위치시켜야만 하는, 위니캇이 "병리적인 마음-정신(mind-psyche)"이라고 부른 것으로 이끌 수 있다. 위니캇의 아이디어들은 비통합의 개념과 그것의 불안들에 대한 필수적인 설명을 더해줌으로써, 빅이 말하는 이차적 피부 개념의 "정신적" 구성요소를 명료화해주었다.

위니캇이 말하는 병리적인 마음-정신은 정신과 신체의 통합을 거쳐 마음(비온이 말하는 의미에서의)이 발달해 나오는 건강한 과정을 환경이 지원해주는 데 실패했을 때 발달하는, 유사-정신적 장치라는 것이 나의 견해이다. 나는 이 병인적 실체(지적 기능이 터스틴이 말하는 "보호적 껍질"로서 사용되는)가, 멜처가 비통합(그가 불안에 대한 수동적 방어로 간주한 것으로 보이는) 과정에서 무너진 "정신적" 장치에 대해 말할 때 관찰했던 것일 수 있다고 본다.

멜처는 그의 많은 저술들(Meltzer 1975, 1978, 1986, Meltzer et al. 1975)에서 분해(dismantling, 비통합과의 관계에서)라는 용어를 사용했는데, 그는 이것을 감각적 장치를 분열시켜서(그리고 결과적으로 대상의 경험을 분열시켜서) "상식적인 의미"를 지워버린 채, 감각적 구성요소들로 만드는 것으로 설명했다. 그는 또한 분해에서 정신적 장치와 그것에 의해 처리된 그리고/혹은 생성된 사고들이 전에 확립했던 의미들을 빼앗긴다고 가정하면서, 그런 현상에 대해 알파-기능의 역전이라는 용어를 사용했다. 이러한 빛에서 비통합을 바라봄으로써, 멜처는 그리고 그를 따라 옥덴(1989a,b)은 병리적(심인성) 자폐증이 파괴적 "퇴행"의 수동적인 유형과 그리고 이전에 발달된 정신 구조들의 붕괴와 관련되어 있다고 제안하는 것으로 보인다.

멜처의 용어 사용과는 대조적으로, 나는 위니캇, 빅, 그리고 터스틴이 비통합이라는 용어를, 갓 생겨난 감각적 경험들(베타-요소들)을 통합하고자 하는 아기의 타고난 경향성을 지지해주기 위해 어머니가 알파-기능을 적용하기 전에 존재하는, 유아기의 자연적인 "존재" 상태를 지칭하는 데 사용했다고 본다. 이 저자들이 말하는 비통합은, 안정적인 "심리적 피부"(즉 어머니의 "몽상" 능력을 아기가 경험하고 그러한 모성적 기능을 아기 자신의 신체/심리적 피부와 동일시함으로써 획득되는)를 발달시키기 이전 시기에 어머니가 자신의 마음 안에 아기의 경험들을 담아줄 수 없을 때, 아기에 의해 위험한 해체로서 경험되는 존재 상태로 이해되는 것으로 보인다. 이런 맥락에서 볼 때, 비통합은 평균적으로 기대할 수 있는 환경적 지원이 부재할 때에만 경험되고, 느껴지며, 두려움의 대상이 되고, 회피되는, 정상적인 일차적 상태이며, 정상적인 정신적 및 정서적 성장 대신에 발생하는 병리적인 발달이라기보다는, 하나의 감정-상태로서 생각될 수 있다.

적절한 "피부-대상"을 만성적으로 결여한 아기는 그의 일차적인 감각 경험(베타-요소들)을 베타-스크린(Bion 1963)으로 조직하는데, 이 베타-스크린은 뚫고 들어갈 수 없는 이차적 피부로서 기능할 뿐만 아니라, 환영적이고 일시적인 거짓된 형태의 통합, 즉 위니캇이 병리적인-마음-정신으로 묘사한 것과 다르지 않은, 일종의 유사-정신적-성숙을 제공한다고 나는 제안한다.

빅의 이차적 피부 개념을 확장함으로써, 조안 시밍턴(1985)은 이 전능한 보호 장치의 생존 기능에 대해 논의했다. 그러한 보호적 책략 중의 하나는 유아가 특정한 내장 기관들의 부드러운 근육들을 팽팽하게 하거나 수축시키는 것인데, 그것은 유아의 자기가 틈새들을 통해서 결코 발견되지 않고 다시는 안겨지지 않는 … "공간 속으로 엎질러지지 않도록"(p. 481) 연속되는 피부에 대한 환각적인 감각을 유아에게 제공한다. 유아관찰뿐만 아니라 분석적 세팅에서 성인 환자들과 함께 한 경험에서 가져온 시밍턴의 많은 사례들은 그녀의 다음과 같은 결론들을 믿을 만한 것으로 만들어준다:

> 해체 상태에 대한 원시적인 공포가 의존에 대한 두려움의 근저에 놓여있다; 유아기의 무력한 감정들을 경험하는 것은 아주 초기에 안겨지지 않았던 위태로움에 대한 메아리들을 발생시키는데, 그것은 다시금 처음에는 절박한 생존 수단으로 작용하지만 … 차츰 다른 전능적 방어기제들이 그 위에 덧씌워지는 … 성격 안에 세워지는 … 방어를 형성하는 것을 통해서, 환자로 하여금 스스로를 안아주게 만드는 동기로서 작용한다. [p. 486]

터스틴의 점착성 동등시 개념

터스틴(1986)은 "자폐적 대상들"[4]에 대한 논의에서 담아주는 존재가 부재할 경우 병리적으로 "통합되지 않은 아동들"(p. 127)은 단단한 "물건들"의 표면들에 달라붙는 감각들을 만들어냄으로써 영원히 떨어지거나 엎질러지는 것과 관련된 견딜 수 없는 그들의 공포들을 진정시킨다고 지적했다. 이 감각들은 아동이 대상의 표면과 동등시됨에 따라 신체적인 연속성과 안전감에 대한 일시적이지만 즉각적인 경험을 아동에게 허용해준다. 자폐증의 경우, 아동은 이러한 생존 양태에 중독된다. 터스틴은 점착성 동일시라는 용어보다는 점착성 동등시(p. 127)라는 용어를 사용할 것을 제안했는데, 그것은 후자가 자폐증적 캡슐화와 관련된 특정한 병리적 과정들을 이해하는 데 더 적합하다고 보았기 때문이다.

터스틴(1992)은 자폐 아동들이 그들의 어머니들에게 만성적으로 "붙어 있기 때문에" 그들과 그들의 어머니 사이에 어떤 공간, 즉 진정한 대상관계가 발달할 수 있는 공간이 없다는 점을 부가적으로 설명했다. 그녀는 빅이 자폐 아동들이 ["정신분열-유형" 혹은 "공생적-정신증적인 아동들"과는 대조적으로] 동일시 능력을 갖고 있지 않다는 것을 알고 있었다고 보았고, 그런 점에서 빅은 그런 아동의 대상관계의 특징을 점착성 정체성이라고 부르

---

4) 터스틴(1980)은 보통의 의미에서 자폐적 대상들을 대상들(살아 있는 혹은 죽은)로부터 구별하는데, 전자는 대상들로서 관계되기보다는 그것들이 주체의 피부 표면 위에 발생시키는 촉감들을 위해 사용된다는 점에서 후자와 구별된다. 그러한 감각들은 안전, 힘, 그리고 침투 불가능성에 대한 환상을 제공함으로써, 견딜 수 없는 경험들로부터 주의를 다른 곳으로 돌리는 데 사용된다.

게 되었다는 점을 주목했다(Tustin 1992). 터스틴은 공간의 인식 없이는 관계가 있을 수 없고, 관계가 없이는 동일시 과정이 작동할 수 없다는 점을 강조한다. 점착성 동등시는 자기와 대상에 대한 감각보다는 존재에 대한 감각을 확립하는 데 봉사한다. 터스틴(1986)은 또한 이러한 현상을 개념화하는 또 하나의 방식으로서, 가디니(Gaddini 1969)가 말하는 모방적 융합이라는 용어에 주목할 것을 요청한다. 가디니는 융합의 환상을 "[융합적] 모방을 통해 마술적으로 획득한, 대리적 정체성을 얻으려는 시도"(p. 478)로서 이해했는데, 이러한 생각은 "흉내" 행위로서의 이차적 피부에 대한 빅(1986)의 묘사와 매우 잘 부합한다. 가디니보다 훨씬 앞서, 도이치(H. Deutsch 1942)는 "마치-인양 인격"을 "모방적 동일시" 상태 안에 존재하는 인격으로 서술했다. 그녀는 이러한 환자들이 "마치" 그들 자신들이 그들이 사랑하는 대상들 "인양" 행동한다는 점을 주목했다. 자폐 환자들과의 수십 년에 걸친 연구를 통해서, 터스틴(1992)은 이것을 특별한 동일시 사례라기보다는 "융합의 망상적 상태"로서 이해하게 되었다.

프랑스에서는 앙지외(Anzieu 1989, 1990)와 그의 동료 연구자들이 이차적 피부 현상에 대한 전체적인 윤곽을 그려냈다. 클라인 학파와는 무관하게, 이 임상가들 집단은 청각, 미각, 운동감각, 시각, 그리고 후각들뿐만 아니라, 정동들로 구성된 캡슐화 보호들에 대해 말하기 위해 심리적 봉투(psychic envelopes)라는 용어를 사용해왔다.

옥덴(1989a,b)은 클라인의 편집-분열적 및 우울적 자리들보다 더 원시적인 심리적 조직을 나타내기 위해 자폐-접촉적 자리(autistic-contiguous position)라는 용어를 만들어냈다. 그는 이것이 "그것을 통하여 경험의 분명한 양태가 생성되는 정상적인 발달의 필수적인 부분"이며, 하나의 단계라기보다는 그것 자체의 대상-관계, 불안 체계, 그리고 방어 형태를 갖고 있는 일종의 자리라고 제안했다(1989a).

옥덴의 아이디어들이 흥미롭고 가치 있는 것이기는 하지만, 이 장의 초점은 몇 가지 점에서 그의 초점과 다르다. 옥덴은 유아의 자폐적-접촉적 대상관계의 성질을 연속성과 끝부분 사이—묶여 있음과 주관적 대상과의 하나됨 사이—에 대한 전상징적 변증법으로서 묘사하는 반면에, 나는 여기에서 자궁 안에서 그리고/또는 초기 유아기 동안에 발생하는 극도의 원박탈이라는 외상적 경험에 뿌리를 둔, 그럼으로 해서 어머니와 유아 사이의 안전감의 리듬에 꼭 필요한 신뢰의 발달이 때 이르게 방해받은, 따라서 출현하는 초보적 주체성의 상태와 진정한 객관성의 점진적인 발달에 손상을 가져다주는, 정상적인 발달의 비상징적인 일탈로서의 "점착성 유사-대상관계"라는 지속적인 양태의 발달에 대해 고려하고 있다.

그러한 유사-관계의 빗나간 양태는 정상적/자기애적 대상관계와 나란히 "이중 경로" 위에 존재한다고 믿어지는 반면에 (Grotstein, 1986), 나는 지속적이고 경직된 형태 안에 있는 점착성 유사-대상관계가 거의 항상 병리적으로 방어적이며, 그것이 다시 병인으로 작용함으로써 정상적인 대상관계의 지속적인 발달을 가로막는 요인이 된다고 주장한다. 다른 말로, 정상적인 전상징적 "자체-감각"(Tustin 1986)이 인간관계의 맥락 안에서 배양되고 양육될 때 싹을 틔우고 잎을 내며 적절한 대상관계로 성장해가는 씨앗인 반면, 만약 감각적 성질의 경험들이 생각하고 느끼는 대상에 의해 처리되지 않은 채 남겨진다면, 상징적 의미는 감각적 연속성과 리듬성에 내재된 실존적 경험의 침전물로부터 진화해 나오는 데 실패할 것이고, 이러한 변형되지 않고 "정신화 되지 않은 경험들"은 신체적/정서적인 분리됨과 관련된 공포를 경험하는 원초적 상태들에 대한 인식을 막기 위한, 강화된 보호 장치로서 굳어지고 비대해진다고 나는 믿는다(J. Mitrani 1992, 1993b, 1995b).

멜처의 역사적 및 기법적인 공헌들

내가 1장에서 상세하게 인용한 글에서, 멜처(1975)는 멜라니 클라인의 편집-분열적 자리에 앞서는 원시적인 자기애적 정신상태를 보증하는, 점착성 동일시 개념의 발달로 이끈 흥미로운 관찰들에 대한 설명을 제공했다. 그 글은 그와 그의 동료들(Meltzer et al. 1975)에 의해 보고된 발견들을 확장했고 그러한 초보적 상태들에 처한 성인들과 아동들과의 치료 작업에서 사용되는 기법의 수정으로 이끌었다. 멜처는 그런 사례들의 경우, 그 자신과 빅이 통상적인 방식으로 투사적 동일시를 해석하는 기법이 과녁을 벗어난 것으로 보인다는 사실을 주목하기 시작했다고 서술했다. 그들은 다른 어떤 것, 즉 동일시 과정들과 자기애의 문제와 연결된 것이 진행되고 있고, 그것은 투사적 동일시라는 용어로 설명할 수 있는 것과는 다른 현상인 것처럼 보인다고 느꼈다. 그들은 그 문제가 유아기의 파국적 불안 상태와 모성적인 담아주기의 실패에서 유래했음을 추적할 수 있었다. "이러한 유아들이 불안해질 때, 그들의 어머니들 역시 불안해지고, 그러면 유아는 더 불안해지는 불안의 악순환이 발달하는 경향이 있었고 ... 이는 유아가 ... 일종의 탈조직화된 상태로 들어가는 것으로 끝이 났다"(Meltzer 1975a, p. 295).

멜처는 빅이 일부 성인들 역시 이러한 탈조직화 상태에 처할 수 있음을 관찰하기 시작했다고 회상했다. 이러한 상태들에 사로잡히는 동안 그들은 마비되었고, 앉아서 떠는 것 외에는 아무것도 할 수 없었다. 이것은 통상적인 의미에서의 불안이 아니었고, 그저 사라질 때까지 기다려야만 하는 혼동이었다. 그러한 환자들의 분석 자료는, 마치 그들의 피부가 구멍들로 가득하거나 혹은 완전히 없어지기라도 한 것처럼, 한데 담겨지지 않은 어떤 것의 이미지를 불러일으켰다. 사물들을 함께 묶는 대안적 수단들—지성적인 사고, 말하기, 설명, 혹은 반복 운동들과 같은—이 이러한 환자들이 자신들을 추스르기 위한 시도들에서 종종 사용되었다.

이러한 현상들은 종종 마치 공간이 없고, 사물들이 견고하지 않다고 느끼는, 그래서 그들(자폐 아동들)이 기대거나 위안을 주는 감각을 얻을 수 있는 이차원적인 표면들로만 이루어져 있다고 여기는, 자폐 아동들에게서 그들이 관찰했던 현상들과 비슷한 것이었다. 그들에게 하는 말은 그들을 곧바로 통과하기 때문에, 해석들에 대한 그들의 반응은 지체되었고, 결국 방해 받는다는 감각을 제외하고는 내면에 간직되는 것이 거의 없었다.

이러한 관찰들의 결과로서, 이전에 "동기"와 연관된 것으로 생각되던 것—시기심, 피학증, 질투 그리고 무의식적 죄책감과 관련된 "부정적 치료적 반응"의 문제—이 구조적 결함을 나타내는 것으로 고려될 수 있었다. 멜처는 그러한 환자들이 이따금씩 산산조각날 것을 기대할 것이고, 그들이 그렇게 할 때, 우리는 환자를 담아주는 우리의 능력을 시험하는 특별한 역전이 문제들을 살펴보아야 하고, 비록 그들이 우리에게 요청하지 않더라도, 그 환자들에 대해 관심을 가져줄 수 있는 능력이 있어야만 한다고 일깨워준다. 그는 또한 우리가 그러한 환자들이 빨리 나아질 것을 기대하지 말아야 한다고 권고한다. 그들이 무언가를 담을 수 있는 새지 않는 내적 대상을 발달시키는 데는 많은 시간을 필요로 한다. 환자의 마음 안에 있는 이 틈새는 단순히 해석들을 가지고 틀어막을 수 없다. 결과적으로, 분석가는 환자의 마음 안에 무엇인가가 축적되기를 기다려야 하며, 그 과정은 파이프가 녹이 슬거나 부식되는 데 시간이 걸리듯이, 여러 해의 시간이 걸린다.

건강한 경우 피부-대상은 자기 안에 공간이 발달하도록 허용하기 위해 발달과정의 매우 초기에 합병되고, 그 결과 경험에서 독성을 제거하고 의미를 추구하는 어머니와 아기 사이의 비언어적인 의사소통의 일차적인 방법으로서의 투사적 동일시 기제가 손상 입지 않고 기능할 수 있게 된다. 실제로 만시아(Mauro Mancia 1981)의 연구는 자궁 안에서의 심리적 피부의 초기 발달을 위한 잠재력이라는 개념을 지지하는 것으로 보인다.

심리적 피부의 태내 발달

만시아(1981)는 태아의 정신적 삶에 대한 그의 논문에서, 태아(임신 28-30주 사이에 관찰될 수 있는)의 운동 기능, 감각 능력, 그리고 REM 또는 적극적 수면의 출현에 관한 태아기 및 분만 직후 시기의 연구에서 가져온 경험적 자료들을 빅(1968)과 비온(1962)의 연구와 통합함으로써, 다음과 같은 가설을 제시했다.

적극적 수면은 모성적인 담아주기를 통해 유입되는 감각적 경험들이 태아에 의해 "내적 표상들"로 변형되는 "생물학적 틀"을 구성한다. 그러한 작용은 부모에게서 유전적으로 전달된 본능적 성질을 지닌 핵을 둘러싸고 건설되는 진화에서 원정신적 활동의 시작을 구성할 것이다. [Mancia 1981, p. 355]

만시아는 자궁 내의 담는 것(최초의 안아주는 환경)을 통해 자궁 바깥의 대상들에 의해 전달된 무의식적 환상 요소들에 기초해 있는 이러한 "태내의 정신적 핵"과 비온(1962)이 말하는 "전관념들" 사이에 하나의 유비를 이끌어냈다. 그는 또한 탄생의 순간에 개입할 수 있는 충동들의 압력 하에서 아기의 자기를 담아줄 수 있고 해체로부터 보호해줄 수 있는 ... "피부의 심리적 기능이 태내에서 발달하는 데 있어서 REM 수면이 어떤 역할을 하는지를 논의했다"(Mancia 1981, p. 355). 만시아(1981)는 심리적 피부의 이러한 태아기의 토대가 "감정"과 "생각"(Bion 1962)을 위한 장치의 발달에 필수불가결한, "담는 것-담기는 것" 관계의 시작을 지원한다고 제안했다.

정신분석 영역 바깥에서 가져온 자료들에 기초해 있는, 만시아의 흥미로운 추측들은 이러한 관점을 넓혀 주었고, 가장 초기의 경험들이 개인의 심리적 발달에 미치는 심오한 영향에 대한 우리의 이해를 심화시켰다. 가장 중요한 것은, 태아와 일부 조숙하게 태어난 유아들 모두에 대한 관찰에서 모성적 환경의 방해(신체적이든 정서적이든)가 적극적인 수면(REM)의 감소와 운동 활동에서의 증가를 가져온다는 발견이었다. 만시아는 이것을 REM 수면과 이론적으로 일치하는, 베타-요소들이 알파-요소들로 변형되기보다는 그 베타-요소들의 비워내기를 가리키는 것으로 보았다.

점착성 유사-대상관계

위에서 언급된 발견들을 고려해볼 때, 인간 대상에 대한 얼마의 인식과 이따금씩 주체와 대상 사이의 공간을 허용하는, 개인적 존재에 대한 감각이 안전하게 확립되는 시점까지는, 관계의 진정한 발달은 존재하지 않는 것으로 보인다. 오직 인간 사이의 관계를 통해서만 내적 공간의 감각이 발달할 수 있다. 내적 공간에 대한 이러한 감각이 없이는, 대상 안으로 들어가는 환상이 발달할 수 없고, 대상과 하나됨, 동등시됨, 그리고 연속성의 감각이 아마도 존재의 가장 초기 경험인 자궁 내 경험의 잔재로서 우세하게 될 것이다. 하나됨의 그러한 과잉적인(hyperbolic) 그러므로 병리적인 상태에서는 "심리적 탄생"이 있을 수 없고, 그러므로 자궁 밖에서의 신체적 삶의 의미 있는 경험도 있을 수 없다. 왜냐하면 그러한 신체적 분리됨에 대한 인식은 그것이 아직 형성되지 않은 개인들에게는 파국적인 것으로 "느껴질" 수밖에 없기 때문이다.

빅이 처음에 점착성 동일시(그리고 나중에 점착성 정체성)라고 부른 것의 과잉적이고 병리적인 형태—터스틴이 이름붙인 점착성 동등시—를 고려할 때, 그러한 원시적인 자체-감각적 생존책략들은 정상적/자기애적인 대상관계와 일치하지 않는다는 사실이 분명해진다. 그러나 그것이 프로이트(1914)가 "일차적 자기애"라고 명명한 것과 관련된 "대상없는 상태"의 "정상성"을 암시하는 것도 아니고, 말러(Mahler 1958)가 한때 유아 발달에서의 "정상적 단계" 혹은 "일차적 자폐증의 단계"로 간주했던 것을 말하는 것도 아니라는 점을 주목할 필요가 있다. 대신에, 우리는 점착성 동등시가 지배하는 유사-대상관계의 양태를, 즉 이 두 극단들 사이의 틈새를 채우는 것으로 보이는 하나의 상태를 가정할 수 있다.

존재의 이러한 상태는 공간에 대한 모든 경험을 제거할 것을 요구하기 때문에, 그러므로 인간관계와 그것과 연관된 동일시 과정들을 억제하기 때문에, 나는 이러한 상태를 위해 점착성 유사-대상관계라는 용어를 도입한다. 이 용어는 "실제적"이라기보다는 관찰자에게 "그렇게 보이는" 피분석가의 주관적 경험 안에 있는 "대상관계," 즉 진정한 동일시보다는 점착성 동등시가 지배하고, 주체와 대상이 완전히 겹치고, 연속적이며, 만성적이어서 "타자성"과 "공간" 개념이 거의 혹은 아무런 타당성을 갖지 못하는, 대상관계 양태를 논의하는 데 유용한 약칭을 제공한다. 이런 상태에 있는 개인에게, 공간과 타자성에 대한 인식은 주체에게 총체적인 파국에 대한 견딜 수 없는 경험과 "존재의 연속성"의 느낌에 대한 위협을 발생시킨다.5)

이러한 존재 상태에 있는 동안, 공간에 대한 주관적 경험이 어떤 것인지를 보여주는 하나의 예는 터스틴의 자폐증 환자들(1981) 중의 한 사람이 묘사한 "찌르는 못된 가시를 지닌 블랙홀 경험"이다. 그롯스타인(1990)이 적절히 표현했듯이, 블랙홀 경험은 "무력함, 결함, 무, '제로'에 대한 엄청난 세력으로 경험되는 것이며, 단지 정적인 공허로서가 아니라, 공허 안으로 끌어당기는

---

5) 1993년도 논문에서, 나는 가장 초기의 경험들이 정신적 영역에서 처음에 표상되거나 개념화되지 않고, 나중에 신생아의 내장 기관들과 근육 체계를 통한 표현을 위해 제공될 "신체 기억들"로서 구체적으로 기록된다("표상되기"보다는 "제시된다")고 제안했는데, 이 신체 기억들은 담아주는 대상의 도움을 받아 마침내 신체적 영역으로부터 심리적 혹은 정신적 영역으로 재-제시된다(re-presented). 이러한 기초적 경험들이 "정신화 되기"까지는, 그러한 신체 기억들은, 재활성화될 때, 최초의 사건으로서 느껴지고 따라서 "존재의 연속성"에 대한 주체적으로 경험된 위협을 제기한다.

내파적(implosive) 구심력으로 경험되는 것이다"(p. 257). 따라서 "공간"은 인간관계가 발달하도록 허용될 수 있는 영역이 아니라, 오히려 어떤 대가를 치르더라도 인식으로부터 지워져야만 하는 비인간적이고 악한 부재의 현존이다.

나는 여기에서 자폐 아동들과의 치료 작업에 근거한 멜처와 그의 동료들(1975) 그리고 터스틴(1981, 1986, 1990)의 관찰들에 입각해서, 멜라니 클라인(1946)과 영국 전통의 다른 학자들의 연구에서 정교화 된, "정상적/자기애적 대상관계"를 점착성 유사-대상관계와 비교하고 대조함으로써, 이 새로운 용어를 사용 가능한 것으로 만들고 그것에 명료성을 더하고자 시도할 것이다.

정상적/자기애적 대상관계와 점착성 유사-대상관계 사이의 구별

첫째, 정상적/자기애적 대상관계에서 대상들은 "부분들"(즉, 어머니의 신체의 일부 또는 모성적 기능의 한 면) 또는 전체로서의 측면에서 지각된다. 그러한 대상들은 살아있고, 생명을 가진 것으로서, 그것들 자체의 혹은 다른 것의 의지에 따라 옮겨 다닐 수 있는 것으로서 인정된다(비록 마지못해 하는 것이지만). 정상적/자기애적 대상관계 안에 있는 이 대상들은 실제 대상들이다; 그것들은 관찰자에게 명백한 대상들일뿐만 아니라, 주체에 의해 분리된 존재들을 가진 인간들로서 실제로 경험된다. 이와는 대조적으로, 점착성 유사-관계의 상태 안에서 대상들은 그것들 자신의 공간 안에 살아있는 실체로서 존재하는 인간으로서 경험되지 않고, 존재, 안전, 그리고 침투할 수 없음의 감각을 얻고자 하는 절박한 시도에서, 주체에 의해 흡수되고, 착취되며, 조종되고, 혹은 회피되는 생명 없는 "사물들"로서 경험된다. 이런 대상들은 오직 관찰자에게만 명백하다.

둘째, 정상적/자기애적 상태에서는 대상으로부터의 주체의 분리됨 그리고/또는 구별됨에 대한 인식이 어느 정도 존재하고, 크건 적건 어느 정도 감당된다; 반면에 점착성 상태에서는 정상적인 "인식의 깜박이는 상태들"(Tustin 1981)이 감당되지 못하고, 따라서 자기와 대상은 대체로 미분화된 채로 남으며—그들은 하나이며 같다—그로 인해 발생하는 대상과의 유사-관계는 주체에 의해 주로 감각적인 수준에서 경험된다. 그러한 상태에서 대상들은 그것들 자체로서 관계되는 것이 아니라, 그것들이 주체의 피부 표면 위에 그리고/또는 점막들 위에 발생시키는 촉감들(그리고 아마도 또한 비양태적으로[6] 전달된 시각, 청각, 그리고 후각의 감각들)로서 "사용된다." 이러한 감각들은 안전함, 힘, 침투할 수 없음에 대한 환상을 제공함으로써, 주체의 주의를 불안으로부터 다른 것으로 분산시키거나, 견딜 수 없도록 공포스런 인식을 차단하는 데 사용되는, 마비 또는 진정시키는 효과를 발생시킨다.

셋째, 정상적/자기애적 대상관계가 지배하는 동안, 주체에 의해 방어되는 불안들은, 멜라니 클라인(1946)이 정의했듯이, 편집-분

---

[6] 오늘날의 유아 발달 연구에 따르면, 신생아들은 하나의 감각 양태 안에서 수용된 정보를 취할 수 있고 그것을 다른 어떤 감각 양태로 바꿀 수 있는 타고난 능력을 갖는 것으로 생각된다. 그렇게 해서 얻어진 지각은 일종의 "초-양태적" 형태로 존재하고(예컨대, 보이는 젖가슴, 냄새나는 젖가슴, 맛으로 느껴지는 젖가슴, 그리고 만져지는 젖가슴이 함께 연결되는 곳 안에서), 스턴이 "양태 없는 표상"이라고 부른(1985), 어떤 감각 양태들에서도 인지될 수 있는 것 안에서 부호화된다.

열적이거나 조적이거나[7] 우울적인 성질의 것들이다. 자체-감각적/점착적 책략들을 통해 회피된 "불안들"은 완화되지 않은 원초적인 공황 상태들로서 더 정확히 개념화될 수 있는데, 이것은 영원히 떨어지는 것, 존재의 연속성이 끊기는 것, 무화 되는 것, 용해 되는 것, 그리고 증발되는 것에 대한 공포—위니캇(1962)과 터스틴(1986)의 연구에서 서술되었듯이, 그 어디에도 없는 "아무도-아닌 존재"가 되는 것(Williams 1992)—와 같은 것이다. 정상적 대상관계에서는 개인이 대상에게 무력하게 의존하는 것에 대한 인식이 주는 고통과 절망을 방어하기 위해 시기심, 분열, 투사적 동일시, 그리고 조적 부인이라는 복잡한 방어적 환상들을 사용한다; 점착성 유사 관계에서는, 개인이 점착성 동등시를 사용하고, 회복에 대한 희망을 간직하지 못한 채, 떨어지기, 엎질러지기, 용해되기, 증발하기, 그리고 공중으로 흩어지기 등의 감각들에서 보호해 주는 자체-감각적 행동들을 통해 생명을-위협하는 고통스런 인식을 차단한다.

넷째, 정상적/자기애적 대상관계에서, 자아는 한편으로 비통합으로 가는 방어적이지 않은 퇴행 상태와 다른 한편으로 증가하는 통합 상태 사이[8]를(Winnicott 1949, 1960), 또는 통합 상태와 방어적 해체 상태를 오간다. 그러나 점착성 유사-대상관계에서, 자아는 주로 수동적인 일차적 비통합 상태에서 존재하고/작용한다(Bick 1968, Winnicott 1960).

---

[7] 클라인은 그녀의 논문, "애도와 조울적 상태들에 대한 그것의 관계"에서 (1940) 세 번째 자리를 짧게 언급한다. 그것은 편집-분열적 자리와 우울적 자리들의 사이에 있는 조적 자리로서, Steiner(1987)와 다른 이들에 의해 나중에 발전되게 되는 개념이다.
[8] 아마도 이 진동 과정은 편집-분열적 자리 및 우울적 자리 사이의 진동(PS↔D)이라는 비온의(1965)의 개념과 상응한다. 이것은 피아제의 인지적 동화assimilation/적응accommodation 과정들과도 공명할 것이다.

다섯째, 정상적/자기애적 상태에 해당하는 "생각하기"는 추상적이거나 구체적이고, 성질상 현실적이든지 전능적이다. 그러나 점착성 상태에서 실제 정신작용은 거의 없다. 관찰자에게 생각하는 것으로 보이는 것은 생리학적 반사-반응 수준에 머물러 있다; 상징화, 환상, 그리고 상상력이 부재한 가운데 터스틴(1990)이 "타고난 형태들"이라고 부른 것이 우세한데, 이는 "중간 공간"(transitional space)의 경험이 없기 때문이다.

여섯째, 정상적/자기애적 개인이 분리와 상실에 대해 포학과 유혹을 사용하거나 엄격한 통제를 사용해서 반응하는 반면, 점착성 개인은 전적으로 망각하거나 완전히 무너지는 것으로 반응한다. 전자에서 의존에 대한 인식은 주체와 분리된 대상에 대한 필요와 의존 행동으로 경험되든지, 유사-독립을 통해 방어된다. 하지만 후자에서, 의존은 주체의 일부이고 주체와 연속적인 것으로 느껴지는 아직 분화되지 않은(그리고 아마도 결코 분화되지 않을) 대상의 표면에 피상적으로 그리고 끈질기게 매달리는 형태를 취한다. 이것은 의존이라기보다는 달라붙어 있는 것이다(T. Mitrani 1992).

마지막으로, 정상적/자기애적 관계 안에서 분리와 상실에 대항한 방어들이 붕괴될 때, 거기에는 거절 받는 감정들에서 절정에 이르는, 주체의 전능감이 위협받는 경험이 발생한다. 그러나 점착성 상태에서 전능성이 실패할 때, 이 실패는 총체적인 파국적 붕괴로서, 또는 찢겨져나가고 팽개쳐지는 두려운 느낌을 발생시킨다(J. Mitrani 1993a). 어떤 의미에서 그것은 총체적이고 돌이킬 수 없는 낙담의 경험이다; 그것은 대상 상실의 경험이 아니라, "비참함"(abject)의 현존이다(Kristeva 1982). 크리스테바는 비참함—멀리 버려진 대상—이 대상의 한 가지 특성만을 보유하는데, 그것은 주체에 맞서거나 주체로부터 분리되는 것이라고 제안한다. 달리 말하면, 대상이 주체에 맞서서 의미에 대한 욕망을 자극해내는데, 이것이 역설적으로 주체와 대상 사이의 연결을 창조하는 반면에, 철저하게 배제되고 그것의 존재를 부인당한 비참함은 "의미가 무너지는 곳"을 향해 주체를 끌어당길 수 있을 뿐이다 (pp. 1-2).

다음 장에서 나는 패트릭 쥐스킨트(Patrick Sueskind)의 탁월한 소설, 「향수」에 등장하는 장 밥티스트 그레누이(Jean-Baptiste Grenouille)라는 인물을 소개함으로써, 점착성 유사-대상관계의 성질에 대한 나의 이해를 전달하고자 노력할 것이다. 나는 우리 시대의 다른 어떤 작가보다도 쥐스킨트가 유아기 외상 경험의 본질과, 그것의 정신적이고 정서적인 영향, 비참함의 경험, 그리고 빗나간 형태의 대상관계의 발달을 잘 포착했다고 생각한다.

제 9 장
점착성 유사-대상관계: 사례 예시 [1]

> 괴물들과 싸우는 사람은 누구나 그 과정에서 자신이 괴물이 되고 있지 않은지 살펴야 한다. 그대가 심연을 바라볼 때, 그 심연도 그대를 바라볼 것이다.
> 　　　　　프리드리히 빌헬름 니체,「선과 악을 넘어서」

도입

유아와 아동 관찰에 뿌리를 두고 있는 다른 발견들과 다르지 않게, 점착성 동일시에 대한 에스더 빅(1968, 1986)의 독창적인 연구와 심리적 피부 개념 및 그것의 기능에 대한 그녀의 설명은 정상적/자기애적 대상관계의 발달에 대한 우리의 정신분석적 이해에 영향을 끼쳐왔고, 성인 환자들의 치료에서 몇 가지 중요한 기법의 수정으로 이끌었다. 빅의 아이디어들의 진화와 세련화는 특히 도널드 멜쳐(19750)와 그의 동료들(1975), 그리고 프랜시스 터스틴(91969-1992)의 연구를 거치면서, 이 책의 10장에서 논의된 개념으로 발전하게 되었다. 이 개념은 투사적 동일시보다는 점착성 정체성이나 점착성 동등시에 의해 특징지어지는, 유사-대상관계 양태가 있을 수 있다는 생각, 즉 멜라니 클라인과 그녀의 해설자들에 의해 정의되고 증명된 정상적/자기애적 대상관계들

---

[1] 이 장의 본래의 원고는 1995년에 현대 정신분석에서 이전에 출판되었다.

에 비해 전역사적이고 병리발생적인 것으로 간주될 수 있는 관계 양태가 존재할 수 있다는 생각과 관련되어 있다. 나는 이 현상을 점착성 유사-대상관계라고 부른다(J. Mitrani 1994a).

앞 장에서 정상적/자기애적 대상관계를 점착성 유사-대상관계와 비교하고 대조했으므로, 나는 이제 이 원시적인 존재 방식을 임상적 자료가 아닌 문학 작품을 통해서 예증할 것이다. 이론적 구성들을 예증하고 예시하기 위해 문학적 인물들을 사용하는 관습은, 비록 그것이 풍부한 전통을 갖고 있는 것이기는 하지만, 중요하고 명백한 제한점들을 갖고 있다. 문학작품에 대한 프로이트(1906)의 첫 번째 출판된 논문은 젠슨(Jensen)의 소설「그라디바」(Gradiva)에 나오는 주인공인 노르베르트 해놀드(Norbert Hanold)에 관한 것이었다. 그 논문에서 프로이트는 폼페이(Pompeii)의 매립과 발굴 그리고 해놀드의 정서적 경험의 억압과 분석 사이의 유사성을 이끌어냈다. 꿈은 의미를 내포하고 있는 정신적 사건이라는 그의 주장을 뒷받침할 적절한 사례를 발전시키는 과정에서, 그는 "전이를 받는 것"의 중요성에 대한 미묘한 요점을 예증하기 위해 노르베르트 해놀드와 조에 베르트강(Zoe Bertgang) 사이의 관계를 사용했다. 상상 속의 환자를 분석한 또 하나의 기억할 만한 예는 "동일시에 대하여"(1955)라는 클라인의 독창적인 논문에서 발견될 수 있는데, 그 논문에서 그녀는 투사적 동일시의 투입들과 산물들을, 그것들과 연관된 시기심의 모든 특징들과 그것의 파괴적인 부작용들과 함께, 강조하기 위해 쥴리앙 그린(Julian Green)의 소설「만약 내가 너라면」(If I Were you)에 나오는 주인공인 파비앙(Fabian Especel)을 분석한 바 있다.

이러한 주목할 만한 논문들이 존재한다는 사실이 살과 피를 가진 피분석자들을 허구적인 인물들로 대체하는 것을 정당화하지 않는다는 사실은 말할 필요도 없다. 그러나 길고 상세한 내력을 포함하고 있는 사례가 어떤 이론을 예증하기 위해 사용될 때, 비밀보장이 유지될 수 없는 경우가 발생하고, 그러한 길고 상세한 예증들을 필요로 하는 것으로 보이는, 내가 시도하려고 하는 이론적 논의들이 종종 있는 것도 사실이다.

사실, 나는 점착성 유사-대상관계들에 대한 나의 생각들을 형성하는 초기 단계에서, 그 문제에 대한 나의 생각의 토대를 형성하는 데 영향을 준 두 명의 피분석자들이 내가 당시에 읽지도 들어보지도 못했던 소설을 언급했을 때, 그러한 딜레마에 직면했다. 몇 달 후에 나는 이 두 개인들의 심리적 역동과 그들의 연상적 자료가 일치하는지를 조사하기 위해서 그 소설을 읽어야만 했다. 그 소설은 패트릭 쥐스킨트(Patrick Suskind)의 「향수: 어느 살인자의 이야기」(Perfume: The Story of a Murderer, 1986)[2]로서, 18세기 프랑스의 연쇄 살인자와 관련된 흥미로운 공포 이야기를 소재로 한 작품이었다. 그 책을 읽으면서 나는 그 주인공이 내가 나의 상담실이라는 사적 공간에서 알고 있지만, 가장 단축된 일화의 형태들을 제외하고는 출판하기를 삼가고 있는, 외상을 입은 환자들의 모습에 대한 기괴한 변형임을 발견했다.

아마도 독자들은 이 허구적 주체를 내가 사용하는 것이 그가 나타내는 환자들의 프라이버시를 유지하는 데 도움이 될 뿐만 아니라, 예술가의 상상력의 확대가 그렇지 않으면 주목되지 못할 수도 있는 미묘한 상태들에 대한 관심을 끌어낸다는 점에서, 정당한 것이라고 느낄 수 있을 것이다. 이런 흐름을 따라, 나는 여기에서 프로이트(1933)가 원시적 마음의 상태를 가진 사람들을 자신의 치료 방법으로 "치료"하는 것에 대해서는 비관적인 전망을 가졌음에도 불구하고, 그런 마음의 상태들에 대한 연구를 옹

---

[2] 독일에서 Diogenes 출판사에 의해 향수(Das Parfum)로 본래 출판되었다.

호하면서 했던 말을 상기시키고 싶다. 그는 우리의 심각하게 자기애적인 환자들에게 "경청하는 것"이 내적 세계의 가장 깊은 층들에 접근할 수 있는 길을 우리에게 제공할 수 있다고 제안했다. 그는 자기애적 환자들이 많은 정신병리들의 토대를 형성하는 근원적 대상들과 소통할 수 있는(극단적인 형태의 퇴행 때문이건, 발달에서의 정지 때문이건) 직접적인 통로를 덜 아픈 다른 사람들보다 더 많이 우리에게 제공한다고 말한다.

만약 특이한 병리가 정상적인 신경증적 상태들에 대한 주의를 끌어낼 수 있다면, 아마도 특이한 환상은 보다 일반적인 병리적 상태들에 대한 통찰을 자극해낼 수 있을 것이다. 또한 어떤 예술가들은 "외부 현실에 등을 돌림으로써 ... 내적인, 정신적 현실에 대해 더 많이 알고, 그렇지 않았더라면 우리가 접근할 수 없었을 많은 것들을 우리에게 보여줄 수 있다"고 말할 수 있다(Freud 1933, pp. 58-59).

의심의 여지없이, 쥐스킨트의 이야기는 그것이 허구의 인물들과 행동들에 의해 인간 존재에 대한 어떤 기본적 진실이나 일반화를 표현하는 것으로 보인다는 점에서, 우화(allegory)로서 취급될 수 있을 것이다. 또는 그것은 우리의 임상 작업과 관련된 어떤 태도들이나 원리들을 강조한다는 점에서, 비유(parable)로서 읽혀질 수도 있을 것이다. 그러나 나는 이러한 영역들을 미래의 언급을 위해 남겨둘 것이다. 현재의 작업과 관련해서, 비록 내가 그것의 한계들을 알고 있지만, 나는 점착성 유사-대상관계의 특징들에 대한 표현이 쥐스킨트의 소설 속 주인공인 그레누이(Grenouille)에서 발견될 수 있다고 확신한다. 나는 마치 그가 실제 환자인양 그의 내력에 대한 요약, 즉 소설 내용에 대한 요약을 제시함으로써 나의 과제를 시작해보겠다.

향수: 어느 살인자의 이야기

　　독일인 작가인 패트릭 쥐스킨트는 우리를 18세기의 프랑스로 데리고 간다. 그곳에서 우리는 "재능 있는 그러나 혐오스러운 인물들로 넘쳐나는 시대에 살았던 사람들 중에 가장 재능 있고 혐오스러운 인물 하나"를 소개받는다(p. 3). 장 뱁티스트 그레누이(Jean-Baptiste Grenouilee)는 1738년 파리에서 더운 여름날에 태어났다. 열기는 죽음과 썩음, 생명과 욕정, 그리고 그의 어머니가 출산의 진통을 시작할 때 서있던 생선 처리대의 부패한 냄새를 악화시켰다. 그의 어머니는 이전에 네 명의 아기들을 "사산했는데" 그때마다 그랬던 것처럼 생선의 내장을 빼내는 작업용 탁자 아래 웅크리고 앉아서 "새로-태어난 것"이 생선 대가리들 및 찌꺼기들과 한데 섞여 버려지기를 기대하면서, 생선용 칼로 탯줄을 잘랐다. 그레누이의 비명은, 그의 더 불행한 형제자매들의 비명이 그랬던 것과는 달리, 주목을 받게 되었고, 따라서 그는 경찰에 의해 구조되어 유모에게 넘겨졌다. 그의 어머니는 그녀의 범죄들을 고백했고, 체포되었으며, 재판을 받았고, 다수의 유아살해 혐의로 참수되었다.

　　겨우 며칠 사이에, 젖에 대한 그의 탐욕에 대해 불평하는 몇 명의 유모들을 거친 다음에, 경찰은 "그를 쎄인트 메리 수도원(Saint-Merri Cloister)으로 보냈고," 그곳에서 그는 장 뱁티스트로 세례명을 받고 기독교인이 되었으며, 유모인 쟌 부씨(Jeanne Bussie)의 손에 맡겨졌다. 슬프게도, 몇 주 만에 쟌은 그에게 악령이 씌웠다고 하면서 그를 테리에(Terrier) 신부에게 데려갔다. 그녀가 그렇게 한 이유는 그레누이의 탐욕 때문만이 아니었고, 특이한 특징, 혹은 그것의 결여 때문이었는데, 그것은 그레누이가 그 자신의 냄새를 갖고 있지 않다는 사실이었다. 쟌의 불평에 대해 확신할 수는 없었지만 다른 대안이 없었던 테리에 신부는 그 자신이 그 아기의 아버지가 되는 환상에 탐닉하면서 그 아기를 받아들였다. 그러나 그는 곧 자신이 그레누이의 후각적 주목의 대상이 되고 있다는 것을 발견했다.

> 작은 곤충들을 잡아먹는 식물의 꽃받침처럼, 그레누이의 [콧구멍은] 무언가를 불길하게 빨아들이는 것으로 보였다 ... 마치 그 아이는 코를 사용해서 무언가를 통째로 삼키기라도 하듯이, 그의 콧구멍으로 그를 보는 것 같았다 ... 그는 무언가를 유보하거나 그것을 숨길 수 없었다 ... 아무 냄새도 갖지 않는 아이가 그를 수치심을 모른 채 냄새 맡고 있었다 ... 그는 누군가가 자신에 대해서는 아무것도 드러내지 않으면서 그를 보고 있는 것처럼, 자신이 벌거벗고 추한 존재라고 느꼈다 ... 그의 가장 부드러운 정서들, 그의 가장 더러운 생각들이 탐욕스런 작은 코에 노출된 채 놓여 있었다 ... 만약 그가 본성이 신중하고, 하나님을 경외하며 이성적인 사람이 아니었더라면, 그는 역겨움에 마치 거미를 떼어버리듯이 그레누이를 던져버렸을 것이다. [pp. 19-20]

그래서 그레누이는 테리에 신부에 의해 가이아르 부인(Madame Gaillard)에게 넘겨졌는데, 그녀는 생계를 위해 아이들을 맡아 기르는 직업적인 수양모였다. 그녀는 그녀의 아버지가 부지깽이로 그녀의 이마를 내리쳤을 때 "냄새에 대한 모든 감각과 인간의 따뜻함과 차가움에 대한 모든 감각을, 실제로 인간의 모든 열정을 영원히 잃어버린" 사람이었다(p. 22).

그가 쓰레기통 속에서의 탄생을 살아남았듯이, 가이아르에게 위탁되어 있는 동안 그레누이는 홍역, 이질, 수두, 콜레라, 20피트 깊이의 우물 속으로의 추락, 그리고 그의 가슴 위로 쏟아진 끓는 물로 인한 화상 등을 견디고 살아남았다. 그는 생존을 위해 사랑을 버렸고, 그렇게 해서 살아남았다. 그는 "콩이 일단 땅 위로 던져졌을 때 싹을 틔울 것인지 아니면 그대로 있을 것인지를 결정하듯이" 생존하기로 결정했다(p. 25).

쥐스킨트는 그레누이의 생존 기술을 진드기의 생존 기술에 비유한다.

> 진드기에게 있어서, 삶은 영원한 동면보다 더 좋은 것을 제공해줄 것이 없다 ... 그것은 자신의 푸른빛이 나는 회색의 몸을 공처럼 말아서 세상과 접촉하는 부분을 가능한 한 최소화 한다; 피부를 매끈하고 밀도 있게 만들고, 아무 것도 내뿜지 않음으로써 ... 스스로를 아주 작고 눈에 띄지 않게 만든 결과, 아무도 자신을 보거나 밟지 않는다. 스스로 안에 갇힌 채, 외로운 진드기는 눈멀고, 귀먹고, 소리 없이, 냄새만을 맡으며 나무에 붙어 있으면서 .... 스스로의 힘으로는 결코 도달할 수 없는, 지나가는 동물의 피 냄새를 맡는다 ... 고집스럽고, 음울하며, 혐오스런 진드기는 거기에 붙어살면서 ... 쉽게 찾아오지 않는 기회들을 기다린다 ... 오직 기회가 올 때에만 그것은 조심성을 내던지고 아래로 떨어져 낯선 육체를 할퀴고 구멍 내며 문다 ... 젊은 그레누이는 그러한 진드기였고 ... 자신이 만든 캡슐 안에 갇힌 채 더 나은 때를 기다리고 있었다. [p. 25]

가이아르는 그레누이가 아무것도 심지어 그의 냄새조차도 내어주지 않는다는 사실을 모르고 있는 것으로 보인다. 그러나 그녀가 돌보는 다른 아이들은 그를 두려워했고, 그들이 마침내 포기하고 그를 피할 때까지 그를 멀리 보내려고 여러 번 시도했다.

그레누이는 3살 때까지 서지 못하는 추한 아이로 자라났다. 그는 4세 때까지 말을 하지 않았고, 4세 때에 갑자기 큰 소리로 "생선"이란 말을 했다. 그는 "갑작스런 냄새를 통한 공격으로 그를 정복"(p. 28)할 수 있는 구체적인[3] 대상들에 대해서만 명사를 사용했다. 그는 아무것도 보고, 듣고, 느끼지 않는 것 같았다—그는 오직 냄새만 맡았다. 그는 자신을 냄새 안에 파묻은 것 같았다—그가 단어를 말할 때마다 행복한 후각 경험을 불러냈다. 그는 이런 방식으로 말하는 법을 배웠다. 추상적인 것들은 그에게 알 수 없는 미스테리로 남아 있었다. 냄새나는 것들만이 의미를 갖고 있었다. 언어는 그레누이의 후각 세계의 풍부함을 전달하는 데 충분히 세련되지 못한 것으로 보였다. 그는 이미 알려진 냄새들을 조합함으로써 그의 마음속에서 새로운 냄새들을 창조할 수 있었고, 이것들은 순수한 상상의 힘을 통해 냄새로 변형될 수 있었다. 이러한 방식으로 그는 세계를 효과적으로 차단했고, 따라서 어떤 사람들은 그가 미쳤다고 생각했다.

결국 가이아르 자신도 그레누이를 두려워하고 싫어하게 되었다; 그녀는 냄새를 찾아내고 구별하는 그의 기이한 재능을 사물을 꿰뚫어보는, 심지어 미래까지도 내다보는 능력으로 해석했다. 8세 때에 수도원의 지원이 끊기자, 그레누이는 가이아르에 의해 가죽 공장을 하는 그리말(Grimal)에게 넘겨졌는데, 그는 길 잃은 아이(부랑아)들에게 과중한 일을 시키면서 그들을 착취했다. 합

---

[3] 구체적인이라는 단어가 추출과 증발에 의해 준비된 꽃들의 밀랍 같은 에센스(향수)을 나타내기 위해 향수 업계에서 사용되는 것임을 주목하는 것은 흥미로운 일이다.

법적인 상황이라는 사실에 안도하면서, 가이아르는 소년을 불확실한 운명에 넘겨주었다. 운명의 장난을 통해, 우리는 가이아르 부인이 약 반세기 후에 빈털터리가 되어, 말없이 노숙자를 위한 숙소에서 완전히 낯선 사람들 속에서 저항할 수 없는 죽음의 공포에 내던져졌다는 것을 알게 되는데, 그것은 그녀가 그녀의 생애 동안 피하고자 애썼던 바로 그런 종말이었다.

그리말에게서 풍기는 첫 냄새에서, 그레누이는 그의 삶이 이제 작업장에서 그에게 주어지는 과제들을 해내는 능력에 달려 있다는 것을 알았다. 짐승의 가죽들에서 고기를 벗겨내고, 그것들을 물에 넣었다가 꺼내기를 반복하고, 끝도 없이 물을 길어오면서, 그레누이는 1년 만에 악성 부스럼을 앓게 되었고 간신히 죽음을 면했다. 이제 그는 그의 질병이 남긴 흉터들로 인해 이전보다 훨씬 더 추해졌다. 그러나 가죽공의 일차적인 직업병에 대해 이제 면역이 생겼으므로, 그는 그리말에게 훨씬 더 가치 있는 존재가 되었다. 그 결과, 그레누이에게는 더 적절한 치료와 약간의 자유 시간이 주어졌다. 따라서 "동면의 날들은 끝이 났다. 진드기 그레누이는 다시 움직였고"(p. 38) 도시 안에서 냄새의 세계를 발견했다. 그의 어머니가 참수된 곳인 그레베 광장의 강둑 위에 서서, 그는 시골의 냄새들을 그리고 때로는 바다의 냄새들을 맡았다. "그는 바다의 냄새가 섞이도록 내버려두는 것을 좋아했고, 그것을 통째로 음미하면서 기억 속에 보존했다"(p. 41). 그는 언젠가 바다로 가서 바다 냄새와 하나가 되기를 갈망했다.

한 번은 산책을 하다가 부자들이 거주하는 곳인 파부르그 쌩제르맹에 가게 되었는데, 그곳에서 그는 처음으로 향수의 냄새를 맡았다. 그것을 구성 요소들로 분류하고, 기억에 담으면서, 그레누이는 탐욕스럽게 모든 냄새들을 소유하고 싶어 했다. 그는 그것들을 좋은 것과 나쁜 것으로 구분하지 않은 채, "자신 안으로 빨아들이고, 모든 것을 삼켜버렸다"(p. 43).

그가 15세 되던 해의 가을에, 그레누이는 어떤 새로운 것의 냄새를 맡았다. 특별하다고 느낀 그것의 원천을 발견하기 위해 그는 그 새로운 냄새를 쫓아갔다. "그는 단순히 그것을 소유하기 위해서가 아니라, 그의 마음이 평화를 얻기 위해 그것을 가져야만 했다"(p. 45). 그 냄새의 원천은 한 소녀였다. 그는 그토록 아름다운 냄새를 맡아본 적이 없었다. 그것은 그의 상상 속에 있는 어떤 향수보다도 더 아름다웠다. "그녀의 향기의 가장 미세한 흔적"(p. 50)까지도 보존하려는 욕구에 사로잡힌 채, 그는 앉아서 자두 씨를 빼는 일을 하고 있던 그녀의 목을 졸라 죽였다. 그리고는 그녀를 바닥에 눕힌 다음, 그의 얼굴을 그녀의 피부 속으로 들이민 채, 그녀의 정수를 빨아들여 그의 "가장 깊은 내면의 방들"에 담아 두기 위해 그녀의 존재가 갖고 있는 모든 향기를 끌어 모았다. 이 개구리 같은 괴물은 결코 그러한 희열을 맛본 적이 없었다! 그는 이제 그의 존재의 이유를 알았다: 그는 향기들의 창조자, 모든 향수 제조자들 중에 가장 위대한 제조자가 되어야만 한다. 그날 밤에, 그리고 그 후 몇 주 동안, 그레누이는 향기-기억들을 해부하고, 분류하고, 정리하고, 목록화했고, "장엄한 냄새들의 내적 성채"를 건설했다(p. 52).

그러는 동안 쥬세프 발디니(Guiseppe Baldini)의 향수 가게에서는 그곳의 장인이 베르하몽(Verhamont) 백작을 위한 스페인산 가죽에 향기를 입히는 데 사용할 "사랑과 영혼"이라는 유명한 경쟁자의 향수를 복제하기 위해 애쓰고 있었다. 그레누이가 그리말 대신에 염소 가죽들을 전해주려고 그의 가게에 들어갔을 때, 그는 그곳에서 도제로 일하고 싶다고 말했다. 처음에 발디니는 코웃음을 쳤지만, 그레누이가 훌륭한 코를 가졌다는 것을 발견했을 때, 그는 자신이 얻는 데 실패한 향기를 재창조하는 과제를 그레누이에게 맡겼다. 일단 그렇게 하자, 그레누이는 발디니에게 훨씬 더 좋은 "천상의 향기"를 제공해서 그를 놀라게 했다. 그때 발디니의 눈에는 눈물이 가득했다(p. 101).

다음날 발디니는 그레누이를 그의 도제로 데려오기 위해 그리말과 협상을 했고, 상당한 몸값을 주고 그를 사왔다. 마침내 그레누이는 그의 마음속에 수년 동안 목록화 해왔던 향기들을 실제로 사용할 수 있었다. 그레누이가 발디니의 실험실 구석에 있는 그의 새 침대 안에서 "자신 안에 점점 더 깊이 침잠한 상태에서"(p. 104) "진드기처럼" 몸을 둥그렇게 말고 있을 때, 그리말은 그를 뒤로 한 채 술에 취한 상태로 강물에 뛰어들었고, 익사한 시체로 발견되었다.

발디니가 이룩한 모든 자원들과 그의 지도를 통해 얻은 새로운 기술들을 갖고서, 그레누이는 그의 새로운 주인의 명성을 드높이기 위한 목적으로 새로운 향수들을 창조하기 위해 실험실 안의 모든 성분들을 자유롭게 혼합하고 조합할 수 있었다. 그는 증류기의 도움을 받아 그의 주변에 있는 모든 것들의 냄새들을 추출하고 싶어 했고, 모든 것들에서 그것들의 특징적인 본질을 "훔치고" 싶어 했다. 하지만 이것에 실패했을 때, 그는 심각한 병을 앓았다. 그의 고열은 수그러들 줄 몰랐고 그의 피부의 땀구멍들을 통해 배출되지 않았다. 그의 피부에는 물집들이 생겨났고 그것들이 터지는 바람에 수백 개의 구멍들이 온 몸을 뒤덮었고, 그 결과 그는 마치 "내부로부터 돌을 맞은 순교자"처럼 되었다 (p. 121).

발디니는 그레누이를 간호하여 건강을 되찾게 해주었는데, 그것은 그를 사랑하는 마음이나 인간적인 동정심 때문이 아니라, 아직 다 완성하지 못한 향수 제조 공식들에 대한 욕심 때문에 그렇게 했다. 그레누이는 증류과정을 통해 얻는 데 실패한 향기들을 얻기 위한 새로운 방법들을 찾고 싶은 욕망 덕에 건강을 되찾았다. 그는 마침내 명성에 대한 그의 장인의 욕구를 충족시켜주었고, 그 대가로 여행 허가서를 손에 넣었다. 18세의 나이에 마침내 자유인이 된, 그레누이는 오를레앙을 향해 길을 떠났다. 그가 파리 근교에 이르렀을 때, 퐁또샹제의 쎄느 강변에 세워져 있던 발디니의 향수 공장은 강물 속으로 무너져 내렸고, '위대하고' 탐욕스런 발디니는 죽었으며, 그레누이의 비밀의 공식들과 함께 수장되었다.

그레누이는 시골의 단순함에 둘러싸인 채, 끊임없이 후각적으로 깨어있는 상태에서 거의 "구원받았다"고 느꼈다. 그곳에서 그는 매순간 "새로운, 뜻밖의, 적대적인 어떤 향기를 얻기 위해―혹은 유쾌한 향기를 잃지 않기 위해―준비된 상태에 있을 필요가 없다는 것"을 발견했다. 그는 도시에 있을 때 "그를 억압했던 강렬한 인간의 악취"로부터 철수한 상태에서 "새로 발견한 호흡의 자유"를 느꼈다(p. 141). 그는 더 이상 다른 곳으로 가길 원치 않았고, 대신에 그의 코가 인도하는 대로 인간들에게서 벗어나 6,000피트 고도의 플롱 뒤 캉딸 화산의 정상으로 올라갔고, 그곳에서 완전한 고독과 "후각의 평화"가 주는 희열을 맛보았다.

마침내 그는 자신이 "이 세상에 존재하는 유일한 인간"이라고 믿을 수 있었다(p. 146). 그는 바위들 틈에 있는 작은 터널에서 편안하게 쉴 수 있는 장소를 발견했는데, 그곳은 또한 물을 얻을 수 있는 곳이기도 했다. 그는 습기를 얻기 위해 바위들을 핥았고, 뱀들과 마른 풀들에서 영양을 공급받았다. 축축하고, 차가운, 소금기 있는 공기를 들이마시면서, 그는 "신성한 경외감 같은 느낌에 압도되었다 … 그는 그의 삶에서 결코 그의 어머니의 뱃속에서조차도 그토록 안전하다고 느낀 적이 없었다"(p. 148). 이러한 "그의 제국" 안에서(p. 152), 그레누이는 어둡고 조용하고 움직이지 않는 상태에서 살았다. 그러는 동안 그의 "내면의 가장 깊은 우주적 극장"(p. 151)에서는 그가 출생 이전부터 겪어온 끔찍한 불의들의 모든 냄새들에 대한 전능적 승리를 나타내는 여러 종류의 향기들을 창조해냈다. 그가 그의 몸을 돌보기 위해, 음식을 먹고 물을 마시기 위해 동굴에서 나왔을 때, 그레누이는 "마치 그가 사냥당한 짐승인양 부드러운 살을 가진 작은 동물인 것처럼 느껴졌고, 이미 매들이 하늘에서 원을 그리며 날고 있다"고 느꼈다(p. 159). 그래서 그는 다시 "어두운 문들이 열려 있는 그의 내면의 성소로 돌아갔고, 그 안으로 들어갔다"(p. 160).

7년이 지났을 때, "내면의 파국"이 다시 그를 외부 세계로 내던졌다. 그것은 꿈이었다! 그는 안개와 같은 냄새—그 자신의—에 둘러싸여 있었는데, 그것의 냄새를 맡을 수 없었고, 비명과 함께 깨어났다. 그의 동굴과 자신에 의해 질식되는 위험을 남겨둔 채, 그는 그 자신의 냄새를 경험해보려고 시도했다. 그러나 그는 7년 동안 어둠 속에서 입었던 옷에서조차도 자신의 냄새를 맡을 수 없었다. 동굴이 어떤 살아 있는 존재도 그 안에 들어온 적이 없었던 것처럼 아무런 냄새가 없는 곳임을 발견하고는, 그는 그 산을 영원히 떠났다.

그레누이는 그가 문명세계에 다시 들어갈 때 만나게 될 사람들의 공포와 의심을 누그러뜨리기 위해 그의 찢겨진 피부와 옷, 긴 수염, 그리고 짐승의 발톱 같은 손톱들에 대한 설명을 (진실보다 더 믿을 만한 것으로) 꾸며냈다. 그는 몽펠리에에서 떼이야르 에스피나스 후작에 의해 발견되었는데, 그 후작은 인간과 땅 사이의 근접성이 "생명의 힘"과 갖는 관계에 대한 연구 프로젝트에 참여하고 있었다. 그가 주장하는 요지는 인간이 치명적인 유동체(생명 자체를 더럽히고 해치는, 땅에서 뿜어 나오는, 치명적인 가스)를 피하기 위해서 성장하고 땅으로부터 멀어진다는 생각이었다. 그 후작은 자신의 생각을 입증하는 데 악화된 상태에 있는 그레누이를 이용했다. 그는 신체와 마음이 흥하고 불구인 그레누이를 "생명보다 죽음에 더 가까운" 존재라고 간주했다 (p. 73).

후작의 예증은 열광적으로 받아들여졌고, 그는 그의 "생명 식사요법"과 "환기 치료"를 통해 일주일 안에 그레누이를 "회복"시킬 수 있다고 약속함으로써, 자신의 생각을 더 확실하게 증명하려고 했다. 정말로, 후작은 그의 약속을 지켰고, 개구리 같은 한 인간이 "예의 바른 신사"로 변화되었다. 그레누이는 다시 과거의 상태로 돌아가는 모습을 가장해서 그의 후원자의 명성을 망칠 수 있다고 위협하면서, 그가 자신의 향수를 만들어낸다면, 다시는 그러한 불행하고 당황스런 퇴행이 발생하지 않을 거라는 약속과 함께, 향수 제조를 후원해줄 것을 요구했다. 그레누이의 시범과 간청에 인상을 받은, 후작은 그 지역의 향수 제조업자인 뤼넬의 실험실을 쓰도록 조처해주었다. 그곳에서 그는 사람을 "향기를 뿜어내는 인간"으로 만들어주는 향수를 만들어냈다(p. 182). 비록 그것이 처음에는 두려웠지만, 그레누이는 곧 냄새를 가지고 사람들에게 영향을 미칠 수 있는, 새롭게 발견한 자신의 능력에 자부심을 느꼈다.

"향기로운 인간 냄새"가 주는 새로움의 느낌이 시들해진 후에, 그레누이는 그가 모두를 속였다는 생각에 기뻐하기 시작했다. 그의 우월감이 커지면서, 그는 슈퍼 인간의 향기, 매혹시키는 천사의 향기, 사람들이 완전히 사랑하고 경외할 수밖에 없는 향기를 창조할 수 있다고 느끼기 시작했다. "그는 그 자신이 환상들 속에서 그랬던 것처럼, 전능한 향기의 신이 되어야만 했다. 그러나 이번에는 현실 세계 안에서 실제 사람들의 신이 되어야만 했다" (p. 189). 그레누이가 몽펠리에를 떠났을 때, 계속해서 큰 명성을 얻었던 후작은 마침내는 까니구 봉(Pic Du Canigou)의 등산 모험에서 최후를 맞았다. 그곳에서 그는 영원한 생명의 상태로 올라갔다는 이야기가 전해지고 있다.

한편, 그레누이는 그의 안전하고 세련된 가면을 쓴 채, 향수 제조의 중심지인 그라스를 향해 걸어갔다. 그는 마을을 지나다가 친숙한 냄새에 사로잡혀 어느 집 앞에서 걸음을 멈추었다. 그것은 그가 파리에서 죽였던 빨간-머리 소녀의 냄새를 생각나게 했다. 그는 그녀가 이제 막 아동기에서 벗어나고 있는 것처럼, 그 소녀의 천상의 향기가 방금 출현한 것이라고 상상했다. 그는 그 향기가 무르익는 데 최소한 2년이 걸릴 것이라고 생각했는데, 그것은 그가 "벽 뒤에 있는 그 소녀의 향기를 소유하는 데, 즉 그녀의 향기를 그녀의 피부에서 벗겨내어 그 자신의 것으로 만드는 데" 필요한 시간이기도 했다(p. 208).

이 목적을 위해 그레누이는 과부 아르뉠피(Arnulfi)를 위해 작은 향수 작업실에서 장인으로 일하기로 계약을 했다. 그곳에서 그는 뜨거운 기름이 담긴 큰 솥에 꽃들을 넣은 다음 꽃들의 향기를 뽑아내고, 향기로운 포마드(향유)로 만들어 항아리에 담기 전에, 포마드에서 절대적인 에센스를 뽑아내는 기술을 연마했다. 그는 어떤 꽃들은 너무 섬세해서 그 작업과정을 견디지 못한다는 것을 발견했고, 그래서 그런 꽃들을 향기를 내뿜을 때까지 기름에 적신 차가운 천으로 덮거나 감싼 채 두는 것을 통해서 마침내 내뿜어진 향기를 모아 향수로 압축해냈다.

그의 의무들 외에도, 그레누이는 자신을 위해 다양한 향수들을 개발하면서 아르뉠피의 실험실에서 시간을 보냈다. 그는 눈에 띄지 않게 해주는 향수, 더 많은 주의를 끌어내는 향수, 다른 이들의 동정심을 불러일으키는 향수, 사람들을 멀리 쫓아내는 향수 등을 만들었다.

그의 진정한 본성을 숨기는 것을 도운 이러한 "마술의 향기들"의 보호 아래, 그레누이는 기름의 흡수하는 성질들을 사용해서 비활성의 대상들에게서 향기를 추출해내는 그의 기술들을 계속해서 연마했다. 놋쇠로 된 문의 손잡이의 에센스와 돌을 처리해서 얻은 포마드는 놀라운 것이었지만, "그를 제외하고는 아무도 경탄하거나 심지어 알아차리지도 못할 작고 하찮은 것들로 느껴졌다. 그는 그것들의 무의미한 완벽함에 매료되어 있었다"(p. 224). 그의 관심이 살아있는 것들로 옮겨가면서, 그는 곤충들을 기름에 넣고 끓였고, 농장의 동물들을 "기름 붕대"로 감았지만, 그 동물들은 순순히 그들의 향기를 내주지 않았다. 그는 향기를 얻기 전에 재빠르고 예상치 않은 죽음이 그런 문제들에 대한 유일한 해결책이라고 결론 내렸다. 인간의 향기를 얻기 위해 쇠기름, 돼지기름, 양기름 등의 혼합물을 완성한 다음, 그레누이는 이제 "특정한 인간들, 즉 사랑을 불러일으키는 희귀한 인간들의 냄새"를 자신을 위해 보존하는 것을 희망하게 되었다(p. 228).

1775년의 1월부터 9월 사이에 그레누이는 전혀 의심을 받지 않은 채, 그라스의 가장 아름다운 젊은 처녀 24명에게 그의 방법을 실험했다. 이 젊은 여성들은 모두 머리 뒤쪽에 가격 당한 흔적과 함께 머리털이 깎이고 벌거벗은 시체로 발견되었다. 사람들은 공포에 떨었다. 그러나 그 도시의 주교가 살인자를 공개적으로 저주한 후로 살인은 멈추었고, 그 공포는 곧 잊혀졌다. 그러나 한 명의 예외가 있었는데, 그는 그 도시의 시의원이고, 가장 부유한 시민이며, 로르라는 소녀의 아버지인 리쉬(Antoine Richis)라는 이름의 홀아비였다.

오로라(Aurora)의 아버지처럼, 리쉬는 그의 "잠자는 미녀"를 그가 가진 자원을 총 동원하여 지켰다. 그는 "살인자가 파괴적인 인격의 소유자가 아니라, 주도면밀하게 미인들을 수집하는 수집가"라고 확신했다(p. 246). 그는 살인자가 24명의 소녀들의 머리 카락과 옷으로 아름다운 모자이크를 구성하고 있고, 그의 딸 로르가 그 모자이크의 중심에 있는 모습을 상상했고, 살인자의 마음속으로 들어가 분석할 수 있다는 사실에 우월감을 느꼈다. 쌩토노라 수도원에서 그의 딸을 위한 은신처를 발견한, 리쉬는 10일 안에 그녀의 결혼을 성사시키기 위해 방스로 갔다. 일단 결혼을 해서 처녀성을 잃으면, 로르는 살인자의 관심 대상에서 벗어날 것이고, 리쉬는 그레누이가 "가장 갈망하는 것을 얻었다고 느끼는 순간에" 승리자로 드러날 것이었다(p. 253).

로르가 그라스를 떠나자마자 그레누이는 그녀의 부재를 냄새 맡았고, 충격과 공포로 인해 마비되었다. 그는 그의 도구들을 챙겨 로르의 향기를 뒤따라갔고, 리쉬가 자신의 딸을 그녀의 약혼자에게 건네주러 가는 길에 하룻밤 머물고 있는 마을에 도착했다. 그는 모두가 잠자고 있을 때, 로르의 방으로 들어갔고, 그녀의 머리 뒤를 가격한 다음 그녀의 몸에서 차가운 향유를 추출해냈다. 동이 트기 전에 그의 작업은 완벽히 마무리되었고, 로르는 이제 생명 없는 껍질만을 남겨 놓은 채, "몸을 벗은 향기"가 되어 있었다(p. 269).

슬픔에-사로잡힌 아버지에 의해 집요하게 추격당한 끝에 그레누이는 발견되었고, 신원이 확인되었으며, 체포되었다. 그 자신의 고백과 함께, 그의 숙소에서 발견된 다량의 증거가 그의 빠른 판결을 가능케 했다. 판결은 그의 죄에 걸맞게, 도시를 가로질러 경계지역에 도달해서 나무 십자가에 묶어 놓은 채 쇠막대기로 12번을 때리고 그의 몸을 짓이긴 다음에 죽을 때까지 매달아 놓는 것이었다. 그런 다음에 밤중에 동물들의 잔해로 뒤덮인 곳에 명패 없는 무덤에 묻는 것이었다.

처형 일에, 그레누이는 처형대와 관람석 사이의 광장으로 끌려

나왔다. 그러나 사람들이 본 것은 살인자 그레누이가 아니었고 "인격화된 순수함"이었다(p. 287). 수만 명의 남자들, 여자들, 그리고 아이들이 그와의 사랑에 빠졌다.

> 갑자기 그들의 성애적인 핵심에 접촉이 발생했다 ... 그 결과는 그 시대의 가장 혐오스런 범죄자에 대한 예정된 처형이 B.C. 2세기 이후로 세계가 보아온 최대의 향락의 축제로 변질된 것이었다. [p. 290]

> 그레누이는 그 누구의 것보다도 더 빛나고 효과적인 후광 효과를 만들어냈다. 그리고 그는 그것을 아버지에게서도, 어머니에게서도, 그리고 은혜로운 하나님에게서도 받지 않았고, 그 자신 혼자서 획득했다 ... 그는 위대한 그레누이였다! 이제 그는 ... 그의 자기애적인 환상들에서 그랬던 것처럼 ... 현실에서 ... 그의 삶의 가장 위대한 승리를 경험했다. [p. 292]

그러나 그레누이는 곧 공포에 사로잡혔다. 그는 그것을 조금도 즐길 수 없었다. 왜냐하면 비록 그가 마침내 그토록 갈망하던 사랑을 얻었지만, 그가 사람들을 사랑할 수는 없었기 때문이다. 그레누이는 단지 증오와 경멸만을 느낄 수 있었다. 그는 미움 받는 것에서만 만족을 경험할 수 있었다. 거기에는 그러한 만족이 없었는데, 그것은 그가 그들 모두를 증오하고 파괴하기를 바랐지만, 그들은 그를 경배하는 것 외에는 아무것도 할 수 없었기 때문이었다.

그들은 단지 그의 위조된 후광, 그의 향기 나는 위장, 그가 훔친 향수만을 지각했다 ... 그는 그의 삶에서 단 한번만이라도 스스로를 비우길 ... 자신의 내면에 있는 것을 비우길 원했고 ... 다른 사람들처럼 되기를 원했다. 그는 사람들이 그들의 사랑과 어리석은 감탄을 통해 하는 것을 그의 증오를 통해서 하려고 했다 ... [그러나] 그의 가면 아래에는 얼굴이 없었다. 단지 그의 완벽한 냄새 없음만이 있었다. [p. 293]

동굴에서 그랬던 것처럼 그의 냄새 없음의 안개가 다시 한 번 그를 질식시킬 정도로 차올랐고, 그는 무한한 공포와 두려움으로 채워졌다. 그러나 이번에는 꿈이 아니었고, 그래서 그의 비명이 그를 깨울 수 있는 것도 아니었다. 그는 마침내 다른 누구도 아닌 리쉬에 의해 포옹 받았다. 리쉬는 그에게 용서를 구했고, 그를 자신의 양자로 입양했다. 그러나 향수가 그것의 마법 같은 향기를 잃자마자, 그레누이는 어둠과 그 자신의 냄새 없음 속에 숨어서 몰래 그곳을 떠났다. 그는 죽기 위해 파리로 돌아가기만을 원했다.
그레누이가 도시의 입구에 들어섰을 때, 그는 공동묘지 근처에서 모닥불을 피워놓고 있는 20-30명의 무법자들을 만났다. 그때 그는 "그의" 향수병의 마개를 열었고, 그것을 자신에게 뿌렸다. 처음에 그 무리는 그를 경외하며 바라보았지만, 이는 곧 황홀과 욕망의 광란으로 변했고, 그 과정에서 그레누이는 그 무리에 의해 완전히 그리고 철저하게 먹혔다. 그것이 끝났을 때 "그들은 자랑스러웠다. 왜냐하면 그들은 처음으로 사랑 때문에 무언가를 행했기 때문이었다"(p. 310).

이야기에 대한 논의

쥐스킨트는 매우 초보적인 정서적 상태들에 대해 공감할 수 있는 예리하고 생생한 인식(그리고 그 상태들과 접촉할 수 있는 능력)을 소유했을 뿐만 아니라, 그것들을 그레누이의 이야기를 통해 명료하게 제시할 줄 아는 드문 재능을 갖고 있는 사람으로 보인다. 나는 그의 이야기가 극단적인 환경적 비극에 직면해서 정신적 및 정서적으로 빗나간 삶의 몇몇 중요한 측면들에 대한 표현으로 해석될 수 있다고 본다. 물론 우리는 정신분석가로서 우리의 실제 상담 현장에서 그와 같은 경우를 목격하지는 않을 가능성이 높다. 그러나 나는 작가가 그러한 극단적인 비극을 창조함으로써 그렇지 않았더라면 우리의 주의 깊은 관찰을 피해갈 수도 있는 더 미묘한 그리고 흔히 마주치게 되는 변형된 모습들에 대해 우리의 주의를 환기시키고 있다고 생각한다.

쥐스킨트의 이야기에서, 냄새는 유아-그레누이의 가장 초기 지각적 경험에 대한 강력한 기표(signifier)로서 이해될 수 있다. 냄새에 대한 지각을 담당하는 후뇌(嗅腦)는 인간 두뇌의 가장 원시적인 측면이라는 점에서, 쥐스킨트는 후각의 용어들을 사용해서 그런 초기 시점에 대해 묘사함으로써, 원초적이고, 감각적이며, 비가시적이고, 형태 없는 그리고 정신분석 문헌에서 거의 완전히 간과되어온 인간 경험과 존재의 차원에 우리의 주의를 환기시키고 있다.[4] 다음에 이어지는 논의에서, 나는 그레누이의 초기 태

---

4) 이 장이 기초하고 있는 최초 논문이 출판된 후에, 나는 앙지외(Anzieu)가 "후각적인 봉투"라고 명명한 것에 대한 그의 논의(1989)를 재발견했다. 그는 그의 환자인, "겟세마네"(Gethsemane와 길어진 출산 과정에서 큰 고통을 겪었고 그를 돌볼 수 없었던—분만 기구의 절박한 사용으로 인해 여러 군데 찢겨진 피부에서 피가 나는 바람에—그의 어머니와 그를 그녀의 침대 안에

아기 및 출생 직후의 경험들이, 그를 이후의 환경적 실패들에 극도로 취약하게 만들었음에도 불구하고, 그의 특이한 생존 방법을 위한 형판을 그에게 제공한 방식들을 제시할 것이다. 나는 또한 출생 전후에 경험된, 누적된 외상들(Khan 1964)이 어떻게 그레누이의 "이차적 피부"의 형성과 변형에 기여했는지를 살펴볼 것이다. 마지막으로, 나는 그레누이의 성격에서 드러나는 바, 점착성 유사-대상관계들의 다양한 특징들(예컨대, 대상들에 대한 감각-지배적인 사용, "블랙홀"을 인식하는 것에 대한 공포와 방어들, 그리고 붕괴의 경험)을 강조할 것이다.

출생 전과 후의 개인사와 어머니의 정신 상태

이야기가 시작되면서 우리는 그레누이가 심지어 태어나기 전부터 "죽은 고기 덩어리"로서 그의 어머니에 의해 버림받은 원

서 끼고 있음으로 해서 "죽음의 문턱"에서 그를 구해준 그의 대모 사이의 관계를 묘사한다. 그의 대모에 관해서 앙지외는 "본래 시골 여성인 그녀는 그녀의 얼굴과 손을 제외하고는 거의 몸을 씻지 않았다. 그녀는 그녀의 더러운 속옷을 빨지 않은 채 몇 주 동안이나 화장실에 쌓아두었고, [그의] 환자는 그것의 강한 냄새를 들이마시기 위해서 화장실에 몰래 들어가곤 했다. 이것은 모든 해악으로부터, 심지어 죽음으로부터도 보호받는다는 자기애적인 확신감을 얻기 위한 행동이었다. 근저에 있는 환상은 더러운 냄새가 나고 보호해주는 대모의 피부와 융합적으로 접촉하는 것으로 드러났다. 동시에 앙지외는 겟세마네의 어머니가 항상 극도로 깨끗한 것을 자부심으로 간주했고 다량의 향수를 사용했음을 알게 되었다. 따라서 비록 앙지외가 이러한 사실을 관찰하기는 했지만, 겟세마네가 앙지외의 상담실을 침범했던 두 가지 모순되는 냄새들은 그의 대모의 피부와 그의 어머니의 피부를 나타내며, 그 둘 모두를 그 자신의 피부와 연합하고자 하는 환상을 그가 가지고 있었음을 말해준다"(p. 180). 자체 발생적인 냄새를 결여한 그레누이는 앙지외가 말하는 "고통 속에서 자신을 감싸는" "껍질 없는 핵"을 지닌 개인의 유형을 예증하는 것으로 보이며, 반면에 냄새가 두 배로 강한 겟세마네는 "공격성을 억제할 수도 극복할 수도 없는" "구멍난" 피부 자아 혹은 "여과기" 유형의 환자를 예증하는 것으로 보인다(p. 102).

치 않는 아기였고, "그녀가 언젠가 갖게 될 실제 아기들"을 위해 쫓겨나고 망각되어야 하는 경멸 대상이요, 축출되어야 할 불편이었다는 이야기를 듣는다. 비록 그레누이는 그의 어머니에 의해 잉태되었지만, 그는 그녀에 의해 결코 인정 받지 못했다. 어머니의 유아살해 범죄들은 한때 살아 있던 것들의 피 묻은 잔해들과 시장의 죽음과 부패의 향수에 의해 은폐되도록 의도되었다. 그 시장에서 그녀는 남편에 의해 담겨지거나 지지받지 못한 채, 혼자서 진통을 겪어야만 했다.

그의 신체적인 출생 이후에 그레누이가 첫 번째로 접촉한 것은 주의 깊고 돌봐주는 어머니의 팔과 가슴이 아니라, 죽음과 부패의 냄새였다. 따라서 우리는 그의 정체성에 대한 주제가 자궁의 안과 밖에서, 즉 그의 존재의 출발지점에서 냄새로 확립되었음을 알 수 있다. 그레누이는 그의 어머니의 환상 안에서 강렬한 냄새들의 세계 속에서 "눈에 띄지 않는" 존재로 태어났다. 그는 그의 어머니가 상상한 그대로 냄새가 없는 아기였다. 그는 악마로 태어났고, "부재가 인간의 몸을 입고 있는 존재였다!" 자신의 의미 있는 현존을 갖지 못한 채, 그는 그녀의 마음속에서 자신의 범죄를 은폐하도록 의도된 피 묻고 냄새나는 것들과 동등시되었다. 실제로, 그는 그녀 자신이 저지른 것들보다 훨씬 더 큰 범죄를 저지르게 되는 인간으로 자라났다.

그레누이는 위니캇(1965)이 "원박탈"로 언급한 것에 의해 고통 받았다고 말할 수 있을 것이다.[5] 그의 관념은 전적으로 환상

---

5) 위니캇(1965)은 "극단적인 정신적 질병"의 원인을 "이중 의존"의 단계에서, 즉 "생명에 필수적인 요소들의 공급"이 전적으로 유아의 지각과 이해의 바깥에 있는, 정신적으로 정교화 되지 않은 단계에서, 아기의 성숙 과정들을 촉진해주지 못한 환경의 실패에서 찾았다. 따라서 위니캇은 더 빈번히 사용되는 용어인 박탈로부터 원박탈을 구별했는데, 박탈은 "기본적인 발달에서의 성공 위에서 일어나는 실패로서, 그런 일이 일어날 때 그것은 아동에 의해 환경의 실패"로서 지각된다(p. 226)고 했다.

이 없는 것이었다.6) 거기에는 그가 의존할 수 있는 "안아주는" 대상도(Winnicott 1960) "담아주는" 대상도(Bion 1962) 없었고, 유아기의 변천들을 잘 통과할 수 있도록 지원해줄 감각적/정동적 "토대"도 없었다(Grotstein 1986). 대신에, 그는 그의 어머니로부터의 야만스럽고 때 이른 절단을 갑작스럽게 경험해야 했다; 그의 탯줄은 생선 칼에 의해 잘렸다. 이러한 거의 상상할 수 없는 "외상적인 분리"는 감각적 대상에 대한 그의 강화된 욕구로 이끌었던 것으로 보인다. 다시 말해서, 그것은 나중에 그레누이의 삶에서 그의 경험들을 조직하는 요소로서 기능하게 된 입 속의 젖꼭지로 대체된, 후각적인 감각 양태의 과도한 활성화와 그것에 대한 과도한 의존을 발생시켰다. "부재한 대상"(O'Shaughnessy 1964)을 보상하기라도 하듯이, 그레누이는 그의 버림받음과 관련된 압도하는 공포와 견딜 수 없는 정신적 고통에 대한 때 이른 인식을 차단하기 위한 수단으로, 그 자신을 향기로 에워싼 세계를 창조해냈다. 나는 그레누이가 이런 방식으로 반복된 거절들과 다중적인 심각한 외상들에서, 그리고 어머니를 대신하여 그를 돌봐준 사람들의 학대에서 살아남을 수 있었다고 믿는다. 나는 이 다양한 거절들과 그것들의 결과들을 연대순으로 개관하고 논의해보겠다.

---

6) "환상의 가치"라는 논의에서, 위니캇(1951)은 "어머니는 처음에 거의 100 퍼센트 적응을 통해서, 유아에게 그녀의 젖가슴이 … 유아의 일부이고 … 그 자신의 마술적인 통제 아래에 있으며(p. 238), 또한 그가 심리학적으로, 창조해낼 수 있는 능력에 상응하는 외부 세계가 존재한다는 환상을, 그리고 유아가 자신의 일부인 젖가슴에서 젖을 먹고 어머니는 그녀 자신의 일부인 유아에게 젖을 준다는, 환상에 기초한 상호교환(p. 239)이라는 아이디어를 가질 수 있는 기회를 유아에게 준다"고 서술했다. 환상이 없이는 진정한 의미에서의 관계의 발달이 있을 수 없는 것으로 보인다.

환경의 실패로 인한 외상

초기 시절의 유모들을 살펴볼 때, 그들은 모두 일시적인 등장인물로서 이야기 속에서 이름 없는 존재로 남아있다. 쟌 부씨는 살고자 하는 그의 욕구를 통제할 수 없는 무한한 "탐욕"으로 잘못 해석하는 바람에, 극도의 증오, 격변하는 감정, 그리고 의심을 갖고서 그레누이를 거절했다. 그레누이는 단순히 탐욕의 만족을 추구하기보다는, 아주 초기의 통합되지 않은 상태에서 그를 한데 담아줄 수 있는 "피부"의 감각을 얻기 위해 젖꼭지-입 연결을 통한 기본적인 존재의 연속성 경험을 얻기 위해 시도했던 것으로 보인다. 아마도 사랑에-굶주린 아기-그레누이는 그를 위해 상상할 수 있는 능력을 가진 어머니(Winnicott 1956)의 눈빛에서 반영되는, 자신에 대한 약간의 감각을 "얻기 위해" 시도했던 것 같고, 그런 모습이 다른 사람들의 눈에는 게걸스러운 모습으로 비쳤던 것으로 보인다. 하지만 쟌 부시는 아기를 위해 상상할 수 없었다. 그녀는 새로운 경험에 적응하고 동화되도록 허용할 수 있는 수용 능력을 결여했던 것으로 보인다. 그녀의 "전-관념들"은 다른 아기들과 함께 했던 이전 경험들의 잔여물에 의해 포화되어 있었고(Bion 1962), 따라서 이 아기를 위한 작은 공간도 마음속에 갖고 있지 않았던 것으로 보인다. 그녀는 이 아기가, 다른 대부분의 아기들처럼, "버터, 우유, 그리고 캬라멜"의 냄새를 갖고 있을 것을(즉, 그가 달콤하고, 다루기 쉽고, 착하기를) 기대했지만, 아기-그레누이가 그녀의 기대를 실현시키지 못했을 때, 쟌은 그에 대한 환멸은 물론 그녀 자신에 대한 환멸을 감당할 수 없었다. 공포와 절망의 상태에서, 쟌은 내키지 않아 하는 신부(테리에)에게 그레누이를 떠넘겼다.

테리에 신부 역시 쟌의 경험이나 그레누이의 경험을 해독시켜주는, 부모 역할의 과제를 감당할 수 있는 준비를 갖추지 못했다. 그는 그레누이의 "특이성들"에 대해 대리모가 느끼는 불안들에서 의미를 찾아내는 데 실패했다. 대신에, 그는 쟌의 두려움을 부인하고, 조롱하며, 부정했다. 이 아기와 혼자 있을 때, 테리에 신부는 대상의 현존과의 감각적 접촉을 확립하려는 그레누이의 필사적인 노력과, 그레누이가 이전의 애착 시도들에서 겪었던 고통스럽고 두려운 유아기 경험들, 즉 벌거벗은 채 남겨지고 일차적 대상의 눈에 추한 존재로 보이는 느낌을 의사소통하고 그것들을 변형시키려는 시도를 견딜 수 있는 역량을 갖추지 못했다.

비온(1963)은 유아는 처음에 "유아를 위해 알파-기능의 역할을 담당해주는 어머니에게 의존한다"(p. 27)는 사실을 우리에게 상기시켜주었고, 어머니의 현존에 대한 유아의 최초의 감각적 경험을 다음과 같이 생생하게 서술했다:

> 고통스런 배설물 덩어리들, 죄책감, 임박한 죽음의 공포, 탐욕의 덩어리, 고약함, 그리고 소변으로 가득한 상태에 있는 유아는 그런 나쁜 대상들을 거기에 있지 않은 젖가슴 안으로 비워낸다. 유아가 그렇게 함에 따라, 좋은 대상은 젖가슴-아닌 것(입)을 젖가슴으로, 배설물과 소변을 젖으로, 다가오는 죽음과 불안을 생명력과 확신으로, 욕심과 고약을 사랑과 관대함의 감정들로 바꾼다. 그리고 유아는, 지금은 좋음으로 바뀐, 그것의 나쁜 속성을 다시 빨아들인다. [p. 31]

그레누이는 테리에 신부의 팔 안에서 지원을 발견할 수 없었다. 그 신부는 그 자신의 유아기의 잔재로부터 아기-그레누이의 고통스런 경험들을 분리해낼 수 없었던 것 같고, 그 두 경험이 공명하는 것을 감당할 수 없었던 것으로 보인다. 아기를 "내던지고 싶은" 그의 충동은 그레누이의 비참한 경험에 대한 전적인 거절을 나타내는 것으로 보였다.

그 다음, 가이아르 부인의 손에 넘어간 그레누이는 모든 인간적인 정서를 박탈당하는 고통을 겪었다. 비록 신체적인 돌봄이 주어졌지만, 그것은 모든 인간의 열정과 사려 깊은 숙고가 제거된 것이었다. 따라서 그는 열정적인 인간과의 정서적 접촉에 대한 모든 희망을 피하면서 스스로를 신체적 생존에만 매달려야 할 지경에 이르기까지 심각한 신체적 질병의 희생자가 되었다. 그는 영원한 "정동적" 동면상태처럼 보이는 상처받을 수 없는 상태를 성취하기 위해 모든 인간관계를 끊어버리고 스스로를 껍질로 감싼, "진드기"가 되어야만 했다. 그는 자신의 몸에서 아무것도 내뿜지 않았고, 그 어떤 것도 그를 뚫고 들어갈 수 없었다 (정상적인 내사적 혹은 투사적 과정들이 확립되고 발달하는 데 실패한 상태).

이 모든 것에도 불구하고, 그레누이가 자신이 달라붙을 수 있는, 어쩌면 죽어가고, 산산조각이 나고, 액화되는 것(Bick 1986, p. 296)에 대한 그의 가장 원시적 불안을 견뎌줄 수 있는, 따뜻한-피를 가진 실체 안으로 "뚫고 들어갈 수 있는" 기회를 기다리고 있었다는 사실을 주목하는 것이 중요하다. 하나의 희망의 깜박거림—인식선호적 본능의 흔적(Klein 1932)—이 그레누이의 존재의 핵심에, 즉 그가 만들어낸 상처받을 수 없음의 "껍질" 안에 살아 있었던 것으로 보인다.

결국, 그레누이는 멀리 떨어진 곳에서도 냄새를 탐지하고 확인하는 그의 기이한 능력(탁월한 후각적 민감성)이 겁이 많고 미신적인 가이아르에 의해 악마의 전지성으로 잘못 해석됨으로써, 다시 한 번 거절 받는 운명에 처해진다. 이와 관련해서, 가이아르 자신이 그녀의 삶의 대부분 동안 극빈자들을 위한 수용소인 듀 호텔에서, 버림받은 채 무기력하게 죽어갈 것이라는 자신의 전능적인 예감을 피하기 위해 노력해왔다는 사실을 주목할 수 있다. 그녀는 자신의 죽음을 예견했을 뿐만 아니라, 그러한 죽음에 맞서 스스로를 지키기 위해 필요하다고 생각했던 단계들을 밟아나갔던 것이다. 이러한 맥락에서, 그레누이의 후각적 민감성에 대한 그녀의 빗나간 해석은 그녀 자신의 집에서 신체적으로 죽어가고 있는, 사랑받지 못하고 돌봄 받지 못한 무력하고-의존적인-아기인-그에 대한 경험을, 즉 그녀 자신의 최악의 두려움을 건드리고 그것에 영향을 준 경험을 지워버릴 필요에 의해서 강화된, 그녀 자신의 전능한 관념을 투사한 결과인 것처럼 보인다.

아이들을 잔인하게 착취한 가죽 제조자 그리말의 손에서, 어린 그레누이는 정신신체적 폭발을 겪었지만, 죽음에 대한 훨씬 더 큰 면역력을 갖춘 채 그것에서 벗어날 수 있었다. 여기에서 우리는 그가 이차적 피부의 새로운 신체적 표시를 발달시켰음을 발견한다. 악성 부스럼과의 그의 사투는 그의 몸에 영구적인 흉터들을 남겼다. 그 일 후에, 그레누이는 그의 환경과의 제한된 감각적(후각적) 교류에 참여했고, 하루는 그의 어머니가 처형된 곳에 서서, 쥐스킨트의 이야기 속에서 바다에 의해 표상된(후각적 용어들로 묘사된), 이상화된 자궁-어머니와 융합하고 싶다는 갈망을(후각적 측면에서) 경험했다.

그레누이의 향수(이 이야기에서 좋음의 본질을 나타내는 것으로 보이는)와의 첫 만남은 이 시기 동안에 일어났다. 이 좋음은 누구에게도 "알려지지" 않은, 순수하고 무구한 처녀인 소녀의 냄새와 동등시되었다. 여기에서 "향수"는 미분화되고 방해받지 않은 상태에 있는 이상화된-모성적-대상/순진한-아기-그레누이와 동등시되고 있다는 강한 함의가 있다. 그레누이는 곧 오직 죽음을 통해서만 그 향기를 자신을 위해 보존할 수 있다는 것을 발견한다. 그의 경험들은, 대상들이 스스로의 의지를 행사한 다음 결국에는 그리고 불가피하게 아기인-그 자신을 버리지 못하게 만들기 위해서는, 그들을 얼리거나 죽이거나, 혹은 움직이지 않는 것으로 만들어야 한다는 것을 그에게 가르쳤다. 아마도 그의 대상들을 때맞추어 얼리려는 그의 시도들은 그레누이의 이차원적 존재 및 정지된 발달의 무시간성과 일치할 것이다. 그러나 "좋은 어머니"와의 하나됨의 감각을 보존하려는 이 첫 시도에서, 그는 오직 피부 대 피부의 접촉을 통해서만 대상의 "본질"을 취할 수 있고, 그것을 자신 안으로 받아들여 그 자신의 것으로 만들 수는 없다는 것을 알게 된다. 아마도 처음으로 그레누이는 하나됨의 행복을 경험했고 새로운 존재 이유를 발견했을 것이다: 아름다운 향기(즉, 이상화된 출생-어머니의 본질)을 창조하는 것.

그레누이의 이차적 피부의 형성과 그것의 변형들

그레누이는 추한 아이로 자라났다. 달리 말해서, 그는 다른 사람들/어머니가 그에게 기대했던 방식으로 그 자신을 경험했다. 자폐증 아동들과 다르지 않게, 그는 세 살 때까지 서지 못했다. 그는 네 살 때까지 한 마디 말도 하지 못했고, 그가 실제로 말하기 시작했을 때, 그의 말은 명사들("사물들")로 국한되어 있었고, 행위자들을 나타내는 대명사들은 그의 말에서 찾아볼 수 없었다. 그는 단어들을 그것들이 그에게 미치는 감각적인 정동들을 나타내는 데만 사용했다. 그 단어들은 그를 진정시키고 "가라앉히는" 데 필요한 감각들을 제공하는, 그것들이 그레누이의 입술과 혀에 만들어내는 자체-감각적인 "모양

들"(shapes)로 이해될 수 있다(Tustin 1984b).[7]

그레누이에게는, 오직 감각적인 것만이 중요했다. 이러한 본질적 냄새들은 "언어보다 풍부한 의미를 지닌," 그의 정동적 경험들(Stern 1985)에 대한 "활성화 윤곽들"[8]의 감각적 파생물일 수 있다. 비록 그레누이가 외부의 관찰자의 관점—아마도 객관적인 관점—에서는 미친 사람처럼 보였겠지만, 그의 경험(외부로부터의 탐지가 철저하게 차단된)의 관점에서 볼 때, 그의 마음은 특이하고, 공유되지 못하고, 방어적인 동기를 갖고 있음에도 불구하고, "풍부한 상상력"을 지닌 것이었다. 이것이 그레누이가 비밀스럽게 어느 정도의 정신적 삶을—지성과 클라인이 말하는 "내적 대상들의 세계를"—발달시켰다는 증거로서 제시될 수 있을지는 알 수 없지만, 나는 진정한 정신성으로 보이는 것이 실제로는 부재하는 환경 어머니의 기능을 떠맡기 위해 발달된, 위니캇이 병리적인-마음-정신으로 묘사한 것을 나타낸다고 생각한다.

가죽 제조자인 그리말과 후에 향수 제조자인 발디니의 작업실에서 일하는 동안, 그레누이는 이야기 속에서 두 번에 걸쳐 극도의 신체적 학대 및 심리적 환멸과 연관된 정신신체적 폭발을 경험했고, 그때마다 훨씬 더 강한 이차적 피부(고통스럽고 치명적

---

7) 자폐적 모양들(Tustin 1984b)은, 그것들이 고통스럽고 두려운 인식을 차단하는 마비 또는 진정 효과를 가진 신체적 물질들이나 대상들의 도움으로 피부의 표면이나 내부에 산출된 특이하고 내부 발생적인 감각의 소용돌이들이라는 점에서, 객관적인 모양들(사각형이나 원형 등과 같은)과 구별된다.

8) 활성화 윤곽(Stern 1985)은 신체적 혹은 생리학적 수준에서—마음이 아닌 두뇌 수준에서—기록되는 기억의 패턴이다. 스턴(Stern)에 따르면, 각각의 활성화 윤곽은 생명력 정동들의 뭉치, 감정들 혹은 신체감각적 경험들의 형성 즉, 아마도 신경체계의 특정 영역 안에서의 신경의 발화 패턴으로 배열되는, 감정의 파도들 또는 쇄도들로 구성된다. 범주적 정동들(예컨대, 슬픔, 행복, 분노)과는 달리, 그것들은 상징적 내용을 갖지 않는다. 추상적인 춤이나 음악이, 구성이나 범주적 정동의 신호에 의존하지 않는, 생명력 정동들의 표현성에 대한 훌륭한 예들이다.

인 접촉으로부터 그를 막아주고 보호해준 흉터들과 추함에 의해 구체적으로 표현된)를 발달시킴으로써 그 자신을 재구성할 수 있었다.

내부로부터 돌을 맞는 경험은 그레누이의 환멸(정신 내부로부터의 내파) 사건에 대한 주관적 경험을 묘사하는 쥐스킨트의 방식으로 보인다. 이러한 외상과 환멸의 경험들은 모성적 대상과의 부드럽고 돌봐주는 상호작용에 의해 변형되지 않은 채로, 정신 내부의 구체적인 수준에 남아 있었던 것 같고, 결국 신체적 증상에서 그것들에 대한 담아주기와 표현 모두를 발견했던 것으로 보인다(J. Mitrani 1987, 1993b). 비온(1962)이 제안했듯이, 담겨지지 않은 감각적 경험들은 의미를 창조하는 데 사용되지 못하고 마음속에서 기억들로 저장되지도 못하는 자극들의 구체적인 축적물로 남는다. 그러한 경험들은 기억되지도 망각되지도 않고, 대신에 신체적 영역 안에 유보된 상태로 간직된다. 이러한 신진대사 되지 않은 감각들(베타-요소들)은 신체적 질병으로 조직되고, 이차적 피부―그 안에서 생존하고 기능할 수 있는, 자기 보호를 위한 필수적인 영역을, 즉 거짓 자기 인격이나 마치-인양 인격을 위한 영역을 제공하는―로서 기능하는 베타-스크린을 구성할 수 있다.

그런 점에서, 비록 그레누이가 착취를 당하기는 했지만, 그는 삶을 닮은 어떤 것을 되찾을 수 있었다. 그는 마침내 잃어버린 유대 경험(Grotstein 1989)을 대체했던 속박으로부터 얼마의 유예 기간을 얻어낸 것으로 보인다. 결국 그는 그에게 자궁과-같은 환경과 후각의 평화를 제공하는, 이전에 아무도 살아본 적이 없는 사화산 정상에 위치한 동굴 안에서 완전한 고립 상태로 철수했다.

이러한 한때-활동했던 화산의 잔여물들 사이에 있는 동굴 속에서, 그레누이는 근원적 경험, 즉 어머니의 몸의 "세계 안에 유일한 인간으로 존재했던" 출생 이전의 경험을 되찾았다고 말할 수 있다. 여기에서 태아적 존재의 상징들은 풍부하다: 아무도 들어간 적이 없는 터널, 양분을 공급해주는 탯줄 모양의 똬리를 튼 뱀들, 그리고 생명 유지에 필요한 습기를 얻기 위해 상당히 감각적인 방식으로 핥아야만 했던 자궁의 벽(바위들). 그레누이는 "그의 제국" 안에서 그의 취약성에 대한 두려운 인식으로부터 자신을 보호하기 위한 본질적 수단으로 보이는, "그의 내면 가장 깊은 곳에 있는 우주적 극장 안에서" 자신의 과거의 냄새들을 되새김질 하는 일종의 "후각적 반추"를 시행했다.

가디니(Gaddini 1969)의 "심리적-구강"이라는 개념은 냄새에 대한 그레누이의 강화된 감각과 관련해서 어떤 이해가 출현하도록 허용할지도 모른다. 가디니(1959)는 출생 직후에 심각한 구강기 좌절을 겪은 어린 유아들에게서 나타나는 반추 현상을 탐구했는데, 그는 이것이 외상적인 젖떼기와 결합함으로써, 내사적 동일시에서의 어려움으로 이끈다는 사실을 관찰했다. 나중에, 심리적-구강기라는 개념을 발전시키면서, 가디니(1969)는 "모든 감각 기관들은 무의식적으로 입과-같은 것으로 지각된다"고 제안했는데(p. 478n), 이 아이디어는 "비양태적 지각(amodal perception)"[9] 이라는 스턴의 후기 개념화와 잘 들어맞는다. 가디니는 불충분한 구강적 자극 때문에 그리고 그것을 보상하기 위해서 감각적 자극의 다른 양태들이 과도하게 강화될 수 있다고 제안했다.

마침내 하나의 꿈이, 그를 질식시킬 수 있는 위험한 안개를 만

---

9) 스턴(Stern 1985)에 따르면, 신생아들은 하나의 감각 양태 안에서 정보를 취하고는 그것을 다른 감각적 양태로 번역할 수 있는 타고난 능력을 갖고 있다. 그 결과로 발생한 지각이 어떤 초양태적 형태 (예컨대, 보이는 젖가슴, 냄새나는 젖가슴, 맛볼 수 있는 젖가슴, 그리고 만질 수 있는 젖가슴이 그 안에서 함께 연결되는) 안에 존재하게 되고, 그것의 모든 감각적 양태들 안에서 인식될 수 있는, 스턴이 비양태적 표상이라고 부른 것 안에서 부호화된다.

들어내면서, 그레누이의 생각 없는 마음속으로 침투해 들어왔다. 아마도 이 안개는, 혼란스런 "해체" 감정으로 또는 산산조각 나는 경험으로 멜처(1975)에 의해 묘사된 안개처럼, 그레누이의 존재의 연속성에 위협을 가하는 것으로 느껴졌을 것이다.

> 그는 죽을 것처럼 두려웠고, 그의 온 몸은 생생한 죽음의 공포로 인해 떨렸다 ... 그는 떨면서 그리고 그의 혼란되고 두려운 생각들을 모으려고 애쓰면서 그곳에 앉아 있었다. 그는 한 가지를 확실히 알고 있었다: 그가 그의 삶을 바꾸려 한다는 것, 즉 그가 그와 같은 공포스런 꿈을 두 번 다시는 꾸고 싶지 않기 때문에, 그가 자신의 삶을 바꾸기를 원한다는 것. 그는 다시는 그것에서 살아남지 못할 것이다.
> [Suskind 1986, p. 164]

그는 다시 한 번 인간과의 접촉을 추구함으로써, 이 상태에서 벗어났다. 그러고 나서 그는 한 후작을 만났는데, 그 만남에서 후작은 이 혐오스런 피조물의 재활을 통해서 자신이 신봉하고 있는 이론을, 즉 땅이 생명의 힘 자체에 맞서 죽음을 향해 끌어당긴다는 이론을 입증할 수 있을 거라는 기대를 갖게 되었다. 비록 그 후작은 그가 자신의 치료법을 통해서 그레누이를 재활시켰다고 생각했지만, 그는 한 인간의 모조품을, 즉 "마치" 그가 인간인 것처럼 향기를 내뿜는, 향수 인간을 창조하는 것을 도왔을 뿐이었다.

이야기의 이 지점에서, 그레누이의 보호는 찌꺼기 같은 것에서 끔찍스런 것으로 진화한 것으로 보인다. 여기서 그의 전능성은 새로운 방향을 취했다. 인간들 가운데서 인간인 척하는 것—그에게 수용 받는 경험을 가져다준 위장—에 더 이상 만족하지 못한 채, 그레누이는 새로운 강박에 사로잡혔다: 즉, 초인간적인 향기를 창조하고 소유함으로써 사랑을 불러일으킬 수 있게 되는 것. 그는 그가 살해한 아름다운 처녀들의 시체들에서 이 초인적 향기의 성분들을 수집하는 것으로 그의 과제를 수행했다. 이야기 안에서, 쥐스킨트는 그레누이의 동기를 이해하는 데 필요한 통찰을 제공하기 위해 안트완 리쉬라는 인물을 사용했다. 리쉬는 그 살인자의 목표가 파괴하는 것이 아니라 수집하는 것이라고, 아름다움에 대한 공격이 아니라, 그 자신을 위해 아름다움을 보존하는 것이라고 믿었다. 자폐 아동들이 성장을, 대상에게서 얻는 "조각들"에서 그리고 자기에게 달라붙어 있는 "조각들"에서 발생하는 것으로 개념화하듯이(Tustin 1981), 그레누이는 획득과 달라붙는 것을 통해서 사랑스러운-그가 발달할 수 있다고 생각했던 것처럼 보인다. 사실, 그가 체포되고 그가 저지른 범죄에 대해 유죄판결을 받은 후에, 그레누이는 마치 다시 태어난 것처럼 보였다: 그 자신이 만든 향기 나는 "피부"를 가진 "인격화된 순진함."

그러나 그의 승리는 텅 빈 것이었다! 항상 그랬듯이, 그는 그의 정서적 상태들을 위한 아무런 상호성도 찾을 수 없었다. 그의 넘쳐흐르는 사랑과 애착에의 갈망이 과거에 증오를 만났듯이, 지금 그의 압도하는 증오는 오직 사랑만을 낳았다. 그는 그가 자신 안에서 차단시켜놓은 것에 대한 반항을 다른 사람들 안에서 찾을 수 없었다. 다시 한 번 그레누이는 아무도-아닌 존재가 되는 경험과 해체의 감정에 대한 인식으로 이해될 수 있는, "그의 냄새없음의 안개"에 의해 정복되었다. 그레누이는 그의 내적 현실과 외부 현실 사이의 일치에 대한 최종적이고 치명적인 깨달음을 구성하는, 무한한(담겨지지 않은) 공포로 채워졌다. 비록 그레누이가 마침내 안트완 리쉬에 의해 수용되었지만, "입양된" 것은 그가 아니라 그레누이의 향기 나는 이차적 피부가 그에게 미친 영향력 때문에 발생한, 리쉬 자신의 전능적 투사들이었다는 것이 곧 명백해졌다.

마지막 장에서, 그레누이는 사랑 없는 세상에 의해 점점 더 미쳐갔다. 그는 그가 결코 그 자신으로 보여질 수 없고 사랑받을 수 없을지도 모른다는 고통스런 깨달음에 의해 야기된 절망에 압도되는 것으로 보였다. 다시 한 번 그는 어머니의 몸과 "하나"가 되는 경험을 추구했다. 이 목적을 위해 그는 무법자들의 무리로 하여금 사람을 먹도록 자극했고, 마침내 "사랑"의 행동을 통해서 그들의 몸 "안으로 들여졌다"—먹혔다. 사실, 이것은 사랑의 궁극적인 행위였다. 왜냐하면 쥐스킨트가 그토록 구체적 용어로 묘사한 것은 아기가 모성적 대상에 의해 내사되는 경험, 곧 아기가 담아주는 대상에 대한 느낌을 함입할 수 있기 위해 필요한 경험이었던 것으로 보이기 때문이다.[10] 유아가 그러한 대상과 동일시하는 것은 내사와 투사라는 중요한 기능의 발달에 절대적으로 필수적인 요소이다.

점착성 유사-대상관계

비록 그레누이가 일반적인 의미의 대상관계를 위한 능력을 결여하고 있다고 말할 수 있지만, 그의 행동과 경험은 8장에서 제안된 점착성 유사-대상관계에 대한 서술과 잘 들어맞는 것으로 보인다. 그레누이는 자폐 아동이 대상을 사용하는 것과 같은 방

---

10) 개인적인 의사소통에서, 그롯스타인(1992)은 페어베언의 말을 바꾸어 설명하면서, 아기가 어머니에 의해 내사되는 경험과 대상으로서의 어머니를 아기가 내사하는 것은 차례대로 이루어지기보다는 동시에 그리고 나란히 발생하는 과정들이라고 제안했다: "유아는 내사 행동에서 내사하는 어머니를 내사하며, 따라서 그의 안에는 그를 담고 있는 대상이 들어 있다."

식으로, 다시 말해서, 대상이 그의 신체 표면 위에 발생시키는 감각, 즉 스며들 수 없음, 과대주의, 안전감, 혹은 고요함의 느낌을 제공하는 감각을 위해 그의 대상을 사용했던 것으로 보인다. 그레누이가 그의 대상들을 조종했는지 아니면 회피했는지는, 대체로 그것들을 보호해주고 달래주는 것으로 느꼈는지 아니면 위협적으로 침범하는 것으로 느꼈는지에 대한 감각에 달려 있었다. 그의 대상들을 믿을 수 없다는 그의 반복된 경험은 그를 자신이 창조해낼 수 있었던 후각적인 감각/대상들(향수들)을 신뢰하도록 이끌었다.

동굴 안에서의 그레누이의 목가적인 존재는 처음에 어머니의 몸 안에서 있었던 초기의 하나됨의 경험들에 대한 환상이 재-창조된 것처럼 보인다. 그가 돌로 둘러싸인 공간 속에서 숨어 지낸 지 수년이 지난 후에야, 블랙홀 경험에 대한 인식이 그레누이의 환상 속으로 침투해 들어와 그 환상을 용해시킬 수 있었는데, 그 때 그 블랙홀 경험은 "무기력함, 결함, 무, '제로 상태'의 두려운 세력에 대한 경험이었고, 또한 단순히 정적인 공허로서가 아니라 하나의 내파적인 사건, 즉 공허 안으로 끌어당기는 것으로 느껴진 경험"이었다(Grotstein 1990). 나는 꿈에서 드러났듯이, 그레누이가 공포에 질려 도망친 것이 내적 블랙홀의 건조함과 밑바닥 없음에 대한 순간적인 인식 때문이었다고 믿는다. 그는 동굴 속에서의 생각 없는 망각 상태로부터 거의 완전히 붕괴된 상태로 옮겨갔고, 반사생리학적인(reflexophysiological) 방식으로 인간과의 접촉을 향해 이동했다. 다시 말해서 그는 정동적 접촉에 대한 회피로부터 인간에 대한 더욱 감각-지배적인 조종 쪽으로 이동했다. 그레누이가 만들어낸 후각적 산물들은 그에게 안전함에 대한 감각적 망상을 제공했다. 이야기 전체에서 우리는 그레누이의 전능성의 실패가 뒤에 변함없이 심각한 생리학적인 붕괴를 수반했고 뒤이어 훨씬 더 뚫고 들어갈 수 없는 이차적 피부를 재구성했다는 것을 알 수 있다.

그레누이의 이차적 피부의 발달은 그가 살아남기 위해 동물의 피부를 힘들게 다루어야 하는 상황에서 그의 후각을 보호용 외피로 사용하는 것을 통해 진드기처럼 스스로를 캡슐화한 순간으로까지 거슬러 올라간다. 악성 부스럼과의 사투에서 얻은 그의 흉터들은, 점점 더 심해지는 그의 추함이 인간의 친밀성에 대한 고통스런 위험을 막아주는 데 기여한 것처럼, 인간들과의 잔인한 접촉들에 맞서 그를 훨씬 더 강인하게 만들어주었던 것 같다. 이러한 강인한 외모는 결코 사랑받은 적이 없는 그러므로 태어나지 않은-그인, 그 자신의 진정한 자기의 핵심적 본질을, 마돈나의 향기와 같은 그가 훔친 소중한 향기를 상실하는 위험 앞에서 숨기고 보호할 수 있는 내면의 방을 그에게 제공해주었던 것으로 보인다.

그레누이의 질식 경험은 자신 안에 있는 선하고 살아 있는 모든 것을 그의 공포와 함께 안전하게 봉인한 데 따른 부작용, 즉 그의 방금 태어난 "자기"의 이 측면에 접근할 수 없다—냄새 맡을 수 없다—는 스쳐가는 인식의 결과로 보인다. 그는 또한 그가 내면에 봉인해놓은 좋은 대상들을 이용할 수 없었다. 그가 자신을 위협하는 블랙홀 경험을 피하기 위해 세워 놓은 성채는 고행의 장소가 되었고, 그는 그것에서 벗어나 삶으로 들어갈 수 없었다.

극도의 원박탈, 환멸, 분리, 그리고 상실과 조우하게 되면서 항상 발생하는 붕괴의 주제는 쥐스킨트의 이야기 전체를 관통하고 있다. 삶에서처럼 예술에서도, 마음속에서 변형되지 않고 완화되지 않은 채 남아 있는 경험들은 때로는 다른 사람들의 행동들에 의해 다루어지고 표현되는 것으로 보일 수 있다. 그레누이를 돌봐준 사람들 중의 많은 이들이 그가 떠난 뒤에 멸망했다. 만약 우리가 그들 각자가 그레누이에 의해 분리된 개인으로서가 아니라 신체의 한 부분으로서 경험되었다고 상상할 수 있다면, 그때 그들 각자의 죽음은 그레누이 자신의 신체의 반복된 절단(mutilation)과 정신적 죽음의 경험에 대한 구체적인 표현이라는 추가적인 의미를 갖게 될 것이다. 예컨대, 그의 어머니의 머리가 그녀의 몸으로부터 잘려져 나갔듯이, 그레누이 자신의 정신은 그의 신체적 존재로부터 반복해서 해리되었다; 가이아르가 속아서 방치된 죽음을 맞았듯이, 그레누이는 극도의 위선과 무시로 인해 환멸 당한 상태에 남겨졌다; 그리말이 스스로 초래한 혼미한 상태에서 익사했듯이, 그레누이는 그 자신의 인식을 막으려고 애쓰다가 그 안에 갇혀버렸다; 발디니의 세계가 통째로 그리고 설명할 수 없이 갑자기 무너졌듯이, 그레누이는 모성적 환경과 그것을 대체하기 위해 그가 창조해낸 보호용 껍질이 갑자기 붕괴되는 것을 느꼈다; 그리고 마지막으로, 후작이 얼어붙은 산 정상에서 사라졌듯이, 그레누이는 인간관계로부터 피신해 있는 곳에서, 즉 그의 얼어붙은 정서적 삶 속에서 상실되었던 것으로 보인다.

　마지막으로 그러나 가장 작지 않은 것이 저 아름다운 순진무구한 여성들의 죽음들이다. 그들이 의식 없는 상태가 되었고, 삭발되었으며, 옷이 벗겨졌고, 그들 존재의 본질을 강탈당했듯이, 그레누이는 그 자신의 본질을, 그의 순진무구함을 강탈당했고 생존을 위해 오래 전에 희생시켰다. 이 모든 죽음들은, 내가 믿기로는, 버려진 채 죽어가는 아기-그레누이의 "각인된" 그리고 굴절된 감각적 경험들을 나타낸다.

결론적 사고들

해밀톤(Hamilton 1989)은 외상이란 단어를 "우리들 대부분 안에서 강렬한 공포의 감정, 격분의 느낌, 그리고 매우 종종 극도의 불쾌감과 혐오감을 불러일으키는 사건들에 대한 반응이라는 의미로, 다시 말해서, 우리가 차라리 알고 싶지 않고 듣고 싶지 않은 사건들"(p. 74)이라는 의미로 사용한다. 우리는 치료자로서, 달리 대처할 수 있는 준비를 갖추지 못한 상태에서—가장 초기 유아기 또는 심지어 탄생 이전 시기에—파국적 사건들에 의해 모욕을 겪었던 우리의 환자들이 그렇게 하듯이, 그러한 외상들로부터 우리 자신을 격리하기 위해 종종 돌아서고 있는지도 모른다.

그레누이의 이야기는 외상의 정수가 어떤 것인지를 우리에게 들려준다; 그것은 아마도 우리가 우리의 상담실에서 "알고 있고" 그리고 "들은 적이 있는" 다른 사람들의 이야기가 극단적으로 희화화된 것일 것이다. 우리는 정신분석가로서 우리 자신들을 안전하게 감싸고 있는 이론들로부터 분리되고 벗어나 우리의 환자들을 경험하고, 이해하고, 해석하며, 심지어 그들을 새롭게 상상하기 위해 열려있고 수용적인 태도로 환자들을 대하려고 노력해야 한다. 우리는 경험들이 전이에서 다시 재생될 때, 그 경험들을 견디고, 수용하며, 있는 그대로를 인정하기를 열망하는데, 이것이 결국에는 그 경험의 수정으로 이끌 것이다. 그러나 우리는 우리 환자들의 한계들뿐만 아니라 우리 자신의 한계들에 대해, 즉 끔찍스러움, 격노 반응, 혐오 반응을 견딜 수 있는 능력의 한계에 대해 알고 있어야 하며, 특히 우리의 환자들이 소통하는 것들이 오래 전에 잊은 우리의 옛 상처들을 건드릴 때, 그것들로부터 너무 일찍 돌아서거나 그것들을 더욱 비참한 것으로 만들거나, 집어

던지거나, 잘라버리는 우리 자신의 성향에 대해 항상 깨어 있어야만 한다.

  아마도 점착성 정체성이나 점착성 동등시는 분석가가, 그의 블랙홀을 구성하고 있는 것일 수 있는, 치유되지 않은 개인적 상처들에 대한 인식을 막기 위해 설치한 차단막(insulation)을 감히 포기할 때에만, 환자에 의해 포기될 수 있을 것이다. 그리고 이것은 경험들이 섞이는 순간을 허용할 것이고, 따라서 진정한 대상관계 능력의 진화가 발생할 수 있을 것이다.

제 10 장
정신화되지 않은 경험에 대한 이해[1]

> 감각이 없이는 어떤 대상도 우리에게 주어지지 않을 것이다. 이해가 없이는 어떤 대상도 생각할 수 없을 것이다. 내용 없는 생각은 공허하고, 개념 없는 직관은 눈 먼 것이다.
>
> [임마누엘 칸트, 순수 이성 비판]

도입

이 책의 2장에서, 나는 인간의 상호작용의 과정을 통해 완화되어야 하는, 신체적 분리됨과 상실의 초기 경험들을 인식하는 두려움에 맞서 스스로를 보호해야만 하는, 또는 유기체적 공황(Grotstein 1984)에 의해 압도되거나 절망의 블랙홀(Tustin 1972)에 의해 삼켜지는 위협에 처해 있는, 특정 환자들의 정신분석적 치료와 관련된 몇몇 임상적 이슈들을 다루었다. 가장 초기의 유아기 이래로 날것 그대로의 원초적 형태에서의 이러한 경험들에 대한 인식은, 과거 30년에 걸쳐서 빅(1968), 멜처(1975), 멜처와 그의 동료들(1975), 그리고 터스틴(1969, 1972, 1980, 1981, 1984a,b, 1987, 1990, 1991)에 의해 서술된, 자폐 아동들이 사용하는 것과 유사한, 캡슐화를 통해서 방어되어 왔다. 거기에서 나는 정신화되

---

[1] 이 장에 실린 내용의 초기 형태는 1993년 3월 25일에 캘리포니아 정신분석 센터의 학술모임에서 발표되었고, 1995년에 The Psychoanalytic Quarterly에 실렸다.

지 않은 경험을 심리생물학적으로 담아주는 그릇을 구성하는, 자체-감각적인 책략들이 지닌 생존 기능을 강조했다.

　2장이 기초하고 있던 논문이 최초로 출간된 후에, 몇몇 독자들이 정신화되지 않은 경험이라는 용어의 원천과 의미를 어느 정도 설명하고 주석할 필요가 있다는 피드백을 전해왔다. 따라서 이 장은 이 개념에 대한 정의를 내리는 목적을 갖고 있다. 이것은 과학적인 담론과 대화를 위한 그 개념의 유용성을 증가시키고, 동시에 그것이 인간 기능의 또 다른 차원을 이해하기 위한 모델로서 사용될 수 있도록 촉진하기 위한 것이다.

　우선 나는 이 용어에 대한 간략한 작업적 정의를 내릴 것이고, 그 다음에 프로이트로부터 오늘의 대상관계 이론가들에 이르기까지 그 개념의 선구자들을 추적할 것이다. 나는 또한 임상적 경험에서 온 그 개념이 어떻게 태아 및 유아에 대한 최근의 관찰 연구로부터 온 것들과 섞임으로써 더욱 세련된 것이 될 수 있는지를 보여줄 것이다. 때때로 나는 정신화되지 않은 경험의 특정 측면들과 분석적 과정을 통한 그것들의 변형을 예증하기 위해 임상적 영역으로 되돌아갈 것이다. 나의 과제를 수행하기 위해서 나는 정신분석 내의 몇몇 서로 다른 이론적 학파들을 다룰 것이다. (나의 과제는 이 다양한 정점들 사이를 가로지르는 교차-비옥화를 포함한다.) 따라서 나는 독자가 필요할 때 사용할 수 있는 많은 각주들을 제공함으로써 서로 다른 이론적 지향들 사이에 존재하는 그리고 심지어 동일한 학파 내부에도 존재하는, 언어의 장벽을 넘으려고 시도할 것이다.

정신화되지 않은 경험에 대한 작업적 정의

이 장에서 정신화되지 않은 경험이라는 용어는 상징들(조직되고 통합된, 정신적 표상들) 혹은 신호 정동들(사려 깊은 행동을 요구하는, 임박한 위험 신호로서의 불안)로 변형되는 데 실패하고, 대신에 정신 내부의 구체적인 대상들로서 혹은 신체적인 방식으로 반응하는 신체적 상태들(예컨대, 신체적 증상들이나 행동들)로서 인식되는, 내적이거나 외적인, 기초적 감각 자료들을 의미한다. 그러한 경험들은 사고를 위한 음식 재료로서 사용될 수 없고, 기억의 형태로 저장될 수도 없는, "누적된 자극들"에 지나지 않는다. 마음속에 간직되지 않는 이 기억들은 억압될 수도 없다. 대신에 그것들은 고립되어 있고, 출입이 통제된 영역 안에서 변하지 않는 상태로 남아있다. 이 정신화되지 않은 경험들을 연구하는 것은 그 어떤 것보다도 힘든 과제가 아닐 수 없다.

나는 실제 신경증에서의 "불안 등가물"(1895b, p. 94)이라는 프로이트의 개념이 정신분석에서 이 현상을 특징지은 첫 시도였다고 믿는다. 이 영역에서의 프로이트의 사고에 대한 짧은 검토가 이 후의 논의를 위한 필수적인 배경을 제공해줄 것이다.

불안 등가물

1894년에 프로이트는 플리스(Fliess)에게 보낸 편지에서 다음과 같이 썼다:

> 히스테리에 전환(conversion) 현상이 있는 것처럼, 불안 신경증에도 일종의 전환 현상이 있다 ... 그러나 히스테리에서는 정신적 흥분이 배타적으로 신체적인 영역으로 가는 잘못된 길을 취하는 반면에, 불안 신경증에서는 신체적 긴장이 정신적 장으로 들어가지 못한 채 신체적 경로에 남아있다. [1892-1899, p. 195]

여기에서 프로이트는 불안 신경증으로 고통을 겪는 개인의 경우, 정신적인 내용물이 없는 신체적 긴장이 있을 수 있음을 제안하고 있는 것으로 보인다.

전환 히스테리에 대한 그의 첫 모델에서, 프로이트(Breuer and Freud 1893-1895)는 그의 환자들이 어떤 지점까지는 정신적 건강을 유지했다고 제안했다. 그 지점은 개인이 잊도록 강요받을 만큼 고통스런 사건, 아이디어, 혹은 감각이 자아 안에서 일깨워질 때 내적 모순들을 해소할 수 있는 대안적인 능력이 부족한 지점이다. 그의 두 번째 모델에서, 프로이트는 신체적인 증상 형성을 유기체적인 "불안 등가물"(1895b, p. 94)로서 이해했다. 이 후자의 모델을 발전시키는 과정에서, 그는 "호흡과 같은 ... 신체적 기능들"(p. 94)의 장애가 종종 불안을 수반, 은폐, 혹은 심지어 완전히 대체하며, 히스테리 환자의 불안과는 대조적으로, 그러한 불안의 분석은 억압된 사고를 드러내지 못한다는 사실을 관찰했다. 불안 신경증 혹은 "실제" 신경증에서, 신체적 증상은 정신적 장치에의 접근이 거부된—정신화되는 데 실패한 감각 경험들—신체적 감각들이다. 반면에, 히스테리적 전환에서 갈등에 의해 야기된 정신적 자극들은 억압된다. 즉, 그것들은 신체적인 증상의 표현으로 추방된다.

두 경우 모두에서, 프로이트는 "정신적 장치의 불충분성으로 인해 비정상적인 신체적 과정들이 발생한다"라고 언급했다. 즉, "흥분에 대한 정신적인 극복과정(working-over)이 일어나는 대신에, 그 흥분이 굴절되어 신체적 장 안으로 들어가는 현상"이 발생한다는 것이다(1895b, p. 115). 여기에서 프로이트가 행한 구별은 억압의 한 하위 유형으로 간주되는 히스테리성 전환에서 유기체적 증상은 정신적 변형의 신체적 표현인 반면, 불안 신경증에서 유기체적 증상은 정신화되지 않은 신체-감각적 흥분의 직접적인 표현으로 이해된다는 점에서, 매우 중요하다.

히스테리성 전환과 실제 신경증 혹은 불안 등가물 사이를 구별하면서, 프로이트는 전자의 신체적 증상을 본능적 욕구들과 자아의 방어들 사이의 무의식적 갈등에서 유래하는 것으로 해석될 수 있는, 심리적 또는 정신적 경험의 표현들로서 서술했다. 달리 말해서, 전환 증상은 하나의 아이디어를 나타내는 상징의 특징과 함께, 하나의 타협을 구성한다는 것이다. 그러나 실제 신경증의 증상은 미분화된 혹은 원시적인 불안의 정신적 상태의 등가물로 간주되었다. 즉, 빗나간 정신적 활동의 신체적 표현이 아니라, 정신적 활동이 발생하는 데 실패했음을 나타내는 표시라는 것이다.

히스테리 전환 증상은 어떤 아이디어에 대한 무의식적 욕망을 나타내는 의식적 행동의 대체물인 반면, 불안 신경증에서 나타나는 유기체적 증상은 감각 경험이 정신화되지 못한 것, 즉 행동에 대한 아이디어가 결코 형성되지 않았음을 가리킨다고 말할 수 있다. 따라서 우리는 불안 등가물을 좀 더 원시적인 종류의 투사, 더 정확하게는, 의사소통을 목적으로 하는 투사적 동일시(Bion 1959, 1967a)의 사용과 관련시킬 수 있고, 전환과 억압 사이에 어떤 관계가 있다고 결론내릴 수 있다. 나는 신체화의 이 두 모델들 사이의 구별이, 히스테리에서 흥분의 과도함이 심리적인 것에시 유래한다는 관찰, 즉 흥분이 갈등적인 아이디어에 의해 자극된다는 관찰에 근거해 있다는 점을 강조하고 싶다. 그러나 불안 신경증에서 흥분은 순수하게 신체-감각적인 것이고, 그것의 기원은 순수하게 신체적인 것이고, 정신적 영역 안에서는 아직 변형을 거치지 않은 상태에 있다.

이러한 발견들에 비추어 프로이트(1916-1917)는 다음과 같이 결론 내렸다: "실제 신경증의 문제는 … 정신분석이 공격할 수 있는 어떤 허점도 보이지 않는다. 그 문제에 빛을 던져줄 수 있는 것은 거의 없고, 그 과제는 생물학적-의학적 연구를 위해 남겨두어야 한다"(p. 389). 프로이트는 이러한 정신적 내용이 없는, 신체적 본질의 신경증을 정신분석의 배경으로 추방한 것으로 보인다. 간략히 말하면, 그러한 환자들은 한때 정신분석 치료가 불가능한 사람들로 추정되었다. 다행히도, 멜라니 클라인의 선구자적인 연구—그리고 영국에서의 클라인 학파와 독립 학파들에 의한 클라인의 연구의 확장들—는 그러한 원시적 상태들에 대한 우리의 이해를 넓혀주었다. 이러한 이해는 전에는 분석할 수 없는 것으로 생각되던 환자들에게 접근할 수 있는 기법의 정교화로 인도했다. 그러한 접근은 역전이가 분석가의 정신 안에서의 변형을 요구하는, 감각적 경험의 소통이 발생하는 것에 대한 표시로 이해되면서 가능해졌다. 이 장에서 나는 정신화되지 않은 개념에 적용되는 영국 학파들의 중심적인 아이디어들의 일부를 검토할 것이다.

정신화되지 않은 채로 남아있는 경험

정신화되지 않은 경험이라는 개념을 의미 있는 것으로 만들기 위해서는 먼저 정신화되지 않은 채로 남아 있을 가능성이 가장 높은 경험들의 윤곽을 그려내고, 어떻게 그것이 발생할 수 있는지를 서술하는 것이 중요할 것이다. 따라서 나는 정신적 구조의 발달에 불행한 결과들을 가져오는, 유아와 어머니 모두의 취약성의 일치로 인해 정신적 영역으로 들어가지 못하는, 태아와 신생아의 삶에서 발생하는 기초적인 사실들을 서술하려고 시도할 것이다. 여기에서 나는 다시 한 번 실제 신경증에서의 불안 등가물에 대한 프로이트의 연구로 돌아갈 것이다.

프로이트(1926)는 불안이, 다른 정동적 상태들과 마찬가지로, "초기의 외상적인 경험들의 침전물이며, 그리고 비슷한 상황이 일어날 때"(p. 93) 최초에 그것이 자극해낸 경험에 의해 결정된 형태로 스스로를 표현하면서, 재생된다는 점을 주목했다. 그는 "인간에게 있어서, 출생이 불안의 원형적인 경험을 제공한다"고 제안했고, "그러한 정동적 상태들을 뚜렷이 그리고 빈번히 수반하는 신체적 감각들"(p. 132)에 대한 관심을 환기시키면서, "불안-상태들을 출생 외상이 재생된 것"으로 보았다(p. 133).

프로이트(1926)는 그리고 나서 다음과 같이 제안했다:

> 최초의 불안 상태에 포함된 신경분포들은 어떤 의미와 목적을 가진 것 같다 ... 출생에서 신경분포는 호흡 기관들을 향해 있으면서 폐의 활동을 위한 길을 준비하고, 심장박동을 가속화하는 것을 통해서 혈액을 독성 물질이 없는 상태로 유지하도록 돕는 것으로 보인다. [p. 134]

그는 또한 "아기가 출생 사건을 회상시키는 모든 상황에서 불안의 정동을 반복해서 경험할 것"이라고 주장했고(p. 135), 회상된 것과 그것이 나타내는 것은 파국적인 것으로 간주되는 "어머니로부터의 분리" 경험이라고 결론 내렸다(p. 137). 여기에서 프로이트는 최초의 불안과 그 다음이 이어지는 불안 상태들이 수반하는 감각들의 목표가 치명적인 독성을 지녔다고 느껴지는 일차적인 분리 경험을 자기로부터 제거하는 것임을 암시하고 있는 것 같다.

나는 다음과 같은 사실들을 주목하게 되었다: 태내 환경에서 독소들의 존재가 태아를 실제적인 신체적 파괴로 이끌 수 있듯이, 어머니의 정서적 상태는 그녀의 신체적 화학 성분에 영향을 끼칠 뿐만 아니라, 때로는 그것이 임신 초기에 발생하는 자발적인 유산의 원인으로 작용할 수 있고, 자궁 내부의 생화학적인 변화들이 태아에게 스트레스를 줄 수 있다는 점에서, 임신의 마지막 단계에서의 조산을 초래하는 원인으로 작용할 수도 있다(Osterweil 1990). 비록 자궁 안에서 경험된 그런 위험들이 현대 의학의 도움을 통해 생리학적 수준에서 극복될 수도 있지만, 그러한 초기의 외상들은 어쩌면 "존재의 불연속성"(Winnicott 1960a)이라는 강력한 위협의 형태로 정서적 흉터들을 남길 수도 있다.

최근에 행해진 태내 상태와 출생 직후의 상태에 대한 연구(Mancia 1981, Osterweil 1990, Piontelli 1985, 1987, 1988, 1992)는 프로이트(1926)가 여러 해 전에 직관했던 것들을 확인해주는 것으로 보인다.

> 출생 행위의 인상적인 분기점이 우리로 하여금 믿게 하는 것보다, 자궁-내부의 삶과 가장 초기의 유아의 삶 사이에는 훨씬 더 많은 연속성이 있다. 거기에서 태아로서의 아기의 생물학적 상황이 아기와 어머니의 정신적인 대상관계에 의해 대체되는 일이 일어난다. [p. 138]

프로이트가 당시에 암시했던 것은 그리고 우리가 지금 더 확신할 수 있는 것은 유아가 젖가슴-어머니와 맺는 출생 이후의 관계가 "이후의 삶에서의 성적 만족의 표현에 대한 원형"[2](Freud 1905, p. 182)일 뿐만 아니라, 어머니의 몸 안에 존재하는 감각적인 느낌의 연속이며 변형이라는 사실이다.

어떤 아기들은 어머니의 자궁 속에서 안전하게 그리고 확실하게 안겨있다는 확실한 느낌을 경험하는데, 이것은 출생 이후에 어머니의 팔 안에서 뿐만 아니라 어머니의 마음이라는 자궁 안에서 안김을 받는다는 느낌으로 변형되고 유지된다. 그러나 불운한 신생아들의 경우에는 어머니의 마음에 의해 변형되지 않은 채로 남아 있는, 파국적인 심리적 출생(Tustin 1983)과 비슷한, 출생 이전에 겪었던 장애에 대한 감각적 경험이 그 자리를 대신할 수 있다. 따라서 이러한 감각적 경험들은 견딜 수 없이 고통스러운 짜증스러움, 절단, 화상, 또는 몸이 찢기는 느낌과 같은 생리적 감각들로부터 구별될 수 없는, 가장 원시적인 불안의 형태를 촉발할 수 있다. 이러한 경험들은, 만약 감소되지 않고 계속된다면, 엎질러지기, 떨어지기, 용해되기, 그리고 무로 증발되기 등과 같은 끝없는 신체적 고통을 산출할 것이다. 이 강렬한 경험은 "생각할 수 없는 불안"(Winnicott 1960a)을 자극해내는 "이름 없는 공포"를 구성하며(Bion 1967a), 정상적인 대상관계를 확립하는 데 필수적인 "존재의 연속성"(ibid.)에 대한 유아의 느낌과 "안전의 리듬"(Tustin 1986)을 심각하게 위협한다. 그러한 파국들이 신체적 불연속성에 대한 인식을 아직 견딜 수 없는 "신체-자아"(Freud

---

[2] Gooch(1985)는 성인 커플들의 성적 만족의 원형으로서의 어머니-유아 양육관계라는 주제에 대해 광범위한 논문을 저술했다. 그는 이 초기의 젖꼭지-입 연결에서 경험된 실패들과 좌절들이 성인기에서의 다양한 성적 역기능들에서 스스로를 복제한다고 제안했다.

1923) 혹은 "느끼는-자기"(felt-self; Tischler 1979)에 의해 경험되기 때문에, 그러한 인식(또는 그 사실을 인식할 수 있는 능력)은 추방되거나 물러서야 될 독소로서 간주될 것이다(Grotstein 1991).

예컨대, 로버트(수많은 입원치료와 자살 시도를 겪은 다음에 분석에 들어온)는 그가 평생 동안 고통 받아온 시각적 장애에 대해 이야기했다: "나는 고칠 필요가 있는 한쪽 눈을 갖고 있어요. 그 눈은 깊이를 가늠할 수 없어요. 그 눈을 통해서 나는 이차원적인 세상만을 볼 수 있죠. 많은 의사들이 그것을 고치려고 시도했지만, 그것은 고쳐지지 않았어요. 비록 나는 그 눈을 있는 그대로 좋아한다고 생각하고, 내가 가장 좋아하는 방식으로 세상을 본다고 생각하지만, 사람들은 그것을 게으른 눈이라고 불러요. 한 번은 응급실에서 만난 의사가 내가 외상적인 출생을 겪은 게 분명하다고 말해주었는데, 그는 내가 가진 눈의 문제가 그것의 전형적인 모습이라고 생각하더군요."

시간이 흐르면서 우리는 그 게으른 "나"가 빛, 온도, 혹은 감촉에서의 변화들을 견딜 수 없어 하는, 그래서 분석에 의해 고쳐질 수 없고 단지 분석에 고착될 수밖에 없는, 태어나지 않은 그 자신에 대한 신체적 표현이라는 사실을 이해하게 되었다. 그는 말없이 고통을 겪는 동안에 카우치 옆에 있는 벽을 토닥거렸는데, 회기가 끝날 때마다 상담실을 떠나는 것이 마치 태반에서 찢겨져 나가는 것처럼 느껴져서 회기가 끝나는 것이 견디기 힘들다고 말했다. 회기들(그리고 전화상의 만남들)에서 그가 나를 사용한 "점착성" 방식과, 매번 분리를 겪을 때마다 반복된 나에게서 찢겨져 나가는 경험은 여러 달에 걸쳐 "느껴졌고" 나에 의해 "고통으로 경험되었다." 휴일에 그리고 때로는 심지어 주말 동안에 로버트는 그가 병원에 "구속되는" 결과를 가져오는 행동을 저지르곤 했다. 그는 그가 보호용 병실에서 팔다리를 움직일 수 없는 구속복을 입고 지낸 병원 생활을 매우 자세히 그리고 생생하게 서술했다. 그가 약물을 과잉 복용했던 한 경우에, 그는 입원되었을 뿐만 아니라 신장 투석을 해야만 했다. 따라서 그는 매우 극적인 방식으로 자궁에 대해서 뿐만 아니라, 탯줄과 그것의 생명유지 기능에 대한 강한 욕구를 나에게 확인시켜주었다.

비록 내가 당시에는 이것에 대한 증거를 갖고 있지 않았지만, 그는 모든 종결을 그의 출생의 재연으로 경험하는 것 같았고, 우리가 이것에 대한 감각을 처리하기 위해 함께 분투하는 과정에서, 나는 차츰 이런 생각을 그에게 전달하려고 시도했다. 우리는 그의 실제 출생이 조산(1개월 빠른)이었고, 잔인했으며(어떤 의학적 도움도 받을 수 없는 상황에서 그의 아버지가 그를 받아야만 했던), "전치 태반"(placenta previa)으로 인한 위태로운 출산이었음을 마침내 알게 되었다. 이 사건에 대한 환자의 회상들은 행동, 성격 그리고 생리학적 비정상 안에 캡슐화 되어 있는 동시에 표현되는, "신체 기억들"인 것처럼 보였다.

위의 내용들을 염두에 둔 채, 나는 이제 신체적 흥분이 정신적 영역에서 처리되는 것을 가로막고, 정신화되지 않은 경험을 나타내는 신호인 불안 등가물을 만들어내는 것으로 확인된 특정한 요인들에 대한 프로이트(Breuer and Freud 1893-1895)의 논의로 다시 돌아갈 것이다. 프로이트는 이 원인적 요인들에 대한 목록을 (1) 성적 금욕, (2) 성교 행위의 중지, 그리고 (3) 정신적 관심을 성욕에서 다른 것에로 굴절시키기로 제시했다. 오늘날의 이해의 빛에서 본다면, 우리는 위의 세 가지를 (1) 외적 또는 내적으로 부과된, 주관적인 원박탈 경험; (2) 일차적 대상에 대한 때 이른 환멸 그리고 (3) 일차적 대상(가장 초기 유아기의 안아주고 담아주는 젖가슴-어머니)에게서 분열성적으로 철수하기로 대체할 수 있을 것이고, 그럴 경우 그것은 불안 신경증에 대한 프로이트의 최초 모델에 살을 입혀주는 것이 될 것이다.

현대적으로 수정된 설명은 다음과 같다: 일차적인 돌보는 이(처음에 자기의 일부로서 경험되는)[3]로부터의 신체적인 분리에 대한 때 이른 인식에서 발생하는 신체 감각적인 흥분은 정신적 기능이 불충분할 경우(외적 또는 내적으로 담아주는 대상의 부재로 인해), 심리적(psychic) 혹은 정신적(mental) 장치에서 굴절되어야만 하는 원초적 공포의 경험으로 귀결될 수 있다. 그 다음에 정신화되지 않은 채로 남아 있는 이 경험은 그것의 "등가물"(즉, 자체-감각적인 캡슐화, 신체 증상들, 과도한 활동성)에서 담아주기와 표현 모두의 일탈적인 수단을 발견하는데, 이 등가물은 독성 물질들(예컨대, 독성 물질로서 또는 위험한 공허로서 느껴지는, 좋은-대상의 부재에 대한 인식)에서 자유로운 자기의 상태를 유지하는 데 봉사한다.

이 지점에서 우리는 대상들의 내적 및 환상 세계 안으로 들어간 것으로 보인다는 점에서, 나는 몇 가지 옛 주제들에 새로운 변형들을 추가함으로써, 이 친숙한 개념들에 대한 나의 논의를 계속할 것이다. 여기에서 나의 의도는 정신적 상태들과 비온(1962)이 "원-정신적인 것"(proto-mental)이라고 지칭한 것을 명확히 구별하는 데 있다.

---

[3] 이 개념은 몇몇 학자들에 의해 다루어졌다: 예컨대, 위니캇(1962)이 말하는 "주관적 어머니"; 그롯스타인(1980)의 용어들인 "일차적 동일시의 배경 대상"과 "감각의 바탕(floor)"; 그리고 코헛(1971)이 말하는 "원초적 자기대상" 등이 그것이다.

환상(phantasy) 개념

멜라니 클라인(1932)과 런던 클라인 학파의 다른 동료들(Heimann 1952, Isaacs 1952)의 연구에서 파생된, 무의식적인 환상(의식적인 내용인 환상 fantasy에서 무의식적인 내용인 환상 phantasy을 구별하는)의 개념은 그 개념에 대한 프로이트의 초기 사고를 확장시켰다. 한 동안 무의식적 환상들은 상징적인 혹은 언어적인 방식으로 표상될 수 있기 오래 전에 유아 안에서 작용하는 과정들이라는 믿음이 널리 수용되기도 했다. 가장 초기의 환상들은 신체적인 감각들로서 그리고 그 다음에는 운동 행동으로서 신체-감각적인 양태(Isaacs 1952, p. 74) 안에서 제시된다. 유아(최대의 취약성과 최소의 운동적 및 언어적 능력을 갖고 있는)는 본능적 충동들을 억제하거나 통제하기 위해 그리고 소망들과 욕구들을 표현하고 성취하기 위해, 방어 수단으로서의 환상을 사용한다. 이러한 환상들의 전능한 성격은 유아에 의해 경험된 취약성의 정도에 직접적으로 비례한다. 원시적 불안들이 증가함에 따라, 감각들, 내장들, 신체 기관들을 표현 수단으로 사용하는 유아기의 전역사적인 자기-생존 전략들을 구성하는 환상들 역시 증가한다.

유아기 동안 이 원시적 환상들이 취하는 형태는 부분적으로 어머니에 의해 결정된다. 즉, 출산 시에 또는 심지어 그 전에 유아에게 투사된 그녀 자신의 무의식적인 환상들이 유아 자신의 환상들의 원초적 기초를 제공하기 위해, 유아의 타고난 "전관념들"과 함께 섞인다. 어떤 의미에서 어머니의 환상들은 유아가 그 자신의 삶의 경험들, 자신의 가장 초기의 감각적 및 정동적 상태들의 의미를 표현하기 위한 수단으로서의 알파벳을 제공한다. 어머니 자신과 그녀의 아기의 정서적 상태들에 대한 환상들의 형태 혹은 모양새가 태반과 그녀의 젖을 통해서 아기에게 전달된다(Brazelton and Cramer 1990, Mancia 1981, J. Mitrani 1987, Piontelli 1985).

비록 아이작스(1952)가 "유아는 사랑이나 미움—유아의 심오하고 압도하는 소망들과 정서들인—을 표현하기 위해 그가 사용할 수 있는 자원이 너무 적기 때문에"(p. 95), 처음에 유아의 환상들의 표현이 신체적인 수준에서 이루어진다고 보았지만, 그녀는 최초의 환상들이 정신적 영역 안에서 표상된다고 주장했다. 그녀는 유아의 가장 초기의 정동적인 만남들은 단지 신체적인 사건들에서가 아니라, 정신적 과정 안에서, 즉 표면상으로 이미지 또는 그림문자들의 형태로, 다시 말해, 비언어적 및 비상징적으로 표현된 환상들로서 경험된다고 주장했다. 그녀는 또한 다음과 같이 진술했다: "아마도 말이 없는 환상 활동에 대한 가장 확실한 증거는 히스테리성 전환 증상에서 드러나는 것일 것이다"(p. 90).

여기에서 그녀는 전환 증상에서 개인이 다음과 같은 상황으로 돌아갈 수 있는 가능성에 대한 우리의 관심을 이끌어냈다:

> 전환 증상에서 개인은 원시적이고, 전-언어적인 언어의 사용으로, 그리고 ... 환상들을 ... 표현하는 데 감각들 ... 그리고 내장의 느낌의 사용으로 되돌아간다. 증상의 각 세부 사항은 특정한 의미를 갖는 것으로 즉, 특정환 환상을 표현하는 것으로 드러난다; 그리고 형태와 강도의 다양한 변동 및 영향을 받는 신체 부분은 외부 사건들이나 내적인 압력에 대한 반응으로 발생하는, 환상에서의 변화들을 반영한다. [p. 90]

아이작스가 히스테리적 전환증을 예시하는 데 사용했던, 환상에 대한 이러한 견해는 프로이트가 말하는 신체적 장애의 두 번째 영역, 즉 불안 신경증에서의 불안 등가물을 설명해주지는 않는 것 같다. 내 생각에 그것은 경험의 원정신적 영역 및 그것이 수반하는 원환상들(protophantasies)의 영역과 관련되어 있다.[4] 출생 이전과 이후 모두에서, 개인의 최초 경험들이 신체-감각적인 원환상들(처음에 신체-기억들로서 기록되는)의 출현에 기여한다는 아이디어와, 이 원환상들이 일차적으로 원정신적 수준에서 제시되고 표현된다는 아이디어가, 아이작스에 의해 남겨진 존재의 그러한 원시적 상태들에 대한 우리의 이해 안의 틈새를 채워줄 것이다.

신체 기억들(신체적으로 기록된 원환상들이 후에 출현하는 그것들의 정신적 상대역에 대한 전조로서 생각될 수 있듯이, 이후에 마음속에 기록되는 기억들의 원형으로서 생각될 수 있는)의 확립을 설명하기 위한 모델은 오늘날의 유아관찰 연구의 산물인 스턴(Stern 1985)의 발견과 결합될 수 있을 것이다. 나는 잠시 후 이 장에서 그러한 모델을 형성하려고 시도할 것이다. 그러나 나는 먼저 아이작스가 환상에 대한 그녀의 논의에서 사용했던 표상(representation)이라는 용어 대신에 제시(presentation)라는 용어를 내가 사용하는 이유를 간략히 설명하고자 한다.

나는 가장 초기의 환상들은 처음에 정신적 영역 안에서 표상되지 않는다고 본다. 즉, 일차적 환상들 혹은 비온이 원환상들이라고 부른 것은 제시된 대상들(예컨대, 젖가슴 혹은 심지어 그것

---

[4] 내가 여기에서 말하고 있는 것은 태아/유아의 태내의, 분만 전후의 그리고 분만 직후의 존재를 포함하는 경험과 환상의 영역이다. 그것은 위니캇(1949)이 "정신-신체적" 영역이라고 부른, 경험들이 신체적으로 기록되는 영역으로서, 나중에 비온(1970)에 의해 "상상을 통한 추측"을 통해 설명된 영역이다.

이전에 자궁에서의 감각적인 경험들)과의 정서적 경험들에 대한 중심적 및 주변적 신경 지각들에서 발생하는 것이다. 이 환상들은 신생아의 내장 기관들과 근육 체계를 통해 표현되기 위해 이후에 제시될 신체-기억들로서 구체적으로 기록된다(표상되기보다는 제시된다).

그런 경험들은, 비록 신체 기억들로서 신체적인 양태 안에서 제시되지만, 정신적인 표상을 획득하지는 못한다. 그러한 초기 경험들과 연관된, 이 원환상의 영역은 아이작스가 정신적 사건들이라고 지칭한 환상 즉, 담아주는 대상의 도움을 받아 신체적인 영역으로부터 심리적 혹은 정신적인 영역으로 재-제시되는 경험과 연관된 환상보다 앞서 있다. 여기에서 본래의 환상과 원환상 그리고 제시와 표상 사이에 이루어진 구별들은 프로이트가 히스테리 전환증과 불안 등가물 사이를 구별한 것과 유사하다.

타고난 형태들

터스틴(1987)은 마음속 가장 초기의 원환상들과 이후의 환상들을 구별하려는 어떤 시도도 그 둘 모두를 서술하는 데 환상이라는 용어를 사용한다는 사실에 의해 상황이 다소 복잡해진다고 말한다; 환상이라는 용어는 세련된 정신작용의 과정들과 동의어로서 쉽게 잘못 해석될 수 있다. 터스틴은 타고난 형태들[5]이라는 용어를 사용하는 것을 선호하는데, 그녀는 그것을 정신적 함축을

---

[5] 터스틴이 정신적 함축들을 갖는 생물학적 성향으로서 개념화하는 "타고난 형태"는 그 의미에 있어서 비온의 "전-개념"에 더 가까운 것으로 보인다.

갖는 타고난 생물학적 반응들 또는 생리학적 반사반응들이라고 정의한다.6) 아마도 원환상과 무의식적 환상 사이의 이 구별은, 우리가 어떻게 그 구별이 우리의 환자들의 치료에 대한 우리의 접근에 영향을 미치는지를 고려한다면, 더욱 의미 있는 것이 될 것이다. 최근까지, 치료에 대한 전통적인 정신분석적 접근은 피분석자들의 내적 및 외적인 대상관계, 일하고 놀이하는 그들의 능력, 그리고 그들의 신체적 건강 상태에서 드러나는 바, 피분석자들에게 병리적 영향을 미치는 것으로 보이는, 마음 내부의 갈등들과 환상들을 찾아내는 것을 목표로 해왔다. 정신화되지 않은 경험이라는 개념의 도입은 분석의 과제를 분석가가 신체-감각적 또는 신체적 기억들과 원환상들을 신체로부터 마음으로, 행동과 신체적 사건들의 영역으로부터 논리적인 언어적 표현의 영역—그것들이 처음으로 상징적으로 표상되고, 마침내 자기-성찰의 궤도 안으로 들어오기 위해—으로 옮겨놓는 것으로 바꾸어 놓았다. 여기에서 정신분석가의 목표는 정신적 구조를 세우고, 최초의 신체-자아(Freud 1923)로부터 마음-자아를 발달시키는 것이다. 나는 이 목표를 수행하는 열쇠가 기능들에 대한 비온의 이론과 그의 담는 것-담기는 것 개념에 놓여있다고 믿는다.

---

6) 나는 정신신체적 환자들에게 있어서, 이것들은 주의 깊고, 생각하는 어머니와의 상호작용에 의해 변형되지 않은 채로 남아 있으며, 더 이상의 발달과 상징들로의 변형을 가로막는 정신신체적인 증상들에서 표현된다고 다른 곳에서 제안한 바 있다(J. Mitrani 1993b). 그런 경우 환자는 이러한 병리적인 정신신체적 수준에 갇히게 되고, 정신화 과정은 제거된다.

비온의 기능 이론

비온(1957, 1967a)은 "인격의 정신증적 부분"의 기원들을 추적했는데, 그 기원이 임박한 파멸에 대한 아기의 공포를 적절히 담아주지 못하는 어머니의 무능력에 대한 아기의 경험에 있다고 보았다. 비온이 제시하는 모델에서는 아기의 존재에 위협을 가하는 것으로 느껴지는 불안, 원치 않는 자기의 부분들과 감각들, 그리고 정신적 장치의 원치 않는 부분들을 수용해주는 어머니의 능력; 원초적인 감각적 자료들(베타-요소들)을 자신의 알파-기능[7]을 통해 꿈들, 생각들, 그리고 기억들을 만들어내는 재료(알파-요소들)로 변형시키는 그녀의 능력; 그리고 그것들을 위압적이지 않은 방식으로 아기에게 되돌려주는 그녀의 솜씨(아기의 미발달된 체계가 견딜 수 있도록 충분히 독성을 제거한 후에) 등이 강조되며, 이 모든 것들이 결합해서 적절한 "담아주는 자" 혹은 담아주는 대상을 구성한다. 담아주는 자로서의 어머니는 유아 개인의 타고난 취약성에 민감한 "몽상"(혹은 수용적인 주의) 상태에서 기능한다.

---

[7] 비온이 몽상이라고 부른 어머니의 수용 능력은 "알파 기능"(마음의 변형시키는 작용)을 수행하는 일차적 대상의 속성이다. 어머니의 "알파 기능"은 유아의 "베타-요소들"(정서적 경험들에 대한 유아의 원초적인 감각적 지각들)을 처리하여 독성을 제거하고, 그것들에 의미를 불어넣으며, 아기에게 정화되고 소화될 수 있는 "알파 요소들"로서 되돌려주는 투과성을 지닌 막으로서 기능한다. 이 알파요소들은 사고들을 생각할 수 있는 마음의 발달에 본질적인 "접촉 장벽"(Bion 1962, Freud 1895a) 혹은 "알파 막"(Meltzer 1978, p. 79)을 구성한다; 접촉 장벽 또는 알파 막은 의식적인 것과 무의식적인 것을, 내적인 것과 외적인 것을, 환상과 현실을, 깨어 있음과 잠 또는 꿈들을 구분하는 능력을 갖고 있는 동시에 그것들 사이의 원활한 소통을 할 수 있는 역량을 가진 마음의 기능을 말한다.

비온(1963)은 처음에 "유아는 알파-기능을 수행하는 어머니에게 의존해 있다"는 사실을 우리에게 상기시켰다(p. 27):

> 배설물, 죄책감, 임박한 죽음의 공포, 탐욕 덩어리, 고약함, 그리고 소변 등의 고통스런 덩어리로 가득 차 있는 유아는 이 나쁜 대상들을 거기에 있지 않은 젖가슴 안으로 비워낸다. 그렇게 함으로써, 좋은 대상은 젖가슴-아닌 것(입)을 젖가슴으로, 배설물과 소변을 젖으로, 다가오는 죽음과 불안을 생명력과 확신으로, 탐욕과 고약함을 사랑과 관대함의 감정들로 바꾸고, 유아는 이제 좋은 것으로 번역된, 그것의 나쁜 속성을 다시 빨아들인다(p. 31).

비온은 생각할 수 있는 마음의 발달은 "초기에 알파-기능을 수행하는 좋은 젖가슴의 성공적인 내사"에 달려있다고 제안한다(p. 32).

아기가 알파-기능의 역량을 지닌 대상으로서의 어머니를 내사할 수 있기 위해서는 먼저 어머니에 의해 내사되는 경험을 필요로 하는 것으로 보인다. 이것은 출생 과정에서 어머니의 내부가 바깥으로부터 투사되는 경험, 즉 가장 두려운 불안들을 일으킬 수 있는 경험 이후에 특별히 결정적인 요소일 수 있다. 이러한 생각은 확실히 비온의 생각, 즉 담아주는 자에 대한 유아의 경험이 그 자신의 알파-기능의 발달에 앞선다는 생각과 일치하는 것으로 보인다.

비온의 연구 덕에, 우리는 지금 투사적 및 내사적 동일시 과정들이 병리적 자폐증의 책략들이나 자기의 과격한 해체로 변질되지 않은 채 건강한 방식으로 발달하기 위해서는, 유아를 안아주는 어머니(Winnicott 1941)가 또한 담아주는[8] 자질들을 갖고 있어야만 한다는 사실을 깨닫게 되었다. 어머니의 정신적 기능을 통해 아기가 원초적인 감각 경험들(처음에는 의미를 결여한)을 신진대사할 수 있을 때, 그것은 상징을 형성할 수 있는 능력을 발달시키고, 강렬한 정동적 상태들에 대한 반응으로 나타나는 생각 없는 행동과 신체화를 감소시킨다. 담아주는 대상에 대한 정상적인 투사적 동일시와 그 다음에 이어지는 내사적 동일시는 정서적 경험을 구체화시키는 경향성을 감소시킬 뿐만 아니라, 견딜 수 없는 고통스런 정서적 상태들과 관련된 행동적 증상들을 심리적 고통과 정신적 변형들에 대한 증가된 내성으로 대체함으로써, 추상적 및 창조적 사고의 발달로 이끈다.

과도하게 불안한 어머니는 그녀의 몽상 능력이 손상을 입었기 쉽다. 만약 그녀가 아기의 의사소통들을 받아낼 수 없다면, 그녀는 담아주기를 원치 않거나 담아줄 수 없는, 방해대상으로 내재화될 것이다.[9] 만약 그녀가 받아들인 것을 소화할 수 없고, 대신에 이미 유아를 압도하고 있는 불안에 그녀 자신의 불안을 추가

---

[8] 적절한 담아주기에 필수적인 속성들은 유아의 투사된 부분들과 감정들을 수용하고 흡수하는 능력; 이것들이 정신-신체에 미치는 효과를 충분히 경험하고 그 효과들을 견디는 능력; 이 투사물들을 생각하고 이해하며 적절한 때에 오염되지 않은 형태로 유아에게 점차 되돌려주는 능력이다. 이것은 그녀 자신의 경계들, 내적 공간, 고통을 견디고, 숙고하며, 생각하고, 성찰할 수 있는 능력을 가진 어머니를 전제로 한다. 자신이 분리되어 있고, 온전하며, 수용적이고, "몽상"을 할 수 있으며, 적절하게 주는 어머니가 좋은 담아주는 대상으로서 내사하기에 적합한 어머니이다. 그러한 대상과의 동일시와 동화는 의미를 만들어낼 수 있는 능력(알파-기능)의 발달, 증가된 정신적 공간, 그리고 스스로 생각할 수 있는 마음의 발달로 이끈다. 비온은 담아주는 자의 주의 깊고, 수용적이며, 내사적인, 그리고 경험하는 측면을 나타내기 위해 몽상이라는 용어를 만들었는데, 나는 모성적 환경의 이러한 기능이 위니캇(1941)이 안아주기라고 지칭한 것의 정신적/정서적 측면과 유사하다고 생각한다.
[9] 내사적 동일시와 동화보다는 합병(incorporation)이 발생하고 대상이 인격 안에 통합되지 않는 상황에서, 합병된 것은 다른 경험들/대상들에 의해 완화되거나 수정되기 위해 머물러 있다. 그것은 낯선 것이나 "소화되지 않은 사

한다면(그녀 자신의 생각할 수 없는 공포들을 담아주는 그릇으로 유아를 사용하면서), 그때 그녀가 아기에게 서둘러 되돌려주는 것은 과격한 형태의 방출에 국한될 것이다. 결과적으로, 아기는 사고들을 생각하는 도구로서가 아니라, 경험을 비워 내거나 캡슐화 하는 도구로서의 조숙한 마음을 발달시킬 것이다.

페데른(Federn 1952)의 연구는 그가 고통의 경험은 신체적인 것이든 아니면 정신적인 것이든 자아의 영역에 속해 있다고 제안하였고, 고통을 겪는 것(suffering pain)과 고통을 느끼는 것(feeling pain)을 구별했다는 점에서, 비온의 사고를 앞섰다. 그는 고통을 겪는 것은 자아 편에서의 능동적인 기능의 표현이고, 그 과정에서 고통을 유발하는 사건(대상에 대한 좌절 혹은 대상의 상실)이 자아의 경계 안으로 받아들여지며, 그 사건의 전체 강도가 이해되고, 소진되고, 소화되며, 그럼으로써 자아에 의해 변형되고, 그것이 다시금 자아를 변형시키는 일이 발생한다고 제안했다. 그에 의하면, 고통을 느끼는 것은 고통을 유발하는 사건이 자아의 경계 안에서 인내되고 극복되지 못하는 과정이다. 따라서 고통은 자아 안에 담겨지지 않고, 단지 자아의 경계를 건드릴 뿐이며, 그럼으로써 똑같은 강도와 외상적인 효과를 지닌 채 자아의 경계와 만나는 모든 반복되는 재발을 통해 자아에 고통스런 영향을 미친다. 그러므로 그러한 고통은 자아의 온전성에 위협을 제기하며, 따라서 자아에 대한 보호가 뒤따른다. 그런 고통스런 경험들은 정신화 과정이 발생하는 자아의 영역 안으로 받아들여지지 않고, 대신에 신체-기억들의 형태로 정신화되지 않은 채 남는다.

실"(Bion 1962, p. 7)로서, 담겨지고 수정받기 위한 시도에서 종종 현재의 외부 대상들에게로 투사되거나, 내면에서 캡슐화될 수 있으며, 나중에 병리적 조직의 핵심이 될 수 있다.

페데른은 이처럼 고통을 겪지 못하는 자아의 무능력을 자아 경계에 자기애적인 에너지집중(cathexis)의 결여된 데서 유래한 자아의 일차적 실패 탓으로 돌렸다.[10] 고통을 겪는 능력은 생각하기(thinking)와 관련된 것으로 보인다. 고통을 겪는 것과 고통을 느끼는 것 사이의 이 구별은, 페데른의 연구에 대한 언급 없이, 비온(1965)에 의해 나중에 이루어졌는데, 그는 빅(1968)이 심리적 피부라고 부른 것과 멜처(1978)가 알파-막이라고 부르는 것을 명료하게 제시했다.

어머니의 자아-경계가 약할 때, 아기의 고통스런 경험이 그녀에게 와 닿기는 하지만, 그녀에 의해 내사되지는 않는다. 그 어머니는 그녀의 아기의 고통을 견딜 수 없고, 그러므로 아기의 경험을 완화할 수 없는 것으로 보인다. 이러한 환경적 요인이 출생 이후의 삶뿐만 아니라, 출생 이전의 태아의 발달에도 적용될 수 있는 가능성이 분만 직후의 신생아 연구(Mancia 1981)에서 제시된 바 있다.

내가 여기에서 "원-정신적인 장치"(Bion 1962)와 동등한 것으로 취급하는 "신체 자아"(Freud 1923)는 경험들에 대한 정신적 표상들을 창조하지 않으며, 대신에 유아가 그런 경험들을 내장 혹은 운동 수준에서의 신체적 상태들과 행동들을 통해 반응하는, 신체적 상태들로서 지각한다. 이러한 반응들은 신체적 감각(감각 인상들) 또는 상징적인 의미가 없는 단어의 감각적 경험들로서 제시되는 원환상들의 표현이다.

---

[10] 위니캇의 작업을 사용해서 조숙한 자아발달에 대해 연구한 마틴 제임스(Martin James 1986)는 그의 논문에서, 아기의 자아 경계는 유아에게 거의-전적으로 몰두한 상태에 있는 "보통의 헌신적인 어머니"에 의해 최초로 정신 에너지의 집중이 발생한다고 밝혔다. 어머니가 보조적인 자아 기능을 결여할 경우, 아기는 때 이르게 그리고 방어적으로 자신의 자아를 발달시킨다.

우리는 프로이트(Breuer and Freud 1893-1895)가 이러한 감각 인상들의 기원을 신체적인 것으로 느껴진 그리고 정신적 영역 안에서 변형되지 않은 신체성적인 흥분들에서 찾았다는 사실을 기억해야 할 것이다. 비온은 이 정서적 경험들에 대한 감각 인상들(정신적 영역에서 변형되지 않은)을 베타-요소들이라고 불렀고, 그것들이 보통 정신적 장치와 관련된, 생각하고, 꿈꾸며, 기억하는 데, 또는 지적 기능들을 사용하는 데 적합하지 않다는 점을 주목했다. 그는 칸트를 따라, 그것들이 "사물-그 자체"로서 경험되고, 일반적으로 비워 내진다고 가정했다(Bion 1962).

비온의 기능 이론은 알파를 이러한 베타-요소들을 작업해내고, 그것들을 의미가 부여된 알파-요소들로 변형시키며, 그럼으로써 정신적 영역 안에 거주할 수 있게 만드는 인격의 기능으로 서술한다. 이것은 꿈 사고, 깨어있는 동안의 무의식적인 사고과정, 그리고 꿈 자체를 형성하는 데 사용되고, 기억들로서 마음속에 저장된다. 알파-기능은 유아에게 그리고 심지어 태아에게(Mancia 1981) 심리적 피부의 경험(Bick 1968)을 제공하는 모성적 대상의 기능이라고 말할 수 있다.

피부의 기능

에스더 빅(1968)의 공헌은 정신적 구조의 발달과 그 다음에 이어지는 경험의 정신화를 위한 모델을 정교화 하는 데 필수적인 최초의 기본적인 요소를 명료화한 데 있다. 자폐증 아동들 및 정상적 유아들과 함께 한 작업에서, 빅은 이러한 개인들의 특정한 행동들을 주목했는데, 그것들은 그녀로 하여금 이들이 신체적인 내용물로부터 구별되거나 분화되지 않은 정신적 내용들을 담아낼 수 있는 적절한 경계들의 부재를 경험했다고 믿게 만들었다.

빅은 갓 태어난 자기의 부분들을 수동적으로 한데 묶어주는 데 봉사하는 심리적 피부라는 개념(원시적인 신체-자아 내의 자아 경계라는 개념과 유사한)을 제안했다. 그녀는 이 심리적 피부를 신체적 피부의 투사물로서 혹은 신체적 피부에 상응하는 것으로서 서술했고, 그것은 "이 기능을 수행할 수 있는 것으로 경험된 외부 대상을 내사하는 것에 달렸다"고 가정했다(p. 484). 나는 여기에서 말하는 외부 대상이 신체적 및 정서적으로 "안아주고" "담아주는" 어머니와 감각 기관으로서의 유아의 신체 표면 사이의 계속적인 상호작용의 경험들로 구성된 복잡하고, 미분화된 대상을 가리킨다고 본다. 이 복잡한 개념은 "자아는 무엇보다도 먼저 신체적 자아이다; 그것은 단지 표면적인 실체가 아니며, 그것 자체가 표면이 투사된 것이다"(1923, p. 26)라고 한 말에서 알 수 있듯이, 프로이트 자신이 씨름했던 개념인 것으로 보인다.

빅(1968)은 이렇게 가정했다: "나중에 대상의 이 기능을 동일시한 것이 비통합된 상태를 대신하고, 내적 및 외적인 공간에 대한 환상을 발생시킨다"(p. 484). 그녀는 이것을 정상적인 적응적 분열을 위한 필수적인 기초로 보았는데, 이러한 분열은 클라인에 의해 묘사된 자기와 대상의 이상화를 허용하는 요소이다. 빅은 다음과 같이 경고한다:

> 담아주는 기능이 내사되기 전까지는, 자기 안의 공간이라는 개념이 생겨날 수 없다 … 그러므로 대상[내적]의 건설은 … 손상을 입는다. 내적 대상이 부재할 경우, 투사적 동일시의 기능은 줄어들지 않고 지속될 것이다. [p. 484]

빅은 최대로 의존되어 있는 무력하고 수동적인 상태로서의 비통합과, 성장이라는 이름 아래 행해지는 능동적이고 방어적인 책략으로서의 분열 혹은 해체를 중요하게 구별한 첫 번째 클라인학파 연구자이다(비록 위니캇이 이 주제들을 10여 년 전에 상세히 다루었지만). 그녀는 전자를 멸절 불안, 존재의 비연속성에 대한 공포(Winnicott 1958a)와 연관시켰고, 후자를 박해적 및 우울적인 불안들과 연관시켰다.

> 담아주는 대상에 대한 필요는 유아기의 통합되지 않은 상태에서, 주의를 붙들어주고, 그럼으로써 인격의 부분들을 순간적으로나마 하나로 묶어주는 것으로 경험될 수 있는 대상—빛, 목소리, 냄새, 혹은 다른 감각적인 대상—에 대한 절박한 추구를 발생시키는 것으로 보인다. 최적의 대상은 구체적으로 피부로서 경험되는 ... 안아주고, 이야기해주며, 친숙한 냄새를 풍기는 어머니와 함께, 입안의 젖꼭지이다 ... 일차적인 피부 기능에서의 장애는 "이차적인 피부"의 형성으로 이끌 수 있는데, 그럴 경우 대상에의 의존은 유사-독립으로 대체된다. [Bick 1968, p. 484]

빅의 이차적 피부 개념을 정교화한 논문에서, 시밍턴(Symington, 1985)은 전능한 환상들이 갖는 생존 기능에 대해 논의했다. 그녀는 그러한 환상을 묘사하면서, 그것이 특정한 내부 기관들의 부드러운 근육들을 조이거나 수축시킨다고 서술했다. 경련을 불러올 수도 있는 그러한 내부의 수축은 자기가 "틈새를 통해 공간 안으로 쏟아져버리는 위험을 ... 결코 다시는 발견되지 않고 안겨지지 않는 위험을 겪지 않도록"(p. 481) 피부를 밀도 있는 것으로 유지시킨다. 분석적 세팅에서의 성인 환자들에 대한 관찰들뿐만 아니라 유아관찰에서 가져온 그녀의 많은 사례들은 비통합의 공포—"매우 초기에 안김을 받지 못한 위태로움"(p. 485)—가 의존에 대한 우리의 공포의 뿌리를 두고 있고, 그것이 이차적-피부를 발달시키는 가장 중요한 원인이라는 그녀의 결론에 신빙성을 더해 준다. 그리고 그 이차적 피부는 이후의 보다 정교화된 전능한 성격 방어들의 원형으로 기능한다. 아동들에게서 발견되는 과도한 활동성과 성인들에게서 발견되는 행동을 위한 수단으로 사용되는 말은 정신분석 문헌 안에서 또 다른 유형의 이차적-피부 형성의 예로서 인용되어왔다.

앙지외(Anzieu 1989, 1990)와 프랑스의 다른 연구자들은 이차적-피부 현상의 전체적인 범주에 대한 윤곽을 그려냈다. 그들은 소리, 촉감, 냄새, 장면 등의 감각들로 구성되는 그러한 보호막들을 지칭하는 용어로서 심리적 봉투(psychic envelopes)를 사용했다. 그런가 하면 폴(Paul 1990)은 출생 경험으로의 후퇴 현상인 정신화되지 않은 경험들에 맞서 자궁과 같은 보호를 제공하는 것으로 보이는 정신적 압력 현상을 서술했다.

내가 정신화되지 않은 경험이라고 부르는 것과, 그것들의 견딜 수 없는 감정을 반복해서 겪지 않기 위해 세워진 감각-지배적인 보호들에 대한 가장 철저한 연구는 아동들과 성인들 모두의 자폐적 상태들을 탐구한 프란시스 터스틴(1987, 1990)에게서 발견된다. 터스틴은 그녀의 논문(1983)에서, 상징 형성과 자아발달에 대한 클라인의 사고(1930)를 확장했고, 상징적 기능이 상징적 동등시(Segal 1957)를 너머 확장되지 못하는 실패의 결과들이 갖는 심각성에 대한 관심을 불러일으켰다.

상징의 형성

상징 형성을 위한 능력의 발달은 비워내기에서 정신화로, 물리적 또는 신체적 반응에서 정신적인 행동으로 전진하는 데 필수적인 선행요건이다. 삶에 내재된 고통스런 경험을 효과적으로 다루는 데 본질적인 요소인, 정신적 구조의 발달은 부분적으로 상징적으로 기능할 수 있는 이 능력에 달려있다. 감각적 및 지각적인 투입에 기초한, 가장 초기의 상징들(혹은 좀 더 정확하게는 원상징들)은 기껏해야 "상징적 동등시들"(Segal 1957)에 지나지 않는 것이고 상징화된 대상들로부터 분화되지 않은 것이라는 점에서, 그것들은 상징들이나 표상들이라고 불릴 수 없다. 구체적인 원상징들이 최초 대상에 대한 정신적 표상들로 변형되는 것은 원래 대상이 상징적 대상으로 대체되는 일이 발생할 수 있도록, 대상들과의 관계에서 발생하는 불안을 다룰 수 있는 담아주는 자를 내사하는 데 달려있다(Bion 1962).

가장 초기 모성적 환경에서의 결핍은 유아를 불안의 가장 심각한 형태들, 즉 비통합(Bick 1968, Winnicott 1958), 액화와 증발 그리고 비존재와 총체적인 상실 등의 불안을 겪도록 내버려둔다. 그러한 불안에 장기간 노출될 때 발생하는 많은 반응들 중의 하나는 정신 기능의 조숙한 과잉활동(Winnicott 1949, p. 246) 혹은 "때 이른 자아-발달"이다(Klein 1930, p. 244).

클라인(1930)은 "자아의 발달에서의 상징 형성의 중요성에 대하여"라는 논문에서, 조숙한 자아발달이라는 그녀의 개념을 사용해서 정신적 기능의 과잉활동이라는 위니캇의 개념을 확장한 것으로 보인다. 조숙한 자아발달은 잘못 붙여진 이름인 것 같으며 클라인이 서술한 것은 조숙한 유사-자아발달이라고 부르는 것이 더 나을 것 같다. 클라인은 더 나아가 이러한 조숙한 발달을 대상에 대한 때 이른 공감 또는 동일시로 특징짓는다. 이것은 초기 성기성 또는 우울적 자리의 때 이른 시작을 구성하는데, 후자는 양가적으로 사랑받는 대상에 대해 느끼는 진정한 죄책감, 후회, 그리고 보상 욕구 또는 욕망과 관련된 불안들을 수반한다. 그러한 복잡한 불안들을 다룰 준비가 되어 있는 신생아는 이미 확립된 내적인 담아주는 대상들의 도움과 지지를 필요로 하는데, 그런 대상이 부재할 경우 발달을 향한 움직임들은 억제되고 유아는, 필연적으로, 다양한 정도로 자체감각적인 세계 속으로 후퇴하게 된다.

예컨대, 심각한 장애를 가진 어머니(환자의 말에 따르면, 자신의 갓난아기의 울음소리를 들었을 때 아기에게 무엇을 해야 할지 몰라서 아기 방의 문을 닫았던)에 의해 양육된 한 환자는, 자신이 아기 시절에 아기 침대에 누워 어머니가 그녀를 돌보지 못한 실패가 무엇을 의미하는지를 알고자 시도했던 초기 유아기의 한 순간을 분석에서 재-경험했다. 내가 너무 크게 혹은 충분히 크지 않게 울었을까? 음정이 너무 높았나? 아니면 너무 낮았나? 계속해서 울어야 했을까? 아니면 멈춰야 했을까? 그렇다면 얼마나 오래 동안 그래야 했을까? 어머니는 아픈가? 아니면 잠들었나? 아니면 영원히 떠나 버렸나? 죽었나? 아니면 살았나? 이 환자는 어머니와-하나인-아기일 수 없었고 그래서 상실의 경험들을 피하기 위한 목적으로 그녀의 마음을 때 이르게 발달시키도록 강요받았다; 그녀는 자신을 돌봐주는 대상에 대한 다소 조숙한 관심을 발달시켰다. 그녀는 이러한 회피 상태에서, "그녀의 자기를 느낄" 수 없을 때 종종 공포에 질렸다.

이 환자의 반추들은 경험들에 연결된 사고들이 아니라, 그녀의 취약한 자기를 보호하기 위해 자신을 에워싼 감각의 고치인 것처럼 보이는, 단어들의 덩어리였다. 실제로, 내가 이것을 환자에게 말해주었을 때, 그녀는 그녀가 병원에서 집으로 온 날, 그녀는 침대 한복판에 담요에 싸인 채로 혼자 남겨졌었고, 그녀가 울었을 때 아무도 달래주기 위해 그 방에 들어갈 수 없었다는 이야기를 회상해냈다. 어머니는 이러한 취급이 "그녀를 강하게 만들어주고" 돌보는 사람들에 대한 그녀의 의존을 줄여줄 것으로 믿었다는 것이다. 그런 환자들의 경우, 만약 우리가 그들이 소통하는 내용에만 귀를 기울인다면, 우리는 이러한 초기의 상실 경험들에 맞서(그들이 이 경험들을 담아내도록 돕는 데에 실패하면서) "강하게 만드는 것"을 통해 스스로를 보호하려는 그들의 시도에 공모하는 위험에 빠지게 된다. 스스로를 강하게 만드는 그러한 시도는 자기를 위한 공간을 거의 남겨 놓지 않는데, 그러면 자기는 점차 압축되고 감정이 닿을 수 없게 된다.

  종종 주말에 이 환자는 나에게 말을 쏟아 붓곤 했는데, 하나의 해석을 만들 수 있을 만큼 충분히 오랫동안 생각들을 모을 수 없었던 나로서는 해석을 위한 여지가 거의 없었다. 내가 이러한 말들의 내용을 해석할 수 있었을 때, 나는 나의 개입들이 이 환자에게 거의 혹은 전혀 영향을 미치지 않는다는 것을 발견했다. 하지만 내가 그녀의 말의 기능(주말 휴지기 동안에 그녀를 "찢겨지는 아픔"의 상태에 남겨둔 채 방문을 닫는 것처럼 느껴지는 공포와 신체적인 고통을 알고 경험하는 것에서 그녀 자신을 보호하는 수단인)을, 그리고 나의 해석들과 그것들에 대한 그녀의 반응 없음이 우리를 정체된 장소에 머무르게 했다는 것을, 그래서 내가 그녀를 두고 떠나갈 수 없을 것이라고 그녀가 느꼈다는 것을 내가 마침내 이해하고 그녀에게 지적할 수 있었을 때, 그녀는 크게 감동을 받았다. 따라서 과거의 모든 고통스런 유기 경험들과 함께 주말 동안의 분리라는 주제를 다룰 수 있게 되었다.

그녀는 내가 이 고통스런 상태들을 경험하기 시작했을 때에야 비로소 그것들에 대해 생각할 수 있게 되었다.

 클라인(1946)은 불안을 견디는 데 필수적인 요소인, 좋은 대상의 내사는 그것에 대한 지나친 시기심이 있을 때뿐만 아니라, "자아가 그것의 보존에 강박적으로 예속될 때"(p. 9n)에도 방해받을 수 있다고 지적한다. 따라서 대상의 상태에 대해 때 이른 관심을 갖거나 클라인이 젖가슴을 향한 때 이른 공감이라 부른 것이 발생할 경우, 환상의 삶은 동강날 것이고 창자 및 근육 영역들에서의 표현으로 제한될 것이며, 상징 형성의 과정은 정지될 것이다. 아이의 환상 안에서 대체, 전치, 그리고 동등시들이 발생할 수 있으려면, 불안이 감당되어져야만 한다. 불안에 대한 내성 부족은 출생 이전의 존재와 대상과의 절대적인 동일시로의 후퇴를 결과로 가져오고, 이는 악순환을 발생시킨다; 자기와 대상 사이의 혼동은 자아와 대상의 혼동으로 확대되고, 그 결과 상징과 상징된 대상의 혼동을 가져온다.

 어머니와의 접촉을 통해서(그리고, 외부 세계에서의 확장과 상징화를 통해서) 작업될 수 없는 불안 경험들은 정신화되지 않은 채로 구체적인 수준에 머무를 것이고, 아마도 생각 없는 행동이나 신체화를 통해 표현될 것이다. 이 딜레마의 극단적인 형태는 감정이나 정동적 상태를 말로 표현하지 못하고 신체적으로 표현하는 소위 감정표현 불능증 개인들에게서 관찰될 수 있다. 여기에서 정신화되지 않은 경험 개념과 관련해서 질문이 제기될 수 있다: 만약 그러한 경험들이 정신적 영역에서 미리 배제된다면, 그것들은 어떻게 그리고 어디에 저장되며, 그것들을 회상하는 과정은 어떤 것인가? 이 질문에 답하고자 하는 시도가 다음에 이어지는 논의의 초점이 될 것이다.

감정들 안의 기억들

외상적인 초기 경험들이 분석 과정에 끼치는 영향에 대한 논의에서, 마테-블랑코(Matte-Blanco 1988)는, 불가능한 것은 아니라고 해도, 이러한 사건들의 명료한 기억들을 회복해내는 과정에 어려움이 내재되어 있음을 강조한다. 그는 그 문제에 대해 해결책을 제시한 클라인의 1957년도 인용문을 찾아낸다:

> 이 모든 것은 언어가 표현할 수 있는 것보다 훨씬 더 원시적인 방식들로 유아에게 느껴진다. 이러한 전-언어적 정서들과 환상들이 전이 상황에서 재생될 때, 그것들은 내가 "감정들 안의 기억들"이라고 부르는 것으로 나타나며, 분석가의 도움을 받아 재구성되고 말로 표현된다. 동일한 방식으로, 우리가 초기 발달단계들에 속한 다른 현상들을 재구성하고 묘사할 때, 말이 사용되어야만 한다. 사실 우리는 우리의 의식 영역으로부터 온 말을 빌리지 않고는 무의식의 언어를 의식의 언어로 옮길 수 없다. [p. 5n]

우리가 우리의 환자들과의 작업에서 그러한 감정들 안의 기억들과 마주칠 때, 우리는 어쩌면 무의식적인 경험만이 아니라 정신화되지 않은 경험을, 그리고 억압된 기억들만이 아니라 사고되지 않은 것(unthought)의 영역 안에 갇혀 있는 신체 기억들을 만나고 있는 것일 수 있다.

같은 논의에서 마테-블랑코(1988)는 그의 경험에서 가져온 다음의 흥미로운 내용을 보고한다:

이러한 "감정들 안의 기억들"의 표현은 어떤 사례들의 치료에서 근본적인 중요성을 갖는다. 그것들이 없이는 이 환자들은 치료될 수 없었다 ... [어떤 경우에는] 발생한 사건들에 대한 기억들의 증가를 획득할 수 없었다. 대신에 감정들은 오랜 시간에 걸쳐 풍부하게 그리고 반복적으로 방출될 뿐이었다. 나는 환자의 정서적 표현의 의미와, 초기 경험들과 그것들의 실제 관계의 세부사항들과의 연결들을 이해하려고 시도하는, 기본적으로 존경스럽고 관용적인 분석가에게 지금 행해지는 다양한 감정들의 반복된 표현이 실제로 치료를 발생시키는 요소라고 믿는다. [p. 163]

그러한 감정들 안의 기억들을 작업해내는 기법에 대한 마테-블랑코의 개념화는 "기본적 실패를 다루는 기법"과 관련해서 발린트(Balint 1952)에 의해 그리고 좀 더 최근에는 스튜어트(Stewart 1989)와 다른 런던 독립학파 연구자들에 의해 제안된 것들과 놀라운 유사성을 갖고 있다. 이들 연구자들은 어떤 환자들의 분석에서는 분석적 대화의 다른 단계들과는 달리, 말들이 통상적인 의미를 전달하지 않는 순간들이 있다는 점을 주목해왔다. 분석에서의 이러한 막간의 시간은 상당히 짧을 수도 있고 길 수도 있는데, 그 순간에 분석가는 해석을 형성하고 전달하기에 앞서 환자가 경험해내지 못하는 사건의 충격을 견뎌내고 역전이 안에서 온전히 경험해낼 수 있어야 한다.

이러한 해석적 비활동성의 기간은 몽상의 본질적인 특징인, 분석가의 마음 안에서 발생하는 심리적 부화 또는 임신 기간과 비교될 수 있다. 그것은 비온이 종종 언급한 소극적 능력(시인 키이츠가 그의 동서에게 보낸 편지에서 사용한 용어인)이라는 개념과 관련되어 있는데, 이것은 위니캇(1956)이 아기의 정상적인 발달을 위해 본질적인 요소라고 믿었던, "일차적 모성적 몰두"와 유사한 것으로 간주될 수 있다. 사실 이러한 요인들은 심지어 출생 이전의 건강한 발달을 위해서도 본질적인 것으로 주목되고 있다(Mancia 1981).

분만 전후 시기에 대한 연구

만시아(Mancia, 1981)는 태아의 정신적 삶에 대한 논문에서, 태아의 운동 기능, 감각 능력, 그리고 빠른 눈동자 움직임(REM) 또는 적극적 수면의 출현(임신 28주와 30주 사이에 관찰될 수 있는)과 관련된 태아 및 분만 전후 시기의 연구로부터 온 경험적 자료들을 빅(1968)과 비온(1962)의 연구결과에 통합시켰다. 만시아는 자신의 가설에 대한 공식화에서 자궁 내부의 담아주는 것(최초의 안아주는 환경)을 통해 자궁 외부의 대상들이 전달하는 무의식적 환상의 요소들에 기초한, "출생 이전의 정신적 핵"과 비온(1962)의 전-관념 사이에 하나의 유비를 이끌어냈다. 그는 또한 태내에서 "아기의 자기를 담아줄 수 있고 출생 순간에 작용하는 충동들의 압력 하에서 해체로부터 보호해줄 수 있는 … [정신적] '피부'의 심리적 기능"(p. 355)이 발달하는 데 렘수면이 갖는 역할에 대해서 논의했다. 그는 심리적 피부의 이러한 출생 이전의 토대가, 생각하는 능력의 발달에 필수적인 요소인(Bion 1962), 담는 것-담기는 것 관계의 시작을 원활하게 한다고 제안했다. 정신분석 바깥에서 가져온 자료들에 기초한, 그의 흥미로운 추측들은 개인의 정신발달에 미치는 가장 초기 경험들의 영향에 대한 우리의 이해를 심화시킬 뿐만 아니라, 우리의 관점의 폭을 넓혀준다. 가장 의미 있는 것은 태아들 및 조산아들에 대한 관찰에서 모성적 환경(신체적이든 정서적이든)의 붕괴가 적극적 수면(렘)의 감소와 운동 활동의 증가를 가져온다는 사실을 발견한 것인데, 만시아는 이것을 베타-요소들이 렘수면과 이론적으로 일치하는 알파-요소들로 변형되지 못하고 비워지는 현상을 가리키는 것으로 보았다.

내가 앞에서 진술했듯이, 베타-요소들의 형성에 대한 독자의 이해를 돕는 데 필요한 하나의 발달적 모델을 스턴(Stern 1985)의 작업에서 끌어낼 수 있는 것으로 보인다. 나는 그러한 소화되지 않은 사실들(Bion 1962) 또는 정신화되지 않은 경험들이 어떤 과정들을 통해서 저장되고 회상될 수 있는지를 제안함으로써, 그러한 모델을 세우려고 시도할 것이다.

출현하는 자기와 핵심 자기

최근의 유아관찰 연구에 따르면, 정신적 발달을 위한 기초는 최초 몇 개월의 삶 동안에 자기-그리고-대상에 대한 주관적 경험의 가장 초기 조직들에 의해 결정되는 것으로 보인다. 스턴(1985)은 삶의 첫해 동안의 발달을 위한 모델에서 생애 전체 주기에 걸쳐 유지되는 통합된 대상관계 패턴을 형성하는 데 기여하는 네 가지 "자기 감각들"에 대해 말한다. 그것들 각각은 그 다음에 이어지는 발달을 위한 전조를 제공한다. 그는 처음에 발달하는 것은 "출현하는 자기의 감각"이라고 제안했다. 이 자기의 감각은

"출현하는 조직"의 과정에 대한 경험으로 구성되어 있고, 또한 그 경험 조직의 산물이다. 이 첫 번째 자기 감각의 발달에서 중심적인 경험은 "존재하기 시작하는" 몸의 경험, "형태 없는 지각,"[11] "생명력 정동"(vitality affects)[12]을 통한 감각 경험들의 조직화, 동화, 그리고 적응 과정이다. 따라서 하나의 경험은 하나의 "활성화 윤곽"(activation contour)[13]을 형성할 수 있다. "범주적 정동들"[14]과는 달리, 거기에는 무한히 많은 활성화 윤곽들이 있을 수 있다. 형태 없는 것으로 지각된 하나의 특정한 경험에서 유래한, 많은 생명력 정동들로부터 하나의 활성화 윤곽이 만들어질 수 있다. 아마도 성인 개인의 정신-신체의 원시적인 측면은, 신생아의 경우에서처럼, 생애 전체에 걸쳐 그러한 윤곽들을 확인하는 능력을 갖는 하나의 패턴 탐지자로서 남는다. 만약 이것이 사실이라면, 많은 다양한 사건들은, 그것들이 생명력 정동이나 활성화

---

[11] 오늘날의 유아발달 연구에 따르면, 신생아들은 하나의 감각 양태를 통해 받아들인 정보를 취해서 그것을 다른 감각 양태로 바꾸는 타고난 능력을 갖고 있다고 간주된다. 그 결과 발생하는 지각은 일종의 "초-양태적인 형태" (그 안에서 보여지는 젖가슴, 냄새 맡아지는 젖가슴, 맛보아지는 젖가슴, 그리고 접촉되는 젖가슴이 함께 연결되는)안에 존재하며, 스턴이 말하는 어떤 감각적 양태들 안에서도 인식될 수 있는 양태 없는 표상 안에서 부호화된다.

[12] 스턴에 따르면, 생명력 정동들은 감정들 또는 신체감각적인 경험들의 형성들, 즉 아마도 신경체계의 특정 영역 안에서 신경을 점화하는 패턴으로서 자리 잡고 있는, 감정들의 물결 혹은 분출이다. 생명력 정동들은, 범주적 정동들(예컨대, 슬픔, 행복, 분노)과는 달리, 상징적 내용을 갖지 않는다. 추상적인 춤과 음악은 생명력 정동들이 지닌 표현성에 대한 탁월한 예인데, 이것들은 플롯이나 범주적인 정동 신호에 의존하지 않는다.

[13] 활동성 윤곽은 신체적 또는 생리학적 수준에서, 즉 마음의 수준이 아니라, 두뇌의 수준에서 기록되는 기억 흔적의 유형이다.

[14] 범주적 정동들은 뚜렷한 감정의 특질을 갖고 있는 것들이다. 그것들은 모든 인간들에 의해 얼굴의 표현, 강도, 긴급성, 그리고 쾌락의 음조(쾌-불쾌의 특질)를 통해 일반적으로 이해되는 사회적 신호들로서 진화해왔다. 그것들은 슬픔, 행복, 공포, 분노, 혐오, 놀람, 흥미, 수치, 혹은 이것들의 조합과 같은 뚜렷한 정동들이다.

윤곽의 동일한 패턴을 공유할 경우, 하나로 묶여지고 연결될 수 있을 것이다.

스턴(1985, p. 58)은 데포(Defoe)의 문학작품을 인용하는데, 한 장면에서 자신의 범죄로 인해 감금된 상태에 있는 여주인공인 몰 플랜더스(Moll Flanders)는 이렇게 말한다: "나는 ... 최소한 간신히 스쳐가는 순간적인 접촉 외에는, 천국이든 지옥이든 아무런 생각도 없었다." 그녀의 현 상황(감금된)에 대한 활성화 윤곽은 그녀가 전에 아무런 생각도 갖지 못했던(관념 내용이 없었던) 특별한 감각에 대한 활성화 윤곽(순간적인 접촉)과 공명했던 것 같고, 이것들은 동일한 생명력 정동 경험을 불러냈던 것으로 보인다. 사실 스턴은 신생아 연구가 보여주는 바, "모든 정동적 삶이 인지의 시녀가 아니라는 것"을 우리에게 상기시켜준다 (1985, p. 66).

이러한 생각을 예증하기 위해, 나는 하나의 임상적 사례를 제시해보겠다. 분석 삼년 차에 있는 환자 레베카는 봄 휴가에서 돌아와서는, 그녀가 상상할 수 있었던 것 이상으로 분석에 오는 것이 그리웠다고 말했다. 그녀는 나 없이 보낸 첫 주 동안의 어느 저녁 시간에 고전 음악 연주회에 참석했는데, 그때 첫 번째 발표를 들으면서 나에 대한 그리움에 압도되었다. 연주회가 끝난 다음에, 그녀의 마음속에서 그 음악을 몰아낼 수 없어서 그녀는 그 음악이 녹음된 테이프를 구입했고, 휴가 내내 차 안에서 그 음악을 반복해서 들었다. 그녀가 그 음악을 들을 때마다 그것은 매번 강렬한 감정을 불러일으켰고, 그녀는 나에게 돌아와 그것에 대해 말할 수 있기를 갈망하고 있는 자신을 발견했다. 그러나 그녀는 그 음악 안에서 명백하게 제시된 것처럼 보였던, 많은 측면들을 지닌 그녀의 경험을 말로 표현할 수 없다는 사실을 발견하고는 당혹스러웠다.

레베카는 그 음악에 깃들어 있는 것이 분석에서 그녀가 나와 나눈 경험의 중요한 측면들이라고 확신했다. "내가 그 테이프를 여기에 가져와서 선생님과 함께 들을 수 있었으면 좋을 뻔했어요. 그러면 우리가 함께 그것에 대해 생각할 수 있었을 거예요"라고 그녀는 말했다. 그리고 계속해서 말했다: "그러나 나는 그것의 의미가 나에게 고유한 것이라는 느낌을 갖고 있어요. 그 말은 선생님이 음악의 아름다움을 느낄 수 없다는 뜻이 아니라, 그 음악과 선생님에 대한 나의 경험이 사랑이나 증오 또는 흥분과 같은 단일한 감정이 아니라, 나의 존재 전체에 퍼져 있는 감정들의 무지개처럼 느껴진다는 뜻이에요."15)

물론, 이 자료는 정서의 분출 및 그러한 경험의 표현 불가능성과 관련된 그리고 그것의 언어적 소통 불가능성과 관련된 더 많은 자료를 산출했다. 이것에 대한 분석은 역전이 안에 있는 나 자신의 정서적 경험과 그 다음 몇 주 그리고 심지어 몇 달에 걸쳐 출현한 레베카의 꿈들 및 연상들이 함께 결합해서, 나와의 관계에 대한 그녀의 정서적 경험의 몇몇 측면들을 끄집어내고 명료화하는 데 유용했다. 나는 전체적으로 볼 때, 음악회에서의 막간이 레베카를

---

15) 레이너(Rayner 1992)는 환자와 분석가 사이의 대화 안에서 발생하는 양태 없는 지각과 전언어적인 조율 개념들을 논의하는 글에서, 다음과 같은 사실을 주목했다: "정동을 표현해줄 수 있고 효과적으로 전달해줄 수 있는, 음악은 또한 불명확하고 대체로 전언어적인 분석적 시간들['공식화되지 않은 연쇄들']에 대해서는 적절한 의사소통의 형태일 수 있다. 왜냐하면 거기에는 두 명의 주인공들의 상호침투적인 무드의 춤 또는 조율이 있기 때문이다"(p. 40).

그녀가 어머니와 가졌던 관계의 초기 경험으로 데려갔다고 믿는다. 그 경험은 먼 과거에 기록된 정신화되지 않은 그리고 캡슐화된 형태 안에 있는 하나의 활성화 윤곽으로서, 이해를 목적으로 제시될 수 있는 곳인, 분석가와의 전이 관계 안에서 상연되어야만 했다.[16] 분석가가 현존하는 상태에서, 레베카는 마침내 분석 이전에는 사고되지 않은 것의 영역으로 좌천되었던 것으로 보이는, 그녀의 경험을 표현하기 위해 생각을 발달시킬 수 있었다.

이러한 생각은 환자가 살아온 역사와도 어울리는 것으로 보인다. 그녀의 어머니는 레베카의 출생 이전과 출생 후 첫 한 해 동안에 심각하게 우울했다. 그런 우울 상태에서 레베카의 어머니는 그녀의 아기의 흥분이나 짜증과 같은 강렬한 상태들과 그 중간에 있는 모든 감정의 물결들과 분출들을 공유하거나 즐거워할 수 없었던 것으로 보인다. 자신의 경험을 사려있게 생각할 수 없었던 레베카의 어머니는 본의 아니게 담아주는 대상으로서 실패했던 것으로 보이고, 그 결과 그녀의 딸을 초기의 양태 없는 경험들을 신진대사하고 소화할 수 없는 상태에 남겨두었던 것으로 보인다. 자신의 어머니와의 초기 관계에 대한 정신적 기록을 창조해낼 수 없었던, 레베카는 분리를 성취하는 시기 동안에 기댈 수 있는 기억속의-경험이 거의 없었고, 따라서 매번 새로운 상실의 경험과 초기의 환멸에 의해 창조

---

16) 보이어(Boyer 1992)는 "자신의 어머니에 대한 무의식적인 초기 전오이디푸스적인 연결들이 환상 속의 탯줄 안에서 음악의 구체화를 통해 표현되었던 심각하게 퇴행한 한 남성의 사례를 보고했다. 임상적 자료들은 음악 그 자체가, 보다 특정한 무의식적 갈등들을 상징화하고, 표현하고 방어하는 데 봉사하는 그것의 주제들과 가사들보다 더 원시적인 기능들에 봉사한다는 이전 관찰자들의 발견들을 명백히 지지해준다"(p. 65).

된 블랙홀(Tustin 1981)을 메우기 위해 외적인 대상들과 감각적 경험들에 의지할 수밖에 없었다.

생명력 정동들의 활성화 윤곽들의 형태 안에 신체 기억들로 기록된, 초기 경험들(예컨대, 태내 경험들 또는 젖가슴에서의 초기 경험들)은 정신화되지 않은 채로 남아 있다가 나중에 동일한 패턴이나 윤곽을 공유하는 현재 상황과 연결된다고 가정할 수 있다.17) 그 연결의 본질은 반드시 인지적-정동적(Stern 1985)이거나 논리적-언어적(T. Mitrani 1992)일 필요가 없고, 감각적이거나 관능적인 각성의 특정한 신경 패턴이거나 윤곽일 수 있다.

나는 여기에서 유아관찰의 용어로 "자기를 조절해주는 타자들과의 일반화된 상호작용 표상들(RIGs)"(Stern 1985, p. 97)이 내면에 확립될 때까지는(또는 비온이 어머니의 알파-기능과의 내사적 동일시라고 부른 것, 또는 담는 것-담기는 것 관계라고 부른 것이 확립될 때까지는), 생명력 정동들의 이러한 활성화 윤곽들은 상징의 사슬에서 배제된 채로 남아있다는 생각을 제시하고자 한다. 일차적 및 이차적 사고과정이 발달하기 이전에 작용하고, 원시적인 정신-신체의 영역 안에서 계속해서 기능하는, 원초적 과정들은 한 수준에서는 생존을 보장하고 다른 수준에서는 언어적 기억뿐만 아니라 "인지적 발달의 기본 재료인, 일반화된 사건 구조들(GERs)"의 발달을 방해하는 행동 증상들의 산출을 영속화한다(Stern 1985, p. 97).

스턴이 "일반화된 상호작용 표상들"(1985, p. 97)이라고 부른

---

17) 그리네이커(Greenacre 1952)는 가장 초기의 태내 및 출생 이후의 자기애적 조직과 불안 성향에 출생 경험이 미치는 영향에 대한 논의에서, 이들 신생 경험들이 심리생물학적인 긴장 상황을 만들어내기 위해 이후의 경험들과 연합할 수 있는, "고유한 신체적 기억 흔적들"로서 자리 잡는다고 제안한다.

것의 발달에 이어 "핵심적인 자기의 감각"(p. 69)이 "핵심적인 타자들"이라는 감각과 함께 2-7개월 사이에 형성되기 시작한다. 이 핵심은 (1) 자기-행위자(예컨대, 네가 원할 때 너의 다리가 움직인다는 감각); (2) 자기-응집성(예컨대, 움직이거나 정지된, 전체로서의 몸); (3) 자기-활동성; 그리고 (4) 자기-역사(예컨대, 위니캇이 말하는 존재의 연속성)으로 구성된다. "이런 감각들은 그것들이 실체, 행동, 감각, 정동, 그리고 시간에 대한 명백한 경험적 실재들을 암시한다는 점에서, 개념, 지식 또는 인식과는 분명히 다르다"(Stern 1985, p. 71). 스턴은 자기의 핵심적인 감각을 구성하는, 이 네 가지 하위감각들 중 어느 하나의 부재라도 심리적 건강에 심각한 결과들을 가져온다고 지적한다.[18]

이 하위감각들 중에서 가장 중요한 것, 또는 다른 세 가지 감각들의 중추가 되는 것은 연속성 또는 역사성의 감각으로 보이는데, 이는 위니캇이 말하는 존재의 연속성(1949)에 대한 감각과 매우 비슷하다고 생각된다. 자기 자신의 역사를 "쓰고 있다"는 이 내적 감각은 기억할 수 있는 유아의 역량에 달려 있는데, 그것은 비언어적인 것에 기초해 있다. 즉 그것은 "자발적인 근육 패턴들과 그것들의 협응" 안에(Stern, 1985, p. 91), 그리고 신체 기억과 유사한 "생명력 정동의 활성화 윤곽들" 안에 자리 잡고 있는 기억에 기초해 있다. 그것은 클라인이 "감정들 안의 기억들"(1957, p. 5n)이라고 지칭한 것, 또는 위니캇(1949)이 경험의 "목록"이라고 서술한 것과 다르지 않다. 이러한 원기억들은 정신적

---

[18] 예컨대, 행위자의 부재는 긴장병, 히스테리성 마비, 현실감 상실, 그리고 편집증적인 상태 등에서 드러날 수 있다; 응집성의 부재는 탈인격화, 파편화, 그리고 정신증적인 몰입이나 융합 경험들에서 드러날 수 있다; 정동의 부재는 정신분열증의 쾌감 상실에서 찾아볼 수 있고, 연속성의 부재는 기억상실증이나 다른 해리 상태들에서 찾아볼 수 있다(Stern 1985, p. 71).

구조가 그것의 역량을 최대로 발달시키기 위해서 마음속의 내적 대상들로 변형되어야만 한다.

정신화되지 않은 경험을 탐지하기

종종, 임상적 및 학술적인 토론에서 정신화되지 않은 경험의 개념을 사용하려고 시도할 때, 다음 질문이 발생한다: 우리는 어떻게 정신화되지 않은 경험과, "분해"[19](Meltzer et al. 1975), "알파-기능의 역전"(Meltzer 1978)[20], 혹은 통합의 붕괴, 파편화, 그리고 쪼개짐(Klein 1946, H. A. Rosenfeld 1950) 등과 같은 파괴적 과정을 거친 경험을, 편집-분열적 자리와 연관된 박해적 감정들을 회피하려는 수동적 및 능동적인 시도들을, 그리고 우울적 자리(Klein 1946)의 죄책감과 후회를 구별할 수 있을까? 그러한 구별을 이해할 수 있는 것으로 만들기 위해서는, 정신화되지 않은 경험들을 마음속의 틈새, 자아 안의 구멍(Ammon 1979), 심리적 피부의 찢어진 부분(Bick 1968), 혹은 지지해주는 구조물이 결여된 인격 등으로 개념화하는 것이 유용할 것이다.

---

[19] 감각적 장치를 그것의 부분들로 해체하는 것은 우울한 감정들과 갈등적 상태들을 방어하기 위해 생각 없이 그리고 수동적으로 조각난 상태가 되는 것으로 정의된다(Meltzer et al. 1975). 이 정의에 따르면, 해체는 생각할 수 있는 마음이 부재한 상태에서 감각 자료들과 정동적 경험들을 다루는 회피적인 또는 비워내는 양태들과 조화를 이루는 것으로 보인다(Bion 1962).

[20] 알파-기능의 역전은, 비록 전능한 통제 하에서이기는 하지만, 즉 방어적인 것이기는 하지만, 이전에 알파요소였던 것들을 먹어치우는 것으로 묘사되는데, 이는 기괴한 대상들의 창조를 결과로 가져온다(Meltzer 1978).

페데른이 제안했듯이(1952), 겪지 않고 느껴진 고통의 경험들은 자아에 영향을 미치지 못한다. 즉 그것들은 배움을 가져오지 못하고, 정신적 구조의 발달에 기여하지 않는다. 정신화되지 않은 경험들은 인격의 일정 영역들을 발달의 극도로 원시적인 수준에서 얼어붙게 만든다. 그것은 마치 유아기에 아기가 어머니의 눈을 바라보지만 거기에서 우울증의 "블랙홀"만을 보는 것과도 같다. 그 블랙홀은 어머니로 하여금 그녀의 아기를 생각하거나 상상할 수 없게 만든 요소이다(Winnicott 1960). 그 결과, 아기는 자신이 경험하는 것에서 아무런 의미도 얻지 못한다. 거기에는 단지 "부재의 현존"만이 있을 뿐이다(Bion 1962).

이차적-피부 형성에 대한 빅(1968)의 모델을 확장함으로써, 나는 정신화되지 않은 경험에 의해 불모지로 남겨진 영역들과 나란히 발달해온(Grotstein 1986), 마음과 인격의 좀 더 세련된 영역들이 때로는 덜 발달한 인격의 측면들에 대한 위장으로서 기능한다고 제안한다. 이럴 경우, 오진이 발생하기 쉽다. 클라인(1961)은 리차드의 치료에 대한 이야기에서, 전이 안에서 초기 유아기의 정서적 경험들이 되살아날 때 "구체적 기억들"(p. 136)에 대한 "덮개"로서 기능하는 기억들이 있다는 것을 관찰했다고 말한다. 내가 전에 언급했듯이, 클라인(1961)은 이 구체적인 기억들을 "감정들 안의 기억들"(pp. 136, 217, 235, 315, 318, 338)이라고 부른다. 덮개용 기억들에 대한 그녀의 묘사는 프로이트가 말하는 차폐 기억들(Strachey가 번역한 용어인)에 부가적인 중요성을 부여하는데, 그녀는 이러한 덮개-기억들은 분석에서 덮여진 것의 내용이 발견되지 않는다면 그것들의 중요성을 상실한다는 점을 강조했다.

정신신체적인 환자들과 작업하는 동안, 나는 세련되고 정교화된 방어들이 종종 "원박탈"(Winnicott 1965, p. 226)로 인해 생겨난 자아 안의 공백, 틈새, 혹은 구멍(Ammon 1979)을 채우면서, 신체-감각적인 보호들을 대체한다는 사실을 발견했다. 이러한 발견은 많은 연구자들의 관찰들과 일치하는데, 그들 가운데는 알렉산더(Alexander 1950), 애트킨스(Atkins 1968), 발린트(Balint 1968), 로젠펠드(H. A. Rosenfeld 1985), 그리고 스펄링(Sperling 1955) 등이 있다. 이들은 행동 증상과, 환각들과 망상들 같은 다른 다양한 증상들이 서로 교대한다는 사실을 지적했다. 이러한 대체용 보호들은 정신의 좀 더 발달된 영역에서 나오는 것으로 생각될 수 있는데, 그때 그것들은 그것들이 방어하고 있는 것에 대한 불안들을 수반한다. 이것들은 인격의 잘못된 부분을 보상하거나 덮는 것으로 보인다; 따라서 그것들은 원박탈로 인해 생긴 틈새나 구멍을 막는 것으로 보인다. 코헛(Kohut 1977)은 "자기 안의 일차적인 결함"을 은폐하거나 보상하는 기능을 갖는 "방어적이고 보상적인 구조"에 대한 그의 논의에서 이 현상을 다루었다(p. 3).

빠른 속도로 흐르는 강물의 소용돌이나 깊은 구멍을 상상하는 것이 독자에게 도움이 될 것이다. 그러한 구멍들은 주변의 물이 그 빈 곳의 깊이와 넓이를 위장하기 때문에, 그 강을 건너는 사람에게는 약간 움푹한 소용돌이 외에는 거의 아무것도 보이지 않는다. 따라서 카약을 탄 사람이 그 구멍에 가까이 갈 때, 그는 갑자기 소용돌이 속으로 강력하게 빨려 들어가 강바닥 수십 피트까지도 내려간다. 이와 비슷하게, 분석가는 분명히 관찰될 수 있고 상당히 잘 구조화된 방어들, 불안들, 갈등들, 그리고 마음속의 증상들로 보이는 것들에 의해 속을 수 있다. 그 아래에 놓인 것을 경험하지 않은 채, 그것들의 내용에 대한 분석으로 들어가는 것은 분석가가 막다른 골목(H. A. Rosenfeld 1987), 고립된 영역(O'Shaughnessy 1992), 그리고 공모 안으로 빨려 들어가는 것일 수 있는데, 이런 일이 발생할 때 정신분석적 대화는 분석가와 피분석자 모두의 파국적인 분리에 대한 인식을 더 철저하게 차단하는(Gomberoff et al. 1990) "자폐적 모양"(Tustin 1984b) 또는 "자폐적 대상"(Tustin 1980)으로서 기능하게 된다.

자체감각의 주머니—초기의 정신화되지 않은 경험들이 격리되어 있는—를 가진 성인 피분석자들과 작업했던 경험에서(Mitrani 1992), 나는 분석 장면 안에서 때때로 매우 특별한 방식으로 "행동"하도록 강요되곤 했던 것을 기억한다. 예컨대, 한 번은 제시된 전이 자료에 의해 야기된 융합 형태 안에서 해석하고 있는 나 자신을 발견했다. 나는 이것을 환자의 외적인 상황과 그녀의 내적 대상관계의 역동에 연결시켰지만, 나중에 내가 환자로 하여금 전이-역전이 관계 안에서의 하나됨이라는 매우 안락한 상태를 창조하도록 도왔다는 사실을 발견했다. 얼마의 시간이 지난 후에야 나는 환자에게나 나 자신에게 놀라움으로 다가오는 것이 아무것도 없다고 느껴졌을 때, 그 작업이 얼마나 답답하고 진부한 것이었는지를 깨달을 수 있었다.

결국, 내가 이 상호적인 실연(enactment)을 경험하고, 탐지하고, 이해할 수 있었을 때, 나는 분석적인 해석의 작업을 재개하는 것이 가능하다는 것을 발견했다. 그리고 그러한 나의 해석 작업은 이 보호용 은신처에 대한 경험에서 나온 것이었다. 환자의 경험을 나타내는 자료인 것처럼 보였던 것이 차츰 전이 안에서 연기되는 과정에서, 그것이 실제로는 환자가 감히 그 안으로 들어갈 수 없었던 텅 빔과 공허의 경험을 말끔하게 덮고 있는, 정교하게 만들어진 위장으로 드러났다. 그 과정에서 나는 내가 갖고 있는 이론에 확고히 뿌리내린 채, 소위 "좋은" 분석적 해석으로 그녀의 위장을 기꺼이 돕고 있었다는 것을 깨달았다. 하지만 나는 환자의 가장 초기 경험들의 핵심을 놓치고 있었는데, 그것은 경계와 감정의 상실이었다. 내가 관찰한 바, 역전이 안에서 발생하는 포괄적인 경험은, 다시 말해서, 그러한 생각 없는 캡슐 안에 갇혀 있는 것은 죽어 있음, 무시간성, 단조로움, 정지됨, 변화 없음, 그리고 마비됨이었고, 비록 절망의 감정이 스며들어 있기는 하지만, 불안 없는 상태였다.21)

나는 우리가 이 공허의 경험을 진정한 열정과 확신을 갖고서 환자에게 전달할 수 있을 때, 그가 제시한 문제들에 대한 힘들게 얻은 해결책들을 빼앗지 않고서 작용할 수 있는 새로운 관점을 그가 가진 관점에 부가해주는 것을 통해서, 우리의 마음의 한 조각을 그에게 진실로 주게 될 것이라고 믿는다(Joseph 1992). 어떤 의미에서, 견딜 수 없는 것으로 느껴진 절대적-제로 또는 원박탈로 인한 무의 경험에 대한 환자의 해결책은 이 제로를 계속되는 오해를 나타내는 "마이너스 일"(-1)의 경험(Bion 1965)으로 변형시킬 것이다. 아마도 이 현상을 서술하는 데 내포된 어려움은 정신적 및 정서적 원박탈로 인해 발생한 틈새 개념이 생각할 수 없음에 대한 반영을 구성한다는 데 있을 것이다.

비온(1965)은 이 어려움을 수학을 통해 해결하려고 시도했지만, 예술가들과 작가들이 이 일을 더 설득력 있고 더 접근 가능하게 하고 있는 것으로 보인다(예컨대, Stephen King은 그의 1981년도 작품인 「마음의 죽어 있는 영역」에서, 자기 자신의 붕괴 사건을 보지 못한 채, 다른 사람들에게 발생하려고 하는 폭력의 예

---

21) 아마도 만약 우리가 우리의 환자들이 이러한 의미 없는 경험들로 우리와 충분히 접촉하거나 그것들을 적절하게 우리 안에 주입하도록 허용하지 않는다면, 즉 환자의 경험들의 실연을 피하려고 집요하게 노력하면서, 해석들을 통해 알려지지 않은 것을 알려진 것으로 만들기 위해 너무 빨리 우리의 이론들을 적용한다면, 우리는 환자들의 그러한 경험들을 충분히 담아주지 못한 채 그들을 방치하는 위험에 처하게 된다. 그리고 그것은 그들을 이미 확립된 내적이고 자체감각적인 고립된 영역으로 물러서게 만들거나 또는 심지어 생리학적 기능이나 기관 체계를 신체적인 담는 그릇으로 전환(혹은 변질)시키도록 만들 수 있다.

감들로 가득한 주인공의 모습을 묘사하고 있다). 원박탈의 재앙에서 발생한 정신적 공허를 기억들과 증상들로, 그리고 박탈, 분노, 그리고 파괴적인 시기심이라는 평행하는 경험들과 연관된 방어들로 채우는 것은 위태로운 상황에서 생존의 감각을 확보하는 하나의 방법이다.

나는 여기에서 우리의 작업 안에는 타고난 혹은 일차적인 시기심 개념이 거의 적용될 수 없는 특정한 영역이 있다고 제안하고 싶다. 원박탈 개념이 문제가 될 때, 즉 어느 한 수준에서 현존하는-좋은-젖가슴-경험이 없었다면, 그리고 그것을 배경으로 해서 부재를 정의할 수 있는 젖가슴(현존하는-나쁜-젖가슴으로 경험되는)이 없었다면, "자신이 먹고 있는 음식을 망치는 ..."(Klein 1957, p. 182) 유아의 시기하는 부분에 대해 말하는 것은 의미가 없을 것이다.

원박탈에서는 "비열하고 인색한 젖가슴"(Klein 1957, p. 183)의 경험이나 풍부하게 공급해주는 너그러운 좋은-젖가슴의 경험이 있을 수 없다. 그러므로 거기에는 "좋은 대상을 잃고 되찾는" 것에 대한 감각도 없고, "사랑과 미움의 타고난 갈등"(p. 180) 탓으로 돌릴 수 있는 작용도 없다. 내가 말하고 있는 것은 "탐욕과 박해적 불안을 증가시키고"(p. 183), 그래서 시기심을 증가시키는 경우에서처럼, 부재와 좌절에 의해 자극된 시기심과는 다른 것이다. 대신에 거기에는 구멍 또는 틈새를 채우기 위한 과도하고 왜곡된 시도들—보상적 욕동의 특수한 또는 방어적인 사용—을 발생시키는, 블랙홀(Tustin 1981) 또는 의미 있는 경험을 몰수하는 엄청난 틈새가 있다. 그것은 보상적인 욕동의 특정화된 혹은 방어적인 사용을 나타낸다(Khan 1979, Winnicott 1948).

이 수준에서는 만족 또는 안전감을 배경으로(경험의 특정한 혹은 제한된 영역들과 관련해서) 상실을 경험할 수 있는 "깜빡거리는 인식 상태들"(Tustin 1981)이 없고, 단지 무 또는 절대적 제로의 감각만이 있다. 물론, 만약 이것이 어느 제한된 영역이나 범위에 국한되지 않는다면, 유아는 살아남지 못할 것이고 혹은 불가피하게 광범위한 생리학적 및 심리학적인 병리를 발달시킬 것이다(예컨대, 정신분열증을 앓거나 잘 성장하는 데 실패한 유아들, 또는 Spitz[1950]가 묘사한 "시설증후군" 아기들의 경우, 그들 중 많은 수가 죽었다. 이것은 상호작용적인 경험들에서 발생하는 절대적-제로의 결과일 수 있다). 박탈 경험에 포함된 시기심이 "그들이 얻지 못한 것 외에는 아무것도 생각할 수 없는"(Riviere 1937, p. 29) 개인들에게서 관찰될 수 있는 반면에, 원박탈을 경험한 개인은 단순히 무엇을 생각해야 할지 또는 무엇을 가지고 생각해야 할지를 알지 못한다.

마지막으로, 나는 인격의 정신화되지 않은 부분은 정신적 표상을 획득하는 데 실패한, 즉 상징 수준으로 발달하지 못한 초기 신체감각적 경험들(예컨대, 신호로서가 아니라, 사물-그-자체로서 경험되는 불안)에서 유래한 것이라는 점에서, 인격의 이 부분은 퇴행한다고 말할 수 없다는 점을 덧붙이고 싶다. 해체가 이전의 통합을 암시하거나 당연한 것으로 여기는 것과 마찬가지로, 퇴행은 이전의 진보를 암시한다. 만약 이전의 통합이 없었다면, 우리는 해체라는 용어 대신에 비통합이라는 용어를 사용해야 할 것이다.[22] 퇴행이 다소 정교한 환상으로 간주될 수 있다면, 나는 우리의 환자들에게서 드러나는 증상들의 산출과 관련해서는 더 원

---

[22] 위니캇(1960)이 "절대적 의존" 단계로 정의한, 원시적인 상태는 분리되어 있음, 공간, 혹은 부재에 대해 거의 혹은 전혀 참지 못하고, 자기를 대상으로부터 혹은 "나"를 "나-아닌 것"으로부터 구별하는 능력이 거의 없는 "점착성 동일시"(Bick 1968, Meltzer et al. 1975, Tustin 1981)가 작용하는 이차원적인 세계를 구성한다. 건강한 경우, 이 후자의 자리는 모성적 환경에 유아가 전적으로 의존되어 있는 일차적으로 정상적인 단계인 반면, 그 다음에 발생하는 환경의 실패는 그 자리를 터스틴(1981)이 말하는 "캡슐에 갇힌" 아동의 세계를 구성하는 자리로 만든다.

시적인 기제들이 작용하고 있다고 제안한다. 내가 다른 곳에서 제안했듯이(Mitrani 1993b), 불안 등가물/행동/신체적 증상은 일차적인 보호적 책략, 즉 원초적 "먹이-약탈자 불안"(Grotstein 1984)에 대한 반사 반응으로서, 신체감각적 수준에서 실행되는 원환상이다. 이것은 불안 신경증에서는 정신적 장치의 불충분성으로 인해 신체적 흥분이 정신적 장치에 접근하는 것이 거부되고, 결과적으로 신체적 영역에서 표현된다는 프로이트의 아이디어와 일치한다. 요약하면, 나는 여기에서 정신적 장치의 불충분성이 (박탈과 관련되어 있기보다는) 가장 초기의 출생 이후의 환경에서 경험된 원박탈과 관련되어 있고, 그러한 원박탈은 돌보는 쌍의 모성적 측면 안에 있는 특정한 알파-요소가 결여되어 있음을 말한다고 제안한다.

위의 생각들은 본래의 클라인학파 관점과는 다른 것이다; 클라인학파 관점에서는 증상 행동들을 사랑받고 시기 받는 대상에 대한 전능 통제의 수단으로서; 혹은 박해적인 불안을 비워내기 위한 수단으로서; 혹은 아마도 강박 행동의 경우에서처럼 좋은 대상의 유사-회복이 환상 속에서 이루어지는 조적 보상의 수단으로서 간주할 것이다. 이러한 해석들이 모두 가능하겠지만, 나는 그것들이 보다 정교하게 정신화된 또는 탈정신화된 영역에 더 잘 적용될 수 있다고 생각한다. 그러한 상태들은 해체 작용들과 그것들이 수반하는 불안들, 혹은 "재신체화" 그리고 이전에 정신적 표상을 획득했던 불안과 일치할 것이다. 방금 언급한 이런 상태들은 한때 소유했던 무언가가 박탈되는 것에 의해 자극되거나, 좋은-대상의-존재에 대한 시기심의 감정에 따른 결과로서 발달할 것이다.

일차적 시기심에 대한 클라인의 이론이 지닌 타당성이나 중요성을 감소시키는 것이 나의 의도가 아니며, 또한 시기심이 중요하게 작용하지 않는다거나 우리 환자들의 대부분의 치료에서 해석적 주의를 필요로 하지 않는다고 나는 생각하지 않는다. 하지만 나는 어떤 환자들의 경우, 원박탈로 인해 발생한 근저의 "생각할 수 없는 불안들"(Winnicott 1962, p. 61)에 접근할 수 있게 되고 정신화를 촉진하는 분석가와의 상호작용을 통해 그것들에 의미가 주어지기 전까지는, 시기심의 파괴성과 그것의 편집-분열적 및 우울적인 결과들이 효과적으로 다루어질 수 없다고 제안하고 싶다. 그러한 불안들은 즉각적으로 분석될 수 있거나 해석될 수 있는 것이 아니다(Mitrani 1993a). 그것들은 먼저 환자를 위해 경험되어야만 한다(Meltzer 1986). 오직 우리가 전적인 무력감, 영속적인 의미 없음, 그리고 무한한 공허 등의 끝없이 공포스런 지각들을 포함해서(Grotstein 1990), 환자의 경험의 전체성과 접촉하는 상태에 머무르는 것과 그것에 대한 우리의 경험을 생각하는 것을 견딜 수 있을 때에만, 우리는 우리의 환자들이 우리가 분석적 만남에서 그들에게 제공하는 새로운 관점뿐만 아니라, 그들 자신들과의 접촉에 머무를 수 있게 되는 것을 기대할 수 있다.

결론

나는 이 장에서 많은 다른 용어들을 사용하여, 여러 가지 방식으로 문헌에서 다루어져온 정신화되지 않은 경험이라는 개념을 설명하려고 시도했다. 프로이트가 분석할 수 없는 불안 등가물의 영역을 처음으로 묘사한 후로, 신체 기억들(Federn 1952), 감정들 안의 기억들(Klein 1946), 베타-요소들(Bion 1962), 그리고 생명력 정동들의 활성화 윤곽들(Stern 1985)과 같은 개념들은 모두 정신적 영역에서 아직 작업되지 않은 우리 환자들의 정서적 경험들과의 임상적 만남들을 묘사하고자 했던 다양한 노력들의 산물들로 보인다. 이것은 어려운 과제이다. 왜냐하면 말로 설명할 수 없는 것이었던 그런 경험들은 우리가 그것들에 대하여 말하려고 시도하는 동안에도 변형을 겪기 때문이다. 그런 경험들은 환자가 분석 과정에서 그것들을 겪고 생각하고, 적당한 시기에 그 모든 것이 환자에게 전달될 수 있도록 충분히 오랜 시간 동안 그것들을 마음속에 담아줄 수 있는 분석가에게 도달할 수 있는 기회를 갖기까지는, 사고되지 않은 채로 남는 것으로 보인다.

제 11 장
결핍과 시기심: 경청에서 해석에 이르기까지 분석가의 마음에 영향을 미치는 요인들[1]

> "만약 우리에게 결점들이 없다면, 우리는 다른 사람들의 결점들을 찾는 데서 그토록 많은 쾌감을 얻지는 않을 것이다."
>
> [La Rochefoucauld, Maximes]

도입

정신분석 모임들에서는 거의 변함없이, 친숙한 것이 되어온 논의가 전면으로 등장하곤 한다. 다음과 같은 논의가 그런 것일 것이다: 이 환자는 가장 초기 경험에서의 결핍 때문에, 즉 담아주는 대상의 결여로 인해 고통 받고 있는가? 그래서 그는 그의 경험 안에 생긴 틈새를, 그가 미끄러져 내려갈 수 있는 또는 영원히 상실될 수 있는 위험한 공허로 느끼는 것을 메꾸기 위해 투사적 동일시를 사용해서 대상과의 하나됨의 경험을 재연하려고 시도하고 있는가? 그는 지금 그가 침범적인 투사적 동일시를 사용해서 통제하려고 시도하고 있는 좋은 분석가에 대한 그의 시기심에 의해 사로잡혀 있는가? 그는 혹시 참을 수 없는 시기심의 감

---

[1] 이 장이 기초하고 있는 논문은 1993년에 정신-분석 국제학술지(The International Journal of Psycho-Analysis)에 게재되었다.

정에 대한 표현으로서 그렇게 하든지 아니면 그것에 대한 방어로서 그렇게 하든지, 분석가를 깎아내리기 위해 공격하고 있고, 선한 것을 파괴하고 있는가? 그가 분석가의 "자기-대상" 기능의 실패에 대해 무엇인가를 의사소통하고 있는 것이고, 그래서 그 공격은 분석가와 환자 사이의 공감적인 연결이 깨진 것에 대한 신호로서 이해되어야 하는가? 분석가와 그의 해석들에 대한 공격은 행동으로 나타난 유아기의 리비도적인 그리고/혹은 공격적인 욕동-방출의 표현인가?

  동료들과의 의견 교환과 문헌 검토를 통해 얻은 증거는 이러한 논쟁들이 어느 특정 정신분석 집단에만 해당되는 것이 아니며, 그것들이 위에-진술된 이론적 관점들에 국한된 것만도 아니라는 결론으로 나를 이끌었다. 하지만 이 장에서, 나는 정신분석 집단들 내부의 혹은 심지어 그것들 사이의 다양한 이론적인/정치적인 불일치의 문제를 검토하지 않을 것이고, 특정 이론이나 모델에 대한 찬성과 반대에 논의의 초점을 맞추지도 않을 것이다. 이 장은 하나의 질문을 공유하고자 하는 바람에서, 혹은 내가 위에서 대략적으로 제시한 것과 비슷한 토론, 즉 피분석자의 정신적 및 정서적 장치들에 초점이 맞춰진 토론을 들으면서 마음속에 떠오른 일련의 생각들을 함께 나누고 싶은 소망에서 온 것이다. 여기에서 나의 관심은 환자의 역동적 심리학에 대한 탐구가 아니라, 때때로 분석가 안에서 발생하는 무의식적이고 역동적인 과정들에 대한 더 나은 이해를 얻는 데 있다. 즉, 치료적 곤경(환자의 발달에서나 분석 과정에서)의 문제를 환자의 초기 환경의 결핍들에서 주로 기인하는 것으로 확인하는 이들과, 환자의 타고난 성향들, 그것들 중에서도 클라인(1957)이 일차적 시기심이라고 부른 것의 역할을 강조하는 이들 사이의 끝나지 않는 논쟁 근저에 숨어있는 것을 더 잘 이해하기 위한 것이다.

질문

　나에게 떠오른 질문은 이것이다: 우리는 분석가들로서 때때로 우리의 환자들과의 관계에서 결핍을 겪고 있고, 환자가 그 결핍에 대해 우리를 보상할 필요를 갖고 있다고 느끼는가? 어쩌면 우리는 경험에서의 결핍을, 좀 더 구체적으로는, 환자의 고유한 문제인, 환자의 경험에서의 결핍을 겪고 있다고 말할 수 있을 것이다. 그렇다면 우리는 환자에 대한 생각을 위한 재료로 사용할 수 있는 그러한 경험을 우리에게 공급해줄 환자를 필요로 하는 사람인가? 환자가 전이-역전이 상호작용에서 우리에게 제공하는 경험들이 우리의 창조적인 해석적 개입들을 위한 필수적인 요소가 아닌가? 환자의 경험들이 없이는, 우리는 전문가로서 살아남을 수 없는 것처럼 보인다. 우리는 우리가 선택한 직업을 수행하는 일에서뿐만 아니라, 우리가 가진 이론들을 확장하고 하나의 학문 분야로서 성장시키는 일에서 환자에게 의존해 있다.

　그러나 어떻게 우리는 그러한 경험들을 얻는가? 만약 우리가 우리의 작업을 수행하는 데 필요한 경험들의 유일한 원천인 환자에 대한 시기심의 감정들에 사로잡히지 않는다면, 그때 우리는 아마도 환자를 내사(또는 환자와 내사적으로 동일시)할 수 있다고 말할 수 있을 것이다. 그러나 만약 시기심이 너무 크다면, 우리는 우리 자신의 상호의존에 대한 고통스런 인식과 알지 못함의 견딜 수 없는 상태를 우리 자신에게서 제거하기 위해 우리 자신의 무지를 환자에게 집어넣고 있는, 즉 통제를 위해 투사적 동일시를 사용하고 있는 우리 자신을 발견할 것이다. 이런 방식으로 우리는 우리 자신을 모든 것을 가진 자로서, 지식과 공급의 일차적인 원천으로서 재-확립하면서, 효과적으로 환자를 경험이 결핍된 자로 만들 수 있다.

우리가 피분석자들보다 우월하다는 암묵적인 전능 환상을 유지하기 위해서, 우리는 우리의 이론들에 과도하게 의존하는 경향이 있으며, 우리가 우리의 이론들을 "재발견"하는 것을 환자가 돕도록(Parsons 1992) 허용하기보다는 혹은, 훨씬 더 낮게는, 우리가 정신분석이라고 부르는 고유한 상호작용적 경험 안에서 환자와 우리 자신들에 대한 진실을 발견하도록 환자를 허용하기보다는, 이론들을 환자에게 적용하거나 환자에게 뒤집어씌우는 경향이 있다.

아마도 나 자신의 임상적 경험에서 가져온 다음의 사례는 내가 이 장에서 다루고자 하는 주제들을 위한 적절한 서문으로서 기능할 것이다. 나중에 나는 논의를 계속하는 데 필요한 다른 맥락에서 전에 출간된 적이 있는, 두 개의 추가적인 사례들을 검토할 것이다.[2]

---

[2] 비온은 그의 좌표에 대해 말하면서, 분석가들은 그들의 작업의 일부로서 그가 정신분석적 게임들이라 부른 것을 잘 해야 한다고 제안했다. 제안된 하나의 게임 혹은 "정신적 연습"은 "실제의 추측들과 해석들 대신에, 만약 자료가 상당히 다르게 분류되었다면, 해석들을 어떠했을 것이고 분석가는 어떤 경로를 취했을 것인가"(Bion 1965, p. 128)를 생각하는 것으로 구성되어 있다. 비온은 또한 주어진 회기에 대해 보고된 것은 단지 하나의 "이론" 혹은 환자와 분석가 사이에서 일어난 것에 대한 "인식의 변형"(p. 6)일 뿐이고, 이것은 각 개인이 보는 측면에 따라 다르게 평가될 수 있다고 제안했다. 그러나 그는 그러한 "가정들에 대한 가정들"은 단지 모델들일 뿐이며 실제의 사건으로 오해되어서는 안 된다고 경고했다. 비온은 "[분석가들이] 이용 가능한 어떤 자료로부터 가능한 한 많은 모델들을 선택할 것"(1962, p. 80)을 격려했다. 그가 좌표를 만든 정신에 따라 그리고 그것의 구조 근저에 있는 사용원리들에 맞추어, 나는 여기에서 독자가 이 장에서 제시된 모델들을 "관찰이나 정신분석을 대체하는 것으로서가 아니라, 그것에 대한 서곡으로서"(Bion 1977b, p. 39) 간주할 때, 그 모델들로부터 가치 있는 어떤 것을 획득할 수 있을 거라고 생각한다.

임상적 사례 1

27세 된 한 남성이 직장에서와 대인관계에서의 심각한 어려움들로 인해 치료를 시작했다. 야망을 가진 시나리오 작가인 브래드는 그가 바꿀 수 없다고 느끼는 행동유형에 갇혀 있고 그것을 반복하고 있다고 느끼고 있었다. 그는 한 작품을 시작하겠다고 작정하고 나서 어떤 생각들이 종이 위에 전개되는 것으로 보이면 곧바로 그 종이를 구겨 쓰레기통에 던졌고, 그의 컴퓨터에 저장된 그 작품의 모든 흔적들을 지워버림으로써 나중에 그 생각들에로 돌아갈 수 있는 모든 가능성을 차단해버렸다. 이러한 유형은 그의 여성 친구들과의 관계에서도 반복되었는데, 그는 누구와도 관계를 완성하거나 책임 있는 관계를 형성하지 못했고, 항상 폭력적인 방식으로 관계를 끝냄으로써 화해의 가능성을 남겨두지 않았다.

그 자신과 다른 사람들에 대한 의존의 감정은 그에게 견딜 수 없는 것이었고, 완전한 고립이 유일한(만족스럽지는 않지만) 해결책인 것으로 보였다. 감정들로부터 단절되어 있는 상태에서, 그는 그의 내적 세계 안에 있는 대상들 사이의 생생한 상호작용들을 견딜 수 없기라도 하듯이, 자신이 점점 더 상호작용할 수 있는 활기찬 인물들을 상상해낼 수 없다는 것을 발견했다. 인쇄된 페이지 위에서 살아나는 이야기를 창조하려는 모든 새로운 시도에 대한 그의 좌절과 참을 수 없음은, 시작하고 나서 종이를 구겨 버리는 것으로 끝나는 악순환을 더욱 악화시켰다.

분석 초기에 그의 극단적인 양가감정에도 불구하고 브래드와 나 사이에는 생생한 상호작용들이 발생했다; 이것들은 그에게 흥분되면서도 두려운 것으로서 경험되었다. 예컨대,

분석의 세 번째 주를 시작하면서, 나는 그가 차츰 회기에서 나와 관련시켰던 매우 고통스러운 마음의 상태를 그에게 설명해주면서, 그것들이 어떻게 전이 안에서 우리의 관계에 대한 그의 희망들 및 두려움들과 연결되어 있는지를 그가 이해할 수 있도록 도우려고 했다. 그는 "아무도 읽지 않을 이야기들을 쓰면서 컴퓨터 앞에 앉아 있는" 그 자신이 결코 혼자 있는 것이 아니라, 실은 "항상 그의 어깨 너머로 바라보고 있는" 생각하고 느끼는 존재에 의해 "읽혀지고" 있다는 사실을 발견하고는 깜짝 놀라는 동시에 안도감을 느꼈다.

비록 이해와 관련된 내 편에서의 작은 실수들이 우리가 함께 쓰기 시작한 "이야기"를 찢고 구겨버리는 행동을 종종 촉발했고, 치료를 끝내겠다는 위협들도 빈번했지만, 매번 실수에 대한 초기 발견과 그러한 사건들에 대한 분석과 해석은 치료를 다시 한 번 궤도에 올려놓곤 했다. 비록 브래드의 초기 역사에 대한 상세한 내용은 알 수 없었지만, 그는 조울증이었던 그의 어머니가 그의 아동기 내내 아팠고 그가 21세였을 때 그리고 집에서 멀리 있는 대학에 다니고 있던 시기에 스스로 목숨을 끊었다고 내게 말해주었다. 의사였던 그의 아버지는 재혼했고 그의 아버지와의 관계는 "공손하지만 거리가 먼" 것이었다.

브래드는 분석 시간이 끝날 때마다 나의 상담실(그가 항상 그의 많은 소지품들을 놓아두었던) 문 앞에서 머뭇거리면서 부가적인 언급들과 연상들을 제시했는데, 나는 종종 그의 유도 행동에 굴복한 채 카우치 바깥에서 해석들을 제공하곤 했다. 나는 거의 항상 다음 환자가 대기실에서 기다리고 있었기 때문에, 브래드가 그의 물건들을 챙기면서 상담실을 떠나기 전에 방안을 마지막으로 훔쳐보는 동안, 빈번히(그리고 상당히 자동적으로) 휴지와 종이 수건을 집어서 휴지통에 던졌다. 나는 종종 그가 나에게서 추가적으로 무언가를 훔쳐갔다고 느꼈고, 그가 문에서 꾸물거릴 때마다 그에 대한 짜증스런 느낌을 알고 있었다. 나는 처음에 내가 유아적이고 의존적인 부분에 대해 짜증스럽게 느끼는 환자의 측면에 대한 수용자가 되고 있다고 생각했다. 나는 또한 시간이 지나면서, 우리가 주어진 시간 안에 얼마의 부드럽고 의미 있는 접촉을 발전시키기 시작했던 시기에, 그가 다음 날 도착해서는 전날의 작업에 의해 영향 받지 않은 채, 아무런 도움도 주지 못하고 이해하지도 못하는 무능한 나를 쓰레기통 속에 집어넣고는, 상담료를 지불할 때가 되면 "자신을 벗겨버린다"고 나를 비난할 것 같은 느낌을 갖기 시작했다.

한 번은 그가 특별히 잔인한 방식으로 나를 조롱하면서 시작한 회기에서, 그가 전 날에 얻었던 통찰이 회기가 끝난 후에 그 자신이 성찰해서 얻은 결과였다고 주장하면서 내가 한 말을 왜곡하는 것으로 보였을 때, 나는 짜증을 느끼는 동시에 상처를 받았다. 나는 전 날에 있었던 마지막 해석에 대해 생각해보았다. 그것은 그가 문 앞에서 머뭇거리며(보통 때처럼) 서 있을 때 내가 해주었던 해석이었는데, 그는 마치 그것이 자신의 것 인양 지금 나에게 반복하고 있었다. 나는 그가 나의 "좋은" 이해를 훔쳐갔고, 그리고 지금 나를 버리겠다고 위협하고 있다고 느끼면서, 완전히 뭉개졌다. 요약하면, 나는 지지와 돌봄을 얻기 위해 엄마-나에게 의존할 수 있는 아이로 성장한 어린-그에 대해 그가 상당히 화가 나 있고, 이 화난-그가 자신이 줄 수 없는 어떤 것을 아기-그에게 줄 수 있는 엄마-분석가에 의해 위협받고 있으며, 또한 경쟁심을 느끼고 있는 것 같다고 그에게 말해주었고, 이어서 그가 줄 수 없었던 것은 밤 동안에 그가 나에게서 훔쳐간 나의 돌봄과 이해였고, 지금 그가 그것이 자신의 것이라고 하면서 그것을 아기-그에게 준 것이라고 말해주었다. 또한 그가 나에게서 모든 선함을 비워내고 나서, 나를 구겨서 쓰레기 조각처럼 던져버리고 있다고 말했다.

환자는 내 해석에 의해 영향을 받은 것처럼 보였고, 한 주간 동안 나에게 너무 애착된 느낌을 갖고 있다가 내가 없는 주말 동안에 상실된 느낌을 갖는 그 자신에 대해 종종 화가 난다고 말해주었다. 그러나 그 다음 날, 그는 밤 동안에 그의 양손에 고통스런 발진이 났다고 호소하면서 상담실로 들어왔다. 실제로 그의 양손은 붉고 염증이 생긴 것처럼 보였고, 그는 평소보다 더 우울해 보였다. 나는 시간이 지나면서, 아마도 내가 환자의 유아적 자기와 분석가 사이의 연결에 의해 몰수된 감정일 수 있는, 그의 짜증난 감정의 원천이 자기애적 대상이었다는 나의 생각이 잘못된 것이었을 수 있고, 그 감정이 어쩌면 내가 환자의 유아적 자기와 분석가 사이를 연결시킴으로써 몰수해버린 것일 수 있다고 느꼈다. 그 회기에 대한 나의 불편한 느낌은 하루 종일 잊혔다가 생각나기를 반복했고, 그가 다음날 의미심장한 침묵으로 회기를 시작할 때까지 계속되었다. 마침내 그는 전날 밤에 아버지의 병원에 갔었고 그의 아버지가 내가 상담실에서 사용하고 있는 것과 같은 종류의 종이 수건을 검사실에서 사용하고 있는 것을 보았다는 이야기를 털어놓았다. 그는 또한 그의 아버지가 자신과는 정서적으로 가깝지 않고, 그가 겪고 있는 어려움에 대해서 그리고 그 어려움을 다루기 위해 분석을 시작했다는 사실에 대해서 경청할 수 없는 사람이라는 인상을 나에게 주었다.

나는 그가 나를, 그를 벌거벗은 채로 혼자 남겨둔 것 그리고 그의 피부를 쥐어짜는 것이 어떤 느낌인지를, 혹은 혼자서 오해받는 것이 어떤 느낌인지를 이해받기 위해 나의 사무실에 찾아온 어린 아이로서의 그의 고통을 견딜 수 없는—그런 참을 수 없는 상처로부터 자신을 보호하기 위해서—멀리 있는 아버지로 경험하고 있는 것 같다고 말해주었다. 짧은 침묵 후에 그는 그가 전날 그가 회기를 끝내고 돌아갈 때 어떻게 느꼈었는지를 기억해냈고, 말이 없는 상태에서 그가 전에도 회기가 끝날 때 똑같은 느낌을 가졌었다는 사실을 생각해냈다. 그는 계속해서 말하기를, 그런 날에는 삼십분에서 한 시간 동안 거리로 나가지 못한 채, 상담실 건물의 계단에 앉아서 눈물을 닦았다고 했다. 그는 가끔 그것에 대해 나에게 말하고 싶었지만, 그가 느꼈던 감정들과 그것들과 연결된 사건들을 묘사할 수 있는 말을 찾을 수 없었다고 말했다. 그러나 오늘은 상담실에 들어서면서 베개 위의 종이 수건을 보았고 그 전날 내가 종이 수건을 구겨서 쓰레기통에 던지던 모습을 상상했다; 그 순간 계단에서 느꼈던 슬픔이 되돌아왔고 그를 침묵하게 만들었다. 그때 그는 한숨을 쉬었고, 소리쳤다. "나는 버림받았어요!"

나는 이제 그가 나의 해석들을 비틀고 쓰레기로 만들고 찢어버리거나 그것들을 그 자신의 것으로서 제시함으로써, 나와 경쟁하고 나를 시기하고 있다는 나의 해석이 실수였다는 것을 뼈아프게 인식하고 있었다. 거의 모든 시간이 끝날 때마다 느꼈던 짜증스러움과 뭉개지고, 비워지고, 내던져졌다고 느꼈던 감정들이 지금은, 적어도 부분적으로는, 회기가 끝날 때마다 다음 환자를 위해 정리하는 나의 모습을 보면서 그의 아기 부분이 느꼈던 짓밟히고, 쓰레기 취급받고 버려졌다는 느낌이었다는 것을 알게 되었다. 그가 시간이 끝날 때 차갑고 돌봐주지 않는 아버지에 의해 버려지는 "종이 소년" 처럼 느꼈던 것 같고, 그가 얼마나 나에 의해 부드럽고 안전하게 안김을 받기를 원했으며, 나에 의해 부드럽게 접혀져서 안전하게 보관되기를 바랐었는지에 대해 그에게 말했을 때, 그는 그의 어머니가 아파서 그를 돌볼 수 없었을 때, 그의 아버지는 그를 "먼 친척" 집으로 보내곤 했다고 말함으로써 나에게 응답했다. 그는 매번 결코 편안하게 느껴지지 않고, 원천으로부터 "단절" 되어 있는, 그리고 배가 고플 때 냉장고 문을 열어도 된다고 느낀 적이 없는 다른 장소에 "떨어뜨려졌던" 것이다.

돌이켜보건대, 나는 처음에 작고 무력한 아이로서의 브래드가 갖고 있던 불확실성과 미결정 상태를 충분히 견딜 수 없었던 것 같다. 나는 그의 개인적인 역사에 대한 지식이 부족했고, 그가 이것을 나에게 "알려줄 때까지" 기다릴 수 없었다. 이론에 의지한 것은 아마도 브래드가 내 안에서 불러일으킨 견딜 수 없는 무력한 감정들을 보상하고 다루는 나의 방식이었을 것이다. 그가 그의 아동기 실망에서 살아남기 위해서 창조해낸, 그의 내면의 돌보는 자의 성질과 관련된 나의 느낌이 비록 정확한 것이기는 하나, 나는 일단 버림받음의 분위기가 분석 세팅 안에서 뜻하지 않게 재-창조되자, 버림받은 어린 그를 위한 적절한 담아주기를 제공하는 데는 실패했다. 내가 나 자신의 경험을 다시 생각하기 시작하기 전까지, 나는 아기-그를 위한 충분한 "안아주기"를 제공할 수 없었고, 그 결과 브래드는 인간적인 유대로부터 그를 고립시켰던 스스로-만들어낸 돌보는 자에 대한 그의 애착에서 풀려날 수 없었다.

몇 가지 최근의 발전들

"시기심 경험의 다양성"이라는 신선한 논의에서, 스필리어스(Spillius 1993)는 클라인의(1957) 일차적 시기심의 개념에 대한 그녀의 견해를 표명했다. 이 논문에서 스필리어스는 우리의 환자들에게서 시기심을 일으키는 데 기여하거나 적극적으로 자극하는 몇 가지 요소들, "시기심을 좀 더 견딜 만한 것으로 혹은 더 견디기 힘든 것으로 만드는, 주는 자/받는 자 관계 안에 있는" 요소들을 검토한다(p. 10). 그녀의 포괄적인 모델은 "주는 자"와 "받는 자" 모두 안에 존재할 수 있는, 그리고 분석의 과정에서 시기심의 전반적인 경험에 그리고 그것을 해석적으로 다루는 데 영향을 미칠 수 있는 많은 감정들, 지각들, 그리고 잘못된 인식들(의식적인 것과 무의식적인 것 모두를 포함한)을 강조한다.

스필리어스의 모델은 양극적이다. 긍정적인 극단에서, 주는 자는 주는 것에서 만족을 이끌어내고, 받는 자가 관계의 받는 쪽에 처한 것에 대해 분노할 수 있다는 것을 알고 있다. 받는 자는 주는 자가 이러한 증오 감정들에 민감하고 그것들을 이해하는 사람으로 정확하게 지각하고 있고, 이런 방식으로 또한 그 자신의 시기심을 인정할 수 있는데, 그때 그는 그의 긍정적인 감정들을 통해 균형을 이루는 데 자유로울 수 있다. 주는 자는 그러한 긍정적인 감정들이 공존한다는 사실을 인정함으로써, 기꺼이 받는 자가 된다. 따라서 받는 자가 주는 대상을 내사적으로 동일시하고 기쁨과 함께 수용함으로써 주는 것과 받는 것의 선순환적인 과정이 분석에서 작용하게 된다.

비록 스필리어스가 명시적으로 언급하지는 않았지만, 나는 분석가와 피분석자 각자가 교대로 주는 자뿐만 아니라 받는 자의 역할을 하는 기회를 갖게 된다면, 그들 모두는 이 선순환 안에서 이러한 내사적 동일시 과정에 참여하고 그 과정에 의해 풍부해진다는 사실을 함축하고 있다고 생각한다.

 부정적인 쪽의 극단에서, 스필리어스는 주는 자가 주는 것에서 기쁨을 경험하지 않는다고 제안한다. 대신에 그는 받는 자의 요구에 의해 강요되고 고갈된다고 느끼면서, 우월하다고 느껴야 할 그의 욕구, 즉 자신이 주는 것이 나쁜 것이라는 두려움에서 유래한 그리고 아마도 그 두려움을 은폐하고 있는 데서 유래한 욕구 때문에 준다. 주는 자 편에서의 이러한 태도가 받는 자에 의해 정확히 지각된다면, 시기심은 악화될 것이고, 증오는 증가될 것이며, 감사는, 전적으로 부재하지는 않더라도, 감소될 것이다. 감사를 박탈당한 주는 자는 "덜 주고, 더 공격적으로 주며, 이로써 주는 자와 받는 자가 참여하는 박탈/시기심 순환은 계속된다"(p. 10). 그들은 편재한 불만에 대한 보상으로서의 우월성과 전능한 힘을 위한 끝없는 투쟁에 사로잡힌 기쁨 없는 대상을 동일시한다.

 나는 스필리어스의 모델의 이 측면에다 우리가 환자에게 나쁜 것을 주는 것을 두려워할 뿐만 아니라, 우리가 환자에게 줄 수 있는 것이 "아무것도" 없다는 것을 훨씬 더 두려워한다는 측면을 덧붙이고자 한다. 이 두려움에 대한 인식은 "무와 공허"(Grotstein 1991, 1992, Winnicott 1974)의 매우 원시적인 경험과 그것에 수반되는 "아무도-아닌 것"(no-body)이라는 공포와 공명할 수 있는데, 이 후자에 대해 터스틴(1986)은 자폐 아동들과의 경험을 토대로 예리하게 묘사한다. 초기 유아기에서 온 정신화되지 않은 경험들(Mitrani 1992)과 관련된 그런 원초적 공포들은 캡슐에 싸인 형태로 많은 신경증적인 성인들 안에 존재하는 것으로 알려져왔다(S. Klein 1980, Mitrani 1992, Ogden 1989a, Tustin 1986, 1990). 그것들은 우리가 가장 접촉하기 힘든 환자들과의 역전이 안에서 재활성화될 수 있다(Joseph 1975).

방금 언급한 모델을 우리에게 제공하면서, 스필리어스는 우리가 갖고 있는 태도들과 이론들을 재-평가해야 하는 이유를 제공하고 있다. 나는 분석가가 자신의 결핍들에 대해 갖는 무의식적인 지각이 그가 인정하고 싶은 것보다 더 규칙적으로 그의 이론들에 의존하도록 강요한다는 사실에 독자가 주목할 것을 요청하고 싶다. 이 상황은 환자의 가장 취약한 경험에 대한 이해보다는 잘못된 이해를 구성하는 해석들을 만들어내는 결과를 가져올 수 있기 때문이다.

비온(1967b)은 "기억과 욕망에 대한 단상들"이라는 간결하면서도 도발적인 논문에서, 우리가 환자에 대해 "알고 있는" 모든 것으로부터(혹은 새로운 환자의 경우에는 분석에 오는 환자들에 대해 우리가 일반적으로 알고 있는 것으로부터) 한 발짝 물러서는 분석 기법을 제안하는데, 그것은 그러한 우리의 지식이 일차적으로 우리의 이론들에서 온 것이기 때문이라는 것이다. 그는 우리가 어제의 시각에 의해 흐려지지 않은 눈을 가지고 환자를 바라볼 것을, 순수한 귀를 가지고 환자에게 경청할 것을, 우리의 정체성 안에서 우리를 확고하게 보장해주는 우리의 이론들을 떠나보낼 것을 요청하고 있고, 그 결과 "소극적인 능력"의 상태에 머물러 있으면서, 분석가와 피분석자 모두의 정서적 경험이 서로 결합하는 것을 통해서 신선한 아이디어가 우리 안에서 싹틀 수 있도록 허용하라고 권고한다. 비온은 이것이 쉬운 과제가 아님을 인정한다. 왜냐하면 그것은, 나의 경험에 따르면, 우리의 가장 초기 유아기의 불안을 다시 불러내는 것을(Mitrani 1992), 즉 알지 못함의 거대한 공허를 견딜 것을 우리에게 요구하기 때문이다.

오쇼네씨(O'Shaughnessy 1992)는 "고립된 영역들에서의 산책"이라는 논문에서, 분석을 동성애적 하나됨이 지배하는 안전한 피난처로 만들고자 시도하는 환자에 대해 서술한다. 오쇼네씨는 우리의 환자들이 그들의 경험들을 나타내는 대상들의 내적 세계뿐만 아니라 외적 세계도 차단하고자 하는 목표들 숨기고 있는 과도한 친밀성의 분위기를 창조함으로써, 우리를 그들의 목적에 맞게 "행동하도록" 만들거나 그들과 공모하도록 만드는 재주를 갖고 있다고 제안한다. 그녀는 어떤 환자들의 경우에는 때때로 그리고 다른 환자들의 경우에는 거의 항상 그렇게 하는 것이 분석 경험의 자연스런 과정의 일부라고 암시하는 것으로 보인다.

오쇼네씨는 행동화하도록 강요된 환자와의 경험에 대한 논의에서, 그러한 하나됨의 "고립된 영역"을 창조하는 것에 대해; 그 다음에는 상호적인 "실연"을 인식하는 것에 대해; 그리고 마지막으로, 분석적인 해석 작업의 재개에 대해 설명한다. 이것은 부분적으로 전이 해석들에 대한 환자의 오용을 통해 창조된, 과도한 상호성으로 이루어진 고립된 영역 안에서 겪었던 그녀의 경험에서 온 것인 동시에 그러한 경험에 의해서 가능해진 통찰이다.

첫 번째 사례와 대조되는 두 번째 사례를 보고하면서, 오쇼네씨는 다른 유형의 환자가 그녀가 산책이라고 명명한 것을 사용해서 분석가와의 친밀한 접촉을 회피하려고 시도하는 모습을 보여준다. 우리의 피분석자들의 일부에서 발견되는 이러한 "친밀함을 두려워하는" 개인들(Balint 1959)에 대한 구체적인 예로서, 그녀는 분석가가 표면적으로는 신선한 공기를 마신다는 이유로 기찻길이 내려다보이는 산책에 자신의 손을 잡고 동행해줄 것을 제안했던 한 환자를 소개한다. 비록 오쇼네씨는 이것을, 외부 세계로의 조적 도피를 위해 분석과 환자의 내적 현실을 버리도록 분석가를 초대함으로써, 환자가 그녀의 분석가를 궤도에서 벗어나게 하려는 시도라고 해석하고 있지만, 우리는 그 환자가 또한 분석가가 그들 두 사람이 새롭고 신선한 이해의 관점에서 서로와의 접촉에 충분히 오랫동안 머무를 수 있도록 분석 이론들을 내려놓을 수 있는지를 묻고 있는 것일 수 있다고, 즉 분석가로 하여금 분석의 본래 궤도로 다시 돌아오라고 초대하고 있는 것일 수 있다고 볼 수도 있다.

오쇼네씨의 논문은 일련의 질문들을 발생시킨다. 만약 우리가 우리의 환자들이 (환자 편에서의 투사적 동일시와 분석가 편에서의 내사적 동일시 과정들을 통해서) 그들의 유아기 경험들 그리고/혹은 원초적인 내적 대상들을 사용해서 우리에게 충분히 또는 적절히 "영향을 미치도록" 허용하지 않는다면, 어떤 일이 일어날까? 환자의 내적 경험들의 재연들을 "좋은 분석"이라는 이름으로 너무 열심히 피하려는 시도에서, 우리는 환자들을 그러한 대상들과 경험들을 충분한 담아주는 일 없이 남겨두는 위험을 무릅쓰는 것은 아닐까? 따라서 우리는 그들이 이미 확립한 내적인, 자체감각적인 "고립된 영역"(S. Klein 1980, Tustin 1986)을 사용하도록 또는 심지어 또 하나의 고립된 영역을 새로 창조하도록 자극하고 있는 것은 아닌가? 그러한 고립된 영역이 생리학적인 기능이나 기관 체계를 신체적으로 담아주는 것(예컨대, 천식)으로 전환(혹은 왜곡)하는 것에 의해 확립될 수 있는 것일까? 환자가 "생각할 수 없는 불안"을 다루는 데 이런 방식을 사용하는 것은, 분석가가 환자의 견딜 수 없는 내적 실재들에 대한 더 고통스런 경험과 그것에 관해 생각하는 것을 대체함으로써 그 자신을 위로하고 보호해주는 이론의 고립된 영역 안으로 후퇴하는 것과 유사한 것이 아닌가? 우리가 이론적인 "궤도"에서 벗어나는 것(혹은 아마도 다른 궤도로 옮겨가는 것)을 거부하는 것이 하나의 궤도만을 추구하는 환자의 측면과 반복을 향한 인간의 보편적인 성향을 정확하게 반영하는 것은 아닐까?

이 질문들을 더 깊이 조사하려는 시도에서, 나는 다른 것들 가운데서 우리의 환자들이 "투사적 동일시"[3])를 통해 우리에게 소통하려고 시도하는(Bion 1962), 견딜 수 없는 경험들에 대한 고통스런 인식을 가로막기 위해 이론들을 사용하는 우리의 성향을 보여주는 두 개의 추가적인 사례들을 제시하고자 한다. 이 사례들은, 원래의 맥락들에서는 병리적 과정들의 원인에 대한 이론을 뒷받침하기 위해 제시된 것이지만, 우리가 분석가들로서 생각하고 작업하는 방식을 보여주는 데뿐만 아니라, 일반적인 분석 과정의 역동성을 논의하기 위한 생생한 배경을 제공하는 데 사용될 수 있을 것이다.

임상적 사례 2

다음은 천식과 폐소공포증으로 고통 받는 남성 환자의 사례이다.

그의 [질식에 대한] 불안의 기원은 유아기 동안의 젖 먹는 시기까지 거슬러 올라가는 것으로 보였는데, 그의 어머니에 따르면, 그녀의 의사가 그녀가 젖을 먹이는 동안에 젖꼭지가 나오게 해주는 보조장치의 사용을 권하기 전까지는, 아기가 젖을 먹을 때 숨이 막히곤 했다. 이 환자가 때때로 물건들에 부딪치면서 내 사무실로 쳐들어온 방식, 그리고 내 머릿속으로 뚫고 들어오는 그의 목소리와 쇳빛 시선으로 나를 꿰뚫어보는 그의 눈빛들을 회상했을 때, 나는 젖가슴으로의 그의 침범적인 돌진으로 인한 질식으로

---

3) 비온은 1930년에 멜라니 클라인에 의해 최초로 묘사된, 일차적으로 전능통제와 비워내는 수단으로 사용되는 투사적 동일시의 "병리적인" 형태들과, 유아와 그의 일차적인 대상들 사이의 원시적인 의사소통의 수단으로 사용되는 "정상적인" 투사적 동일시를 구별한 공로가 있다.

부터 그를 지켜주기 위해 젖꼭지 보조장치가 필요했었을 거라는 사실을 의심하지 않았다. 나는 그가 나의 마음속으로 파고든 회기들 동안에 젖꼭지 보조장치의 심리적 등가물을 종종 갈망했었다. 환자의 관점에서 볼 때, 그 돌진은 다른 방식으로 경험되었는데, 그는 내가 그의 목구멍 속으로 해석들을 밀어 넣는다고 불평했고, 그의 어머니가 아침마다 콘 플레이크 그릇으로 그를 "밀어붙인" 방식을, 그리고 그녀가 "그 음식을 그에게 밀어 넣은 것" 때문에 그가 어떻게 질식된다고 느꼈는지를 회상했다. [Mason 1981, p. 148]

분석가는 환자의 행동과 밀쳐진다는 자신의 역전이 경험 모두로부터, 환자가 분열시킨 다음 분석가 안으로 투사적으로 동일시하는 것이, 유아가 젖가슴을 통제하기 위한 전능한 시도들과 함께 탐욕스럽게 침범했던 모성적 대상이라고 추론하는 것으로 보인다.

주어진 자료로부터 만들어질 수 있는 하나의 대안적인 추론은, 분석가에게 투사되고 있는 것이 환자의 유아적인 부분이라는 것인데, 그것은 사실상 먹이려는 추동으로 가득한 젖가슴에 의해 질식을 경험했던 유아의 부분으로 간주될 수 있다. 이것은 어쩌면 고통스런 "자극들의 누적"(모유)에서 벗어나려는 시도일 수 있고, 그 시도는 아기를 만족시킬 수 있는 능력에 대한 확신의 결여뿐만 아니라, 아기의 행복에 대한 어머니 자신의 불안과 관련되어 있을 수 있다. 그때 환자는 침범하는 젖꼭지/어머니(실제 수유 상황에서 함입된 질식시키는 내적 대상)를 내사적으로 동일시한다. 즉, 공격자와의 원시적인 동일시(A. Freud 1936)가 발생하는 것이다. 후자는 분석가가 겪는 밀쳐지고, 뚫리며, 부딪히고,

관통당하는 경험을 설명해줄 것이다. 비록 이 대안적인 설명이 분석가에 의해 탐구된 것 같지는 않지만 말이다.

분석가가 환자의 침입 행동을 젖가슴을 침범적으로 밀고 들어오는 "탐욕스런 아기"와 동일시할 때, 환자는 분석가가 "그의 목구멍으로 해석들을 밀어 넣는다"고 경험한다. 여기에서 환자는 분석가에 대한 그의 경험에 대해 불평할 수 있는데, 그때 분석가는 아마도 침범적이고 질식시키는 젖가슴/어머니와의 "투사적 역동일시"(Grinberg 1962)[4] 상태에서, 질식당한다고 느끼는 환자의 투사된 유아적인 부분-자기를 너무 성급하게(그리고 수정되지 않은 형태로) 밀쳐낼 것이다.

만약 이것이 사실이라면, 전이-역전이 상호작용에서 재-창조된 것은 환자가 분석가에게 유아기의 "마이너스 담는 것-담기는 것" 경험(Bion 1963)을 의사소통하기 위한 시도인 것으로 보인다. 환자는 분석가의 마음속에서 자신이 경험한 것을 담아줄 수 있는 공간을 발견하기를 희망하면서, 그의 어려움들의 본성과 기원에 근접한 것을 분석가가 직접적으로 경험하도록 만들려고 시도했을 수 있다. 만약 이 경험이 잘못 해석된다면, "환자는 실제 대상들, 그것-자체로서의-사물들에 의해서가 아니라, 의미가 벗겨지고 축출된 ... 기괴한 대상들로 둘러싸인다고 느낄 것이다"(Bion 1962, p. 11).

만약 사고의 발달과 생각하기에 필수적인 친절하고 수용해주는 환경이 결여된다면(어머니의 마음 안에서 그리고 나중에는

---

[4] 그린버그(Grinberg 1962)는 분석가에 의해 의식적으로 인식되지 않는 환자의 투사적 동일시에 대한 분석가 편에서의 특정한 반응을 나타나기 위해 이 용어를 만들어냈다. 분석가는 비록 무의식적이지만 적극적으로, 피분석자가 그에게 강요한 역할을 수행하도록 수동적으로 "이끌린다"는 것이다. 이것이 일어날 때—비록 짧은 시간 동안이지만, 때로는 위험하게 길어지기도 하는데—분석가는 그의 태도나 장애를 정당화하기 위해 온갖 종류의 합리화에 의존할 것이다.

분석가의 마음 안에서), 유아는 또는 환자의 유아적인 부분-자기는 스스로 해로운 담는 것을, 즉 마음의 수축 과정을 통해 확립된 이차적 피부를(Bick 1968), 내적 대상(원초적인 박해적 초자아)과의 투사적인 동일시를, 혹은 천식의 기관지 수축(Mitrani 1993b)을 만들어낼 수도 있다.

그 후에 "부모" 대상("질식시키는 초자아")을 분석가에게 투사하는 것은 이차적인 정교화로서, 즉 분석가가 일차적인 대상과의 관계를 반복하는 환자와 공모한 결과로서 이해할 수 있다. 나는 이것이 다음과 같은 방식으로 일어날 수 있다고 제안한다: 환자는 먼저 어머니/분석가의 마음 안에서 그의 질식당한 유아-자기를 담아주는 능력을 찾으려고 시도한다(의사소통을 그리고/혹은 압도하는 그리고 견딜 수 없는 불안으로부터 안심을 얻는 것을 목적으로 한 생존 전략으로서의 정상적인 투사적 동일시); 만약 그가 거절된다면, 그러한 거절은 갑작스런 단절의 경험을 구성할 수 있을 것이다(예컨대, 떨어뜨려지거나 용해되는 경험); 그때 투사는 과격한 형태를 띠게 된다. 즉, 모성적 대상이 분석가의 마음 속으로 난폭하게 밀고 들어오고, 그로 인해 분석가는 질식시키는 대상으로 환자에게 경험된다. 이런 방식으로 안겨지지 않고 담겨지지 않은 채 버려지는 것에 대한 환자의 가장 심각한(일차적인) 공포는 질식당하는 것에 대한 덜 심각한 공포로 대체된다; 이것은 먹혀지는 것(어머니의 몸 안으로 다시 들어가는 것)에 대한 공포가 무(용해, 흩어짐, 증발)의 공포보다 덜 심각한 것과도 같다.

어머니의 정신적인 안아주기(Winnicott 1958a)와 담아주기(비온 1963)에 의해 창조된 알파-막(비온 1963) 혹은 접촉 장벽(Freud 1895a)을 나타내는 것일 수 있는, 젖꼭지 보조기가 없었더라면, 최초의 하나됨의 양육 경험은 흘러넘치는 상태가 되었을 수 있고(Tustin 1980), 질식 경험으로 귀결될 수도 있었을 것이다. 그 결과 환자는 그의 유아적-부분-자기를 압도하거나 질식시키는 위험한 "나-아닌" 요소들(Winnicott 1958a)의 범람으로 인해 익사한다고 느꼈을 것이다.

임상적 사례 3

다음 내용은 천식과 우울증의 치료(Karasic 1991)를 위해 의뢰된 7세 소녀의 사례인데, 치료는 비교적 짧은 시간인 42시간 동안 지속되었다. 그녀의 가족사는 환자의 외조모와 함께 시작된 폭력적인 행동들과 고통스런 분리들에 의해 물들어 있었다. 그녀의 외조모는 9세 때 필리핀에 위치한 일본군 전쟁포로 수용소에 억류된 적이 있었는데, 그곳에서 많은 공포와 박탈에 노출되는 일을 겪었다. 전쟁 후에 그녀는 그녀를 보호하기 위해 그녀의 아버지가 돈을 지불한 한 남자와 함께 풀려났다. 그녀는 결국 이 남자와 결혼했고 세 딸을 낳았는데, 환자의 어머니는 그 딸들 중의 막내였다.

그녀의 할아버지가 죽었을 때, 그녀의 할머니는 다른 남자와 재혼했는데, 그 후로 할머니는 그와 폭력적으로 싸웠다. 환자의 어머니는 그들이 종종 서로를 칼로 위협하는 것을 말리곤 했다고 보고했다. 그녀의 할머니가 그러한 위협들 중의 하나를 실제로 행동으로 옮겼을 때, 그녀는 치명적인 무기로 남편을 공격한 일로 인해 6개월 동안 감옥 생활을 했다. 그때 환자의 어머니는 14세였다.

그녀의 어머니는 결혼생활 내내 베트남전 퇴역 군인인 실업자 남편을 먹여 살렸는데, 그 결혼은 환자가 2살 때에 끝이 났다. 환자의 아버지는 이혼하면서 환자를 포기했다. 같은 해에, 환자는 청소년인 삼촌에 의해 수영장에 던져져서 거의 익사할 뻔 했는데, 그녀의 숙모에 의해 구조되었다.

그녀의 어머니는 재혼했고, 환자가 4세 때에 둘째 남편과의 사이에서 아들을 낳았다. 남매간의 경쟁 사건들은 그녀의 어머니로 하여금 그녀를 심각하고 충동적인 방식으로 벌하도록 자극했다. 그녀의 어머니는 자주 그녀의 방으로 쫓아 들어가 그녀를 가두고 때렸다고 했다. 한 번은 환자가 그녀의 방문을 쾅 닫았고 문 앞에 화장대를 밀어 넘어뜨렸다. "그녀의 어머니는 방에 들어올 수 없었지만, 환자는 방안에 갇히고 말았다. 그녀의 양아버지가 그녀를 구하기 위해 창문으로 들어와야만 했다." 그녀의 양아버지는 환자를 매우 사랑했고, 그는 그녀의 친아버지(그녀가 6세 때에 그녀의 삶 속으로 되돌아온)가 분석 기간의 어느 중간 시점에 그녀를 다시 한 번 포기했을 때 그녀를 입양했다.

환자가 7세였을 때, 그녀는 첫 수영 수업이 있던 날 저녁에 처음으로 천식 발작을 했다. 분석가는 "어머니는 환자의 천식이 심리적인 문제에서 유래한 것임을 눈치챘고," "환자가 우울했다는 것을 알고 있었다고 보고했다. 왜냐하면 그녀가 머리가 비눗방울로 둘러싸인, 아마도 그녀 자신을 나타내는, 어린 소녀의 그림들을 그리고 있는 것을 보았기 때문"이라고 했다. 그녀는 비눗방울 안에 "나는 매우 슬프다—나는 죽고 싶다"라고 썼다. 깜짝 놀란 그녀의 어머니는 그녀의 딸을 위해 치료사를 찾기 시작했다.

분석 첫째 주에, 환자는 그녀의 분석가의 질문들에 대답했고, "레고"를 사용해서 집들을 만들었으며, 그녀의 아버지에 대해 이야기했다; 그녀는 분석가에게 강렬한 긍정적 전이를 발전시킨 것으로 보였다. 금요일 회기에 그녀는 상당히 조적 상태인 것으로 보였고, 분석가는 그녀가 그 주의 첫 시간에는 매우 우울해보였지만 "더 이상 슬퍼 보이지 않는다고 말했다"(Karasic 1991). 그녀는 "이런 저런 게임을 하면서"(p. 8) 눈에 띄게 명랑해보였다. 그때 분석가는 환자에게 그녀의 어머니가 그에게 말해주었던 그림들 이야기를 꺼냈다; 환자는 "그것들이 바보 같은 것이기 때문에 그것들에 대해 말해서는 안 된다"(p. 8)고 주장하면서도 그런 사실을 인정했다.

그리고 나서 환자는 블록들과 종이 가방을 가지고 "덫"을 만들기 시작했다. 그녀는 자신이 일부러 놓아둔 점토를 꺼내기 위해 그녀의 어머니가 손을 내미는 순간 장난감 칼을 떨어뜨림으로써 어머니를 가방 안에 어떻게 가두었는지에 대해 묘사했다. 환자는 이 게임을 묘사하면서 점점 더 흥분하게 되었고 곧 "특징적인 천식 기침"을 시작했다. 그때 그녀는 소변을 보기 위해 화장실에 가야만 했다.

화장실에서 돌아온 다음에 그녀는 종이 가방에 구멍을 내기 시작했는데, 그때 분석가는 "환자의 내력에 대해 조사할 때 그녀의 어머니가 말해주었던 볼기짝 때리기에 대해 묻고 있었다"(Karasic 1991, p. 9). 환자는 덫을 만드는 실험을 계속하면서, 분석가에게 "놓치지 않기 위해 칼을 어떻게 쥐어야 하는지를"(p. 9) 알려주면서 어머니의 역할을 자원했다. 분석가가 "아이들은 부모들이 그들에게 상처를 줄 때, 부모들에게 상처를 되돌려 줄만큼 충분히 미치게 된다"고 환자에게 말해 주는 것으로 개입했을 때, 그녀는 자신이 어머니에게서 도망치다가 그녀의 방에 갇혔다가 양아버지에 의해 구조되었던 일을 연상해냈다. 그때 그녀는 분석가에게 "일단 나의 어머니가 미치면 그녀는 벽을 쳐서 구멍을 냈다"고 말했다.

분석가는 "자신이 환자로 하여금 그녀 자신의 분노와 좀 더 친숙해지게 하기 위해 거리 두는 장치를 사용했던" 이야기를 환자에게 들려주는 것으로 응답했다. 그 이야기는 "[그를] 보러왔고, 그녀의 어머니에게 매우 화가 나 있었지만 어머니에 대한 그녀의 두려움 때문에 자신의 분노를 표현할 수 없었던" 어린 소녀에 대한 것이었다. 분석가는 이 지점에서 환자가 "덫과 함께 사용할" 말을 글로 썼다고 보고했다. 그 말은 "나는 엄마를 사랑해요"라는 것이었고, 그녀는 "그녀의 어머니가 칼에서 벗어날 수 없을 것임"을 강조하면서, 다시 한 번 어머니를 덫에 걸리게 하는 계획을 반복했다.

그녀의 분석가에게서 별다른 반응이 없자, 환자는 그녀의 어머니를 방으로 데려와서 그녀의 계획을 실행했다. 그 회기는 긴장된 분위기로 끝이 났고, 환자는 마지막 순간까지 기침하고 숨을 헐떡이고 소리 내어 웃었다. 분석가는 월요일 시간에 환자가 주말 동안에 계속해서 천식 발작을 했음을 알게 되었다고 설명했다. 그는 "덫-놀이"가 치료에서 두 번 더 반복되었고, 그 동안에 천식 발작이 줄어들었는데, 그때 집 안에서 어머니를 향한 환자의 공격성이 증가하는 바람에 어머니가 갑작스럽게 치료를 중단했다고 보고했다.

분석가는 당시에 회기를 어떻게 사용해야 할지를 알지 못했다고 솔직히 인정했지만, 나중에 다음과 같은 방식으로 그것을 개념화했다:

[환자는] 공격자와의 동일시라는 방어를 사용해서 ... 수동적인 것을 적극적인 것으로 바꾸었다 ... 그리고는 어머니에 대해 명백히 공격적이 되었다 ... 환자는 화장실에 가는 것을 통해 불안을 수반하고 있다는 증거를 보여주었다 ... 천식의

시작은 놀이에서의 의식적인 공격성과 웃음에서의 그것의 방출로부터 그녀의 자율신경계 안에 있는 공격성의 퇴행적 표현으로의 전환을 나타낸다. [p. 11]

수 년 간의 추적 조사를 통해서, 분석가는 환자의 천식이 소강상태에 머물러 있고 그녀가 학교의 수영팀의 뛰어난 멤버가 되어 있음을 주목했다. 결론적으로, 분석가는 이것이 "전이 치료"였음을 부인했고 다음과 같이 진술했다:

비록 나는 전이가 중요한 역할을 했다고 생각하지만, 덫-놀이는 그녀의 분석가를 향해서가 아니라, 그녀의 어머니를 향한 환자의 분노와의 직접적인 연결에서 분석에서 일찍 출현했다. [p. 15]

이 마지막 언급은 중요한 것일 수 있다. 왜냐하면 분석가의 보고에 따르면, 치료가 어머니가 다니는 교회 조언자들의 충고로 인해 갑자기 종결되었는데, 그 조언자들은 분석이 어머니를 향한 아이의 공격적인 행동화를 악화시킨다면서 분석을 비난했다는 것이다. 나는 그러한 행동화가, 적어도 부분적으로는, 회기 안에서 그리고 자료에 대한 분석가의 논의 전체에서 두드러진 현상인 전이 해석의 결여 탓일 수 있다는 가능성을 제안한다. 분석가는 전이를 모으는 대신 환자의 정서적 경험을 적극적으로 수용하는 자가 되는 것에, 그리고 그런 경험에 대한 재연을 구성하는 일종의 치료적 행동화에 참여하는 것에 반발했던 것으로 보인다. 그러나 그러한 경험에 대한 정신적 표상들이 결여되어 있는 경우, 그런 종류의 행동화에 참여하는 것은 치료에서 본질적인 요소이다.

만약 그러한 치료적 행동화가 허용되고, 경험되며, 이해되지 않는다면, 분석가의 역할은 내적 대상이 수정되지 않은 채로 일종의 행동적 또는 신체적 망명 상태에 있는 동안 외부의 모성적 대상과 갖는 환자의 관계에 대한 관찰자의 역할로 제한될 것이다. 이런 경우 아동은 이해에 의해 수정되지 않은 채, 여러 세대에 걸쳐 내려온 폭력의 유일한 수용자가 되는 것으로 보인다. 우리는 이 환자의 역사에서 이러한 폭력적인 경험들을 담아주지 못한 할머니와 어머니 모두의 무능력이 적어도 세 세대에 걸쳐서 전달되는(투사되는?) 결과를 가져왔다고 가정할 수 있다. 그러한 폭력의 "재-생산"을 중지시키기 위해서, 환자의 경험들은 분석가의 마음 안에 담겨져야만 한다.

만약 분석가가 환자가 그에게 부여한 전이 역할들을 기꺼이 떠맡을 수만 있다면, 그는 구출해주는 아버지에 대한 사랑의 감정 및 감사뿐만 아니라, 함정에 빠뜨리는 어머니를 향한 환자의 분노와 직접적으로 접촉할 수 있었을 것이다. 다양한 전이 관계들의 관점에서 바라볼 때, 분석 첫 주의 마지막 회기에서 처음으로 출현했던 덫-놀이는 새로운 빛에서 해석될 수 있을 것이다.

아마도 환자가 금요일에 명랑했던 것은 주간 내내 그녀의 마음속의 우울증의 덫으로부터 그녀의 감정들과 사고들을 구출해주는 사람으로 그녀가 경험했던 좋은 아빠-분석가에 대한 임박한 상실을 조적으로 부정해야 할 그녀의 욕구의 표현으로 이해될 수 있을 것이다. 그녀는 그녀의 감정들과 사고들을 침범적이고 적대적인 어머니로부터 보호하기 위해 그 덫 안에 숨겨두어야만 했었다. 분석가는 이것을, 그가 치료의 초기 며칠 동안에 발달한 긍정적인 전이를 주목하면서 감지했던 것으로 보인다. 그러나 그의 어린 환자에게는 이런 해석을, 즉 분리에 대한 불안을 부인하는 대신에 말해주었을 수 있는 말(예컨대, 환자에게 이렇게 말했을 수도 있다: "오늘 너는 내가 너의 어린 소녀 부분을 주말 동안에 버렸다고 느끼는 것처럼, 죽고 싶어 하는 너의 슬픈 어린-소녀-부분을 버려야할 것 같아")을 해줄 수 없었다.

　대신에, 분석가가 근저에 있는 분리 불안과 절망의 감정들을 "담아주고" 다루어주지 않은 채, 그녀의 우울증의 "사실"을 가지고 그녀를 "덫에 가두고" "때림"으로써, 부인(정신적 기제인)은 실패했고, 행동-방어로서 뿐만 아니라 분석가와의 또 다른 의사소통의 시도로서 사용된 행동(덫을 만드는)으로 대체되었던 것으로 보인다. 우리는 환자가 그녀의 아빠가 자신을 떠나지 못하게 하기 위해서, 그리고 아마도 또한 그가 수정되지 않은 그녀의 두려운 자살 감정과, 주말 동안에 아빠를 잃었다는 그녀의 고통스런 감정을 직면할 때마다 변하게 되는 나쁜-엄마-분석가에게 복수하기 위해서, 좋은-아빠-분석가를 붙잡으려고 그 덫을 놓았다고 추측할 수 있다.

　그 다음에 환자는, 그녀의 조적 승리감의 상태에서도, 여전히 불안으로 가득해 보였는데, 그녀는 그 불안을 소변 행동을 통해 제거하려고 시도했다. 화장실에서 돌아온 후에 그녀는 종이 가방에 구멍을 내는 놀이를 했는데, 이것은 분석가에 대한 그녀 자신의 상처와 화난 감정들을 담아내는 그녀의 능력에 균열이 발생했음을 말해주는 것으로 보이고, 그녀의 마음 내부에 있는 환상들에게 접근할 수 있는 길을 분석가에게 허용하려는 새로운 시도였던 것으로 보인다. 그러나 상처받고 화난 어린 소녀(그녀의 이복형제인 아기의 출생 이후에 버려졌다고 느꼈을 수 있는)를 견디거나 이해할 수 없는 어머니에 의해 행해진 고통스럽고 무서운 징벌을 분석가에게 상기시킨 것은, 환자에 의해 마찬가지로 그녀에게 상처주고 그녀를 두렵게 만들 수 있는 오해하는-엄마-분석가도 있을 수 있다는 경고로서 잘못 해석된 것으로 보인다.

환자는 놀이 안에서 그녀의 의사소통을 계속하면서, 그녀 자신과 좋은-아빠-혹은-엄마-분석가의 경험을 구출하려고 시도했던 것으로 보인다. 그녀 자신을 분석가-엄마와 동일시하면서, 그녀는 덫-게임에서 어머니의 역할을 떠맡기로 자원한다. 그 다음에 그녀는 칼이 엄마/분석가를 죽이기 위해서가 아니라, 단지 그를 덫에 걸리게 해서 주말 동안에 그가 그녀를 떠날 수 없고 그래서 그녀가 그토록 고통스럽게 그를 "그리워하지 않을 수 있게 되기" 위해서 사용되었음을 분명히 하려고 시도했던 것으로 보인다.

분석가는 환자의 덫-놀이에 대한 동기를 보복이라고 해석했던 것을 고려할 때, 그는 그것을 어머니를 향한 환자의 공격적인 행동으로 간주하는 덫에 걸려 있는 것처럼 보인다. 이러한 오해에 대한 환자의 연상은 그녀가 어머니에 의해 박해받고 있고 덫에 걸렸다고 느꼈던 것처럼, 그녀가 지금 그에 의해 박해받고 있다는 느낌을 분석가에게 말하고 있는 것으로 보인다. 그녀는 지금 분석가를 두려운 그리고 화가 난 사람으로 느끼는 것으로 보인다. 그의 "거리두기 장치"는 그녀가 사랑과 갈망의 감정 및 그를 그리워하는 감정을 견딜 수 없는 자신의 무능력 때문에, 그를 덫 안에 잡아두고 싶어 할 뿐이라는 것을 한 번 더 확인해주는 것으로 보인다.

불안과 상실의 고통에 대한 환자의 심리적 방어들의 이러한 실패는, 그녀가 주말 동안에 어머니-분석가의 오해에 대한 경험이 지닌 폭력적인 위협으로부터 벗어나기 위해 공포에 질린-아기로서의-그녀를 자신의 기관지 안에 가두는 것을 통해서, 그녀를 자신의 경험을 담아주는 더 원시적인 수단으로, 즉 신체적 방어로 내모는 것으로 보인다.

좋은-아버지-분석가에 의해 구조 받는 경험은 그 다음 주에 분석 작업이 재개되었을 때 환자를 그녀의 신체적 감옥/덫으로부터 마침내 해방시켰던 것으로 보인다. 구조하는 대상의 확실성에 대한 환자의 믿음이 차츰 발달한 것이—매주 일관된 헌신으로 그녀에게 다시 돌아온 좋은 아빠/분석가에 대한 경험, 치료의 종료 이후에도 수년 동안 그녀의 상태를 계속해서 확인해준 분석가에 대한 경험, 그리고 아마도 그녀를 사랑하고 입양해준 양아버지와의 경험을 통해서—그녀의 극적인 "회복"과 천식 증상의 완화를 가져다준 요인이라고 말할 수 있다. 그것은 또한 아동을 이해하고 보호하려는 양아버지의 자발성과 능력(아마도 어린 소녀를 위한 "접촉 장벽" 혹은 "알파-막"으로서 기능하는)이 그녀가 자신의 경험들을 충분히 정신화할 수 있는 능력을 발달시키도록 작용했기 때문에, 그 결과 그녀가 고통에 직면해서 보다 더 적응적이고 효과적인 방어들(예컨대, 그녀가 나중에 수영팀의 적극적인 멤버가 된 것에서 찾아볼 수 있는 명백한 "반동 형성")을 사용할 수 있게 되었다고 말할 수 있다.

고려 사항들

이 장에서 제시된 다양한 임상적 사례들을 생각해볼 때, 심각한 고려를 요하는 몇 가지 이슈들이 부각되는 것으로 보인다. 우선 나는 분석 과정에서 환기되거나 자극되는 우리의 환자의 가장 원시적이고 고통스런 경험들, 즉 압도하고, 뭉개고, 덫에 가두고, 질식시키는 경험들로부터 거리를 두고 싶은 경향성 또는 유혹이 우리 분석가 안에 있다고 제안한다. 그러한 거리두기는 우리의 수용 능력을 심각하게 제한하고, 우리의 환자들의 유아기 투사물들을 적절하게 담아줄 수 없게 함으로써, 정신적 변형을 발생시키는 데 필수적인 담아주기를 불가능하게 만든다. 분석가와 피분석자 사이의 정서적인 거리가 너무 클 때(환자의 필요에 비해), 그 경험은 "느낄" 수는 있으나 "겪을 수는 없는"(Bion 1962, Federn 1952), 또는 직접적인 경험으로부터 멀리 떨어진, 지적 수준에서만 고려될 수 있는 것으로 판명될 것이다.

예컨대, 때로 우리는 벗겨지고, 뭉개지며, 길을 잃고, 덫에 갇히고, 침범당하고, 침투되며, 질식당한다고 느낄 수 있고, 전적인 의존 상태―가장 초기 유아기의 필수적인 상태―에 있는 무력한 아기와 동일시되는 이 고통스런 경험들을 "감당하거나" "겪을" 수 없을 수도 있다. 그러한 견딜 수 없는 상태로부터의 해방은 상황을 바라보는 관점의 미묘한 전환에 의해서, 그래서 이 침범 경험이 아기 자신의 것이라기보다는 모성적 대상의 경험으로 느껴지게 되는 것을 통해서 획득될 수 있다. 때때로 분석가가 아기에 의해 침범당할 때, 그녀 자신을 보호하는 방패를 제공할 수 있는 모성적인 대상과 동일시하는 것이 그에게는 덜 고통스럽고 두려운 것일 수 있다. 그러나 만약 이런 일이 일어난다면, 환자 내부에 있는 끔찍스런 아기의 경험들은 너무 빨리 그리고 수정되지 않은 형태로 거절될 수 있다. 내가 묘사하고 있는 것은 고통의 감정(예컨대 질식되는 느낌)을 수용할 수는 있지만, 이 경험들과 감정들을 처리할 수는 없는(즉 수용된 것이 젖가슴에서의 아기의 경험이 되는), 분석가 안에 일종의 분열이 있음을 가리키는 상황이다. 아마도 이것은 분석가의 마음속에서 일어나는 "역전 가능한 관점"의 한 유형으로 간주될 수 있을 것이다. 비온(1962)은 처음에 이런 현상이 견딜 수 없는 시기심의 고통과 관련되어 있다고 생각했다. 나는 그것이 또한 견딜 수 없는 고통의 감정들과 그러한 감정들이 어떤 결과를 가져올지를 "알지-못하는" 상태, 즉 환경이 가진 "좋음"의 경험이 제한되고 불확실한 시기인, 가장 초기 유아기의 특징인 "알지-못함"의 상태에 수반되는 공포와 연관되어 있다고 믿는다.[5]

똑같이 문제가 되는 것은 환자의 고통이 분석가에 의해 경험되지 않고 단지 거리를 둔 채 목격되는 상황이다. 이 경우에 환자의 유아적인 경험들은 분석가에게 가 닿도록 허용되지 않은 채, 의사소통과 수정을 위한 투사적-내사적 과정에 반응적인 참여자가 되기보다는 거리를 둔 관찰자로서 남는 분석가에 의해, 의도적으로 인식에서 제외될 것이다. 아마도 그런 경우에 분석가는 환자의 방어와의 무의식적인 공모를 통해서 그의 마음에 바리케이드를 치도록 강요받을 것이고, 따라서 환자의 불안이 자신에게 고통스럽게 와 닿지 못하도록 차단할 것이다.

여러 해 전에 나는 동물의 행동심리학을 다윈의 적자생존 개념과 연결시킨 동물 행동학(Miller 1972) 분야의 특정 개념들에 흥미를 갖게 되었다. 그 개념들은 개체뿐 아니라 종 전체의 생존을 확보하기 위해 확립된 행동들에 적용되는 것이었다. 거리를 두는 경향성은 원시적인 본능적 반응과 관련되어 있다. 이 반응을 더 잘 이해하기 위해서 우리는 동물 행동학의 지혜에서 도움을 받아야 할지도 모른다. 예컨대, 동물 행동학자들은 말들이 두

---

[5] 그러한 감정들은 비온에 의해 "파국적 변화"(1965)에 대한 논의에서 다루어졌다. 그러나 그는 "역전 가능한 관점"의 현상을 이해하는 데 이 개념을 직접적으로 적용하지는 않은 것으로 보인다.

려울 때, 두렵게 만드는 것이 무엇인지를 보지 않은 채 우선 도망친다고 우리에게 말해준다; 말들은 그들의 주변적인 시야에 막 들어온 것이 바람에 날리는 나뭇잎인지 혹은 공격하기 위해 달려오는 사자인지를 확인하기 위해 멈추지 않는다. "그것이" 무엇인지를 결정하기 위해서 달리기 전에 멈추는 호기심을 갖고 있는 동물은 불행하게도 그의 종을 유지하는 데 성공하기 어렵다. 그러나 먼저 달리고 보는, 잡아먹힐 수 있는 범위를 벗어난 다음에 보기 위해 돌아서는(혹은 결코 돌아서지 않고, 단지 살아 있음에 감사하는) 동물은 계속해서 종족을 보존하는 데 성공한다.

나는 우리도 때로는, 우리의 환자들과 다르지 않게, 정신-신체 영역 어딘가에 거주하고 있는 먹이-약탈자 불안(Grotstein 1984)에 의해 사로잡힌다고 생각한다. 아마도 심지어 최상으로 분석된 마음조차도 때가 되면 초기 유아기의 원시적인 경험들과 반사적 행동들에 의해 점령당한다. 그런 경우에 우리는 우리의 주변적인 인식을 통해 들어오는 확정되지 않은 위협으로부터 도망치는 우리 자신을 발견할 수 있을 것이다. 우리는 우리 자신을 보존하기 위해 먼저 행동하고, 그 다음에(혹은 환자가 돌아간 후에) 그 원천을 "보고," 해결책(해석)을 "생각하기" 위해 멈출 것이다. 아마도 심지어는 되돌아보는 것을 피하는 바람에 경험들로부터 배우는 것이 불가능할 때도 있을 것이다. 대신에 우리는 우리의 이론 안에 안전하게 숨어 있으면서, 분석가들로서 생존은 하지만 진화하지는 않는 상태로 남을 수 있을 것이다.

나는 우리가 신체적인 증상이나 그것의 등가물에 의해 가로막히고 캡슐화된 채로 남아있는 환자-안의-아기의 공포스럽고 고통스런 경험들을 수용하고 겪는 것에 대한 대안으로서, 우리의 이론들 안에서 피난처를 찾게 되는 위험이 항상 존재한다고 생각한다. 이런 경험들이 분석가의 마음 안에서 피난처와 재활을 위한 기회를 갖지 못한다면, 그것들은 피분석자의 "마음 바깥에" 머무르게 될 것이다(Britton 1992).

말콤(Malcolm 1990)은 역전 가능한 관점의 현상에 대한 비온(1963)의 연구를 확장하면서, 그 현상이 분석에서 정신적 변화를 가져오지 못하는 실패의 뿌리에 놓여 있다고 밝혔다. 말콤은 역전 가능한 관점과 관련해서, 환자는 분석가의 해석들을 수용하는 것으로 보인다고 진술한다; 그러나 초점의 미묘한 전환을 통해서, 그는 해석에 대한 전제를 그 자신이 저작권을 가진 것으로, 즉 그의 정신적 평형을 유지하는 데 소용되는 것으로 대체한다. 나는 이것에다 분석가의 해석에 담긴 의미(새로운?)를 추출해내고 처리함으로써, 환자는, 그롯스타인이 지적하듯이(1991), 그렇지 않았더라면 그가 경험할 뻔했던 무(nothingness)보다는 나은, "의미 없음"에 대한 경험을 증가시킨다고 덧붙이고자 한다. 아마도 그로 인해 발생하는 의미 없음의 감각은 항상-그곳에 있는 위협(Tustin 1986, 1990)인 무에 대한 고통스런 인식을 막아주는 고무 젖꼭지와 방패로서 사용될 것이다.

이 개념에 하나의 차원을 더하자면, 만약 환자가 정서적인 배움의 혼돈을 피하기 위해 역전 가능한 관점을 사용한다고 간주된다면, 아마도 정신분석가에게도 똑같은 것이 적용될 수 있다고 상상할 수 있을 것이다. 우리는 우리 자신들에게 우리의 환자들의 의사소통들을 수용해주고, 받아주며, 변형시키는 일을 하는 사람으로(우리의 분석적인 자아-이상과 맞게) 제시할 수 있을 것이다. 그러나 초점의 미묘한 전환을 통해서(자기-보존 동기에 의한 그리고 우리 자신의 특별한 이론적 렌즈의 지원에 의한), 우리는 환자의 의미를(새로운 그러므로 우리에게 위협적일 수 있는) 모호한 것으로 만들 수 있고, 그리고—우리 자신의 의미로 대체함으로써—파국적 변화(Bion 1965)의 경험에

대한 인식에 맞서서 우리의 이론적 무기를 효과적으로 보완할 수 있을 것이다.6)

결론적 사고들

프로이트(1937)는 모든 정신분석가들의 정신적 건강이 그들의 피분석자들이 바라는 만큼 충분한 수준에 도달하지는 않을 것이라고 예상했고, 분석가로서 훈련받는 과정은 평생 동안 유지되는 보증서가 아니라고 우리에게 충고했다. 그는 분석에서 환자 안에 있는 유아기 경험들뿐만 아니라 분석가 안에 있는 유아기 경험들이 재활성화되는 위험에 대해 강조했다. 프로이트의 생각을 따라, 그린버그(Grinberg 1963)는 분석가가 "전이 변천들의 충격에 의해 활성화된 그 자신의 갈등들뿐만 아니라, 그의 환자들이 그에게 투사하는 다양한 갈등적 상황들을 …" 견디고 살아남아야 한다고 지적한다(p. 363).

오늘날 우리는 심리내적 갈등에 내재되어 있는 위험들과 그러한 갈등들에 의해 자극된 불안들뿐만 아니라, 정신적인 표상을

---

6) 비온(1965)은 분석의 기능들 중의 하나는 피분석가로 하여금 그 혹은 그녀 자신의 개인적인 정신적 현실—그가 "O"라고 지칭한 것—영역 안에서 그 또는 그녀 자신이 "될" 수 있게 하는 것일 뿐만 아니라, O 안에서 진화할 수 있게 하는 것이라고 제안했다. 그는 "알지 못함"과 "이해하지 못함"에 수반되는 좌절과 고통을 견디고 "겪는" 능력—"존재" 상태를 좋아하고 지탱하는 능력—의 중요성을 강조했다. 정신적 변화의 과정(즉, O 안에서의 진화)은 마음의 탈구조화와 해체, 멸실, 그리고 죽음에 대한 불안을 참고 견디는 능력을 요구하기 때문에, 비온은 모든 정신적 변화는 본질에 있어서 잠재적으로 파국적이라고 제안했다.

획득하는 데 실패한 그리고 신체적인 수준에서만 "느끼는" 공포의 기초적 상태들을 재경험하게 되는 위험들 역시 고려해야 한다. 존재의 그러한 상태들을 경험하는 것과 그러한 경험을 정신화하는 행동 사이의 분기점은 환자에게나 분석가에게 혹은 양자 모두에게 때로는 견딜 수 없는 것일 수도 있다. 환자의 경험을 수용하는 것과 이해를 발달시키는 것 사이에 있는 잠정적인 공간은 영원히 떨어지는, 통제할 수 없이 엎질러지는, 무로 증발하는, 혹은 홀로 있음의 공허 속에서 끝없이 떠다니는 파국으로서―우리의 가장 원시적인 불안을 특징짓는―느껴질 수 있다. 이것은 꼭 필요한 기본적인 "전능 환상"(Winnicott 1965, p. 146)이 부재한 상태(예컨대, "안아주는" 어머니의 현존에 대한 경험이 부재한)이기 쉽다. 분석가가 그의 이론을 위해 그의 "몽상"을 버리는 지점에 도달할 때, 그는 생존하기 위해 자신의 유아기 전능 환상에 의존하는(혹은 환상들에 붙잡혀 있는) 환자-안의-유아로부터 멀리 있지 않다.

 우리가 위에서 제시한 것들을 고려할 때, 우리가 특히 분석의 시간의 열기 속에서, 우리의 개입들이, 우리가 우리의 피분석자들 안에서 놀라운 것으로 발견하는 바로 그 "잘못들"(즉, 불안들과 그것들에 대한 방어들)에 의해 묶여있거나 결정되어 있지 않다는 것을 합리적으로 확신할 수 있다는 사실은 놀라운 일이다. 하지만 만약 우리가 존재의 원초적인 상태들에 내재된 불확실성들을 견뎌낼 수 있다면, 만약 우리가 우리 자신의 인간됨, 죽어야 할 운명, 시기심, 그리고 결핍에 대한 성찰을 충분히 견딜 수 있다면, 우리는 환자의 고유한 딜레마를 이해하려는 우리의 시도와 관련해서 우리를 돕고자 노력하는 환자에게 좀 더 자유롭게 경청할 수 있을 것이다.

참고문헌

Alexander, F. (1950) *Psychosomatic Medicine: Its Principles and Applications.* New York: Norton.

Alexander, F., and French, T. (1948). *Studies in Psychosomatic Medicine.* New York: Ronald Press.

Ammon, G. (1979). *Psychoanalysis and Psychosomatics.* New York: Springer.

Anzieu, D. (1989). *The Skin Ego.* New Haven: Yale University Press, 1985.

----- (1990). *Psychic Envelopes.* London: Karnac.

Atkins, N. (1968). Acting Out and psychosomatic illness as related regressive trends. *International Journal of Psycho-Analysis 49*: 221-223.

Balint, M. (1952). *Primary Love and Psycho-Analytic Technique.* London: Hogarth.

----- (1959). *The Thrills and Regressions.* New York: International Universities Press.

----- (1968). *The Basic Fault.* London: Tavistock.

Barendregt, J. T. (1961). *Research in Psychodiagnostics.* The Hague: Mouton.

Bianchedi, E (1991). Psychic change: the "becoming" of an inquiry. *International Journal of Psycho-Analysis* 72 (1)1: 6-15.

Bick, E. (1964). Notes on infant observation in psychoanalytic training. *International Journal of Psycho-Analysis* 45: 448-466.

----- (1968). The experience of the skin in early object-relations. *International Journal of Psycho-Analysis* 49: 484-486.

----- (1986). Further considerations on the function of the skin in early object relations. *British Journal of Psychotherapy* 2 (4): 292-301.

Bion, W. R. (1957). Differentiation of the psychotic from the nonpsychotic part of the personality. *International Journal of Psycho-Analysis* 38: 266-275.

----- (1959). Attacks on linking. *International Journal of Psycho-Analysis* 40: 308-315.

----- (1962). Learning from experience. *In Seven Servants*. New York: Jason Aronson, 1977.

----- (1963). Elements of psychoanalysis. *In Seven Servants*. New York: Jason Aronson, 1977.

----- (1965). Transformations. *In Seven Servants*. New York: Jason Aronson, 1977.

----- (1966). Catastrophic change. *Bulletin of the British Psycho-Analytic Society 5:* 18-27.

----- (1967a). *Second Thoughts*. London: Heinemann.

----- (1967b). Notes on memory and desire. *Psychoanalytic Forum 2* (3): 272-273.

----- (1970). Attention and interpretation. *In Seven Servants*. New York: Jason Aronson, 1977.

----- (1976). On a quotation from Freud. In *Clinical Seminars and Four Papers*, ed. F. Bion. Abingdon: Fleetwood Press, 1987.

----- (1977a). *Seven Servants*. New York: Jason Aronson.

----- (1977b). *Two Papers*: The Grid and Caesura. Rio de Janeiro: Imago Editoria, Ltd.

----- (1979). *The Dawn of Oblivion*. Perthshire: Clunie.

Boyer, B. (1990). Countertransference and technique. In *Master Clinicians on Treating the Regressed Patient*, ed. L. B. Boyer and P. L. Giovacchini. Northvale, NJ: Jason Aronson.

----- (1992). Roles played by music as revealed during countertransference facilitated transference regression. *International Journal of Psycho-Analysis* 73 (1): 55-70.

Brazelton, T. B., and Cramer, B. G. (1990). *The Earliest Relationship: Parents, Infants, and the Drama of Early Attachment.* Reading, MA: Addison-Wesley.

Breuer, J., and Freud, S. (1893-1895). *Studies on Hysteria.* Standard Edition 2: 1-310.

Britton, R. (1992). Keeping things in mind. In *Clinical Lectures on Klein and Bion*, ed. R. Anderson, pp. 102-113. London: Routledge.

Cannon, W. B. (1932). *The Wisdom of the Body.* New York: Norton.

Coolridge, J. (1956). Asthma in mother and child as a special type of intercommunication. *American Journal of orthopsychiatry* 26: 165-178.

Deutsch, F. (1939). The choice of organ n organ neurosis. *International Journal of Psycho-Analysis* 20: 252.

----- (1949). Thus speaks the body I, and analysis of postural behavior. In *Transactions.* New York: Academy of Science Series 2 (19): 2.

----- (1959). *On the Mysterious Leap from the Mind to the Body.* New York: International Universities Press.

Deutsch, H. (1942). Some forms of emotional disturbance and their relationship to schizophrenia. *Psychoanalytic Quarterly 40*: 301-321.

Dunbar, H. (1943). *Psychosomatic Diagnosis.* New York: Hoeber.

Elkan, J. (1977). Stages toward the containment of mental experience as illustrated in the treatment of a young girl with asthma. *Journal of Child Psychotherapy* 4: 90-97.

Engel, G. L. (1954). Selection of clinical material in psychosomatic medicine: the need for a new physiology. *Psychosomatic Medicine* 16: 368-377.

----- (1962). Anxiety and depression-withdrawal: the primary affects of unpleasure. *International Journal of Psycho-Analysis* 43: 89-97.

Etchegoyen, H. (1991). *Fundamentals of Psychoanalytic Technique*. London: Karnac.

Fairbairn, W. R, D, (1952). *Psychoanalytic Studies of the Personality*. London: Tavistock.

Federn, P. (1952). *Ego Psychology and the Psychoses*. New york: Basic Books.

Fenichel, O, (1931). On respiratory introjection. In *Collected Papers of Otto Fenichel: First Series*. New York: Norton.

Freud, A. (1936). *The Ego and the Mechanisms of Defense*. New York: International Universities Press.

Freud, S. (1892-1899). Extracts from the Fliess papers, *Standard Edition 1*: 173-280.

----- (1894). The neuro-psychoses of defense. *Standard Edition* 3: 41-61.

----- (1895a). Project for a scientific psychology. *Standard Edition* 1: 281-397.

----- (1895b). On the grounds for detaching a particular syndrome from neurasthenia under the description "anxiety neurosis." *Standard Edition* 3: 85-120.

----- (1895c). Studies on hysteria. *Standard Edition* 2: 1-310.

----- (1905). Fragment of an analysis of a case of hysteria. *Standard Edition* 7: 3-122.

----- (1906). Delusions and dreams in Jensen's Gradiva. *Standard Edition* 9: 7-94.

----- (1910). The psycho-analytic view of psychogenic disturbance of vision. *Standard Edition* 11: 209-218.

----- (1914). On narcissism. Standard Edition 14: 67-102.

----- (1916-1917). Introductory lectures on psychoanalysis. *Standard Edition* 16: 241-463.

----- (1922). Two encyclopedia articles. *Standard Edition* 18: 235-259.

----- (1923). The ego and the id. *Standard Edition* 19: 3-63.

----- (1926). Inhibitions, symptoms and anxiety. *Standard Edition* 20: 75-175.

----- (1933). New Introductory lectures on psychoanalysis. *Standard Edition* 22: 7-158.

----- (1937). Analysis terminable and interminable. *Standard Edition* 23: 211-253.

Gaddini, E. (1959). Rumination in infancy. In *Dynamic Psychology in Childhood*, ed. L. Jessner and E. Pavensteat, pp. 166-185. London: Grune and Stratton.

----- (1969). On imitation. *International Journal of Psycho-Analysis* 50 (4): 475-484.

Giovacchini, P. L. (1984). *Character Disorders and Adaptive Mechanisms*. New York: Jason Aronson.

Gomberoff, M. J., Noemi, C. C., and Pualuan de Gomberoff, L. (1990). The autistic object: its relationship with narcissism in the transference and countertransference of neurotic and borderline patients. *International Journal of Psycho-Analysis* 71: 249-259.

Gooch, S. (1985). *Primitive psychosomatic states and adult sexual dysfunction*. Unpublished doctoral dissertation.

Greenacre, P. (1952). *Trauma, Growth and Personality*. London: Hogarth.

----- (1971). *Emotional Growth*. New York: International Universities Press.

Greene, W. A. (1958). Early object relations, somatic, affective and personal: an inquiry into the physiology of the mother-child unit. *Journal of Nervous and Mental Disorders* 126: 225-234.

Grinberg, L. (1962). On a specific aspect of countertrasnference due to the patient' s projective identification. In *Classics in Psychoanalytic Technique*, ed. R. Laings, pp. 201-206. New York: Jason Aronson, 1981.

----- (1963). Relations between analysts. *International Journal of Psycho-Analysis* 44 (4): 362-367.

Grinker, F. (1953). *Psychosomatic Concepts*. New York: Norton.

Groddeck, G. (1928). *The Book of the It*. New York: Vintage.

Groen, J. J. (1964). *Psychosomatic Research: A Collection of Papers*. Oxford: Pergamon.

Grotstein, J. S. (1980). A proposed revision of the psychoanalytic concept of primitive mental states: part I. *Contemporary Psychoanalysis* 16: 479-546.

----- (1983). A proposed revision of the psychoanalytic concept of primitive mental states: part II. The borderline syndrome. Section I: The disorders of autistic safety and symbiotic relatedness. *Contemporary Psychoanalysis* 19: 571-609.

----- (1984). A proposed revision of the psychoanalytic concept of the death instinct. In *The Yearbook for Psychoanalytic Psychotherapy,* ed. R. J. Langs, pp. 299-326. Hillsdale, NJ: Analytic Press.

----- (1986). The dual track theorem. Unpublished manuscript.

----- (1989). Of human bondage and of human bonding: the role of friendship in intimacy. *Contemporary Psychotherapy Review* 5 (1): 5-32.

----- (1990). Nothingness, meaninglessness, chaos, and the "black hole." I. *Contemporary Psychoanalysis* 26 (3): 257-290.

----- (1991). Personal communication. Los Angeles.

----- (1992). Personal communication. Los Angeles.

----- (1993). Discussion of "The idealization of safety and the terror of change" by M. Shatz. Paper presented for the Psychoanalytic Center of California, Los Angeles, CA.

Hamilton, V. (1989). The mantle of safety. *Winnicott Studies* 4: 70-495.

Hansen, Y. (1994). The importance of the birth experience in early integrations. Unpublished paper presented at the Psychoanalytic Center of California Extension Division Conference: The Detection and Understanding of Primitive Mental States, Santa Monica, CA.

Heimann, P. (1952). Certain Functions of introjection and projection in early infancy. In *Developments in Psychoanalysis*, ed. J. Riviere, pp. 122-168. London: Hogarth.

Innes-Smith, J. (1987). Pre-oedipal identification and the cathexis of autistic objects in the aetiology of adult psychopathology. *International Journal of Psycho-Analysis* 68: 405-414.

Isaacs, S. (1952). The nature and function of phantasy. In *Developments in Psychoanalysis*, ed. J. Riviere, pp. 67-121. London: Hogarth.

James. M. (1986). Premature ego development: some observations on disturbances in the first three months of life. In *The British School of Psychoanalysis: The Independent Tradition*, ed. G. Kohon, pp. 101-116. London: Free Association Books.

Jessner, L. (1955). Emotional impact of nearness and separation for the asthmatic child and his mother. *Psychoanalytic Study of the Child* 10: 353-375. New York: International Universities Press.

Joseph, B. (1975). The patient who is difficult to reach. In *Tactics and Techniques in Psychoanalytic Therapy*, vol. 2, ed. P. Giovacchini, pp. 205-216. New York: Jason Aronson.

----- (1982). Addiction to near death. *International Journal of Psycho-Analysis* 63: 449-456.

----- (1992). Psychic change: some perspectives. *International Journal of Psycho-Analysis* 73: 237-243.

Karasic, J. (1991). A fragment of an analysis of a latency child with asthma: infantile discharge as a link between asthma and affect. Paper presented to The Los Angeles Psychoanalytic Society.

Karol, C. (1980). The role of primal scene and masochism in asthma. *International Journal of Psychoanalytic Psychotherapy* 8: 577-592.

Khan, M. (1964). Ego distortion, cumulative trauma and the role of reconstruction in the analytic situation. *International Journal of Psycho-Analysis* 45: 272-279.

----- (1979). *Alienation in Perversions*. New York: international Universities Press.

King, S. (1981). *The Dead Zone* [film]. Los Angeles. United Artists Motion Pictures.

Klein, M. (1928). Early stages of the Oedipus complex. In *Contributions to Psycho-Analysis*, pp. 202-214. London: Hogarth.

----- (1930). The importance of symbol-formation in the development of the ego. In *Contributions to Psycho-Analysis*, pp. 236-250. London: Hogarth.

----- (1932). *The Psychoanalysis of Children*. New York: Dell.

----- (1935). Contribution to the psychogenesis of manic depressive states. *International Journal of Psycho-Analysis* 16: 145-174.

----- (1945). The Oedipus complex in the light of early anxieties. In *Contributions to Psychoanalysis*. London: Hogarth.

----- (1946). Notes on some schizoid mechanisms. In *Envy and Gratitude and Other Works,* pp. 1-24. New York: Dell.

----- (1948). *Contributions to Psycho-Analysis,* 1921-1945. London: Hogarth.

----- (1952). Some theoretical conclusions regarding the emotional life of the infant. In *Developments in Psychoanalysis*, pp. 198-236. London: Hogarth.

----- (1955). On identification. In *Envy and Gratitude and Other Works*, pp. 141-175. New York: Dell.

----- (1957) Envy and gratitude. In *Envy and Gratitude and Other Works*, pp. 176-235. New York: Dell.

----- (1961). *Narrative of a Child Analysis*. London: Hogarth.

----- (1975a). *Envy and Gratitude and Other Works*, 1946-1963. New York: Dell.

----- (1975b). *Love, Guilt and Reparation and Other Works*. New York: Dell.

Klein, S. (1980). Autistic phenomena in neurotic patients. *International Journal of Psycho-Analysis 61* (3): 395-401.

Knapp, P. (1971). Revolution, relevance and psychosomatic medicine: where the light is not. *Psychosomatic Medicine* 33: 363.

Knapp, P., Mushatt, C., Nemetz, S. J., et al. (1970). The context of reported asthma during psychoanalysis. *Psychosomatic Medicine* 32 (2): 167.

Kohut, H. (1971). *The Analysis of the Self. A Systematic Approach to the Psychoanalytic Treatment of Narcissistic Personality Disorders.* New York: International Universities Press.

----- (1977). *The Restoration of the Self.* New York: International Universities Press.

Kristeva, J. (1982). *The Powers of Horror: An Essay on Abjection.* New York: Columbia University Press.

Mahler, M. (1958). Autism and psychosis: two extreme disturbances of identity. *International Journal of Psycho-Analysis* 39: 77-83.

Malcolm, R. R. (1990). The as if: phenomenon of not learning. *International Journal of Psycho-Analysis* 71 (4): 385-392.

Mancia, M. (1981). On the beginning of mental life in the foetus. *International Journal of Psycho-Analysis* 62 (3): 351-357.

Marty, P. (1968). A major process of somatization: the progressive disorganization. *International Journal of Psycho-Analysis* 49: 246-249.

Mason, A. A. (1959). The place of suggestion and hypnosis in the treatment of asthma. In *Bronchial Asthma: A Symposium*. London: The Chest and Heart Association.

----- (1960). Hypnosis and suggestion in the treatment of allergic phenomena. *Allergologica* 7: 332-338.

----- (1965). Psychotherapeutic and hypnotic treatment of asthma. In *Transactions of the World Asthma Conference*. London: The Chest and Heart Association,

----- (1981). The suffocating super-ego: psychotic break and claustrophobia. In *Do I Dare Disturb the Universe*, ed. J. Grotstein, pp. 139-166. London: Karnac.

Matte-Blanco, I. (1988). *Thinking, Feeling, and Being: Critical Reflections on the Fundamental Antimony of Human Beings and World*. London/New York: Routledge.

Meltzer, D. (1968). Terror, persecution and dread: a dissection of paranoid anxieties. *International Journal of Psycho-Analysis* 49: 396-400.

----- (1975). Adhesive identification. *Contemporary Psychoanalysis* 11 (3): 289-310.

----- (1978). *The Kleinian Development, Part III: The Clinical Significance of the Work of Bion*. Perthshire: Clunie.

----- (1986). *Studies in Extended Metapsychology*. Perthshire: Clunie.

Meltzer, D., Bremner, J., Hoxter, S., et al. (1975). *Explorations in Autism*. Perthshire: Clunie.

Miller, R. M. (1972). Personal communication.

Mitrani, J. (1987). The role of unmentalized experience in the emotional etiology of psychosomatic asthma. Unpublished doctoral dissertation.

----- (1992). On the survival function of autistic maneuvers in adult patients. *International Journal of Psycho-Analysis* 73 (2): 549-560.

----- (1993a). Deficiency and envy: some factors impacting the analytic mind from listening to interpretation. *International Journal of Psycho-Analysis* 74 (4): 689-704.

----- (1993b). "Unmentalized" experience in the etiology and treatment of psychosomatic asthma. *Contemporary Psychoanalysis* 29 (2): 314-342.

----- (1994a). On adhesive-pseudo-object relations: part I-theory. *Contemporary Psychoanalysis* 30 (2): 348-366.

----- (1994b). Unintegration, adhesive identification, and the psychic skin: variations on some themes by Esther Bick. *Journal of Melanie Klein and object Relations* 11 (2): 65-88.

----- (1995a). On adhesive-pseudo-object relations: part II-illustration. *Contemporary Psychoanalysis* 31 (1): 140-165.

----- (1995b). Toward an understanding of unmentalized experience. *Psychoanalytic Quarterly* 64: 68-112.

Mitrani, T. (1987). The use of archaic selfobject interpretations in object relations psychotherapy. Unpublished doctoral dissertation.

----- (1992). Personal communication.

Mohr, G. J., (1963). Studies of eczema and asthma in the preschool child. *Journal of Child Psychiatry* 2: 271-291.

Money-Kyrle, R. E. (1969). On the fear of insanity. *The Collected Papers of Roger Money-Kyrle,* pp. 434-441. Perthshire: Cluie.

Mushatt, C. (1975). Mind, body, environment. *Psychoanalytic Quarterly* 44: 81-105.

Ogden, T. (1989a). *The Primitive Edge of Experience*. Northvale, NJ: Jason Aronson.

----- (1989b). The autistic-contiguous position. *International Journal of Psycho-Analysis* 70 (1): 127-146.

O' Shaughnessy, E. (1964). The absent object. *Journal of Child Psychotherapy* 1: 134-143.

----- (1981). A clinical study of a defensive organization. *International Journal of Psycho-Analysis* 62: 359-369.

----- (1992). Enclaves and excursions. *International Journal of Psycho-Analysis* 73: 603-611.

Osterweil, E. (1990). *A psychoanalytic exploration of fetal mental development and its role in the origin of object relations*. Unpublished doctoral dissertation.

Parsons, M. (1992), The refinding of theory in clinical practice. *International Journal of Psycho-Analysis* 73 (1): 103-116.

Paul, M. I. (1983). A mental atlas of the process of psychological birth. In *Do I Dare Disturb the Universe,* ed. J. Grotstein, pp. 551-570. London: Karnac.

----- (1989). Notes on the primordial development of a penitential transference. *Journal of Melanie Klein and Object Relation*s 5 (2): 43-69.

----- (1990). Studies on the phenomenology of mental pressure. *Journal of Melanie Klein and Object Relations* 8 (2): 7-29.

Piontelli, A. (1985). *Backwards in Time*. Perthshire: Clunie

----- (1987). Infant observation from before birth. *International Journal of Psycho-Analysis* 68: 453-463.

----- (1988). Pre-natal life and birth as reflected in the analysis of a 2-year-old psychotic girl. *International Review of Psycho-Analysis* 15 (1): 73-81.

----- (1992). On the continuity between pre-natal and post-natal life: a case illustration. Paper presented to the Psychoanalytic Center of California, Los Angeles.

Rank, O. (1924). *The Trauma of Birth*. London: Routledge & Kegan Paul.

Rayner, E. (1992). Matching, attunement and the psychoanalytic dialogue. *International Journal of Psycho-Analysis* 73 (1): 39-54.

Reiser, M. (1975). Changing theoretical concepts in psychosomatic medicine. In *American Handbook of Psychiatry*, vol. 4. New York: Basic Books.

Riviere, J. (1936). A contribution to the analysis of a negative therapeutic reaction. *International Journal of Psycho-Analysis* 17: 304-320.

----- (1937). Hate, greed, and aggression. In *Love, Hate and Reparation*, ed. M. Klein and J. Riviere, pp. 3-56. New York: Norton, 1964.

Rosenfeld, D. (1984). Hypochondriasis, somatic delusions, and body scheme in psychoanalytic practice. *International Journal of Psycho-Analysis* 65: 377-388.

Rosenfeld, H. A. (1950). Notes on the psychopathology of confusional states in chronic schizphrenias. In *Psychotic States: A Psycho-Analytical Approach*, pp. 52-62. New York: international Universities Press.

----- (1964). On the psychopathology of narcissism. *International Journal of Psycho-Analysis* 45: 332-337.

----- (1971). A clinical approach to the psychoanalytic theory of the life and death instincts: an investigation into the aggressive aspects of narcissism. *International Journal of Psycho-Analysis* 52: 169-178.

----- (1985). Psychosomatic symptoms and latent psychotic states. *Yearbook of Psychoanalysis and Psychotherapy* 1: 381-398.

----- (1987). *Impasse and Interpretation: Therapeutic and Anti-Therapeutic Factors in Psychoanalytic Treatment of Psychotic, Borderline, and Neurotic Patients*. London: Tavistock.

Sarlin, C. N. (1970). The current status of the concept of genital primacy. *Journal of the American Psychoanalytic Association* 18 (3): 285-299.

Segal, H. (1957). Notes on symbol function. *International Journal of Psycho-Analysis* 38: 391-397.

Share, L. (1994). *When I Hear a Voice, It Gets Lighter*. New York: Analytic Press.

Sperling, M. (1955). Psychosis and psychosomatic illness. *International Journal of Psycho-Analysis* 36: 320-327.

----- (1967). Transference neurosis in patients with psychosomatic disorders. *Psychoanalytic Quarterly* 36: 342-355.

----- (1968). Acting-out behavior and psychosomatic symptoms: clinical and theoretical aspects. *International Journal of Psycho-Analysis* 49: 250-259.

----- (1978). *Psychosomatic Disorders in Childhood*. New York: Jason Aronson.

Spillius, E. (1993). Varieties of envious experience. *International Journal of Psycho-Analysis* 74: 1199-1212.

Spitz, R. (1950). Anxiety in infancy: a study of its manifestations in the first year of life. *International Journal of Psycho-Analysis* 31: 138-143.

Steiner, J. (1982). Perverse relationships between parts of the self. *International Journal of Psycho-Analysis* 63: 241-251.

----- (1987). The interplay between pathological organizations and the paranoid-schizoid and depressive positions. *International Journal of Psycho-Analysis* 68: 69-80.

----- (1990). Pathological organizations as obstacles to mourning. *International Journal of Psycho-Analysis* 71: 87-94.

Stern, D. L. (1985). *The Interpersonal World of the Infant. A View from Psychoanalysis and Developmental Psychology.* New York: Basic Books.

Stewart, H. (1989). Technique at the basic fault: regression. *International Journal of Psycho-Analysis* 70: 221-230.

Suskind, P. (1986). Perfume: *The Story of a Murderer.* New York: Knopf and Pocket Books.

Symington, J. (1985). The survival function of primitive omnipotence. *International Journal of Psycho-Analysis* 66: 481-488.

Tischler, S. (1979). Being with a psychotic child: a psychoanalytic approach to the problem of parents of psychotic children. *International Journal of Psycho-Analysis* 60: 29-38.

Tustin, F. (1969). Autistic processes. *Journal of Child Psychotherapy* 2 (3): 23-38.

----- (1972). *Autism and Childhood Psychosis.* london: Hogarth.

----- (1980). Autistic objects. *International Journal of Psycho-Analysis* 7: 27-38.

----- (1981). *Autistic States in Children.* London/Boston: Routledge & Kegan Paul.

----- (1983). Thoughts on autism with special reference to a paper by Melanie Klein. *Journal of Child Psychotherapy* 9: 119-132.

----- (1984a). The growth of understanding. *Journal of Child Psychotherapy* 10 (2): 137-149.

----- (1984b). Autistic shapes. *International Journal of Psycho-Analysis* 11 (3): 279-290.

----- (1986). *Autistic Barriers in Neurotic Patients.* London: Karnac.

----- (1987). Personal communication. London.

----- (1990). *The Protective Shell in Children and Adults.* London: Karnac.

----- (1991). Revised understanding of psychogenic autism. *International Journal of Psycho-Analysis* 72 (4): 585-592.

----- (1992). Personal communication. London.

Tyler, A. (1974). *Celestial Navigations.* New York: Berkeley.

Weiner, H. (1977). *Psychology and Human Disease.* New York: Elsevier North-Holland.

Williams, D. (1992). *Nobody Nowhere: The Extraordinary Autobiography of an Autistic.* New York: Times Books.

Wilson, C. P. (1980). Parental overstimulation in asthma. *International Journal of Psycho-Analysis* 8: 601-621.

Winnicott, D. W. (1941). The observation of infants in a set situation. In *Collected Papers: Through Paediatrics to Psycho-Analysis*, pp. 52-69. New York: Basic Books.

----- (1945). Primitive emotional development. In *Collected Papers: Through Paediatrics to Psycho-Analysis*, pp. 145-156. New York: Basic Books, 1958.

----- (1948). Reparation in respect to mother' s organized defense against depression. In *Collected Papers: Through Paediatrics to Psycho-Analysis*, pp. 91-96. New York: Basic Books.

----- (1949). Mind and its relation to the psyche-soma. In *Collected Papers: Through Paediatrics to Psycho-Analysis*, pp. 243-254. New York: Basic Books, 1958.

----- (1951). Transitional objects and transitional phenomena. in *Collected Papers: Through Paediatrics to Psycho-Analysis,* pp. 229-242. New York: Basic Books, 1958.

----- (1956). Primary maternal preoccupation. In *Collected Papers: Through Paediatrics to Psycho-Analysis*, pp. 300-305. New York: Basic Books, 1958.

----- (1958a). Collected Papers: *Through Paediatrics to Psycho-Analysis*, New York: Basic Books.

----- (1958b). The capacity to be alone. In *The Maturational Processes and the Facilitating Environment*, pp. 29-36. New York: International Universities Press, 1965.

----- (1960). The theory of the infant-parent relationship. *International Journal of Psycho-Analysis* 41: 585-595.

----- (1962). Ego integration in child development. In *The Maturational Processes and the Facilitating Environment*, pp. 56-63. New York: International Universities Press, 1965.

----- (1965). *The Maturational Processes and the Facilitating Environment*, New York: International Universities Press.

----- (1974). Fear of breakdown. *International Journal of Psycho-Analysis* 1: 103-106.

색인

ㄱ

감각
  자폐적 책략과 46
감각 지배적 망상
  자폐적 책략과 49
감정
  기억과, 정신화되지 않은 경험 279-280
거리두기
  결핍과 326-327
거짓 자기
  와 점착성 유사-대상관계 238
결핍 299-332
  거리두기와 326-327
  분석가의 301-302
  사례 예시 303-308
  시기심과 309-313
  에 대한 논의 326-332
  에 대한 조망 299-301
고통
  과 정신화되지 않은 경험 269-270
공격성, 부정적 자기애, 병리적 조직 90, 93
과잉행동 273-274

관찰
  정신분석과 13
구조적 결함
  동기와 39, 201
기억
  감정 안의, 정신화되지 않은 경험 279-280
꿈 분석
  과 병리적 조직 94-95, 131-132

ㄴ

내사적 동일시
  결핍과 시기심 309-313

ㄷ

담기
  비통합과 16, 28
  와 점착성 유사-대상관계 189
대상관계 이론
  리비도 이론과 178
도라의 사례 178-186
동기
  구조적 결함과 39, 200-202
  분석을 위한 125-126
동물 행동학 327-328
동성애
  노라의 사례와 179

ㄹ

리비도 이론
  대상관계 이론과 178

ㅁ

마음-신체 관계
  정신신체적 의학과 141
마음의 태아 상태 72-87
  비온과 72-73
  사례 예시 74-85
  에 대한 논의 86-87
마치-인양 인격
  과 점착성 유사-대상관계 238
  에 대한 서술 33
망상
  감각-지배적인 망상, 자폐적 책략과 48
모방적 융합에 대한 서술 34
모성 돌봄
  과 점착성 유사-대상관계 189-190, 230-232
  모성적 담아주기, 정신신체적 천식에서의 결핍 151-152
  모성적 안아주기, 정신신체적 천식에서의 결핍 152-153
  자폐증와 46-47
  정신화되지 않은 경험 256-257
무의식적 환상 개념
  과 정신신체적 천식 146-147

ㅂ

발달적 요인들,
  환상과 16-17
방어
  비통합과 27, 31
  순응과 31-32
  와 병리적 조직 89-90, 91-93, 121, 126
  와 정신신체적 천식 158-159
병리적 마인드-정신에 대한 서술 27
병리적 조직
  사례 예시 128-138
  에 대한 논의 138-139
  의 출현 125-138
  의 생존 기능 89-123
  사례 94-120
  에 대한 논의 120-124
  이론 89-94
  이론 125-128
부정적 자기애, 병리적 조직 90
분리
  점착성 유사-대상관계의 구분 205-206, 208-209
분만 전후 시기에 대한 연구
  와 정신화되지 않은 경험 281-282
분만 전후 시기의 발달
  과 점착성 유사-대상관계 201-202, 230-233
  정신화되지 않은 경험 255-258
분열
  비통합과의 구별 17
분해
  와 점착성 유사-대상관계 194
불안
  과 점착성 유사-대상관계 191, 200, 226
  비통합과 25
  원시적 불안과 정신신체적 천식 148-149

정신화되지 않은 경험 254-255
불안 등가물, 정신화되지 않은 경험
  252-253, 260
블랙홀
  어머니 역할과 47
  점착성 유사-대상관계 41, 204, 244
  정신화되지 않은 경험 289-290
비통합
  과 구별되는 해체 16, 272-274
  방어로서의 27
  불안과 25
  에 대한 서술 16
  의 우세 32
  자연적 상태 27
  점착성 동일시, 자폐증 그리고 32-35
  점착성 유사-대상관계 193, 194-195

ㅅ

상징 형성
  정신신체적 천식 156-157
  정신화되지 않은 경험 275-278
상징적 동등시
  자폐적 책략과 48
수면
  분만 전후 시기 연구, 정신화되지
    않은 경험 280-281
  심리적 피부, 분만 전후 시기의 발달
    201-202
순응
  방어와 31-32
시기심
  결핍과 309-313
신체 자아,
  정신화되지 않은 경험과 270, 294

심리적 봉투
  와 점착성 유사-대상관계 198
심리적 피부
  사례 예시 18-23
  에 대한 서술 15-17
  의 분만 전후기 발달과 점착성 유사-
    대상관계 201-202
  점착성 유사-대상관계 189
  정신신체적 천식 149
  정신화되지 않은 경험 271-274, 281

ㅇ

안아주기 단계
  와 점착성 유사-대상관계 290
역전이
  자폐적 책략과 46
영국 정신분석학회 13
외상
  도라의 사례 181-182
  점착성 유사-대상관계와 42-43
  정신화되지 않은 경험 254
외적 대상
  과 점착성 유사-대상관계 188-189
우울적 자리
  병리적 조직 93
  정신신체적 천식 149
원색 장면
  도라의 사례 180
  정신신체적 천식 160-163
원시적 불안
  과 정신신체적 천식 148-150
유아관찰 기법
  심리적 피부와 사례 예시 18-24
  에 대한 서술 15-17

의 발달 13-14
유아기
   분만 전후 시기 연구와 정신화되지 않은 경험 281-282
   와 비온의 기능 이론 266-270
융합 환상
   과 점착성 유사-대상관계 197
의존성
   과 병리적 조직 92
   과 점착성 유사-대상관계 190
   해체와 32
의미 없음
   비통합과 25
이차적 피부
   에 대한 시밍턴의 견해 31-32
   점착성 유사-대상관계 190, 193, 195, 198, 237-242
인지
   와 점착성 유사-대상관계의 구분 208

ㅈ

자기
   출현하는, 핵심 자기들, 정신화되지 않은 경험 282-288
자기애적 동일시
   와 점착성 동일시 36-43
   유아기의 14
자아
   부정적, 병리적 조직 90
   와 점착성자기애
   점착성 유사-대상관계와 200
   정상적/자기애적 대상관계, 점착성 유사-대상관계 구별 205-209
자폐적 대상, 점착성 유사-대상관계 196
자폐-접촉적 자리
   에 대한 서술 45
   접착성 유사-대상관계 197
자폐적 책략 44-70
   문학과 67-70
   사례 예시 50-66
   에 대한 서술 44-50
자폐증
   과 점착성 동일시 32-35, 37-38
   사례 예시 35-36
   이론 32-35
   유아관찰 기법 15
   퇴행과 27
전이
   자폐적 책략과 46
전환 히스테리 252-253
점착성 동일시
   개념 187
   마음의 태아적 상태 76
   멜처와 35-43
   의 사례 35-36
   이론 32-33
   자폐증과 32-35
   터스틴과 194-199
점착성 유사-대상관계 14, 187-209
   멜처와 199-201
   문학에서의 예시 210-248
   에 대한 서술 41-42
   와 정상적/자기애적 대상관계의 구분 205-209
   외상과 42-43

    의 개관 187-188
    의 역동 202-209
    의 이론적 발달 188-193
    태아기의 발달 201-202
정상적/자기애적 대상관계와 점착성
유사-대상관계의 구별 205-209
유사-대상관계의 구분 208
정신분석
    관찰과 13
정신신체적 천식 140-176
    도라의 사례 180, 182-185
    모성적 담아주기 151
      의 결핍 152-153
    모성적 안아주기 150-151
      의 결핍 152-153
    무의식적 환상 개념 146-147
    사례 예시 162-169
    상징 형성 156-158
    에 대한 개관 140-147
    원색 장면 160-161
    원시적 불안 148-150
    이론 169-174
    죽음 본능 158-159
정신화되지 않은 경험 249-297
    감정 안의 기억들 279-281
    경험의 구별 254-260
    과 타고난 형태들 264-265
    분만 전후 시기에 대한 연구 281-282
    불안 등가물 251-256
    비온의 기능 이론 266-270
    상징 형성 275-278
    에 대한 개관 249-250
    의 탐지 289-296

    자폐적 책략과 46
    정신신체적 천식과 140-175
    정의 251
    출현하는 자기와 핵심 자기282-287
    피부 기능들 271-274
    환상 개념 261-263
젖가슴
    도라의 사례 178
    페니스와 183
죽음 본능
    과 정신신체적 천식 158-159

ㅊ

차폐 기억
    정신신체적 천식 168-169
최초의 원색 장면
    도라의 사례 190
    정신신체적 천식 160-161
출생 외상,
    정신신체적 의학과 143-144
출현하는 자기
    핵심 자기, 정신화되지 않은 경험 282-288
충분히 좋은 모성 돌봄
    비통합과 25
치료적 관계
    구조적 결함과 200-201
    마음의 태아기 상태 76, 86-88
    병리적 조직 89-90, 91-92
    비통합과 31
    자폐적 책략과 45, 48
    정신화되지 않은 경험 291-292
    틀 세우기와 10-11

ㅋ

캘리포니아 정신분석 센터 13

ㅌ

타고난 형태들, 정신화되지 않은 경험 264-265
퇴행
   자폐증과 27
   정신화되지 않은 경험 295
투사적 동일시
   마음의 태아기 상태 76
   병리적/정상적 314
   유아기 14
   점착성 동일시 36-37
   점착성 유사-대상관계 200
투사적 역동일시 315-317
틀 세우기
   치료적 관계의 9-10

ㅍ

페니스, 젖가슴과 184
편집-분열적 자리
   병리적 조직 86
   정신신체적 천식 149
피부
   도라의 사례 182-183
   비통합과 17-18
   에 대한 시밍턴의 견해 31-33
   에 대한 위니캇의 견해 24-30
      사례 예시 28-30
      이론 24-28
   정신화되지 않은 경험 271-274
피부 대상
   의 발달 39
피학증
   병리적 조직 92

ㅎ

해석
   과 병리적 조직 120
   과 정신화되지 않은 경험 292-293
   마음의 태아기 상태와 88
   비통합과 32
해체
   구조적 결함과 39
   비통합과 17, 25, 272-273
   의존성과 31
핵심 자기
   출현하는 자기와 정신화되지 않은 경험 282-288
홀로 있음과 비통합 25
환경의 실패
   대조된 16, 261
   부모의 178
   와 점착성 유사-대상관계 233-246
환상(phantasy)
   과 환상(fantasy)의 대조 16, 261
   병리적 조직 126
   모방적 33
   무의식적 환상 개념, 정신신체적 천식 146-147
   발달적 요인과 16-17
   융합 환상과 점착성 유사-대상관계 198
   정신신체적 천식 165-167
   정신화되지 않은 경험 261-265
히스테리 141, 251-252

한국심리치료연구소 총서

순수 심리치료 분야

놀이와 현실
Playing and Reality
by D. W. Winnicott / 이재훈

울타리와 공간
Boundary & Space
by D. Wallbridge
& M. Davis / 이재훈

유아의 심리적 탄생
Psychological Birth
of the Human Infant
by M. Mahler & F. Pine / 이재훈

꿈상징 사전
Dictionary of Dream Symbols
by Eric Ackroyd / 김병준

그림놀이를 통한 어린이 심리치료
Therapeutic Consultation
in Child Psychiatry
by D. W. Winnicott / 이재훈

자기의 분석
The Analysis of the Self
by Heinz Kohut / 이재훈

편집증과 심리치료
Psychotherapy
& the Paranoid Process
by W. W. Meissner / 이재훈

멜라니 클라인
Melanie Klein
by Hanna Segal / 이재훈

정신분석학적 대상관계이론
Object Relations
in Psychoanalytic Theories
by J. Greenberg & S. Mitchell / 이재훈

프로이트 이후
Freud & Beyond
by S. Mitchell & M. Black
/ 이재훈 · 이해리 공역

성숙과정과 촉진적 환경
Maturational Processes
& Facilitating Environment
by D. W. Winnicott / 이재훈

참자기
The Search for the Real Self
by J.F. Masterson / 임혜련

내면세계와 외부현실
Internal World & External Reality
by Otto Kernberg / 이재훈

자폐아동을 위한 심리치료
The Protective Shell in Children and
Adult by Frances Tustin / 이재훈 외

박탈과 비행
Deprivation & Delinquency
by D. W. Winnicott / 이재훈 외

교육, 허무주의, 생존
Education, Nihilism, Survival
by D. Holbrook / 이재훈 외

대상관계 개인치료 I · II
Object Relations Individual Therapy
by Jill Savege Scharff & David E.
Scharff / 이재훈 · 김석도 공역

정신분석 용어사전
Psychoanalytic Terms and Concepts
Ed. by Moore and Fine / 이재훈 외

하인즈 코헛과 자기심리학
H. Kohut and the Psychology of the
Self
by Allen M. Siegel / 권명수

성격에 관한 정신분석학적 연구
Psychoanalytic Studies of the
Personality by Ronald Fairbairn / 이재훈

대상관계 이론과 임상적 정신분석
Object Relations
& Clinical Psychoanalysis
by Otto Kernberg / 이재훈

나의 이성, 나의 감성
My Head and My Heart by De
Gregorio, Jorge / 김미겸

환자에게서 배우기
Learning from the Patient by Patrick
J. Casement / 김석도

순수 심리치료 분야

의례의 과정
The Ritual Process
by Victor Turner/ 박근원

대상관계이론과 정신병리학
Object Relations Theories and Psychopathology by Frank Summers /이재훈

정신분석학 주요개념
Psychoanalysis : The Major Concepts, by Moore & Fine/이재훈

대상관계 단기치료
Object Relations Brief Therapy by Michael Stadter/이재훈 • 김도애

임상적 클라인
Clinical Klein by R. D. Hinshelwood/ 이재훈

살아있는 동반자
Live Company by Anne Alvalez /이재훈 외

대상관계 가족치료
Object Relations Family Therapy by Jill Savege Scharff & David E. Scharff/이재훈

대상관계 집단치료
Object Relations, the Self and the Group by Charles Ashbach & Victor L. Shermer/이재훈

스토리텔링을 통한 어린이 심리치료
Using Storytelling as a Therapeutic Tool with Children by Sunderland Margot/이재훈 외

자폐아동과 정신분석
Autismes De L'enfance by Roger Perrson & Denys Ribas/권정아 • 안석

하인즈 코헛의 자기심리학 이야기 1/홍이화

초보자를 위한 대상관계 심리치료
The Primer of Object Relations Therapy by Jill & David Scharff/오규훈 • 이재훈

인격장애와 성도착에서 의공격성
Aggression and Perversions in Personality Disorders/이재훈 • 박동원

대상관계 단기부부치료
Short Term Object Relations Couple Therapy by James Donovan /이재훈 • 임영철

왜 정신분석인가?
Une Psychanalyse Pourquoi? by Roger Perron/표원경

애도
Mourning, Spirituality and Psychic Change by Susan Kavaler-Adler/이재훈

독이 든 양분
Toxic Nourishment by Michael Eigen/이재훈

무의식으로부터의 불꽃
Flames from the Unknown by Michael Eigen/이준호

정신분석학 주요개념 II
Psychoanalysis : The Major Concepts, by Moore & Fine/이재훈

대상의 그림자
The Shadow of the Object by Christopher Bollas/이재훈 외

환기적 대상
The Evocative Object by Christopher Bollas/이재훈

순수 심리치료 분야

끝없는 질문
The Infinite Question by Christopher Bollas/이재훈

소아의학을 거쳐 정신분석학으로
Through Paediatrics to Psycho-Analysis by D. W. Winnicott/이재훈

감정이 중요해
Feeling Matters by Michael Eigen/이재훈

흑암의 빛줄기
A Beam of Intense Darkness by Grotstein/이재훈

C.G. 융과 후기 융학파
Jung and the post-Jungians by Andrew Samuels/김성민

깊이와의 접촉
Contact With the Depth by Michael Eigen/이재훈

심연의 화염
Flames From the Unconscious by Michael Eigen/이재훈

정신증의 핵
The Psychotic Core by Michael Eigen/이재훈

난 멀쩡해 도움 따윈 필요없어
I am not sick I Don't Need Help by Xavier Amador/최주언

분석적 장
The Analytic Field ed. Antonino Ferro & Roberto Basile/이재훈

신앙과 변형-마이클 아이건 서울 세미나 II-
Faith & Transformation by Michael Eigen Seoul Seminar II/이재훈

아스퍼거 아동으로 산다는 것은?
What is it like to be me? by AlenkaKlemenc 외/이재훈

아기에게 말하기
Talking to Babies by Myriam Szejer, M.D./김유진·이재훈

자폐아동의 부모를 위한 101개의 도움말
101 Tips for Parents of Children with Autism by Arnold Miller and Theresa C. Smith/최주언

"그러나 동시에 또 다른 수준에서"
"But at the Same Time and on Another Level" by James S. Grotstein/이재훈 외

기독교 신앙과 관련된 심리치료 분야

종교와 무의식
Religion & Unconscious
by Ann & Barry Ulanov / 이재훈

희망의 목회상담
Hope in the Pastoral Care
& Counseling
by Andrew Lester / 신현복

살아있는 인간문서
The Living Human Document
by Charles Gerkin / 안석모

인간의 관계경험과 하나님경험
Human Relationship
& the Experience of God
by Michael St. Clair / 이재훈

신데렐라와 그 자매들
Cinderella and Her Sisters
by Ann & Barry Ulanov / 이재훈

현대정신분석학과 종교
Contemporary Psychoanalysis
& Religion
by James Jones / 유영권

살아있는 신의 탄생
The Birth of the Living God
by Ana-Maria Rizzuto / 이재훈

인간의 욕망과 기독교 복음
Les Evangiles au risque
de la Psychanalyse
by Françoise Dolto / 김성민

신학과 목회상담
Theology & Pastoral Counseling
by Debohra Hunsinger
/ 이재훈 · 신현복

성서와 정신
The Bible and the Psyche
by E. Edinger / 이재훈

목회와 성
Ministry and Sexuality
by G. L. Rediger / 유희동

상한 마음의 치유
Healing Wounded Emotions
by M. H. Padovani 외 / 김성민 외

예수님의 마음으로 생활하기
Living from the Heart Jesus Gave You
by James. G. Friesen 외 / 정동섭

신경증의 치료와 기독교 신앙
Les Maladies Nerveuses et leur
Guérison
by A. Lechler / 김성민

전환기의 종교와 심리학
Religion and Psychology in
Transition
by James Johns / 이재훈

영성과 심리치료
Spirituality and Psychotherapy
by Ann Belford Ulanov / 이재훈

치유의 상상력
The Healing Imagination
by Ann Belford Ulanov / 이재훈

외상, 심리치료 그리고 목회신학
/ 김정선

그리스도인의 원형
The Christian Archetype
by Edward F. Edinger / 이재훈

융의 심리학과 기독교 영성
De l'inconscient à Dieu: Ascèse
Chrètienne et psychologie de C.G.
Jung by Erna van de Winckel / 김성민

앞으로 출간될 책

정신분열증 치료와 모던정신분석
Modern Psychoanalysis of the
Schizophrenic Patient by Hyman
Spotnitz / 이준호